수학교육학개론

김성경·노지화·마민영·서보억·손홍찬·신동조
신동조·이경언·이광상·이봉주·임해미·한인기 지음

INTRODUCTION TO MATHEMATICS EDUCATION

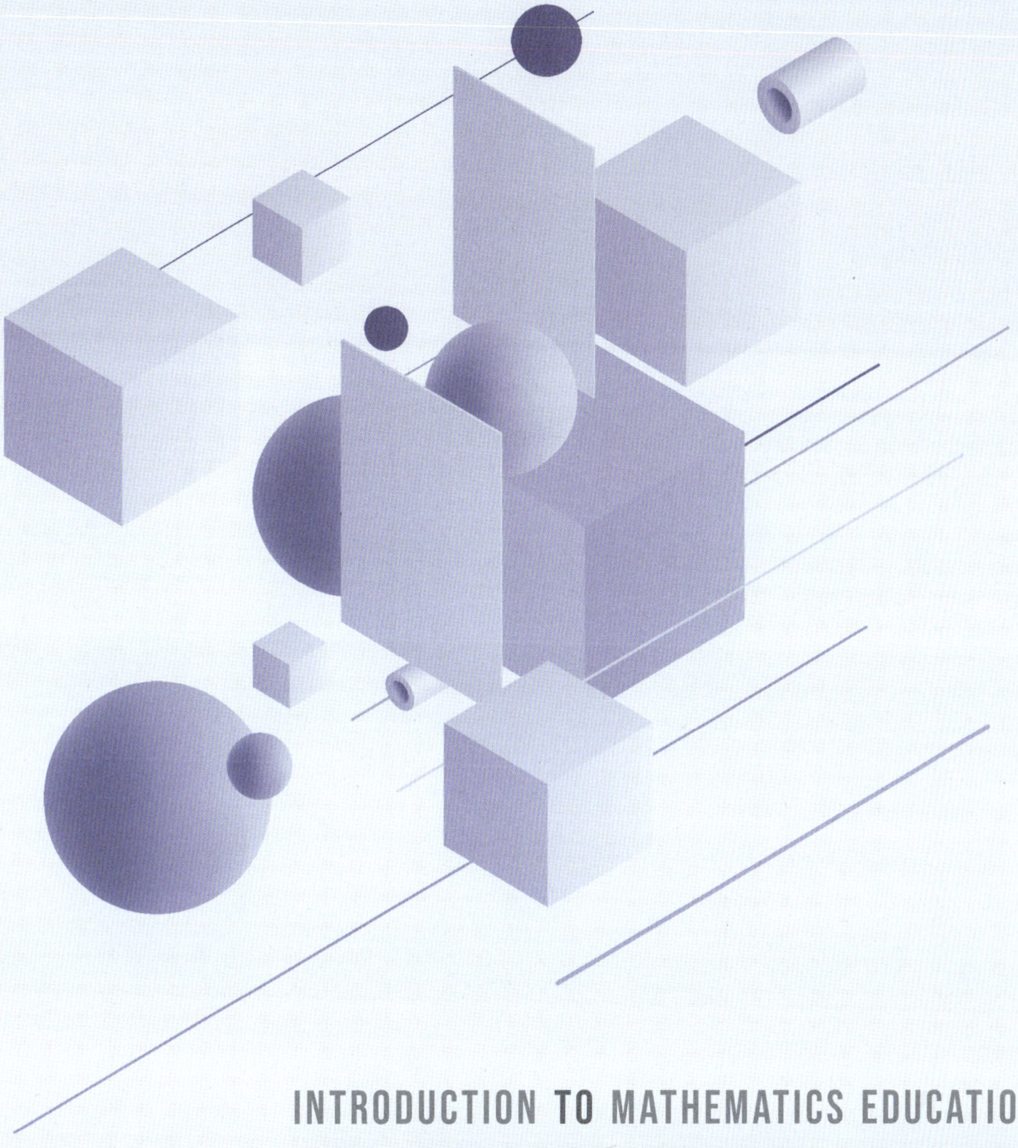

수학교육학개론

김성경 · 노지화 · 마민영 · 서보억 · 손홍찬 · 신동조
신보미 · 이경언 · 이광상 · 이봉주 · 임해미 · 한인기 지음

KM 경문사

머리말

수학은 교육의 기초이자, 논리적으로 사고하고 실생활 속에서 발생한 복잡하고 다양한 문제를 해결할 수 있도록 견인하는 핵심적인 교과이다. 수학의 성장, 발전 과정을 보면, 우리를 둘러싼 자연의 질서를 이해하고, 실생활에서 직면하는 복잡한 문제를 해결하는 과정에 수학 개념, 원리, 법칙 등이 확립되었다는 측면에서, 그 교육적 중요성은 아무리 강조해도 지나치지 않다. 그러나 수학교육이 단순히 공식을 암기하고 계산 절차만을 가르치는 것으로 인식되는 오늘의 현실은 수학교육의 큰 위기로 다가오고 있다. 21세기 인공지능을 기반으로 하는 정보화 사회가 요구하는 수학교육은 학생들에게 수학적 사고를 통한 창의적 문제해결 능력을 기르고, 수학의 본질을 이해하게 함으로써, 수학적 안목으로 새로워진 세상에서 혁신적으로 바라볼 수 있는 능력을 기르는 것임을 '수학교육학개론'의 내용을 통해 예비교사 및 현직교사에게 명확하게 전달하고자 한다.

이번에 집필한 〈수학교육학개론〉은 이러한 수학교육의 중요성을 기반으로, 수학교육에 대한 깊이 있는 이해와 통찰을 제공하고자 기획되었다. 이 책은 사범대학 수학교육과 수학교육 전공 교수와 한국교육과정평가원 수학교육 전공 연구원들이 오랜 기간에 걸쳐 축적한 연구 결과와 교육 경험을 바탕으로, 수학교육을 전공하는 예비 수학교사들과 현직 수학교사들에게 체계적이고 종합적인 수학교육에 대한 정보를 제공하기 위해 집필되었다. 각 장의 구성은 다음과 같다. 1장은 수학교육의 필요성과 목표(한인기 교수), 2장은 수학교육의 발달(이봉주 교수), 3장은 수학교육 철학으로 1절 절대주의(임해미 교수), 2절 준경험주의(한인기 교수), 3절 구성주의(임해미 교수), 4장은 학습심리학과 수학교육으로 1절 행동주의 이론과 수학 학습(이경언 교수), 2절 형태주의 이론과 수학 학습(이광상 박사), 3절 피아제의 이론과 수학 학습(이봉주 교수), 4절 브루너의 이론과 수학 학습(손홍찬 교수), 5절 비고츠키의 이론과 수학 학습(김성경 박사), 6절 가네의 이론과 수학 학습(김성경 박사), 7절 오수벨의 이론과 수학 학습(서보억 교수), 5장은 수학 학습 이론으로 1절 스켐프의 수학 학습 이론(서보억 교수), 2절 딘즈의 수학 학습 이론(이광상 박사), 3절 프로이덴탈의 수학 학습 이론(마민영 교수), 4절 반 힐레의 수학 학습 이론(노지화 교수), 5절 수학 교수학적 상황론(신보미 교수), 6장은 수학적 사고와 수학교육(손홍찬 교수), 7장은 수학적 문제해결(한인기 교수), 8장은 수학사와 수학교육(이경언 교수), 9장은 수학교육에서의 공학 도구(신동조 교수), 10장은 수학교육에서 평가(서보억 교수)로 구성되어 있다.

PREFACE

이 책의 가장 큰 특징은 수학교육의 다양한 측면을 포괄적으로 다루면서도, 각 주제를 깊이 있게 탐구하지만 쉽게 이해할 수 있도록 집필되었다는 점이다. 수학교육의 목적과 역사적 발전, 철학적 기반, 심리학 기초 이론, 수학 학습이론, 수학적 사고, 문제해결 이론, 그리고 수학사 및 공학 도구를 활용한 수학교육, 수학교육에서 평가까지, 수학교육을 이루는 다양한 요소들이 체계적으로 정리되었다. 이를 통해 예비교사와 현직교사들은 수학교육의 복합적이고 다면적인 성격을 이해하고, 이를 바탕으로 자신만의 수학교육 철학을 정립할 수 있는 기회를 얻게 될 것이다.

마지막으로, 이 책이 수학교육 현장의 실질적인 변화를 견인하는 단초가 되기를 바란다. 수학교육은 학생들의 미래를 밝히는 중요한 역할을 하며, 교사들은 그 과정에서 핵심적인 역할을 하고 있다. 이 책을 통해 수학교육에 대한 깊이 있는 이해를 바탕으로, 학생들에게 보다 나은 수학교육을 제공할 수 있는 길을 찾을 수 있기를 기대한다. 이번에 출판되는 수학교육학개론이 수학교육의 이론과 실제를 잇는 다리 역할을 하며, 독자들이 수학교육에 대한 깊이 있는 통찰과 실질적인 지침을 얻을 수 있는 소중한 자료가 되기를 진심으로 바란다. 이 책이 출판된 이후, 독자들의 의견에 따라 지속적으로 보완하고 보충할 것임을 약속하며, 이 책을 만들어지기까지 지속적인 관심과 도움을 주신 경문사 조경희 대표님과 편집부 유의진 선생님을 비롯한 좋은 책을 만들기 위해 노력하신 모든 분들께 감사와 고마운 마음을 표한다.

2024년 9월

집필진 일동

김성경, 노지화, 마민영, 서보억, 손홍찬, 신동조,
신보미, 이경언, 이광상, 이봉주, 임해미, 한인기

차례

C O N T E N T

CHAPTER

01

수학교육의 필요성과 목표

둘러보기

1절 수학교육의 필요성

수학교육이 왜 필요한가에 대해 다양한 대답을 할 수 있겠지만, 이 절에서는 정신도야성, 실용성, 문화적 가치와 심미성을 중심으로 살펴본다.

수학교육에서 정신도야적 성격을 가진다는 말은 수학을 배움으로 인해 학습자의 정신을 닦고 기를 수 있다는 것을 의미한다. 대표적으로 플라톤은 수학교육의 정신도야적 성격을 강조하였다. 특히, 수학의 특징 중에서 논리성, 엄밀성, 간결성, 일반화를 중심으로 고찰한다.

수학의 실용성은 지적 유희를 위해 인위적으로 만들어진 지식 체계가 아니라, 일상생활의 필요에 의해 고안되고 형성된 생존 지식이라는 측면으로 수학이 없이는 인류의 생존은 불가능했을 것을 전제로 한다. 수학이 삶의 영역에서 구체적으로 활용되고 실용적 가치가 있다는 점을 고찰한다.

문화적 가치를 가진다는 것은 수학이 문화의 일부로 인정된다는 것을 의미한다. 실제로, 수학은 사회 구성원에 의해 학습되고 함께 알고 있으며, 후속 세대에 전승되는 행동 방식, 생활 방식의 일부로 인식되어 왔다. 이때 문화의 일부로 인식되는 수학은 학교교육을 통해 배우기도 하지만, 살아가며 배우는 경험 지식도 많다.

2절 수학교육의 목표

수학교육학자들은 수학교육의 목표를 구조화하고 체계화하려고 시도하고 있다. 이러한 시도가 잘 반영된 것이 수학과 교육과정에 제시된 목표 진술이다. 수학과 교육과정에는 일반목표와 각 영역별 목표, 선택교과의 목표 등을 찾아볼 수 있는데, 여기에서는 수학과의 일반목표(총괄 목표, 세부 목표)를 중심으로 고찰하였다.

01 수학교육의 필요성

정신도야성

| **핵심어** | 논리성, 엄밀성, 간결성, 일반화

도야(陶冶)라는 말은 '몸과 마음을 닦고 기른다.'는 의미를 가지며, **정신도야**는 정신을 닦고 기르는 것으로 이해될 수 있다. 그러므로, 수학교육이 정신도야적 성격을 가진다는 말은 수학을 배움으로 인해 학습자의 정신을 닦고 기를 수 있다는 것을 의미한다.

플라톤은 수학교육의 정신도야적 성격을 강조하였다. 플라톤은 수학교육을 통해 인간의 영혼을 아래의 세계(감각 경험의 세계)에서 위의 세계(개념의 세계, 이데아)로 향하도록 하고, 영혼을 위의 세계로 이끌 수 있다고 생각했다. 그래서 철학자, 군주가 되려는 사람의 양성 과정에서 수학(구체적 과목으로는 수론, 기하학, 천문학, 화성학)을 필수 교과목으로 강조하였다.

수학의 어떤 특징이 정신도야에 영향을 미치는지 살펴보자. 여기서는 **논리성**, **엄밀성**, **간결성**, **일반화**를 살펴볼 것이다.

첫째, 논리성이다. 논리란 말은 오류를 범하지 않도록 사고를 규칙에 맞게 진행하는 것, 또는 이러한 과정에 대한 형식이나 규칙을 의미한다. 넓게 보면, 학교수학에서 문제해결 과정을 논리성과 관련하여 생각할 수 있다. 학교수학에서 대수문제든 기하문제든 주어진 것들로부터 구하는 것으로 순차성에 따라 추론을 진행하는 것을 논리적 과정이라고 말할 수 있다. 그런데, 수학교과서의 문제 중 일부는 일정한 알고리듬을 따라 진행하면 풀이가 보장되는 경우가 있다. 이때, 알고리듬 자체를 만드는 과정은 논리성과 관련하여 논의할 수 있지만, 알고리듬에 따라 연산을 기계적으로 수행하는 행위를 논리적이라고 하지는 않는다.

논리성의 대표적인 예로 유클리드(Euclid) 원론의 증명을 들 수 있다. 유클리드 원론에서 명제와 그 증명은 '명제' → '명제에 상응하는 작도' → '작도를 이용해 증명할 것의 재진술' → '보조선 작도와 증명' → '증명할 것(결론)이 유도되었음을 명시(Q.E.D.)[1]'하는 순서로 기술되어 있다. 이때, 증명은 주어진 것(가정)에서 출발하여 공리, 공준, 이미 증명된 명제를 이용하여 일정한 사고 규칙에 따라 증명할 것(결론)으로 향하는 사고 활동의 산출물이다. 그래서 유클리드 원론은 오랫동안 논리적 사고의 모범으로 인정받았으며, 유클리

1 그리스어서 '*ὅπερ ἔδει δεῖξαι*'를 라틴어로 옮긴 것이 'quod erat demonstrandum'이며 약자로, Q.E.D.라고 표현함. 이것을 직역하면 영어로는 'What was to be demonstrated'임.

드 원론을 다루었던 수학교육도 논리성이 대표적인 특징으로 인식될 수 있었다.

둘째, 엄밀성이다. 수학의 탐구 대상은 구체물이 아니라 추상적인 개념(수나 도형)이며, 탐구 과정도 사고 규칙에 기초한 논리적 순차성을 가지므로, 탐구 대상인 수학적 개념이나 탐구 과정에 관련된 약속(공리, 공준), 추론 규칙들도 엄밀하게 규정되어야 한다. 만약, 수학적 개념이 일상의 대상들처럼 다양하게 해석되고 은유적으로 묘사된다면, 논리적인 오류가 발생할 수 있기 때문이다. 수학에서는 더 엄밀한 수준에서 개념들을 정의하려고 노력한다.

예를 들어, 함수의 수렴에 대해 고등학교 수학교과서에서는 함수 $f(x)$에서 x가 일정한 값 a에 한없이 가까워짐에 따라 $f(x)$의 값이 일정한 값 L에 한없이 가까워지면, $f(x)$는 극한값 L에 수렴한다고 기술되어 있다. 이때, 'x가 일정한 값 a에 한없이 가까워진다.' 또는 '$f(x)$의 값이 일정한 값 L에 한없이 가까워진다.'는 표현에서 얼마만큼 가까워져야 '한없이 가까워진다.'고 말할 수 있는가? 그리고 x값이나 $f(x)$의 값 자체는 이동할 수 있는 대상이 아니므로, 어떤 값에 가까이 갈 수도 없다. 결국, 수학에서는 이러한 은유적인 묘사로 만족하지 않으며, $\epsilon-\delta$를 이용하여 함수의 극한 개념을 엄밀하게 정의하였고 엄밀한 정의를 바탕으로 수학 이론을 구성하였다.

수학에서 증명도 높은 수준의 엄밀성을 요구한다. 만약, 5마리의 비둘기가 4개의 집에 모두 들어갔다면, 적어도 2마리 이상의 비둘기가 같은 집에 들어갈 수밖에 없다. 왜냐하면, 비둘기 모형 5개와 비둘기 집 4개를 가지고 몇 번이고 시도해 봐도, 그러한 결과가 나오기 때문이다. 그러나, 이러한 경험적인 설명만으로는 수학적 증명이 되지 못한다. 수학에서는 논리적인 순차성에 따른 엄밀한 수준의 증거(증명)를 요구하기 때문이다. 일반적으로, 5마리의 비둘기가 4개의 집에 모두 들어갔다면, 적어도 2마리 이상의 비둘기가 같은 집에 들어간다는 것은 귀류법을 이용하여 증명한다. 이 증명은 독자에게 남긴다.

셋째, 간결성이다. 간결하다는 것은 군더더기가 없이 깔끔하고 간단하다는 의미를 담고 있다. 이때 간결성은 명료성, 함축성, 단축성 등의 개념과 관련된다. 수학의 개념 정의, 추론 과정, 정리는 간결하고 함축적이며 명료하다. 그래서 수학적 사고 과정과 언어도 간결성, 명료성, 함축성 등의 특징을 가지며, 수학을 통해 학생들은 이러한 사고 성향과 언어를 배우게 된다.

사고의 간결성이나 추론의 단축 현상은 수학 문제해결이나 탐구 과정에서 흔히 관찰되는 특징이다. 수학자들(학생들)은 수학 문제해결이나 탐구를 수행하면서 한 가지 해법에 만족하지 않으며, 더 간결한 해법, 우아한 풀이, 군더더기 없는 추론 과정을 찾으려고 시도하며, 얻어진 결과를 더 명료하고 함축적으로 표현하려고 노력한다.

넷째, 일반화이다. 일반화는 특정한 대상에 대한 사고나 연구의 결과를 그것과 유사한 대상에 적용하는 것(한국교육심리학회, 2000), 주어진 집합에 대한 탐구로부터 더 넓은 집합에 대한 탐구로 옮겨가는 것(Polya, 1954) 등과 같이 말할 수 있다. 수학적 활동에서 탐구의 대상 및 탐구의 결과를 넓혀가는 것을 일반화라고 부를 수 있다.

예를 들어, 중선 개념을 삼각형으로부터 볼록사각형, 볼록오각형, …, 볼록n각형으로 확장하면, 중선 개념을 일반화한다고 말한다. 삼각형의 중선을 볼록n각형의 중선으로 일반화하기 위해서는 삼각형에서 중선 개념의 본질(핵심)을 찾을 수 있어야 한다. 삼각형의 중선을 '한 꼭짓점에서 대변의 중점을 연결한 선분'이라 하고, 이것을 적힌 그대로 이해하면 볼록사각형의 중선을 생각할 수 없다. 왜냐하면, 볼록사각형에서는 한 꼭짓점에 대한 대변을 말하지 않기 때문이다. 결국, 삼각형에서 '한 꼭짓점에서 대변의 중점을 연결한 선분'에서 '대변', '중점', '대변의 중점'이 의미하는 것을 생각해야 한다. 가령 변 BC의 중점은 한 점이기도 하지만, 선분 BC의 무게중심이기도 하다. 즉, 꼭짓점 A와 대변 BC의 중점을 연결한다는 것은 꼭짓점 A에서 대변 BC의 무게중심을 연결한다는 의미를 가지며, 대변 BC도 삼각형 ABC에서 꼭짓점 A를 제외한 점 B, C로 이루어진 도형으로 해석할 수 있다. 결국, 삼각형의 중선은 한 꼭짓점에서 그 점을 제외한 점들로 이루어진 도형의 무게중심을 연결한 선분이라는 의미를 가진다.

이러한 관점에서 볼록사각형의 중선은 한 꼭짓점에서 나머지 점들로 이루어진 도형(여기서는 삼각형)의 무게중심을 연결한 선분([그림 1-1-1] 참조)으로 정의할 수 있으며, 이로부터 볼록다각형의 중선을 일반화할 수 있다. 일반화된 중선의 개념을 바탕으로 볼록다각형의 무게중심 개념을 일반화할 수 있으며, 볼록n각형의 n개의 중선은 한 점에서 만나며 이 교점은 중선을 $n-1:1$로 나눈다는 것을 증명할 수 있다(증명은 에르든예프, 한인기(2005)의 6장에 소개되어 있음).

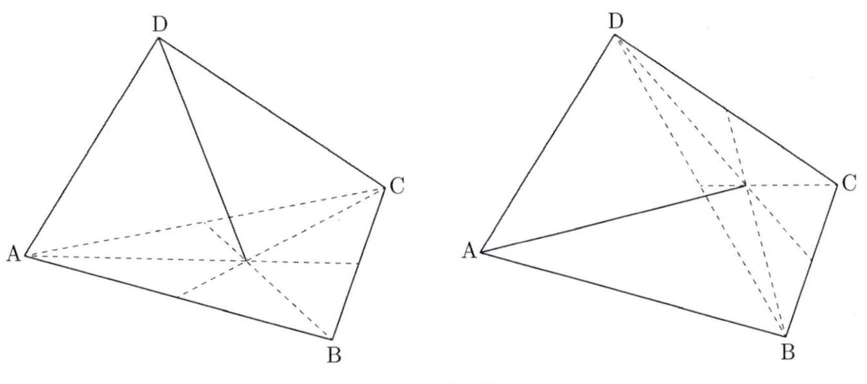

[그림 1-1-1] 볼록사각형의 중선

수학사에서도 이러한 일반화의 사례를 찾을 수 있다. 자연수에 대한 탐구로부터 정수를 대상으로 하는 탐구로, 유리수와 무리수를 대상으로 하는 탐구로, 실수에 대한 탐구로, 그리고 복소수에 대한 탐구로의 확장을 볼 수 있으며, 이러한 확장, 일반화가 수학 발전의 방향성이라고 할 수 있을 것이다.

지금까지 살펴본, 논리성, 엄밀성, 간결성, 일반화는 인간 정신활동의 중요한 특징이다. 이러한 특징을 수학적 활동을 통해 체계적이고 다양하게 경험할 수 있기 때문에, 수학은 정신도야를 위한 중요한 교과목으로 인정받아 왔다.

QUIZ

1 중등학교 수학교과서에서는 지수가 자연수일 때 성립하는 지수법칙을 지수가 실수인 경우까지 확장하여 제시하고 있다. 이러한 확장은 수학의 논리성, 엄밀성, 간결성, 일반화 중 어디에 해당하는지 적으시오.

실용성

| 핵심어 | 실용성, 모델링, 자연현상과 수학

수학의 **실용성**은 수학의 발생을 생각하면 쉽게 이해될 수 있다. 수학은 지적 유희를 위해 인위적으로 만들어진 지식 체계가 아니라, 일상생활의 필요에 의해 고안되고 형성된 생존 지식이다. 수학이 없이는 인류의 생존은 불가능했을 것이다.

가령, 목축으로 생계를 유지한다고 하자. 생존을 위해 몇 마리의 가축을 길러야 하는지 알고, 간밤에 늑대에게 가축이 잡혀가지 않았는지를 확인해야 한다. 이러한 과정에서 세기(counting) 활동이 이루어지고, 수 개념이 형성되었다. 그리고 수세기에 근거한 다양한 측정(길이, 넓이, 부피 등) 활동이 이루어지고 이에 관련된 수학적 개념(단위, 약수, 배수 등)이 다양하게 발명되었다. 결국, 학교에서 배우는 많은 수학 개념은 실생활의 필요에 의해 발생되었고 점진적인 추상화를 통해 지금에 이르게 된 것이다. 현재 학교에서 수학을 배우는 학생들이 '수학이 쓸모도 없는데 왜 배우나요?'라고 부정적으로 생각하는 것은 수학이 실용적이지 않기 때문이 아니라, 높은 수준으로 추상화된 수학을 배우고 있지만 이것이 발생의 맥락과 연결되지 못하고 있기 때문이다.

살펴본 것처럼, 수나 다른 수학 개념들은 실생활의 문제 상황을 표현하고 발생된 문제를 해결하는 과정에서 만들어졌고, 성공적으로 그러한 역할을 수행해 왔다. 이것은 수학이 실제 문제 상황을 표현하고 해결하는, 즉 **모델링**하는 도구 또는 언어의 역할을 해왔다는 것을 뜻하며, 이것은 수학적 실용성의 중요한 부분이기도 하다.

피타고라스 학파에서 현들의 길이의 비 $1:2$, $2:3$, $3:4$, 그리고 이들에 대한 조화평균, 산술평균을 이용하여 피타고라스 음계를 만들었다는 것은 잘 알려진 사실이다. 즉, 피타고라스 학파에서는 음의 높낮이를 자연수 1, 2, 3, 4의 비와 조화평균과 산술평균을 이용하여 음계로 모델링한 것이며, 이것은 수학의 실용성을 보여주는 성공적인 사례라고 할 수 있다. 실생활에서 수학을 활용하여 문제를 해결하는 사례들은 고대 이집트의 파피루스 기록, 바빌로니아의 점토판 기록에서도 찾을 수 있다.

수학사에서 수학의 실용성에 대한 강조는 유럽보다는 동양 수학에서 두드러지게 나타난다. 유럽 수학의 대표적인 책으로 유클리드 〈원론〉을 들 수 있다면, 동양 수학의 고전으로 〈구장산술〉을 말할 수 있다. 〈구장산술〉은 관리들의 실제 업무수행에 관련된 실생활 문제 상황의 해결을 위한 수학책이라고 할 수 있다. 〈구장산술〉에는 땅의 넓이를 구하거나 물물교환 방법, 일정한 비율에 따라 분배하는 방법, 토목공사의 공정을 계산하는 방법, 세금을 부과하는 방법 등의 문제가 246개 제시되어 있다. 다음은 〈구장산술〉의 제3장에 제시된 실생활 문제의 예이다(차종천, 2000).

> 북쪽 고을의 인구는 8,758명, 서쪽 고을은 7,236명, 남쪽 고을은 8,356명이다. 인구의 수가 많고 적음에 따라 세 고을로부터 378명의 노동자를 징발하려 한다. 각 고을에서 몇 명씩 징발하면 되는가?

지금은 이 문제를 방정식 연습문제로 생각할 수 있지만, 그 당시에는 관리들이 마을마다 요역을 부과하기 위해 해결해야 하는 중요한 현안이었다. 수학사에서는 이러한 문제들을 해결하면서 수학적 개념이나 방법들이 사용되고 새롭게 발명되기도 하였다. 즉, 수학은 실생활로부터 출발하여 강력한 실용성에 기반하여 폭넓게 활용되고 연구되었던 학문인 것이다.

가끔, 중학교 학생들이 '왜 방정식을 배우지? 실생활에 쓸모도 없는데'라고 말한다. 중학교에서 배우는 $3x+7=15$와 같은 방정식은 방정식의 해법을 배우기 위한 목적으로 인위적으로 만든 것이므로, 방정식 $3x+7=15$가 실생활에 직접 관련되지 않는다는 것을 일반화하여 수학이 실용성과 거리가 멀다고 결론지을 수는 없다. 예를 들어, $28x+30y+31z=365$와 같은 방정식은 1년 365일을 28일, 30일, 31일로 나누었을 때 28일인 달(月)의 수 x, 30일인 달의 수 y, 31일인 달의 수 z사이의 관계를 나타내기 때문이다.

미적분학이 발명된 이후에 수학의 실용성은 획기적으로 증대되었다. 미적분학은 자연현상에서 관찰되는 운동을 수식의 형태로 표현할 수 있는 도구를 제공하였기 때문에, 자연과학이 학문적으로 형성되어 발전하는 데 중요한 역할을 하였다. 중학교와 고등학교에서 배우는 물리의 역학은 수학으로 표현된 역학이라고도 할 수 있을 것이다.

현대에는 금융, 심리학, 자연과학, 공학, 의학 등을 비롯하여 음악, 미술에 이르기까지 수학적 개념이나 방법이 이용되지 않는 분야가 없을 정도이다. 예를 들어, 전염병이 발생하면 전염병 확산이나 치료에 대한 수학적 모델을 만들어 전염병 완치에 대한 예측에 활용하고 있으며, 의료기기를 만들 때도 다양한 수학적 원리들이 사용된다.

QUIZ

1 다음은 신문 기사에 소개된 인터뷰의 일부이다. 이 기사의 내용은 수학의 정신도야성, 실용성 중 어느 것에 해당하는지를 판단하고, 그 이유를 설명하시오.

> 2015년 '메르스 사태' 때 과거 발생한 '사스(SARS, 중증급성호흡기증후군)'의 데이터 분석 결과가 있었다면 피해를 줄일 수 있었을 겁니다. 전염병 전파 경로를 조기에 예측하고, 질병 확산을 막는 방법을 찾는 등 수학으로 사람들의 건강을 지키는 데 기여하고 싶습니다.

문화적 가치와 심미성

| 핵심어 | 문화적 가치, 수학의 아름다움

문화는 사회의 구성원에 의해 습득되고 공유되며 전달되는 사회의 행동 방식이나 생활 방식을 의미한다. 수학이 **문화적 가치**를 가진다는 것은 수학이 문화의 일부로 인정된다는 것을 의미한다. 실제로, 수학은 사회 구성원에 의해 학습되고 함께 알고 있으며, 후속 세대에서 전승되는 행동 방식, 생활 방식의 일부로 인식되어 왔다. 이때 문화의 일부로 인식되는 수학은 학교교육을 통해 배우기도 하지만, 살아가며 배우는 경험 지식도 많다.

주변에서 어렵지 않게 찾아볼 수 있는 [그림 1-1-2]의 조형물을 살펴보자. 학교에서 수

[그림 1-1-2]

학 시간에 직선이나 평행사변형, 사다리꼴, 사각형 등을 배웠기 때문에, 조형물에 이 도형들이 있는 것은 아닐 것이다. 조형물의 제작자는 유사한 조형물을 접한 적이 있거나 궁리 끝에 스스로 생각해서 만들었을 가능성이 높거나 혹은 제작자는 생활(문화) 속에서 자신이 구성원으로서 경험했거나 생각한 것을 바탕으로 조형물을 만들었을 가능성이 높다. 이것은 조형물에 포함된 도형들이 문화에 암묵적으로 존재하며, 문화의 명백한 구성 요소라는 것을 보여준다.

[그림 1-1-3]은 중세의 비잔틴 제국의 한 건축물에 있는 문양이다. 이 문양에는 원, 원에 내접하는 정사각형, 원의 6등분, 원의 8등분, 대칭 등의 수학적 내용이 포함되어 있다. [그림 1-1-3]과 유사한 문양은 어느 시대든, 어느 문화권에서든 건축물, 옷의 무늬, 일상용품의 장식 등에서 어렵지 않게 찾아볼 수 있다. [그림 1-1-3]과 같은 문양은 수학의 아름다움을 구현하려고 의도적으로 수학적 내용을 포함하여 만든 것이 아니라, 오랜 시간과 다양한 문화에서 사회적으로 습득되고 공유되고 전달된 건축 양식, 옷감의 장식, 일상용품의 장식에 자연적으로 녹아있는 수학의 내용인 것이다.

[그림 1-1-3] 중세의 비잔틴 제국의 건축물 문양(Ivanovskya, 2008, p.43)

일상의 언어생활에서 다양한 측정 단위를 접할 수 있는데, 이것도 수학이 대중문화에 뿌리내린 사례라 할 수 있다. 예를 들어, 거리의 측정 단위인 리(里)를 생각할 수 있는데, 1리는 약 0.393km이며 10리는 한 시간 정도 걸어가는 거리이다. 지금은 국제적으로 길이를 미터(m)로, 부피를 리터(L)로, 무게를 킬로그램(kg)으로 통일된 단위를 이용하여 측정하지만, 이전에 다양한 문화권에서 서로 다른 측정 단위가 발명되었다는 것은 측정이나 단위에 관련된 수학적 개념들이 사회의 인문 환경, 자연 환경과 상호작용하면서 고유한 문화를 형성했다는 것을 보여준다.

수학교과 내용 중 합동, 닮음, 내접원과 외접원, 접선, 타원과 쌍곡선의 방정식, 소인수분해, 미분과 적분처럼 대중문화에서 직접적인 흔적을 찾기 어려운 것도 있다. 그렇지만, 이것이 수학의 문화적 가치 여부에 대한 판단 근거가 될 수는 없다. 왜냐하면, 문화적 가치라는 말에서 문화의 범위가 대중문화만을 의미하는 것은 아니기 때문이다. 예를 들어,

미분과 적분이 필요한 사회 집단에서는 미분과 적분이 기본 소양이 될 것이며, 그 사회 집단에서 습득되고 공유되는 문화의 요소가 될 것이기 때문이다.

심미(審美)는 아름다움을 식별하여 가늠하는 것을 의미한다. 수학이 **심미성**을 가진다는 것은 수학을 통해 또는 수학의 눈으로 아름다움을 식별하며 가늠한다는 것을 의미한다. 수학의 심미성은 수학적 탐구 과정과 탐구 결과로 나누어 생각할 수 있다.

수학적 탐구 과정의 아름다움은 탐구 과정의 단순성, 경제성, 명료성 등과 관련된다. 수학자들은 아름다운 증명, 아름다운 해법 등을 말한다. 이때, 아름다운 증명이나 해법은 목적지(결론)에 도달하기 위한 단순한 최단 경로의 명료한 방법을 말한다.

탐구 결과의 아름다움은 얻어진 결과의 실용성, 간결성, 일반화 가능성, 시각적 아름다움 등과 관련될 수 있다. 수학적 탐구의 결과가 폭넓은 실용성, 활용 가능성을 가지거나 간결한 형태로 표현되거나, 여러 분야로 일반화되면 '정리가 아름답다.'고 말한다.

수학에 관련된 시각적 아름다움, 규칙적인 반복의 대표적 예시로 기하학적 대칭을 생각할 수 있다. 대칭은 수학적 탐구의 주요 대상이며, 문제해결의 유용한 방법이기도 하다. 흔히 기하학적 도형의 대칭만 생각하는데, 대수식의 대칭성도 수학에서 폭넓게 활용되고 있다. [그림 1-1-4]는 점대칭도형인 원에 10개의 점을 찍어 원주를 10등분한 다음, 이 점들을 연결하여 대칭도형인 정10각형을 작도한 것이다. 그리고 정10각형의 대각선을 그어, 바깥쪽 정10각형의 안쪽으로 다시 몇 개의 작은 정10각형을 얻은 그림이다. 적당히 색칠하면 아름다운 무늬나 그림을 얻을 수 있다.

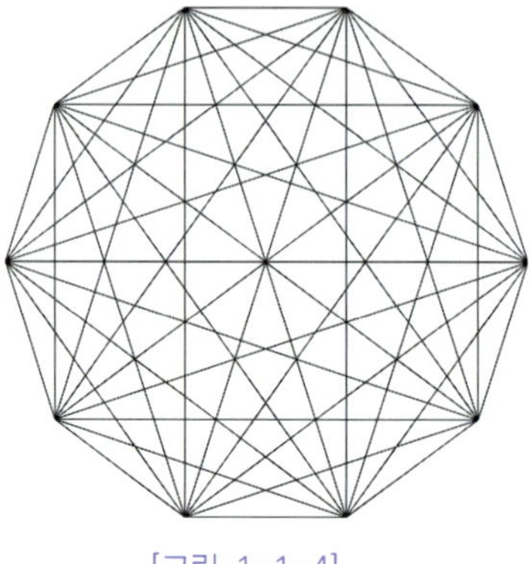

[그림 1-1-4]

한편, [그림 1-1-5]는 대칭성을 기반으로 만든 기하학적인 문양인데, 피타고라스 정리의 증명에 이용된 [그림 1-1-6]을 대칭시켜 얻었다.[2] [그림 1-1-6]에서 피타고라스 정리의 증명을 얻으려면, 할선과 접선의 관계에 의해 $\overline{BC}^2 = \overline{CD} \times \overline{CE}$를 생각하면 된다.

2 수학의 활용과 아름다움에 대한 보고서에 수학교육과의 한 학생이 과제물로 제출한 그림임.

이때 $\overline{CD} = \overline{CA} - \overline{AD}$, $\overline{CE} = \overline{CA} + \overline{AD}$이므로, $\overline{BC}^2 = \overline{CA}^2 - \overline{AD}^2$이고 $\overline{CA}^2 = \overline{AB}^2 + \overline{BC}^2$이 유도된다.

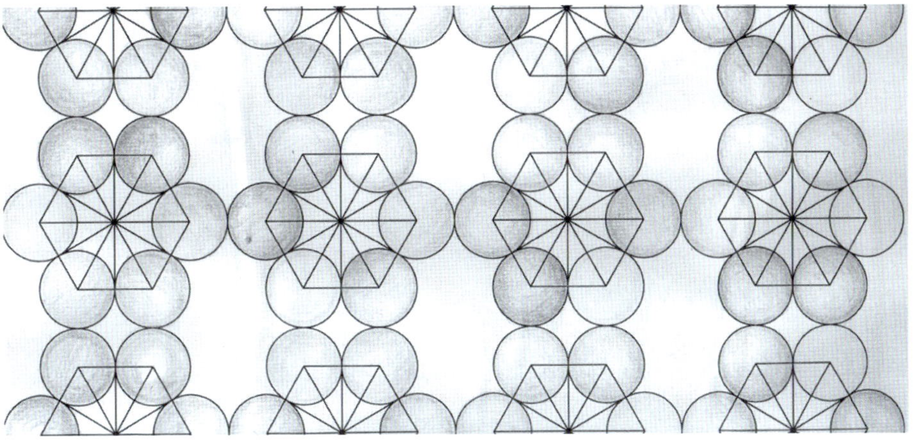

[그림 1-1-5]

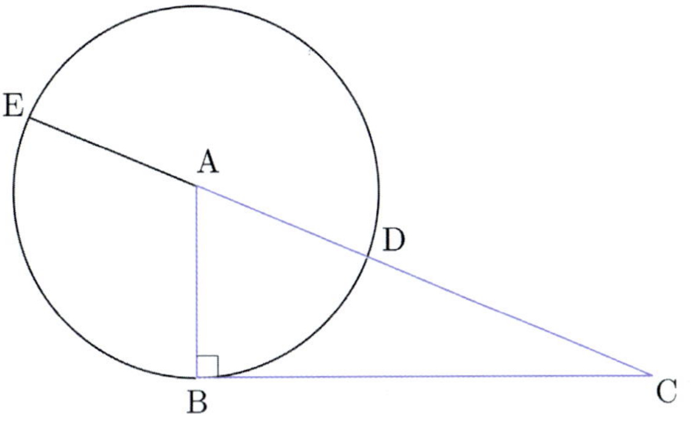

[그림 1-1-6]

02 수학교육의 목표

수학교육의 목표는 여러 가지 방향으로 구체화 될 수 있다. 예를 들어, 구세프(Gusev, 1994)는 수학교육의 목표를 세 개의 블록으로 나누어 구조화했는데, 첫째 블록은 수학적 지식과 기능들, 둘째 블록은 핵심적인 인격적 특성들, 셋째 블록은 수학교육에만 관련되는 지적 특성에 대한 것이다.

첫째 블록의 구체적인 목표는 수학과 교육과정에 규정된 교과 지식과 기능을 형성하는 것이다.

구세프는 둘째 블록의 구체적인 목표를

① 지적 교육을 구성하는 인격적 특성
② 창의적 성향을 구성하는 인격적 특성
③ 가치관 형성에 관련된 인격적 특성
④ 품성 교육에 관련된 인격적 특성
⑤ 심미성 교육에 관련된 인격적 특성
⑥ 노동 교육에 관련된 인격적 특성

으로 나누었고, 이들 각각에 대해 수학교육을 통해 도달할 특성들을 구체적으로 제시하였다. 예를 들어, 노동 교육에 관련된 인격적 특성으로는 노동 애호(노동 애호의 하위 요소로 학습 작업의 기능 숙달, 체계적인 노동 습관, 질서정연하게 작업하는 습관), 공동작업의 중요성을 이해하고 동료들의 노동을 존중하기를 나열하고, 수학교육을 통해 도달해야 하는 인격적 특성으로 규정하였다.

셋째 블록의 구체적인 수학교육 목표에서는 수학적 언어에서 순차성, 정확성, 명료성 등을 학습하고, 수학적 방법을 사용하는 습관과 기능을 배우고, 실세계에 대한 수학적 모델링을 하고, 수학적 실험을 수행하며, 공간적인 표상을 형성하고, 수학적 직관을 계발하는 것 등을 제시하였다.

이 밖에도 수학교육학자들이 수학교육의 목표를 구조화하고 체계화하려고 시도하고 있다. 여기서는 수학교육의 목표를 수학과 교육과정에 제시된 목표를 중심으로 살펴보자. 수학과 교육과정에 수학교육의 목표와 관련하여 기술된 내용으로는, 수학과의 일반목표와 각 영역별 목표, 선택교과의 목표 등을 찾아볼 수 있다. 여기서는 수학과의 일반목표를 중심으로 수학교육의 목표를 살펴보자.

수학과의 일반목표

| 핵심어 | 교육과정의 변천, 일반목표

수학과 교육과정의 뿌리는 1946년 미군정청 편수국에서 고시한 교수요목에서 찾을 수 있다. 교수요목에는 국민학교(초등학교), 초급중학교(중학교), 고급중학교(고등학교)의 학년별 지도 내용(교수요목)과 시수가 나열되어 있다. 현재와 같은 교육과정의 형태를 갖춘 것은 1955년에 고시된 제1차 수학과 교육과정이다.

제1차 수학과 교육과정에는 산수과(국민학교)와 수학과(중학교, 고등학교) 일반목표가 제시되고, 이를 구체화하여 중학교 수학과의 목표, 고등학교에서는 1학년 수학, 해석, 기하의 목표가 각각 기술되었다. 다음은 제1차 수학과 교육과정에 제시된 수학과의 일반목표이다(박한식, 1991).

수학과는 학생들에게 수학을 이해하며, 지적으로 사고, 추리, 판단하는 능력과 창조 발전시키는 능력을 기르는 데에 유효한 방법으로서 주는 것이다. 따라서, 수학을 통하여 진리를 사랑하고 탐구하는 마음과 과학적 정신을 양성하고, 수학의 유용성과 실용성, 논리성을 자각하게 하며, 활용할 수 있는 능력을 길러서 그 사회를 더욱 발전 향상시키는 데 공헌할 수 있는 충실한 사회의 일원이 되도록 하는 것이다. 위의 것을 구체적으로 말하면 다음과 같다.

① 수학의 효용적 가치를 인식하고 진리를 애호하고, 탐구해 가는 태도를 기른다.
② 문화를 향상시키고, 생활을 더 낫게 하는 데에 수학의 힘이 큰 것을 알고, 이것을 활용하는 태도를 기른다.
③ 수학의 발생, 발달 과정을 이해하고, 그 의의를 알게 한다.
④ 수학의 기초적인 개념, 지식, 원리를 이해하게 한다.
⑤ 기본적인 수학을 이해하고 처리하는 과정을 통하여 사물을 과학적으로 사고하고, 추리하고, 정확한 판단을 내릴 수 있는 능력을 기르며, 이것으로써 자주적으로 생각하고 행동하는 태도를 기른다.
⑥ 수량적인 처리에 의해서 자기의 행동이나 사고를 더욱 합리적으로 또 정확하게, 그리고 능률 있게 할 수 있는 능력을 기르며, 이것을 일상생활에 살려가는 습관을 기른다.
⑦ 항시 사물을 과학적으로 고찰하고, 분석하고, 판단하여 보는 태도를 기르며, 정당한 판단력을 신장한다.
⑧ 사회에서 유능한 인간이 되기 위한 자질로서 수학에 관련된 여러 가지 기능이 필요

한 것임을 알고, 수학을 활용하여 사회에 공헌하여 가는 습관과 능력을 기른다.

⑨ 직업 생활을 해 가는데 수학의 여러 능력이 중요하다는 것을 알고, 여러 직업 분야에서 수학을 활용하는 습관과 능력을 기른다.

기술한 수학과 목표를 2022 개정 수학과 교육과정의 내용 체계 범주인 **지식 · 이해**, **과정 · 기능**, **가치 · 태도**로 분류할 수도 있을 것이다. 첫째, 수학의 지식 · 이해에 직접적으로 관련된 목표로, ③과 ④가 여기에 해당한다. 일반적으로 수학의 지식 · 이해 목표에서는 수학의 기초적인 개념, 지식, 원리의 이해를 다루는데, 제1차 수학과 교육과정에서는 수학의 발생, 발달에 대한 지식과 이해를 목표로 제시한 것은 주목할 만하다. 둘째, 수학의 과정 · 기능(또는 기능 · 적용)에 직접적으로 관련된 목표로, ⑤와 ⑥을 들 수 있다. 셋째, 수학의 가치 · 태도에 직접적으로 관련된 목표로, ①, ②, ⑦이 여기에 해당한다. 한편, ⑧과 ⑨는 수학의 실용적 가치를 인식한다는 측면에서는 가치 · 태도에 관련시킬 수도 있고, 습관과 능력을 기른다는 점에서 과정 · 기능에 관련시킬 수도 있을 것이다.

제1차 수학과 교육과정에서 9가지로 나열된 수학교육의 일반목표는 제2차 수학과 교육과정(1963년 고시됨)에서 3가지로 정리되었다. 다음은 제2차 수학과 교육과정에 제시된 수학과의 일반목표이다(박한식, 1991).

㉮ 생활 경험을 통하여 수학의 기초적인 개념, 원리, 법칙을 이해하도록 한다.

㉯ 사고를 올바르게 하고 문제를 능률적으로 해결하는 능력을 기르도록 한다.

㉰ 수학에 관한 기초적인 지식과 기능을 바탕으로 일상생활에서 일어나는 모든 일을 자주적으로 올바르게 판단 처리하고, 과학적으로 규명하는 습관을 갖도록 한다.

제2차 수학과 교육과정에 제시된 수학과의 일반목표에서 ㉮는 지식 · 이해, ㉯는 과정 · 기능, ㉰는 과정 · 기능, 가치 · 태도 모두에 관련된다. 제3차 수학과 교육과정에서도 제2차 수학과 교육과정과 같이 수학과의 일반목표가 3개로 제시되었으며, 그 내용은 교육과정의 개정 방향에 맞추어 강조점을 달리하여 기술되었다.

제4차 수학과 교육과정에서도 일반목표로 3개의 항목이 제시되었지만, 먼저 수학교육의 **총괄 목표**를 기술하고 3개의 하위목표를 기술하였다. 다음은 제4차 수학과 교육과정의 일반목표로 제시된 총괄 목표와 3개의 하위목표이다(박한식, 1991).

수학의 기초적인 지식을 바탕으로 사물의 현상을 수리적으로 사고하는 능력을 길러, 이를 생활에 적용할 수 있게 한다.

㉠ 수학의 기초적인 개념, 원리, 법칙을 이해하게 한다.

㉡ 수학의 용어와 기호를 정확하게 사용하고, 생활 주변에서 일어나는 여러 현상을 수

리적으로 사고하는 능력을 가지게 한다.

㉢ 수학의 지식과 기능을 활용하여 합리적으로 문제를 해결하는 태도를 가지게 한다.

여기서 3개의 **세부 목표** 중 ㉠은 수학의 지식 · 이해, ㉡은 과정 · 기능, ㉢은 가치 · 태도에 해당하는 것이며, 이러한 수학과 일반목표의 기술 체계는 2015 개정 수학과 교육과정까지 유지되었다.

제7차 수학과 교육과정에서 일반목표의 진술 방식에서 변화가 있었다. 제6차 수학과 교육과정까지 목표의 진술이 '이해하게 한다.', '능력을 가지게 한다.', '태도를 가지게 한다.'와 같이 교사 중심이었다면, 제7차 수학과 교육과정에서는 '이해할 수 있다.', '해결할 수 있다.', '태도를 기른다.'와 같이 학습자의 수행 중심으로 바뀌었다. 이러한 진술을 '**성취기준**'이라는 용어로 제시하고 있다. 그 이후의 모든 개정 교육과정에서는 학습자의 수행 중심으로 일반목표의 진술이 이루어졌다.

2022 개정 수학과 교육과정에서 수학과의 목표

| **핵심어** | 총괄 목표, 세부 목표

2022 개정 수학과 교육과정의 일반목표로 기술된 총괄 목표와 세부 목표(2022 개정 교육과정에서는 하위목표를 세부 목표라 부름)는 다음과 같다(교육부, 한국과학창의재단, 2022).

총괄 목표

수학의 개념, 원리, 법칙을 이해하고 수학의 가치를 인식하며 바람직한 수학적 태도를 길러 수학적으로 추론하고 의사소통하며 다양한 현상과 연결하여 정보를 처리하고 문제를 창의적으로 해결하는 수학 교과 역량을 함양한다.

세부 목표

① 수학적 지식을 이해하고 활용하여 적극적이고 자신감 있게 여러 가지 문제를 해결한다.
② 수학적 사실에 대해 흥미와 관심을 갖고 추측과 정당화를 통해 추론한다.
③ 수학적 사고와 전략에 대해 의사소통하고 수학적 표현의 편리함을 인식한다.
④ 수학의 개념, 원리, 법칙 간의 관련성을 탐구하고 실생활이나 타 교과에 수학을 적용하여 수학의 유용성을 인식한다.

⑤ 목적에 맞게 교구나 공학 도구를 활용하며 자료를 수집하고 처리하여 정보에 근거한 합리적 의사 결정을 한다.

2022 개정 수학과 교육과정에서 목표 기술의 특징은 총괄 목표에 지식 · 이해, 과정 · 기능, 가치 · 태도에 대한 내용을 종합적으로 기술하고, 세부 목표는 수학과 교과 역량인 문제해결, 추론, 의사소통, 연결, 정보처리 역량의 함양을 중심으로 기술했다는 것이다. 이전 교육과정의 수학교육 일반목표를 교과역량을 중심으로 체계화하고 정리했다고 할 수 있다.

실제로 2022 개정 수학과 교육과정 시안 개발 정책 연구에서는 총괄 목표에 대해 다음과 같이 제시하고 있다.

총괄 목표는 수학과 교육과정이 지향해야 할 방향과 학생이 달성해야 할 학습의 도달점을 수학 교과 역량 함양에 초점을 두고 종합적으로 기술하였다. 수학 교과 역량은 문제해결, 추론, 의사소통, 연결, 정보처리로 발현되고, 이들 각각은 지식 · 이해, 과정 · 기능, 가치 · 태도의 세 가지 범주가 통합적으로 작동하여 수행되는 수학적 능력이다. 총괄 목표를 진술할 때 수학 교과 역량은 지식 · 이해, 과정 · 기능, 가치 · 태도의 세 가지 범주가 조화롭게 어우러져 통합적으로 작동한다는 점을 강조하기 위해 각 범주와 관련된 능력을 서로 엮어 한 문장으로 기술하였다(교육부, 한국과학창의재단, 2022, p.227).

또한, 세부 목표에 대해서는 다섯 가지 수학 교과 역량 각각에 대해 지식 · 이해, 과정 · 기능, 가치 · 태도의 세 가지 범주에서 서로 관련을 맺는 핵심 내용을 엮어 한 문장으로 기술하였다고 제시하고 있는데, 〈표 1-2-1〉은 교육과정 시안 개발 연구 보고서에 제시된 세부 목표별 지식 · 이해, 과정 · 기능, 가치 · 태도의 핵심 내용을 정리한 것이다.

〈표 1-2-1〉 세부 목표별 지식 · 이해, 과정 · 기능, 가치 · 태도의 핵심 내용(교육부, 한국과학창의재단, 2022, p. 228)

세부 목표	지식 · 이해	과정 · 기능	가치 · 태도
①	수학적 지식	문제해결	적극적인 태도, 자신감
②	수학적 사실	추론	수학에 대한 흥미와 관심
③	수학적 표현	의사소통	수학의 유용성 인식
④	수학의 개념, 원리, 법칙	연결	수학의 가치 인식
⑤	자료와 정보	정보처리	합리적 의사 결정

수학교육의 목표를 교육과정에 나열된 성취기준의 도달로 한정하여 생각할 수도 있을 것이다. 이러한 수학과 교과내용의 성취기준은 총괄 목표의 '수학의 개념, 원리, 법칙을 이해'에 직접적으로 관련된 것으로 생각될 수 있다. 결국, 수학의 개념, 원리, 법칙을 이해하여 상응하는 수학 문제를 잘 해결하는 것을 수학교육의 목표라고 단편적으로 생각할 수도 있을 것이다. 그러나, 수학교육의 목표는 수학의 개념, 원리, 법칙을 이해하는 것으로 한정되지 않는다.

결국, 수학의 교수·학습에서 수학의 개념, 원리, 법칙을 이해하는 것뿐만 아니라, 수학 교과역량을 기르고, 수학의 가치를 인식하며 바람직한 수학적 태도를 기르는 것을 목표로 삼아야 한다는 것이다. 이를 통해, 학생들은 수학적 지식을 활용하여 문제를 해결할 수 있어야 하며, 수학적 사실을 추측하고 정당화하며, 수학적 사고와 전략에 대해 의사소통하며, 수학 교과 내의 또는 교과 간의 관련성을 탐구하며, 목적에 맞게 교구나 공학 도구를 활용하여 합리적인 의사 결정을 할 수 있어야 한다.

참고문헌

교육부(2015). 수학과 교육과정(교육부 고시 제2015-236호[별책 8]).

교육부(2022). 수학과 교육과정(교육부 고시 제2022-33호[별책 8]).

교육부, 한국과학창의재단(2022). 2022 개정 수학과 교육과정 시안(최종안) 개발 정책연구.

박한식(1991). 한국수학교육사. 대한교과서주식회사.

에르든예프 P.M., 한인기(2005). 유추를 통한 수학탐구, 승산.

차종천 역(2000). 구장산술, 주비산경. 범양사출판부.

한국교육심리학회(2000). 교육심리학용어사전. 학지사.

Gusev V. A. (1994). How to Help a Student Fall in Love with Mathematics?, Moscow: Avangard. (In Russian)

Ivanovskya V. I. (2008). Architectural Ornament, Moscow: V. Sevchuk Publ.

Polya G. (1954). Induction and Analogy in Mathematics, New Jersey: Princeton University Press.

CHAPTER

02

수학교육의 발달

둘러보기

수학교육이 어떻게 발전하여 현재에 이르게 되었는지 그 흐름을 간략하게 나타내면 다음과 같다.

수학교육 근대화 운동 → 수학교육 현대화 운동 New Math → 기본으로 돌아가기 Back to Basics → 문제해결 등

20세기 초에 일어난 수학교육 근대화 운동을 시작으로 수학교육 현대화 운동, 기본으로 돌아가기 운동 등을 거쳐 현재의 수학교육에 이르렀다. 현재의 수학교육에서는 문제해결, 구성주의, 공학 도구 활용, 수학 교과 역량 함양 등을 강조하고 있다.

수학교육 근대화 운동

| **핵심어** | 근대화 운동, 페리의 운동, 클라인의 운동, 무어의 운동

20세기 초의 수학교육계에서는 영국의 페리(Perry)의 강연을 개혁의 신호탄으로 하여, 독일의 클라인(Klein), 미국의 무어(Moore) 등이 수학교육에 대한 개선 방안을 제시하였다(박한식, 1982). 페리, 클라인, 무어 등의 수학교육 개혁 운동은 전 세계에 영향을 미쳐 수학교육 개선이 현실로 나타나게 하였다. 20세기 초에 일어난 수학교육 개혁 운동은 각 나라의 상황에 따라 주장이 일치하거나 상반되기도 하고, 어떤 측면에서는 한계도 드러내었다. 그럼에도 **수학교육 근대화 운동**은 당시 크게 인식하지 못했던 수학교육의 중요성을 부각하고, 학교수학의 내용을 보다 의미 있게 하기 위한 체계적인 노력을 시작하였다는 데에 의의가 있다. 또한 수학의 실용적 측면과 학습자의 심리적 측면에 대한 각성을 불러일으켰다는 점에서도 의미가 있다. 이에 페리, 클라인, 무어를 중심으로 영국, 독일, 미국의 수학교육 근대화 운동의 배경과 전개 내용에 대하여 살펴본다.

(1) 페리의 운동

페리(Perry, 1850~1920)

영국에서는 오래전부터 학교에서 산술과 대수의 형식적인 어려운 문제와 유클리드 기하의 일부분을 내용으로 수학을 지도해 왔다. 19세기 초기에는 수학을 중등학교와 대학의 교과목으로 채택하고 전문학과의 교사가 수학을 지도하기 시작하였다. 당시의 교과서로는 심슨(Simpson), 피코크(Peacock), 드 모르간(De Morgan) 등의 저서가 사용되었다. 그러나 이러한 교과서는 소위 실용파와 엄밀파의 두 가지 입장으로 대립하는 양상을 보였다. 피코크와 드 모르간이 저술한 교과서에서는 서민층을 대상으로 상업 등 사회 실용에 필요한 수학을 다룬 반면에, 심슨의 교과서에서는 소수의 특권층을 대상으로 개념의 사유와 두뇌의 도야를 목적으로 하는 유클리드 기하를 주로 다루었다.

이후 영국의 수학계에는 엄밀파와 실용파의 논쟁이 지속되었다. 이러한 논쟁은 특히 유클리드 기하에서 더 심하게 나타났다. 이에 별도의 협회를 구성하고 유클리드 기하의 개선에 대하여 다양한 논의를 하였지만 성공에 이르지 못하였다. 한편으로는 옥스퍼드 대학과 캠브리지 대학에서 유클리드 원론을 존중하고 엄밀한 증명을 고수함에 따라 유클리드 기하에서 벗어날 수 없었다. 토드헌트(Todhunter)의 "여러 대학의 입시에 유클리드 제○권의 정리 ○○를 증명하라는 문제가 출제되므로 교과서를 개선하고 싶어도 개선할 도리가 없다."는 진술에서도 유클리드 기하 교육에 대한 당시 영국의 상황이 잘 드러난다. 따라서 영국의 수학교육은 실제를 떠나고 교육의 본질과도 거리가 멀어져서 오직 시험합격을 위한 도구로 전락하게 됨에 따라 수학교육을 개혁해야 하는 상황에 이르게 되었다.

페리는 1901년 글래스고에서 열린 영국 학술협회의 총회에서 '수학의 교육(the teaching of mathematics)'이라는 제목의 강연으로 수학교육 개혁을 주장하였다. 이것은 런던의 왕립공과대학에서 실용수학을 담당했던 페리의 경험에 따른 신념이었을 것이다. 페리의 강연은 세계 각국에 파급 효과를 일으켰고, 학술협회에서도 페리가 제안한 개혁안에 대하여 논의하고 수학교육을 개선하기 위한 노력을 이어 나갔다.

페리는 강연에서 당시 세계의 수학교육을 비과학적이라고 주장하였다. 당시의 수학교육이 사회의 실제를 고려하지 않고 이론만 추구함에 따라 지식의 전수에만 매달리고 발명·발견과 창조의 능력을 배양하지 않는다고 비판하였다. 또한 페리는 당시의 수학교육이 학생들의 입학시험 통과와 우수한 수학 전문가 양성만을 일삼는 것이 최대의 결함이라고 지적하고, 수학의 사회적 실용성을 강조하였다. 수학교육은 오직 소수의 우수한 전문가를 만드는 것만을 목적으로 하는 것이 아니라 전 국민의 신체와 정신의 건전한 발달을 촉진하는 것이어야 한다고 주장하였다. 페리는 국민의 최대다수에 대한 최대행복을 위한 수학교육 개혁을 제창하였다.

특히 페리는 수학교육 개선을 위하여 엄밀한 유클리드 기하학에서 탈피하는 것이 무엇보다 중요하다고 주장하였다. 논증 기하에 앞선 실험 방법 활용, 실험상의 측량, 모눈종이의 사용, 기초적인 대수식의 사용 등을 제안하였다. 페리의 이러한 주장은 큰 호응을 얻어 영국의 수학교육을 개선하였다.

(2) 클라인의 운동

클라인(Klein, 1849~1925)

19세기 독일의 교육은 대체로 철학적 경향을 지니고 교재도 고전 연구가 주를 이루었다. 자연과학은 19세기 중엽에 이르러서야 점차 중요해지게 되었다. 당시 독일의 수학교육계는 스위스의 교육학자인 페스탈로치(Pestalozzi)가 주장한 직관의 필요성과 독일의 교육학자인 헤르바르트(Herbart)가 주장한 흥미의 중요성에 큰 영향을 받았다. 독일의 수학자인 크로넥커(Kronecker)는 수학의 산술화 연구를 토대로 초등학교 산술 지도에서 세기를 강조하였다. 이는 당시 독일의 수학교육이 유클리드 원론에 기반한 전통적인 교육과는 거리가 있음을 드러낸다.

독일의 수학 교과 내용의 변화를 살펴보면, 중학교에서는 몇 해에 걸쳐 내용을 추가하여 산술, 대수, 간단한 로그계산, 기초적인 평면삼각법, 급수, 순열, 조합, 구면삼각법, 해석기하 등을 다루었다. 초등학교의 경우에는 교재별로 차이가 있지만 모든 내용을 나열해 보면 산술 대수, 평면기하, 평면삼각법, 구면삼각법, 입체기하, 직교좌표에 의한 간단한 곡선론, 그래프에 의한 함수의 극대와 극소, 미적분 등으로 많은 내용을 다루었다. 특히 1882년에는 수학의 중요성을 더욱 부각하고 수학 시간도 늘렸다. 따라서 독일의 수학교육에서는 이와 같이 복잡한 학교수학 내용의 이론적 근거를 제시하는 방안이 요구되었다.

독일에서 수학교육의 개선에 가장 큰 역할을 한 수학자는 클라인으로 세계의 수학교육의 발전을 촉진하였다.[1] 클라인은 수학교육에서 함수 개념과 공간 관찰력의 함양이 가장 중요하다고 강조하였다. 또한 유클리드 원론이 아동을 위한 책이 아니라 성인을 위한 것이므로 학생들의 심리에 적절한 초보적인 기하학을 지도해야 한다고 주장하였다.

20세기 초 독일의 중요한 수학교육 개혁 중의 하나는 클라인이 중심이 되어 조직한 메란 교육과정이다. **메란 교육과정**(Meran curriculum)은 1905년 클라인을 위원장으로 하는 위원회에서 학교수학을 종합적으로 조직하고 연속적으로 통합하기 위하여 제안한 것이다. 수학의 형식도야적 가치 아래 무의미한 지식을 제거하고 우리 주변 현상에 대한 수학적 관찰 능력의 함양에 관심을 두었다. 이를 위하여 공간적 직관 능력과 함수적 사고 능력의 함양을 두 축으로 하여 구성하고자 하였다. 이러한 제안은 오랫동안 독일의 교육계에 영향을 주었다. 1908년에 메란 교육과정에 따른 함수 개념이 처음으로 도입된 교과서를 출판하였다. 1920년에도 메란 교육과정이 수학과의 교과과정을 결정하는 근본 방침임을 발표하고 크게 수학의 사회화, 공간적 개념과 함수 개념의 함양 등이 중요하다고 강조하였다.

(3) 무어의 운동

미국은 긴 역사를 갖지 않았기 때문에 교육도 오랜 전통에 얽매이지 않았다. 18세기에는 영국의 영향을 받은 수학을 다루었지만 19세기 초 프랑스의 기하와 대수학이 들어왔다. 이후 차츰 미국 내에서 교과서를 저술하게 되었다. 미국에서는 직관 기하도 1854년의 교과서에서 이미 도입하였고, 대수의 경우에도 1882년과 1899년의 학교 대수 교과서에서 함수와 그래프를 다루었다. 19세기 말 미국은 어느 정도 유클리드 기하에서 벗어나 학교에서는 상업 산술, 실용 기하, 항해나 측량을 위한 삼각법 등의 비교적 실용적인 수학 내용을 지도하였다.

무어(Moore, 1862~1932)

1 국제수학교육위원회(ICMI: International Commission on Mathematical Instruction)는 수학교육 연구에 탁월한 업적을 이룬 학자에게 수여하는 Freudenthal 메달과 Klein 메달을 제정하였다. 2004년 7월 국제수학교육회의(ICME: International Commission on Mathematical Educaion)에서 Klein 메달이 처음으로 수여되었다.

미국에서는 1888년에 뉴욕수학회를 조직하고 1894년에 미국수학회로 명칭을 바꾸어 수학교육의 발전을 위하여 노력하였다. 무어는 1902년 이 위원회의 회장으로서 '수학의 기초에 대하여(on the foundations of mathematics)'라는 제목으로 강연하였다. 이 강연으로 미국 내의 수학교육의 개혁 운동이 본격적으로 시작되었다. 무어는 순수수학과 응용수학 사이에 큰 거리가 생긴 이유를 논하면서 초등수학에서도 나타나는 순수수학과 응용수학을 구별하려는 경향에 대하여 비판하고 수학의 실용성을 강조하였다. 또한 학교급별로 구분하여 개선점을 제안하였다. 초등학교에서는 수학을 구체적인 사실과 직접 관련지을 수 있도록 관찰, 실험, 추리의 힘을 기를 것을 강조하고, 구체적인 방법으로 그림 그리기, 종이접기, 모형 제작 등을 통한 직관 기하의 학습 경험과 모눈 칠판이나 모눈종이의 도입을 제시하였다. 중등학교에서는 대수, 기하, 물리를 연결하여 지도할 것을 제안하였다.

무어는 수학개혁을 수행하기 위한 초등학교와 중등학교의 수학 교수·학습 방법으로 실험실법으로 진행하는 것이 필요하다고 주장하였다. 실험실법의 목적으로 과학에 대한 각 학생의 연구 정신을 발달시키고 과학의 기본적인 방법에 대한 가치를 이론적이고 실제적으로 인식하도록 하는 것을 들었다. 또한 대학에서도 실험실법을 채택하여 우수한 중등학교 교사를 양성할 것을 강조하였다. 이러한 무어의 강연은 미국의 수학교육계에 큰 영향을 주었지만 무어가 주장하는 실험실법을 각지에서 채택하지는 않았다.

QUIZ

1. 수학교육 근대화 운동의 의의를 설명하시오.
2. 페리가 추구하는 수학교육의 목적을 쓰시오.
3. 클라인이 중심이 되어 개발한 메란 교육과정을 구성하는 두 축을 쓰시오.
4. 무어가 중등학교 수학교육 개선을 위해 제안한 방안을 설명하시오.

수학교육 현대화 운동

핵심어 | 현대화 운동, 현대수학, 새수학 운동

앞서 살펴본 페리, 클라인, 무어 등에 의한 수학교육 근대화 운동은 여러 나라가 협력을 통하여 수학교육을 개선하는 방향으로 나아가도록 하는 원동력이 되었다. 그러나 그러한 노력은 제1차 세계대전(1914~1918)으로 인하여 성과를 이루지 못하였고 제2차 세계대전(1939~1945)이 끝날 때까지 큰 진전이 없었다. 제2차 세계대전 후 과학기술이 급격하게

진보함에 따라 1950년부터 학교수학의 내용이 시대의 진전에 부합하지 못한다는 반성이 시작되었다. 예를 들어, 1950년과 1956년, 유네스코와 국제교육기관이 공동 주최하여 세계의 진보와 번영을 확보하기 위하여 과학적 기술적인 발전에 따른 수학의 수준을 높이도록 각 나라에 권고하였다.

미국에서도 1952년 학교수학연구회(School Mathematics Study Group: SMSG)가 활동을 시작하였고, 1955년 대학입시위원회(College Entrance Examination Board: CEEB)가 대학 진학을 희망하는 학생이 이수해야 할 현대화된 수학과 교육과정을 편성하기 시작하였다. 그러나 세계적인 수학교육 **현대화 운동**의 직접적인 계기가 된 것은 1957년 10월 소련의 인공위성 스푸트니크 1호의 발사 성공이다. 인공위성 발사 성공으로 수학교육 현대화 운동은 급격하게 활발해지고 세계적인 개혁 운동으로 확산되기 시작하였다. 여기에서는 수학교육 현대화 운동의 요인과 전개 내용에 대하여 살펴본다.

(1) 수학교육 현대화의 요인

제2차 세계대전이 끝난 후 세계 각국은 수학교육의 중요성에 큰 관심을 가지게 되었다. 특히 1958년 미국의 학교수학연구회는 대학입시위원회에서 제시한 '대학 진학을 위한 수학 프로그램'에 근거하여 실험 교과서를 편찬하였다. 이 교과서는 1973년에 시행된 우리나라 제3차 수학과 교육과정에도 큰 영향을 미쳤다. 인공위성 스프트니크의 영향으로 풍부한 재정적 지원을 받은 학교수학연구회의 노력은 미국을 비롯하여 세계적으로 '**새수학 운동**(The New Math Movement)'이라는 이름으로 주목을 받게 되었다.

수학교육 현대화의 요인은 크게 수학의 급격한 발전, 수학의 응용 범위 확대, 자동화된 기술의 혁신과 정보의 혁명, 컴퓨터의 발달 등의 네 가지로 요약된다(박한식, 1982). 각각에 대하여 좀 더 자세히 살펴보면 다음과 같다.

첫째, 20세기 이후에 급격하게 발전한 수학을 들 수 있다. 수학은 현재에도 계속 발전하고 있지만 20세기는 수학의 황금시대라 할 수 있다. 20세기에 창조 및 발견된 수학의 양은 19세기까지 발견한 수학의 양을 능가한다. 또한 제1차 세계대전이 끝날 무렵, 즉 1920년대부터 추상수학에 대한 연구가 성행하였고, 집합과 위상을 기초 개념으로 하는 추상수학이 현대수학의 특징이라고 할 수 있다. 따라서 학교수학도 20세기에 발전한 수학에 부합하도록 변해야 할 필요가 있었다.

둘째, 수학의 확대된 응용 범위를 들 수 있다. 확률론과 통계학의 응용 분야는 물리와 공학뿐만 아니라 생물과학, 사회과학에까지 확대되었다. 예를 들어, 게임 이론은 수학적 흥미를 비롯하여 경제 상황을 설명하고 추구하는 도구로 발전하였다. 선형계획법은 대규모 공장의 운영과 정부 정책 수립에 효율적인 방법을 제공하였으며, 통계학은 효과적인 품질 관리에 이용되었다. 이러한 수학의 응용 분야 확대는 학교수학의 변화를 요구하였다.

셋째, 종래 수공업을 주로 한 생산 공장에 자동화된 기계를 도입한 기술의 혁신이다. 사람들은 손재주로 제품을 만드는 역할에서 자동화된 기계를 관리하는 입장으로 바뀌게 되었다. 즉, 과학기술의 발전으로 사회가 변함에 따라 전문 기술 인력의 수요가 급증하게 된 것이다. 이것은 학교수학을 바꾸어야 할 또 하나의 이유가 되었다.

넷째, 고속화된 전자계산기를 포함한 컴퓨터의 발달이다. 예를 들어, 수십 년이 걸리던 원주율 π의 값을 전자계산기는 단 몇 시간 내에 계산해 내었다. 이러한 전자계산기의 개량과 전자뇌의 발달은 컴퓨터를 이용할 수 있는 프로그래머의 양성을 요구하게 되었다. 컴퓨터의 발달은 학교수학의 내용뿐만 아니라 수학교육에 대한 관점도 바꾸도록 만들었다.

결과적으로 종래의 학교수학 내용이 시대의 변화에 뒤떨어짐에 따라 미국과 유럽이 중심이 되어 세계적으로 학교수학 내용을 보다 현대화하려는 노력을 기울이기 시작하게 되었다. 이는 현대수학에 대한 인식과 과학기술의 비약적인 발전에 적응하려는 시대적인 인식에 기인한 것이다.

(2) 수학교육 현대화 운동의 전개

수학교육 현대화는 각국의 수학자와 수학교육자의 국제적 교류를 통하여 세계적인 규모로 확대되고 강력하게 추진되었다(박한식, 1982). 예를 들어, 국제수학교육위원회는 1962년 21개 국가와의 논의를 바탕으로 '현대수학의 어떤 내용과 현대수학의 어떤 응용 분야가 학교수학의 내용이 될 수 있는가?'라는 문제에 대하여 보고하였다. 이 보고에 따르면 당시 세계 각국의 현대화 교재에 공통으로 도입한 분야는 집합, 기호논리학 입문, 군·환·체·행렬, 확률과 통계 입문 등의 4가지로 나타났다. 이에 따르면 수학교육 현대화 운동의 방향은 고전수학에서 탈피하여 학교수학에 현대수학의 정신을 도입하는 것이라고 볼 수 있다.

미국의 학교수학 개혁은 1959년 대학입시위원회의 수학분과위원회에서 발표한 대학 진학을 위한 수학 프로그램으로 만들어졌다. 이 보고서는 향후 10년간 미국 수학교육의 내용과 방법에 큰 변화를 시도하는 강력한 동력이자 지침이 되었다. 이 보고서의 주된 주장은 전통적인 교과 내용을 재조직하기 위한 능률적인 방법에 대한 것으로, 전 과정에 걸쳐 통일성을 갖추는 것이었다. 이와 같은 시안은 현대수학의 성격을 반영하기 위한 것이다.

학교수학연구회는 대학입시위원회의 제안을 구체화하기 위하여 고등학교 과정 모형을 만들었다. 또한 추상적인 구조화 개념과 과정으로 조직한 고등학교 수학 프로그램을 지원하기 위하여 다양한 내용의 초등학교와 중학교의 프로그램을 제안하였다. 학교수학연구회가 중심이 되어 개발한 중학교 교과서에는 전통적인 중학교 수학의 산술 부분에 추가하여 간단한 기하, 확률, 대수, 수 체계, 계산 체계 등의 내용을 보강하였다. 초등학교 교육과정 현대화는 상대적으로 천천히 진행되었지만 산술 부분에서 전통적인 내용을 수학의 더 광범위한 내용으로 바꾸고자 하였다(강완, 백석윤, 1988).

한편 1960년에 브루너(Bruner)가 출판한 교육과정은 수학교육에서 발견학습 방법에 대하여 활발하게 논의할 수 있는 심리학적 근거를 제공하였다. 피아제(Piaget)의 인지 발달 단계와 가네(Gagné)의 행동 과제 분석 개념은 개별화 교수 방법에 대한 연구의 기초를 제공하였다. 이러한 교육심리학의 발달은 수학교육 현대화 운동에서 수학 지도 방법과 관련하여 많은 영향을 미쳤다.

프랑스의 수학교육 현대화 운동은 듀돈네(Dieudonné)가 주도하였다(박한식, 1982). 듀돈네가 의장으로 진행한 회의에서는 학교수학을 개선하기 위하여 현대수학 도입, 논리적 엄밀성 보장, 대수적 구조와 현대적 방법 중시, 현대수학 접근을 위한 교재 정비 등을 제안하였다. 특히, 듀돈네는 유클리드 기하의 추방을 주장하였으나 후에 이것이 극단적이라는 비판을 받았다. 프랑스의 수학교육 현대화 운동은 벡터를 먼저 배우고 유클리드 기하를 뒤에 다룬 것 등 부분적으로 실패하기도 했지만 대체로 성공적으로 진행되었다고 보고하였다.

이 수학교육 현대화 운동은 페리, 클라인, 무어의 수학교육 근대화 운동과는 큰 차이가 있다. 페리의 강연에서는 추상적이고 이론적인 수학을 피하고 구체적, 직관적, 심리적으로 실용수학을 지도할 것을 주장하였다. 이러한 주장을 계속 추진하면 생활 수학, 생활단원 학습의 수학 지도로 이어진다. 그러나 현대화 운동에서는 수학의 논리적 구조를 중시한다. 학생들의 심리를 중시하는 것은 그대로이지만 실용의 의미가 다르다고 볼 수 있다. 예를 들어, 현대화 운동이 기대하는 수학의 응용은 새로운 분야를 쉽게 이해하고 수용할 수 있도록 하는 수학교육을 지향하고 있다(박한식, 1982).

(3) 새수학 운동에 대한 비판

1960년대의 많은 혁신 프로그램은 수학을 좀 더 학문적으로 공부하려는 우수한 학생들을 위해 계획된 것이었다. 다른 교과 내용과의 조화나 졸업 후 직업에 대비하기 위한 측면보다 수학의 구조 측면이나 경향에 근거하여 학교수학 내용을 선정하고 결정하였다. 그 결과 대부분의 새수학 프로그램은 전통적으로 중·고등학교 수학 내용이었던 실생활에서의 응용보다는 순수수학을 중시하게 되었다. 이와 같은 새수학 프로그램에 반대하여 1960년대 말부터 1970년대 초에 모든 학생의 능력과 필요성을 반영하는 더 적절하고 실제적인 교과 내용이 요구되었다.

새로운 내용, 새로운 교육과정의 구조, 새로운 지도법에 관한 새수학의 계획은 자료 개발, 교사 교육, 프로그램 보완 등과 같은 문제점을 드러냈다. 새수학을 추진하는 개혁 계획 단계에서 새로운 학습 자료의 개발, 자료를 사용하기 위한 교사의 준비, 변화의 필요성에 대한 일반 대중과 수학교육자의 설득 등을 간과하였다. 새수학 운동으로 학교수학의 변화 정도와 그 가치에 대한 평가는 다양하지만, 가장 분명하고 난처한 것은 모든 연령대에서 학생의 수학 선호도가 현저하게 줄어들고 대학 입시와 중학생의 평균 성적이 1960년대 중반부터 점차 낮아지는 조사 결과이었다. 다른 과목의 성적도 하락하고 있음을 지적하며 성적을 새수학 프로그램의 질을 평가하는 지표로 사용하는 적절성에 의문을 제기하기도 하였지만 교육비 상승과 성적 하락은 교육과정 변화의 장점에 대한 논쟁을 불가피하게 만들었다.

수학교육 현대화 운동에 대한 비판의 예를 살펴보면 다음과 같다. 먼저, 클라인(Kline)은 1973년 〈쟈니는 덧셈을 왜 못할까?: 새수학의 실패(Why Johnny Can't Add: The Failure of the New Math)〉라는 저서에서 대중적인 수학교육에 대한 비판적인 시각을 제시하였다. 클라인은 미국의 수학교육에 대한 문제점을 분석하고, 효과적인 수학 학습 방법에 대한 새로운 접근법을 제안하였다. 특히, 학생들이 수학을 이해하는 데 어려움을 겪고 흥미를 잃는 이유의 하나로 학교수학 내용이 지나치게 추상적이고 이론적이며 현실과 관련이 없다고 비판하였다. 이에 클라인은 학생들의 수학 학습에서 직관적인 방식과 경험 중심의 학습, 현실 세계와의 연관성을 강조함으로써 학생들이 수학적 개념을 직관적으로 이해하고 적용할 수 있도록 해야 한다고 주장하였다. 또한 톰(Thom)은 학교수학을 엄밀한 **공리적 방법**으로 다루는 것은 적절하지 않고, 집합과 논리를 결합하는 것도 잘못이라고 비판하였다.

미국수학연합회와 미국수학교사협의회는 1977년 공동으로 대학 진학생을 위한 수학에 대한 설명서를 보고하였다. 이 보고서에서는 1960년대 수학교육에 대한 변화의 필요성을 인정하면서도 혁신적인 방법을 포기하고 전통적인 교육목표와 방법을 강조하도록 주장하였다. 이와 같은 권위 있는 전문가들의 설명과 기본으로 돌아가라는 대중의 요구로 미국식 새수학으로 불리는 초기의 계획에서 후퇴하기도 하였다.

그러나 현재 수학 공동체의 전체적인 반응은 '새수학'을 완전히 배제하는 것이 아니다(박한식, 1982). 대부분의 현재 교과서에서는 여전히 학생들이 수학을 이해하는 데 중요한 기본 개념을 강조하고 있다. 예를 들어, 초등학교 교과서는 집합 표기법과 상관없이 다양한 분류 활동을 포함하고, 대수 및 확률과 통계 단원에서 집합을 사용하고, 곱셈을 학습할 때 교환법칙이 성립한다는 것을 알면 학습이 수월해진다. 집합과 대수적 구조는 대수 교육과정 전반에 큰 역할을 한다.

QUIZ

1 수학교육 현대화 운동이 일어난 요인을 쓰시오.
2 듀돈네가 주도한 수학교육 현대화 운동이 제안한 바를 설명하시오.
3 수학교육 현대화 운동에서 강조한 학교수학의 내용을 쓰시오.
4 클라인(Kline)이 지적한 새수학 운동의 문제점을 쓰시오.

기본으로 돌아가기 운동과 NCTM의 규준

| **핵심어** | 기본으로 돌아가기 운동, 문제해결, NCTM의 규준

(1) 기본으로 돌아가기 운동(The Back-to-Basics Movement)

1970년대 후반에는 '기본으로 돌아가기' 운동이 주목받게 되었다. 이 운동은 1970년대 후반부터 1980년대 초반까지 미국의 교육 방향에 변화를 촉발하였다. 기본적인 학습 내용과 전통적인 학습 방법을 강조하여 학생의 학업 성취를 높이고자 하였다. 이러한 운동을 반영한 교과서에서는 계산 연습을 주로 구성하고 확률과 같은 흥미로운 주제를 마지막에 추가하였다. 기본으로 돌아가기 운동과 동시에 고등학교 졸업을 위한 주요 과목 이수 요건을 강화하고 최소한의 역량 검사를 도입하여 학생의 학습 성과를 관리하였다. 그러나 이 운동은 학생들의 창의성과 **문제해결** 능력을 저하하고 교육의 다양성이 부족하다는 비판을 받았다.

미국수학교사협의회(National Council of Teachers of Mathematics; NCTM)는 1980년에 '80년대를 위한 과제(An agenda for action)'를 발표하여 기본으로 돌아가기 운동에 대응하였다(Heutinck & Munshin, 2008). 미국의 표준화 시험 결과를 토대로 수학적 추론에 의존하는 현실 세계 및 학업 상황의 문제를 해결하는 데 필요한 수학으로 계산 능력만으로는 부족하다고 주장하였다. 기본적인 기능이 중요할지라도 학생들이 문제 상황에 이를 적용할 수 없다면 무용지물이라고 지적하였다. 이에 학교수학의 중요한 부분으로 수학자, 과학자, 직장인 등의 현실적인 문제해결 경험을 제안하였다. 이 제안의 핵심은 문제해결 능력이다.

(2) NCTM의 규준

미국수학교사협의회는 1989년 '학교수학을 위한 교육과정과 평가 규준(Curriculum

and assessment standards for school mathematics)'이라는 문서를 발표하였다. 이는 수학교육에 영향을 받는 다양한 집단의 의견과 피드백을 수렴함으로써 폭넓은 합의를 통해 개발되었다. 이 문서가 지닌 '새수학'과의 가장 큰 차이점은 수학교육 개혁의 방향이 모든 학생에게 의미가 있도록 설정하였다는 점이다. 또한 교수·학습에 대한 현대적인 연구를 기반으로 지식 전달 방식에 대한 변화와 학생들의 적극적인 학습 참여를 강조하였다. 고등학교 수준에서는 후속서인 〈핵심 교육과정(The core curriculum)〉에서 모든 학생을 위한 핵심 내용으로 대수, 기하학, 확률 및 통계 등의 수학 주제를 포함하였다. 21세기를 위한 기본 기능에 문제해결, 비판적 사고, 정보 기반 의사 결정을 위한 기초로서 데이터 분석 방법 등을 포함하였다(Heutinck & Munshin, 2008).

위 문서에 이어 NCTM은 1991년에 '수학교육을 위한 전문성 규준(Professional standards for teaching mathematics)'이라는 문서를 발표하여, 성취 결과를 달성하는 데 필요한 교실 환경의 변화, 현장교사와 예비교사의 전문성 개발, 협력 모델과 자기 평가를 강조하는 교사의 평가 과정 등을 다루었다. 이후에도 1995년과 2000년에 각각 규준 문서, '학교 수학을 위한 평가 규준(Assessment standards for school mathematics)'과 '학교 수학을 위한 원리와 규준(Principles and standards for school mathematics)'을 발표하여 질 높은 수학교육에 기여하였으며 21세기 모든 학생을 위한 수학교육이라는 기본 목표를 지속적으로 추구하였다(Heutinck & Munshin, 2008).

이상과 같이 1980년대와 1990년대 수학교육은 다양한 이론과 모델을 바탕으로 복합적인 양상으로 전개되었다(황혜정 외, 2023). 1990년 이후 현재 수학교육에서는 문제해결, **구성주의**, 수학 학습 이론, 공학 도구의 활용, 현실주의적 수학교육, 교수학적 상황론, 수학 교과 역량 함양 등을 강조하고 있다.

QUIZ

1 기본으로 돌아가기 운동의 주된 강조점과 문제점을 설명하시오.

2 미국수학교사협의회에서 1980년에 발표한 제안의 핵심을 요약하시오.

3 미국수학교사협의회에서 1989년에 발표한 규준의 내용과 새수학 운동 가장 큰 차이점을 설명하시오.

참고문헌

강완, 백석윤(1988). 초등수학교육론. 동명사.

박한식(1982). 수학교육사. 교학사.

황혜정, 나귀수, 최승현, 박경미, 이재훈, 서동엽(2023). 수학교육학신론 1. 문음사.

Huetinck. L. & Munshin, S. N. (2008). Teaching mathematics for the 21st century: Methods and activities for grades 6-12. New Jersey: Pearson Prentice Hall.

Kline, M. (1973). Why Johnny can't add?: The failure of the new math. New York: St. Martin's Press.

Thom, R. (1973). Modern mathematics does it exist?, A. G. Honvson (ed.), Developments in mathematical education, Cambridge at the uninersity Press, pp. 194-209.

CHAPTER

03

수학교육 철학

둘러보기

1절 절대주의

절대주의는 절대적 진리로서의 수학의 존재성을 인정하는 수리철학으로, 플라톤주의로부터 시작되어 수학기초론으로 이어진다. 수학에 대한 플라톤주의는 추상적인 수학적 대상이 인간의 의식과는 독립적으로 이상적인 세계에 실존하며, 수학을 한다는 것은 이미 존재하는 수학적 대상들 사이의 관계를 발견하는 과정이라고 보았다. 수학기초론은 20세기 초에 나타난 철학사조로 수학의 본질을 밝히려고 노력한 논리주의, 직관주의, 형식주의로 나누어질 수 있다.

2절 준경험주의

20세기 초반 이후부터 '수학이란 무엇인가'라는 수학 자체의 본질에 대한 다양한 문제 제기와 연구가 이루어졌지만, 명확한 결론에 이르지 못하였다. 이러한 시점에 라카토스는 비판적 오류주의의 관점에서 수학적 지식의 성장과 발달을 규명하였다. 준경험주의자인 라카토스는 수학적 지식의 성장 과정을 추측의 제기 → 추측을 부분추측으로 분해하기 → 반례를 이용하여 추측이나 부분추측 반박하기 → 반박된 추측이나 부분추측 개선하기의 네 단계로 제시하였다.

3절 구성주의

구성주의는 지식이 전수되는 것이 아니라 학습자가 내적 인지 구조를 재구조화함으로써 학습자 스스로 능동적으로 구성해 간다는 관점을 갖는다. 구성주의는 지식의 구성에 대한 관점에 따라 조작적 구성주의, 급진적 구성주의, 사회적 구성주의로 구분된다.

01 절대주의

절대주의

| 핵심어 | 플라톤주의, 수학기초론

수리철학(philosophy of mathematics)은 '수학은 무엇인가?', '수학의 본질은 어떻게 설명할 수 있는가' 등을 다루는 철학의 한 분야이다. 18세기까지 약 2000년 동안 수학적 지식은 절대적으로 확실하고 의문의 여지가 없는 객관적인 유일한 학문이라는 절대주의 관점의 **플라톤주의**가 지배적이었다.

이후 19세기에는 철학과 과학 분야에서 경험론적인 경향이 나타나고, 합리주의적 수학 이론의 플라톤주의적 측면에 대한 지지가 약해지면서 20세기 초에는 플라톤주의적 요소 없이 수학을 설명하려는 시도가 이루어졌다. **논리주의**, **직관주의**, **형식주의**로 대표되는 **수학기초론** 학파에서는 수리철학의 역할을 수학 지식에 체계적이고 절대적으로 안전한 기초를 제공하는 것이라고 보고 이러한 관점을 정당화하고자 했다.

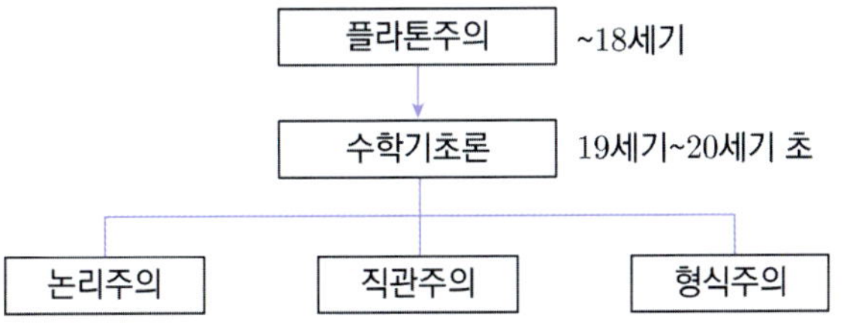

[그림 3-1-1] 절대주의의 흐름

[그림 3-1-2]는 라파엘로가 1511년에 완성한 〈아테네 학당(Scuola di Atene)〉으로, 이 작품을 통해 절대주의의 대표자인 소크라테스, 그의 제자인 플라톤과 아리스토텔레스를 비롯하여 유클리드, 피타고라스와 같은 학자들의 철학을 엿볼 수 있다.[1] 그림의 중심에 있

1 라파엘로는 〈아테네 학당〉 작품에서 플라톤과 아리스토텔레스를 중심에 위치시키고 나머지 학자들은 두 인물을 중심으로 좌우로 나누어 계단 위아래 곳곳에 배치하였다. 그림에서 플라톤은 오른손을 들어 손가락으로 하늘을 가리키고 있는데, 이는 사물의 본질은 현실이 아닌 이데아의 세계에 존재한다는 플라톤의 사상을 드러낸다. 이와 대조적으로 아리스토텔레스는 오른손 바닥을 땅을 향해 뻗고 있는데, 이는 사물의 본질은 사물 안에 내재하고 있기 때문에 현실에 실제로 존재하는 것을 경험적으로 탐구하는 것이 중요하다는 아리스토텔레스의 철학을 보여준다. 한편 소크라테스는 플라톤의 좌측에서 여러 사람들과 논쟁을 하고 있는데 이 모습은 대화를 통해 상대가 스스로 진리를 깨닫도록 한 소크라테스의 모습을 상상하게 한다. 이 밖에도 이 작품 속에는 피타고라스, 유클리드를 비롯하여

는 플라톤과 아리스토텔레스로 구별되는 이상주의와 현실주의는 이후 수리철학 전반에 영향을 주었다.

[그림 3-1-2] 아테네 학당(라파엘로 1511년 작)

플라톤주의와 소크라테스의 산파법

| 핵심어 | 플라톤주의, 이데아, 상기, 산파법

수학에 대한 플라톤주의(mathematical platonism)는 추상적인 수학적 대상이 인간의 의식과는 독립적으로 이상적인 세계에 실존하며, 수학을 한다는 것은 이미 존재하는 수학적 대상들 사이의 관계를 발견하는 과정이라고 보았다. 이것은 플라톤주의의 이분법적 사고에 따른 것이다.

플라톤주의는 존재의 세계가 사고의 대상으로 이루어진 위의 세계와 감각 경험의 대상인 아래의 세계로 이루어진다고 보면서, 위의 세계의 대상을 **이데아**(idea)라고 불렀다. 이데아는 플라톤주의의 핵심 개념으로, 육안이 아니라 영혼의 눈으로 볼 수 있는 형상을 말하며 선의 이데아를 최고의 것으로 보고 현실 세계는 이데아를 본떠서 만든 것으로 보았다.

플라톤주의는 인간도 이분법적으로 물적 기원을 갖는 육체와 신적 기원을 갖는 영혼으로 구성된다고 하였다. 이때 영혼은 육체로 들어오기 전에 이데아계에 선재하여 모든 것을 알고 있으며, 인간은 감각 경험을 단서로 이데아에 관한 지식을 **상기 또는 회상**한다고

최초의 여성 수학자인 히파티아의 모습도 담겨 있다.

보았다. 수학적 대상도 이데아와 같은 것으로 이미 존재하므로, 인간은 수학을 발명할 수가 없으며 이미 있는 수학적 존재를 발견하는 것이라고 보았다.

플라톤주의에서의 수학에 대한 관점은 유클리드 원론에서 잘 드러난다. 유클리드 원론에서는 점을 부분이 없는 것으로 정의하지만 현실 세계에는 부분이 없는 점이란 존재하지 않는다. 종이에 나타낸 점은 아무리 작게 그려도 크기를 갖기 때문에 유클리드 원론에서 정의한 점은 현실 세계에는 찾을 수 없는 이데아의 대상이다. 수학적 지식은 이러한 완전한 대상에 대한 지식이므로 다른 대상에 대한 인식보다 더 확실한 지식으로 여겨진다. 또한 유클리드 원론은 참으로 설정해둔 정의, 공리, 공준을 바탕으로 새로운 정리를 증명해 가면서 계속해서 참인 정리를 추가해가는 **공리적 방법**으로 작성되었는데, 이러한 점에서 유클리드 원론은 수학적 지식을 절대적으로 확실한 진리라고 보는 절대주의의 집약체라 볼 수 있다.

이러한 절대주의의 관점은 플라톤의 대화편 〈메논(Menon)〉을 통해 확인할 수 있다. 소크라테스에 의하면 인간의 영혼은 새로운 육체를 빌려 거듭 태어나는 불멸의 존재로 모든 지식을 잠재적인 상태로 가지고 태어나며, 이로 인해 인간은 가변적이고 불안정한 의견을 가지게 된다. 이 불안정한 의견을 논박하여 무지를 자각시킴으로써 탐구심을 유발시켜 진정한 지식을 마치 산파가 아기를 받아내듯이 상기시켜 알아낼 수 있다고 하였다.

메논은 당시 소피스트에 의해 제기된 **탐구불가능설**을 주장했는데, 소크라테스는 영혼불멸설과 지식의 상기설을 통해 이를 반박하였다. 소크라테스는 메논의 집에서 일하는 노예 소년에게 '**산파법**'으로 알려진 **대화법**(Socratic debate)을 통해 '주어진 정사각형 넓이의 두 배가 되는 넓이를 갖는 정사각형'을 구하는 과정을 안내하였다.[2]

소크라테스 : 얘야, 너는 이런 도형이 정사각형이라는 것을 알고 있느냐?

노예 소년 : 네, 알고 있습니다.
소크라테스 : 그리고 너는 정사각형의 네 변이 모두 같다는 것을 알고 있느냐?
노예 소년 : 물론입니다.
소크라테스 : 그리고 이 정사각형의 중심을 가로질러 그은 이 선들도 서로 같겠지?

2 산파법 원문 및 그림 출처:
https://upload.wikimedia.org/wikipedia/commons/d/d3/Meno82b-85d.svg

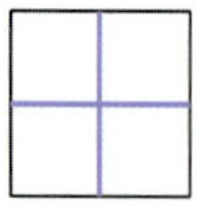

노예 소년 : 그렇습니다.

소크라테스 : 어떤 크기의 정사각형에 대해서도 그렇겠지?

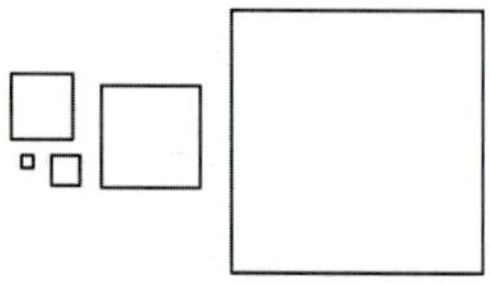

노예 소년 : 그렇습니다.

소크라테스 : 그리고 만약 한 변의 길이가 2피트, 다른 변도 길이가 2피트라면, 전체 넓이는 얼마일까? 내가 설명해줄게. 한 방향에서 길이가 2피트이고, 다른 방향에서 길이가 1피트라면, 이 넓이는 2피트가 한번 더해지는 것이지?

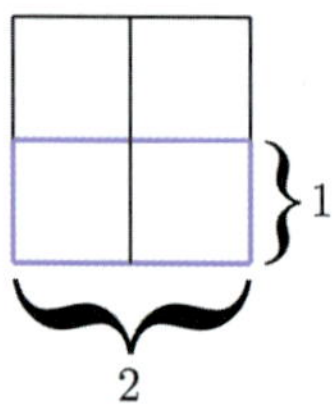

노예 소년 : 그렇습니다.

소크라테스 : 그런데 이 변의 길이도 2피트니까, 2피트가 두 번 있는 것이지?

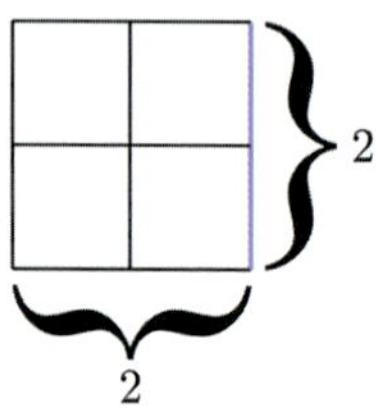

노예 소년 : 그렇습니다.

소크라테스 : 그렇다면 정사각형의 넓이는 2피트의 두 배가 되겠지?

노예 소년 : 그렇습니다.

소크라테스 : 그럼, 2피트의 두 배는 얼마이냐? 계산해서 말해 보아라.

노예 소년 : 4입니다.

소크라테스 : 그럼 이 정사각형의 넓이가 2배가 되는 다른 정사각형이 있을 수 있겠지? 그 정사각형도 네 변이 같을 거야.

노예 소년 : 그렇습니다.

소크라테스 : 그 정사각형의 넓이는 몇 피트가 될까?
노예 소년 : 8입니다.
소크라테스 : 이제 그 정사각형의 변의 길이가 얼마일지 말해보렴. 이 변의 길이가 2피트인데, 그 두 배 크기의 정사각형의 변은 얼마가 될까?
노예 소년 : 분명히, 소크라테스, 그것은 두 배가 될 것입니다.

노예 소년이 구하는 정사각형의 변의 길이가 처음 정사각형의 변의 길이의 두 배라는 불안정한 의견을 제시하자, 소크라테스는 메논에게 다음과 같이 말한다.

소크라테스 : 메논, 내가 이 소년에게 아무것도 가르치지 않고 단지 질문만 하고 있다는 것을 눈치챘는가? 그리고 지금 이 소년은 넓이가 8인 도형을 만들기 위해 필요한 한 변의 길이를 알고 있다고 생각하고 있지 않은가?
메논 : 네, 그렇습니다.
소크라테스 : 그런데 이 소년은 정말로 알고 있는가?
메논 : 물론 그렇지 않습니다.
소크라테스 : 이 소년은 정사각형의 넓이가 두 배가 되었으니 변의 길이도 두 배가 될 것이라고 단지 추측하고 있네.
메논 : 그렇습니다.
소크라테스 : 이 소년이 순서대로 상기하는 모습을 지켜보게.

이후 노예 소년은 소크라테스의 논박을 통해 무지를 자각하게 되고, 그 순간 진정으로 알고자 하는 탐구심을 갖게 된다.

소크라테스 : 정확히 말해보거라. 계산하지는 않아도 되고, 그림으로 나타내어 보렴.
노예 소년 : 신이시여! 소크라테스님, 저는 모르겠습니다.
소크라테스 : 메논, 자네는 이 아이의 상기가 어느 단계까지 이르렀는지 알겠는가? 이 아이는 처음에도 몰랐고 지금도 8피트 넓이의 도형의 변의 길이를 모르고 있지만, 처음에는 자신이 아는 것처럼 확신을 가지고 대답했고 아무런 곤란을 느끼지 않았었네. 그런데 이제는 곤란을 느끼고 있고, 모르는 것을 모른다고 말하기에 이르렀네.
메논 : 그렇습니다.
소크라테스 : 이 소년이 자신의 무지를 아는 것이 그 전에 비하여 더 낫지 않은가?

메논 : 그렇다고 생각합니다.
소크라테스 : 우리가 소년을 혼란스럽게 하고 어리둥절하게 만들기는 했지만, 이것이 그에게 해를 끼친 것이라고 생각하는가?
메논 : 그렇지는 않은 것 같습니다.
소크라테스 : 확실히, 우리는 이 소년이 진리를 발견하는 데 어느 정도 도움을 준 것 같군. 이제 이 소년은 자신의 무지를 바로잡고 싶어할거야. 이전에는 넓이가 두 배이면 변의 길이도 두 배가 되어야 한다고 세상에 대고 반복해서 말하려 했던 것과는 달리 말이지.
메논 : 맞습니다.
소크라테스 : 이 소년이 스스로 모른다는 것을 알기 전에는 무언가를 배울 가능성이 있었겠는가?
메논 : 그렇지 않았을 것 같습니다, 소크라테스.
소크라테스 : 그렇다면 우리가 이 아이에게 준 곤혹감은 이 아이를 위해 좋은 것 아닌가?
메논 : 그렇게 생각됩니다.
소크라테스 : 이제 무슨 일이 일어나는지 주의 깊게 지켜보게. 나는 소년을 가르치지는 않고 단지 질문만 할 것이며, 그와 함께 탐구해나갈 것이네.

소크라테스는 노예 소년이 '주어진 정사각형 넓이의 두 배가 되는 넓이를 갖는 정사각형'이 처음 주어진 정사각형의 대각선으로 이루어진 정사각형임을 상기하도록 하는 대화를 마친 뒤([그림 3-1-3] 참조), 메논에게 다음과 같이 말한다.

소크라테스 : 메논, 자네는 어떻게 생각하는가? 이 소년의 대답은 모두 스스로의 생각에서 나온 것 아니었는가?
메논 : 네. 모든 대답은 소년 스스로 한 것이었습니다.
소크라테스 : 그렇지만 우리가 아까 말했던 것처럼, 그는 처음에는 알지 못했었지?
메논 : 맞습니다.
소크라테스 : 그럼에도 불구하고 그는 그런 의견들을 가지고 있었던 것이지?
메논 : 그렇습니다.
소크라테스 : 그렇다면 현재 무지한 사람도 자기가 알지 못하는 것에 대해 올바른 의견을 가질 수 있는 것이 아닌가?
메논 : 그렇게 보입니다.
소크라테스 : 현재 이러한 의견들은 소년 안에서 꿈결처럼 막 자극을 받은 상태이네. 만약 이 소년이 여러 가지 방법으로 같은 질문을 자주 받게 된다면, 결국 그는 누구

못지않게 정확하게 알게 될 것이 아닌가?

메논　　　: 그럴 것 같습니다.

소크라테스 : 아무도 가르치지 않고 단지 질문만 하는데, 스스로 머릿속에 있던 지식을 알게 되는 게 아닌가?

메논　　　: 그렇습니다.

소크라테스 : 그렇다면 스스로 자기 자신 속에 있는 지식을 끄집어내는 것을 상기(想起)라고 할 수 있지 않겠는가?

메논　　　: 그렇습니다.

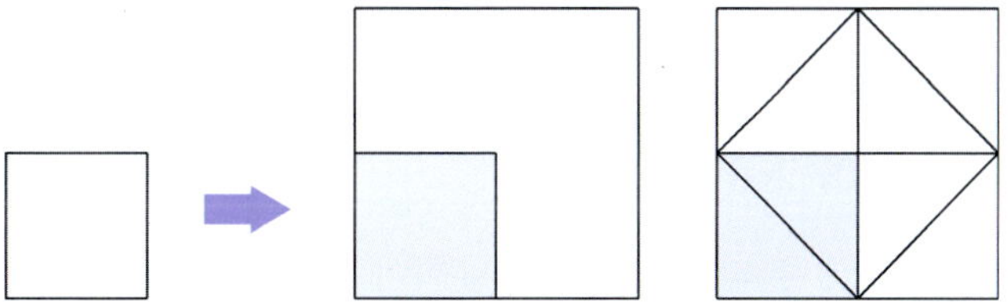

[그림 3-1-3] 산파법에서의 문제해결과정

산파법이라고 불리는 소크라테스와 노예 소년의 문답식 대화는 기록으로 남아있는 역사상 최초의 수학 수업의 사례로, 산파법의 흐름은 [그림 3-1-4]와 같다. 산파법은 학생의 사고 활동을 중시하지만 수업의 주도권이 교사에게 있다는 특징이 있다. 소크라테스는 노예 소년에게 철저하게 계획된 질문을 통해 기하학적 지식을 알려주었는데, 이는 수학이 연역적이고 객관화된 수학 지식이라 할지라도 교사는 사고 실험을 통해 학생을 발견으로 이끌 수 있어야 함을 시사한다.

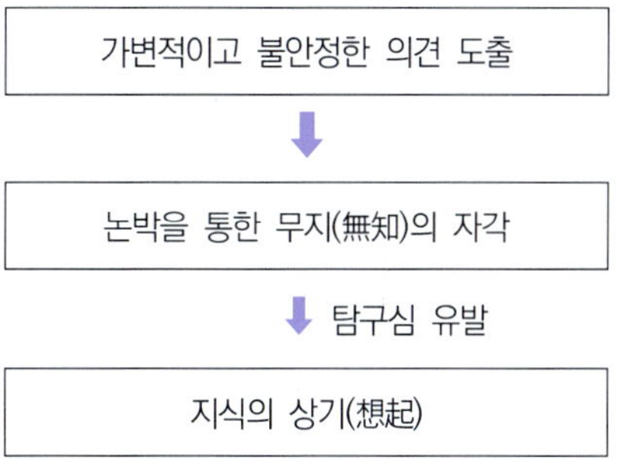

[그림 3-1-4] 산파법의 흐름

QUIZ

1 소크라테스의 산파법과 그 의의에 대해 설명하시오.

수학기초론: 논리주의

| **핵심어** | 논리주의, 러셀의 역설

러셀(Russell, 1872~1970)

논리주의(logicism)는 순수 수학을 논리의 일부로 보는 학파로 수학을 논리로 환원하려는 시도를 했는데, 수학의 존재론적 문제에 대해서 논리학은 중립적이기 때문에 당시 반플라톤주의적 분위기와 조화를 이루어 지지를 받았다.

논리주의는 모든 수학이 논리적인 용어로 표현되고 논리적인 원리만으로 증명될 수 있다면, 수학적 지식의 확실성은 논리의 확실성으로 환원될 수 있기 때문에 논리를 통해 진리의 확실한 기초를 제공할 수 있다고 보았다. 즉, 논리학의 의심할 여지가 없는 확실성을 통해 수학은 확실성을 가지며, 증명은 논리의 공리와 추론 규칙을 통해 수학적 지식을 정당화하는 장치가 된다는 입장을 갖는다.

수학을 논리로 환원할 수 있다는 생각은 라이프니츠(Leibniz)로 거슬러 올라가는데, 이는 19세기에 데데킨트(Dedekind)와 페아노(Peano)에 의해 수학 이론의 기본 원리가 명확해지고 프레게(Frege)에 의해 논리학의 원리가 밝혀지면서 구체화되었다. 프레게는 수학이 어떻게 논리로 환원될 수 있는지를 보여주는 데 그의 학문적 삶의 대부분을 바쳤으나, 이후 러셀(Russell)이 프레게에게 보낸 유명한 편지에 제시된 **러셀의 역설**[3]을 통해 좌절하게 된다.

이후 러셀은 자신의 역설을 타파하기 위해 화이트헤드(Whitehead)와의 공저 〈수학 원리(Principia Mathematica)〉에서 '유형 이론(type theory)'을 제시했는데, 이는 기존의 집합으로부터 새로운 집합을 구성하면 유형(type)이 달라진다고 보아 역설을 벗어날 수

3 러셀이 1901년에 칸토어의 논문을 검토하는 과정에서 이 역설을 발견하였다. 이는 산술의 기본 법칙과 칸토어의 집한론의 논리 체계가 모순을 가진다는 것으로, 칸토어의 집합론에서 원소 관계만을 이용해 정의한 집합 $X=\{x \mid x \notin x\}$를 생각할 수 있다. 이때 이 집합의 정의로부터 $x \in X \Leftrightarrow x \notin x$가 성립하는데, 이때 X 자체에 대해 살펴보면 $X \in X \Leftrightarrow X \notin X$이기 때문에 모순이 유도된다는 것이다. 이는 이발사의 역설 등으로 각색되어 알려져 있다.

있다는 것이었다. 그러나 이런 유형론을 받아들일 경우, 정수의 집합으로부터 이들의 몫으로 구성된 유리수의 집합은 유형이 다르므로 원칙적으로 정수와 유리수를 연산할 수 없게 되는 등의 문제가 발생하여 새로운 공리를 도입해야 하는 문제가 발생하게 되었다.

후에 러셀은 'if~then' 주의라는 약화된 논리주의로 물러서면서 수학은 'A→T' 형태의 조건 명제로 구성되어 있다는 주장을 통해 모든 수학적 진리가 논리적 증명에 의해 정리로 확립됨을 보이려고 했다. 그러나 이는 수학이 가설 연역 체제임을 인정하는 것과 같고, 모든 수학적 진리가 조건 명제로 표현될 수 없기 때문에 이 역시 실패로 돌아갔다.

논리주의자들의 노력과는 별개로, 괴델(Gödel)은 불완전성의 정리를 통해 연역적 증명이 모든 수학적 진리를 입증하는데 불충분하다는 것을 보였고, 수학적 공리를 논리의 공리로 성공적으로 환원하더라도 모든 수학적 진리를 유도하기에는 충분하지 않음을 보였다. 이로써 수학적 지식의 확실성을 논리의 확실성으로 환원하고자 한 논리주의자의 시도는 실패했으며, 논리는 수학적 지식의 확실한 기초를 제공하지 않는다는 결론에 도달하게 되었다.

QUIZ

1 논리주의는 수학적 지식의 확실성을 어떻게 보이고자 했는지 설명하시오.

수학기초론: 직관주의

| **핵심어** | 직관주의, 구성의 과정

브라우어(Brouwer, 1881~1966)

직관주의(intuitionism)는 수학자 브라우어(Brouwer)로부터 시작되었는데, 객체에 대한 칸트의 관점에서 영감을 받았다. 직관주의에서 수학은 **직관**을 바탕으로 인간의 정신 활동을 통해 구성해 가는 과정으로, 수학적 사고는 경험과는 독립적으로 직관을 기본으로 하여 스스로의 세계를 만들어 가는 정신적 **구성**의 과정이라고 보았다. 이때 직관은 선험적인 내적 경험을 말하며, 구성은 즉각적인 확신이나 유한 번의 단계로 실제를 표현하는 방법을 제시하거나 원하는 정도만큼 정확히 실제를 계산하는 방법을 제시하는 것을 말한다.

직관주의는 자연수, 실수, 증명과 정리, 수학적 의미도 정신적 구성의 결과이며, 이러한 수학적 구성은 이상적인 수학자에 의해 생성된다고 보았다. 그러나 이상적인 수학자도 임의의 크고 유한한 초기 부분을 완성할 수는 있지만, 무한 구성은 결코 완성할 수 없기 때문에, 자연수처럼 시간에 따른 연속적인 구성이 가능한 경우에 한하여 구성이 가능하다는 입장을 갖는다.

직관주의는 직관적으로 안전한 구성적 방법으로 수학적 지식을 이끌어냄으로써 수학의 확실한 기초를 제공할 수 있다고 보았으며, 이때 증명은 수학을 참으로 인정하게 만드는 유한 번의 구성을 할 수 있다는 것을 보이는 역할을 한다.

이러한 직관주의자의 견해를 따르면 논리주의에서와 같은 역설이나 모순은 피할 수 있지만 구성적인 증명을 제시할 수 없는 것은 모두 버려지게 되며, 미적분학, 실변수함수론 등의 많은 수학적 지식을 포기해야 하는 상황에 직면하게 되었다.

20세기의 첫 10년 동안 수학계의 일부는 고전 수학에 대한 직관주의적 비판과 직관주의 학파가 제안하는 대안에 공감했으나, 고등 수학에서 직관주의적 대안이 고전 이론과 상당히 다르다는 것이 명백해지면서 이러한 상황은 바뀌게 되었다. 직관주의를 비판한 힐베르트(Hilbert)는 '귀찮다고 우리의 가장 귀중한 보물 대부분을 포기하려 한다'고 하였다. 그럼에도 불구하고 브라우어의 추종자들은 여전히 수학을 한다는 것은 그것을 정신적으로 구성한다는 관점을 따르면서 오늘날까지도 계속해서 직관주의 수학을 발전시켜 오고 있다.

QUIZ

1 직관주의는 수학적 지식의 확실성을 어떻게 보이고자 했는지 설명하시오.

수학기초론: 형식주의

핵심어 | 형식주의, 독립성, 무모순성, 완전성, 괴델의 불완전성의 정리

형식주의(formalism)에서는 수학은 형식적 언어와 추론의 형식적 규칙을 바탕으로 순수하게 유한한 논법을 바탕으로 증명함으로써 확실한 대상이 된다고 보았다. 형식주의의 대표적인 학자인 힐베르트는 자연수가 수학에서 기본이 된다는 직관주의자들의 의견에 동의했지만, 직관주의자들과 달리 자연수를 정신적 구조로 받아들이지 않았다. 그 대신 자연수가 기호로 간주될 수 있다고 주장하였다.

또한 힐베르트는 집합론의 역리가 수학의 정의와 증명에서 정확성과 엄밀성의 부족으로 생긴다고 보고, 수학을 엄밀한 방법으로 **독립성**과 **무모순성**을 지닌 완전한 공리 체계로 구

성하고자 시도하였다.

힐베르트(Hilbert, 1862~1943)

힐베르트가 제안한 엄밀한 방법은 수학을 해석되지 않는 완전한 형식 체계로 보는 것이다. 수학을 형식 체계로 보면, 명제는 형식적인 추론 규칙에 따라 이루어지는 의미 없는 기호의 유한 번의 연결로 간주된다. 수학을 추상적인 기호를 다루는 형식 체계로 보면, 기호가 의미하는 것은 전혀 문제가 되지 않으며 기호를 다루는 규칙 체계가 건전한가 하는 문제만 남게 된다. 기호가 의미하는 것이 문제가 되지 않으므로 그 기호를 다른 기호로 나타내도 상관이 없다. 그리고 이 형식 체계는 체계 내에서 모순이 발생하지 않을 것이라는 '무모순성'과 공리 체계 내에서 모든 명제가 증명 가능하거나 반증 가능함을 보일 수 있는 **'완전성'**이 입증되어야 한다.

한편 1931년 괴델(Gödel)은 어떤 명제가 참인지 거짓인지를 주어진 공리들만으로 결정할 수 없는 '결정 불가능한 명제'가 존재하며, 이를 통해 형식 체계의 완전성과 무모순성의 요건을 만족시킬 수 없음을 보였다. 괴델의 **'불완전성의 정리'**는 다음과 같다.

1) **괴델의 첫째 정리**(완전성에 대한): 자연수론을 포함하는 무모순인 모든 형식적 공리계 A에 대해, A에는 결정 불가능한 명제들이 존재한다. 즉, A안에는 G 또는 ~G를 증명할 수 없는 명제 G가 존재한다.
2) **괴델의 둘째 정리**(무모순성에 대한): 자연수론을 포함하는 모든 형식적 공리계에 대해, 그것의 무모순성을 증명할 수 없다.

괴델은 증명하는 문장을 가장 자명하다고 인정되는 자연수로 바꾸는 방법, 즉 수가 아닌 문장이나 기호를 숫자에 대응시키는 방법을 찾아냈다. 예를 들어 'p가 아니거나 q이다'라는 문장은 문자와 기호를 사용하여 $\sim p \vee q$로 나타냈으며, 각각의 기호에 다음과 같이 숫자를 대응시켰다. 여기서 ~은 3, p는 10, ∨는 2, q는 11에 대응된다.

∧,	∨,	~,	=,	+,	x,	∋,	x,	y,	p,	q,	a,	(,	),	…
↓	↓	↓	↓	↓	↓	↓	↓	↓	↓	↓	↓	↓	↓	↓
1,	2,	3,	4,	5,	6,	7,	8,	9,	10,	11,	12,	13,	14,	…

이때 소인수분해의 일의성을 적용하여 문장을 하나의 수로 바꾸고자 하였다. 소수를 2, 3, 5, 7, 11, 13, …과 같이 나열한 뒤에 기호에 해당하는 수를 소수의 지수로 하여 소수의 곱으로 나타내면 'p가 아니거나 q이다'는 $2^3 \cdot 3^{10} \cdot 5^2 \cdot 7^{11}$으로 나타낼 수 있다. 이처럼 모

든 논리식의 문장을 하나의 수로 바꿀 수 있는데, 그 수를 '괴델수'라고 부른다. 괴델은 '괴델수 x를 갖는 명제는 증명할 수 없다'라는 명제의 특별한 경우가 증명될 수 없음을 보였다(심아정, 2017).

괴델의 불완전성의 정리는 힐베르트 프로그램의 실패를 의미하지만 형식주의의 종말을 의미하지는 않는다. 불완전성의 정리에도 불구하고 수학은 형식 체계의 과학이라는 주장은 여전히 일관성이 있다. 수학기초론 학파의 시도가 실패로 돌아가면서 오랜 시간 동안 인간의 지식 중 가장 확실한 부분이자 기초로 여겨져 왔던 수학의 확실성이 흔들리게 되었고, 이로 인해 인간은 어떠한 확실한 지식도 갖지 못할 것이라는 두려움도 나타났다. 그러나 지식의 불확실성은 현재 모든 학문 분야에서 받아들여지고 있으며, 수학의 확실성의 포기는 현재까지 창조한 수학을 넘어 미지의 세계로 나아가는 계기를 마련하였다.

QUIZ

1 형식주의는 수학적 지식의 확실성을 어떻게 보이고자 했는지 설명하시오.

02 준경험주의

수학적 지식과 성장

| 핵심어 | 비판적 오류주의, 준경험주의, 수학적 지식의 성장 과정

20세기 초반 이후부터 '수학이란 무엇인가'라는 수학 자체의 본질에 대한 다양한 문제 제기와 연구가 이루어졌다. 예를 들어, 수학 문제는 모두 해결이 가능한지, 수학 체계는 완벽한지 또는 수학적 지식은 수학자들의 연구 결과를 통해 축적되고 누적되는지 아니면 유기체처럼 성장하고 발전하는지 등과 같은 수학의 기초에 관련된 문제가 탐구되었다.

라카토스(Lakatos, 1976)는 **비판적 오류주의**의 관점에서 수학적 지식의 성장과 발달을 규명하였다. 비판적 오류주의에서는 지식의 성장을 추측과 반박의 과정으로 설명하며, 지식은 플라톤이 생각하는 것과 같이 절대적인 확실성을 갖지는 않는다고 보았다. 비판적 오류주의에서는 주변 대상들이 불변적인 고정된 형태로 존재하는 것이 아니라, **변증법**에서 주장하는 것과 같이 끊임없이 변화하고 발전하는 존재로 여긴다. 그러므로, 주변 대상, 현상에 대한 지식도 잠정적일 수밖에 없다는 것이다.

라카토스는 수학적 지식이 절대적인 확실성을 가진 진리가 아니며, 언제든지 **반례**가 발견될 수 있는 추측이라고 생각했다. 이때, '수학을 한다'는 것에는 추측을 만들어 증명하고, 추측과 증명에 대한 반례를 찾아내고, 발견된 반례에 견딜 수 있는(발견된 반례가 더 이상 반례가 되지 않는) 개선된 추측을 만들어 기존의 추측을 대체하는 활동이 포함된다.

라카토스는 수학적 지식의 본질은 참임이 증명된 확실한 지식의 축적에 의해서가 아니라, 추측의 제기 → 추측의 증명(추측을 부분추측들로 분해하기) → 반례를 이용하여 추측이나 **부분추측**을 반박하기 → 반박된 추측이나 부분추측을 개선하기의 과정을 통해 성장하는 것으로 생각했다. 라카토스의 이러한 생각은 **오류주의** 또는 **준경험주의**라고 불리며, 〈Proofs and Refutations〉라는 책에 기술되어 있다.

추측과 증명

| 핵심어 | 추측, 증명, 증명-분석, 부분추측, 보조정리

일반적으로 추측은 귀납적인 방식으로 얻는다고 생각한다. 라카토스는 귀납적으로 얻은 추측을 소박한 추측, 연역적 방식으로 얻은 추측을 **연역적 추측**이라 불렀다. 이는 소박한

추측과 연역적 추측 모두 수학적인 탐구에 중요한 역할을 한다는 것을 보여준다. 이 추측들에 대해서는 뒤에서 다루자.

일단, 추측을 얻었다고 하자. 그러면, 추측에 대한 증명을 시작하게 된다. 라카토스가 생각하는 '증명'과 전통적인 관점에서 '증명'의 의미에는 차이가 있다. 라카토스는 증명을 명제가 참 또는 거짓임을 보이는 것이 아니라, 추측을 부분추측들로 분해하는 **사고실험**이라고 생각했다.

가령, 이등변삼각형에 대한 접기 활동이나 작도 등을 통해 '이등변삼각형에서 두 밑각이 같다'는 추측을 얻었다고 가정하자. 그러면, $\overline{AB}=\overline{AC}$인 이등변삼각형 ABC에 대해 증명을 시도하자.

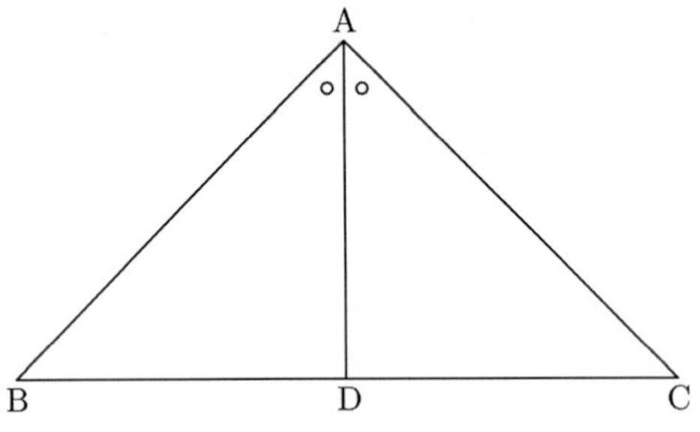

[그림 3-2-1]

지금까지 여러분이 알고 있는 전통적 관점의 증명을 먼저 살펴보자. [그림 3-2-1]과 같이 이등변삼각형 ABC의 꼭지각 A에서 각의 이등분선 AD를 작도하면, $\overline{AB}=\overline{AC}$, $\overline{AD}$는 공통변, $\angle BAD=\angle CAD$이므로, 삼각형 ABD와 ACD는 합동이다. 이로부터 $\angle B=\angle C$가 증명된다.

이 증명을 단계로 나누어 다음과 같이 기술할 수 있다.

1단계

[그림 3-2-1]에서 이등변삼각형 ABC의 꼭지각 A로부터 대변 BC에 각의 이등분선 AD를 작도한다.

2단계

삼각형 ABD와 ACD에서 $\overline{AB}=\overline{AC}$, $\overline{AD}$는 공통변, $\angle BAD=\angle CAD$이므로, SAS 합동조건에 의해 삼각형 ABD와 ACD는 합동이다.

3단계

합동인 삼각형 ABD와 ACD에서 대응하는 각들이 같으므로, $\angle B=\angle C$이다.

전통적 관점의 증명과 1단계, 2단계, 3단계로 나누어 기술한 것은 비슷한 내용을 담고 있다. 전통적인 관점에서 증명은 추측 '이등변삼각형에서 두 밑각이 같다'의 확실성(참임)을 보장하는 완결된 형태의 진술로 이해된다. 즉, 전통적인 관점에서 어떤 추측이 증명되었다는 것은 그 추측에 진릿값 T가 부여되었고, 수학적 탐구가 종료되었다는 것을 의미한다.

반면에, 라카토스가 말하는 증명은 추측(지식)의 확실성(참임)을 보장하는 완결된 형태의 진술이 아니며, 사고실험을 통해 추측의 근거를 단계로 분해하는 것을 의미한다. 라카토스의 증명은 추측의 확실성을 보장하지 않는다. 오히려, 라카토스는 수학적 지식이 절대적인 확실성을 가질 수도 없으며 수학적인 지식은 잠정적으로 참이라고 용인되는, 언제든지 반례가 발견될 수 있는 추측에 불과하다고 생각한다.

라카토스에게 있어 어떤 추측(정리)을 증명하였다는 것은 수학적 탐구의 종료를 의미하는 것이 아니라 출발점이다. 실제로, 증명을 하면, 추측과 추측의 근거인 단계들(부분추측들)에 대한 반례를 찾고, 증명을 분석하여 반례에 견딜 수 있도록 추측과 부분추측을 개선하는 작업을 수행하게 된다.

사고실험인 증명을 단계별로 나누어 기술한 열(列), 즉 1단계, 2단계, 3단계의 열을 **증명-분석**(proof-analysis)이라고 하며, 각 단계를 부분추측이라고도 말한다. 만약, 추측 '이등변삼각형에서 두 밑각이 같다'를 정리라고 하면, 1단계, 2단계, 3단계를 각각 **보조정리**라고도 부른다. 단계, 부분추측, 보조정리는 유사한 의미로 사용된다.

이제, 다면체에서 꼭짓점의 개수 v, 모서리의 개수 e, 면의 개수 f에 대하여, 추측 '모든 다면체는 $v-e+f=2$이다'를 생각하자. 라카토스는 추측을 증명하여, 다음과 같은 1단계(부분추측 1), 2단계(부분추측 2), 3단계(부분추측 3)로 분해하였다.

1단계(부분추측 1)

표면이 얇은 고무로 된 속이 빈 다면체를 생각하자. 한 면을 잘라내고, 남은 면을 펼쳐 평면 그물을 얻을 수 있다. 이때, 면과 모서리는 변형되어 모서리는 곡선이 될 수 있지만, v와 e의 값은 변하지 않는다. 처음 다면체에 대해 $v-e+f=2$이면, 평면 그물은 $v-e+f=1$이다([그림 3-2-2]).

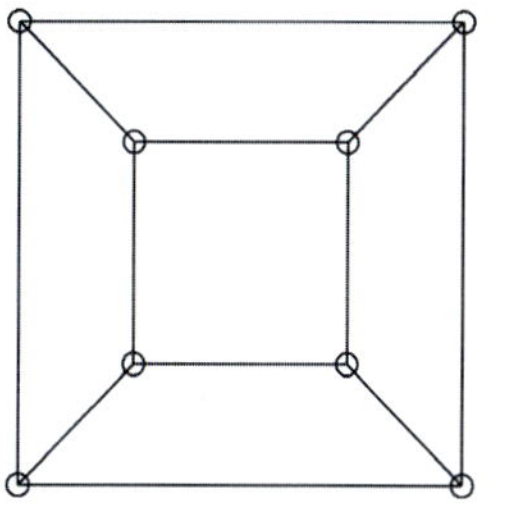

[그림 3-2-2]

2단계(부분추측 2)

1단계에서 얻어진 것을 삼각형으로 분할하자. 삼각형이 아닌 다각형이 있으면, 대각선을 그어 삼각형으로 나누자([그림 3-2-3]). 대각선을 그리면 e와 f의 값이 1씩 증가하므로, $v-e+f$의 값은 변하지 않는다.

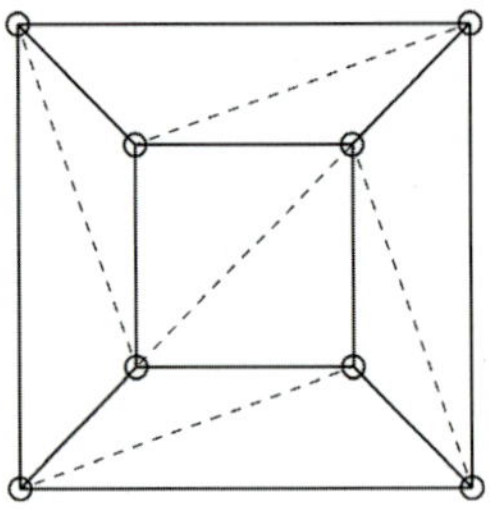

[그림 3-2-3]

3단계(부분추측 3)

삼각형으로 분할된 그물에서 삼각형을 하나씩 제거한다. 삼각형을 하나 제거하려면, 모서리를 하나 제거하거나([그림 3-2-4(a)], 면과 모서리를 1개씩 제거함), 모서리 두 개와 꼭짓점 하나를 제거하면 된다([그림 3-2-4(b)], 면 1개, 모서리 2개, 꼭짓점 1개를 제거함). 그러면, 삼각형을 제거한 후에도 $v-e+f=1$이다. 이 과정을 반복하면, 삼각형 하나만 남게 되고 이때 $v-e+f=1$이다.

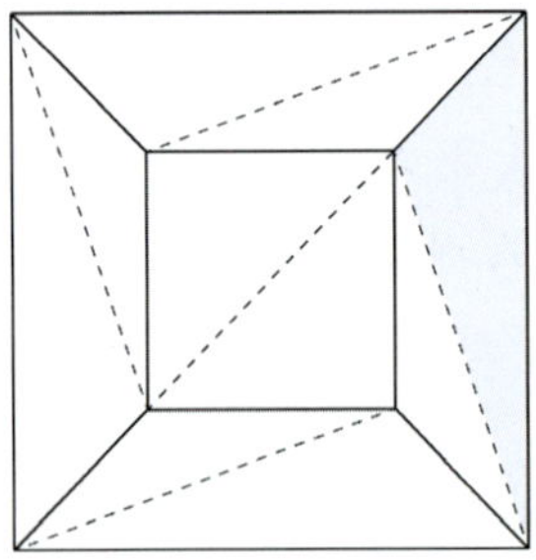

[그림 3-2-4(a)]

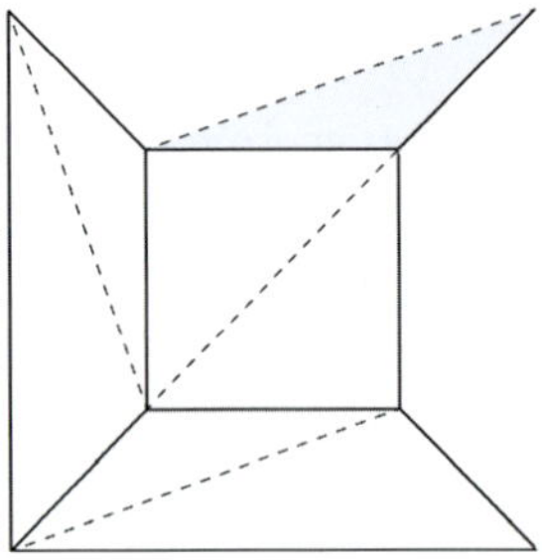

[그림 3-2-4(b)]

라카토스의 관점에서는 추측 '모든 다면체는 $v-e+f=2$이다'를 부분추측 1, 부분추측 2, 부분추측 3으로 분해하는 것이 증명이다. 증명한 다음에는 추측, 부분추측 1, 부분추측 2, 부분추측 3에 대한 절대적인 확실성(참 또는 거짓의 확인)을 보장하는 작업을 하는 것이 아니라, 이들에 대한 반례를 찾는 작업에 착수한다. 그리고 반례가 발견되면, 증명을 분석하여 반례로부터 견디도록 추측, 부분추측 1, 부분추측 2, 부분추측 3을 개선한다.

QUIZ

1 라카토스 관점에서 증명이란 무엇인지 서술하시오.

2 증명-분석이란 무엇인지 적으시오.

반례에 대한 대응 방식

핵심어 반례, 전면적 반례, 국소적 반례

추측이나 부분추측을 반박하는 반례를 찾으면, 이들을 개선하는 작업에 착수하게 된다. 추측을 반박하는 반례를 **전면적 반례**(global counterexample)라 하며, 부분추측을 반박하는 반례를 **국소적 반례**(local counterexample)라고 한다. 전면적 반례와 국소적 반례를 조합하면, 다음의 3가지 종류의 반례를 생각할 수 있다.

- 국소적 반례이지만 전면적 반례는 아닌 반례
- 국소적 반례는 아니지만 전면적 반례인 반례
- 국소적 반례이면서 전면적 반례인 반례

여기서는 국소적 반례이지만 전면적 반례는 아닌 반례를 다루는 방법을 살펴보자. 이를 위해, 부분추측 3에 대한 다음 반례 1을 생각하자.

반례 1

[그림 3-2-3]의 삼각형으로 분할된 그물 내부에서 삼각형 하나를 제거한다면(그물에서 가운데 조각 하나를 들어내면), 모서리의 개수나 꼭짓점의 개수가 변하지 않고 삼각형(면)만 하나 제거되며 이때 $v-e+f=0$이다.

반례 1은 추측에 대한 전면적 반례가 아니라 부분추측 3에 대한 국소적 반례이므로, 추측은 그대로 두고 부분추측 3을 반례 1에 견딜 수 있도록 개선하자.

반례 1은 삼각형으로 분할된 그물 내부에서 삼각형 하나를 제거하면서 발생하였다. 그러므로, 반례 1에 견딜 수 있도록 하려면 부분추측 3을 다음과 같이 개선된 부분추측으로 바꾸면 된다.

<u>개선된 부분추측 3-1.</u> 삼각형으로 분할된 그물로부터 경계가 되는 삼각형을 하나씩 제거한다. 삼각형을 하나 제거하려면, 모서리를 하나 제거하거나([그림 3-2-4(a)], 면과 모서리를 1개씩 제거함), 모서리 두 개와 꼭짓점 하나를 제거하면 된다([그림 3-2-4(b)], 면 1개, 모서리 2개, 꼭짓점 1개를 제거함). 그러면, 삼각형을 제거한 후에도 $v-e+f=1$이다. 이 과정을 반복하면, 삼각형 하나만 남게 되고 이때 $v-e+f=1$이다.

부분추측 3과 개선된 부분추측 3-1을 비교하면, '삼각형으로 분할된 그물에서 삼각형을

하나씩 제거한다'에 '경계가 되는'이라는 한정의 표현을 추가하여, '삼각형으로 분할된 그물로부터 경계가 되는 삼각형을 하나씩 제거한다'로 대체하였다. 그러면, 반례 1이 더 이상 반례가 되지 않는다. 이제, 다음 반례 2를 살펴보자.

반례 2

[그림 3-2-3]의 삼각형으로 분할된 그물로부터 삼각형을 제거할 때 [그림 3-2-5]와 같은 순서대로 삼각형을 8개 제거한다. 그러면, 서로 연결되지 않은 삼각형 9와 10이 남게 되며, 이때 $v-e+f=2$이다.

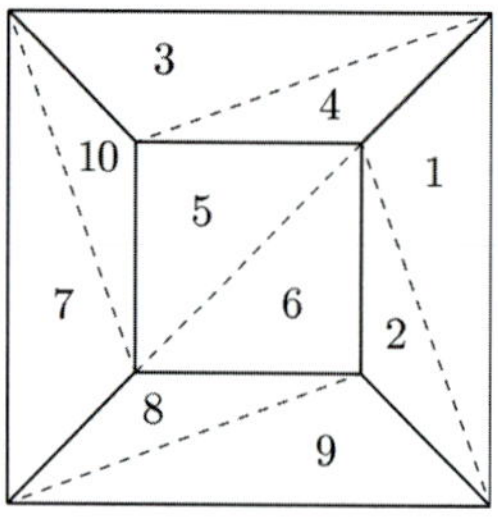

[그림 3-2-5]

반례 2는 개선된 부분추측 3-1에 대한 반례가 된다. [그림 3-2-5]의 순서로 경계가 되는 삼각형을 제거하면 $v-e+f=2$가 되기 때문이다. 이제, 반례 2를 견딜 수 있도록 개선된 부분추측 3-1을 수정하자.

반례 2는 삼각형으로 분할된 그물로부터 경계가 되는 삼각형을 제거하는 과정에서 연결되지 않은 2개의 삼각형이 남게 되는 것과 관련된다. 그렇다면, 경계가 되는 삼각형을 제거할 때 '그물이 분리되지 않도록' 제거하면 반례 2로부터 개선된 부분추측 3-1을 구할 수 있다. 즉, 개선된 부분추측 3-1을 다음과 같이 또 개선할 수 있다.

개선된 부분추측 3-2. 삼각형으로 분할된 그물로부터 경계가 되는 삼각형을 그물이 분리되지 않도록 하나씩 제거한다. 삼각형을 하나 제거하려면, 모서리를 하나 제거하거나([그림 3-2-4(a)], 면과 모서리를 1개씩 제거함) 또는 모서리 두 개와 꼭짓점 하나를 제거하면 된다([그림 3-2-4(b)], 면 1개, 모서리 2개, 꼭짓점 1개를 제거함). 그러면, 삼각형을 제거한 후에도 $v-e+f=1$이다. 이 과정을 반복하면, 삼각형 하나만 남게 되고 이때 $v-e+f=1$이다.

이와 같이 부분추측을 개선하는 작업은 반례가 생길 때마다 계속 진행될 수 있다. 결국, 국소적 반례이지만 전면적 반례는 아닌 반례가 발견되면, 이 반례에 견딜 수 있도록 부분추측을 개선한 다음 반박된 부분추측을 개선된 부분추측으로 대체하면 된다.

QUIZ

1 반례의 3가지 종류를 말하시오.

2 국소적 반례이지만 전면적 반례가 아닌 반례를 개선하는 방법을 적으시오.

괴물배제법과 괴물조정법

| **핵심어** | 괴물배제법, 개념의 재정의, 괴물조정법

전면적 반례는 추측에 대한 반례를 말하며, 전면적 반례에 대해 **괴물배제법**, **괴물조정법**, **예외배제법**, **보조정리합체법**을 이용하여 대처하게 된다. 괴물배제법, 괴물조정법, 예외배제법에서는 전면적 반례가 국소적 반례가 되는지 그렇지 않은지를 고려하지 않으며, 보조정리합체법에서는 전면적 반례는 반드시 국소적 반례가 되어야 한다. 괴물배제법과 괴물조정법을 살펴보자.

(1) 괴물배제법

추측 '모든 다면체는 $v-e+f=2$이다'와 부분추측 1, 부분추측 2, 부분추측 3의 성립 영역 밖에 있는 다면체는 반례가 된다. 괴물배제법에서는 $v-e+f=2$가 아닌 다면체를 반례로 인정하지 않는다. 이는 마치 그러한 다면체에 대해서는 '반례(反例)'라는 말의 '례(例)'라는 표현을 붙이는 것조차 아까워하는 것처럼 보이며, 괴물배제법의 관점에서 이러한 다면체는 배제해야 할 괴물에 불과한 것이다.

괴물배제법은 반례를 통해 추측을 개선하는 것이 아니라, 발견된 괴물($v-e+f=2$가 아닌 도형)을 연구 영역(추측이 성립하는 영역, 즉 $v-e+f=2$인 다면체) 밖으로 몰아내, 더 이상 괴물에 의해 성가신 일이 발생하지 않도록 한다.

이를 위해, 괴물배제법에서는 추측에 포함된 다면체의 개념 또는 다면체를 정의하는 용어, 개념을 재정의하여, 추측이 성립하는 영역과 괴물의 연관성을 차단하려 시도한다. 그 결과, 용어와 개념은 정교화되고, 추측 '모든 다면체는 $v-e+f=2$이다'는 그대로 살아남으며, 괴물은 탐구의 대상에서 완전히 사라지게 된다.

도형 1

직육면체와 사각뿔을 모서리가 접하며 밑면이 같은 평면에 놓이지 않도록 결합한 입체도형을 생각하자([그림 3-2-6]). [그림 3-2-6]의 도형에서 $v-e+f=3$이므로, 전면적 반

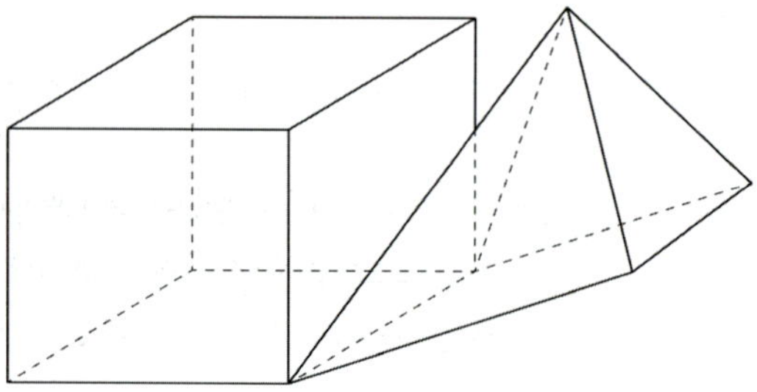

[그림 3-2-6]

례이다.

괴물배제법을 이용하여 도형 1을 다루자. 직육면체, 사각뿔 각각에 대해 $v-e+f=2$이므로, 직육면체와 사각뿔을 합치면 $v-e+f=4$가 되어야 한다. 그런데, 도형 1에서는 직육면체와 사각뿔을 결합하면서 모서리를 서로 맞붙였다. 얻어진 도형과 직육면체-사각뿔의 모서리 수를 비교하면, 얻어진 도형의 모서리 개수가 1만큼, 꼭짓점 개수가 2만큼 적게 되고 이 도형은 $v-e+f=3$이다.

괴물배제법으로 도형 1을 추측이 성립하는 영역에서 제거하자. 이를 위해, 괴물배제법에서는 도형 1이 다면체가 아니라고 주장하면서 도형 1은 추측의 반례도 아니며 고려의 대상도 아니라고 결론짓는다.

'다면체는 모든 모서리에서 2개의 다각형이 만나도록 배열된 다각형 체계'라고 정의하자. 그러면, 도형 1에서 직육면체-사각뿔을 연결하는 모서리에서는 4개의 다각형이 만나므로, 도형 1은 정의에 의해 다면체가 되지 않는다. 결국, 도형 1은 다면체의 영역 밖에 놓이고 다면체를 다루는 추측과는 아무런 관계가 없는 대상이 된다.

도형 2

[그림 3-2-7]의 구멍 뚫린 정삼각형 8개와 정사각형 6개를 이용하여 정팔면체와 정육면체를 조합한 [그림 3-2-8]의 도형을 만들었다고 하자. 그러면, [그림 3-2-8]의 도형은 꼭짓점이 26개(정팔면체의 꼭짓점 6개, 정육면체의 꼭짓점 8개, 정팔면체와 정육면체의 교선들의 교점인 꼭짓점 12개), 모서리가 48개(정팔면체의 모서리 12개, 정육면체의 모서리 12개, 정팔면체와 정육면체의 교선인 모서리 24개), 면이 14개이므로, $v-e+f=-8$이다.

도형 2는 기술한 다면체의 정의 '모든 모서리에서 2개의 다각형이 만나도록 배열된 다각형 체계'를 만족하므로 다면체이다. 이제, 괴물배제법으로 도형 2를 다루어 보자. 이를 위해, 다면체의 정의에 포함된 개념인 다각형을 '모든 꼭짓점에서 반드시 두 변이 만나는 방식으로 배열된 변들의 체계'로 정의하자. 그러면, [그림 3-2-8]의 면인 [그림 3-2-7]은 다각형이 되지 않으며, 결국 도형 2도 다면체가 되지 못한다. 그러므로, 도형 2를 다면체

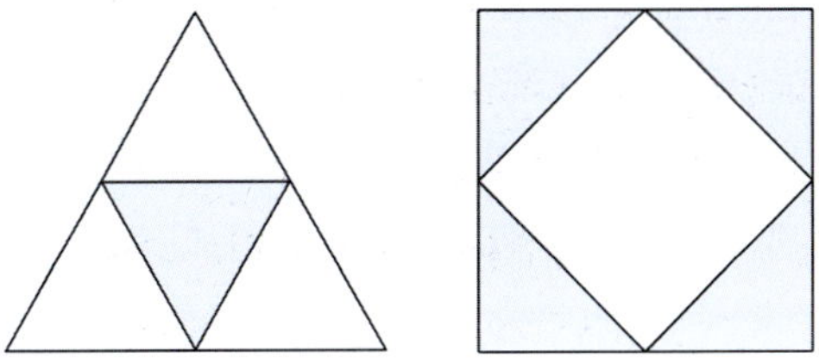

[그림 3-2-7]

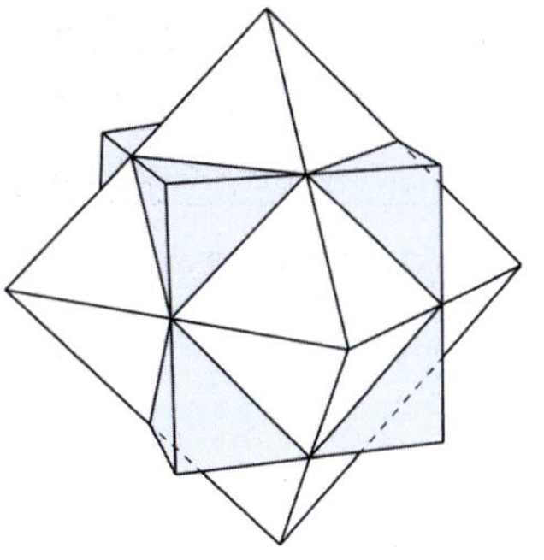

[그림 3-2-8]

의 영역 밖으로 몰아내고 추측을 구할 수 있다.

우정호(2000)에 의하면, 괴물배제법에서 감추어진 가정을 들추어내고 명확한 정의를 만드는 것은 추측을 분명히 하므로 유용한 잠재력이 있으며 수학의 발전을 촉진할 수 있다. 즉, 괴물배제법에서는 추측에 포함된 개념, 그리고 이 개념을 정의하는 다른 개념들을 명확히 하고 다시 정의하므로, 개념을 선명하고 명료하게 구체화하여 체계화할 수 있다는 장점이 있다.

(2) 괴물조정법

괴물조정법에서는 괴물(반례)에 대한 다른 관점의 해석을 통해 제기된 사례는 괴물(반례)이 아닌 정상적인 다면체이며, 추측을 만족하는 착한 예에 불과하다는 것을 보여 추측을 구하는 방법이다.

앞서 도형 2는 구멍 뚫린 정삼각형 8개와 정사각형 6개로 이루어졌다고 했는데([그림 3-2-7]), 사실은 직각삼각형 24개, 정삼각형 24개가 면을 이루는 다면체라고 해석할 수도 있다. 즉 [그림 3-2-7]에서 구멍 뚫린 정삼각형은 [그림 3-2-8]에서 한 면이 되는 것이 아니라 3개의 면이며, 구멍 뚫린 정사각형은 4개의 면이 된 것으로 보자. 그러면, [그림 3-2-8]의 도형 2는 면이 48개(직각삼각형인 면 24개, 정삼각형인 면 24개), 모서리가 72개, 꼭짓점이 26개이며, $v-e+f=2$이다.

이처럼 괴물조정법은 추측에 포함된 수학적 대상(개념)을 다른 관점에서 재해석하므로, 추측이나 개념에 어떤 발견적인 작업도 수행하지는 않는다.

QUIZ

1 괴물배제법을 통해 추측이 개선되는지, 그렇지 않는지 설명하시오.

2 괴물배제법은 어떤 반례가 발생했을 때 사용하는 방법인지 쓰시오.

예외배제법

| 핵심어 | 예외배제법, 조건절, 과대 또는 과소의 일반화

예외배제법은 전면적 반례에 대해 사용하며, 괴물배제법이나 괴물조정법에서와 같이 전면적 반례가 국소적 반례가 되는지 그렇지 않은지에는 관심을 두지 않는다. 예외배제법에서는 추측에 대한 전면적 반례를 예외로 간주한다.

라카토스는 반례와 예외의 의미를 구분하였다. 반례라는 단어에는 '례'라는 말이 포함되므로, 추측에 대한 예와 반례가 동등한 정도의 위치로 생각될 수 있다. 그래서 추측의 예라는 말이 '그 예에 대해 추측이 성립한다'는 것으로 이해된다면, 추측의 반례가 나타나면 '그 반례에 대해 추측이 틀렸다'고 이해될 수 있고 결국 추측에 대한 증명을 포기하게 된다. 예외배제법의 관점에서 반례라는 것은 존재하지 않으며, 단지 예외만이 존재한다. '예외'라는 말은 통상적인 예, 즉 통례에서 벗어난 정도를 의미하며, 예가 존재하면 어디에든 예외는 존재한다고 생각한다. 그러므로, 추측에 대한 예외를 찾았다고 하여, 추측이나 증명을 포기할 필요는 전혀 없는 것이다.

예외배제법에서는 발견된 반례를 예외로 간주하며, 예외를 제외한 나머지 대상(예외를 제외한 다면체)에 대해 추측이 성립한다고 주장해, 예외로부터 추측을 구한다. 예외배제법에서는 추측에서 예외를 제거하기 위해 예외를 추측에 **조건절**로 첨가하여, 추측이 성립하는 영역을 제한한다. 괴물배제법이나 괴물조정법에서는 추측 자체에 어떤 수정도 가하지 않지만, 예외배제법에서는 예외를 언급하는 조건절을 추가하여 추측을 개선한다.

도형 3

사각기둥의 내부에 사각기둥 모양의 구멍이 있는 다면체를 생각하자([그림 3-2-9]). 이 다면체는 $v-e+f=0$이므로, 전면적 반례이다.

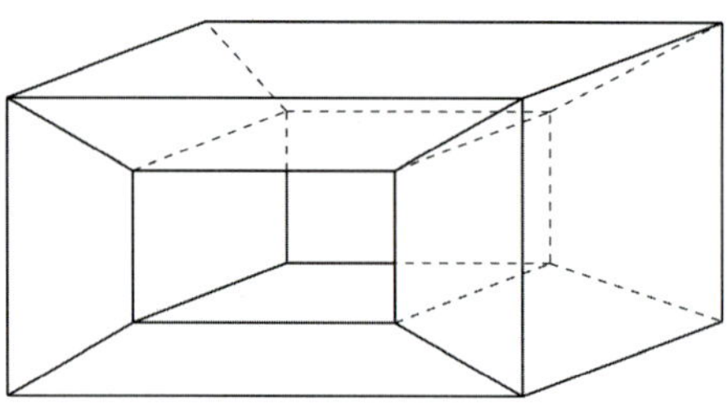

[그림 3-2-9]

예외배제법에서는 도형 3을 예외로 간주하며, 예외를 제외시킨 개선된 추측으로 처음 추측을 대체한다. 추측 '모든 다면체에 대하여, $v-e+f=2$이다'에 도형 3을 예외로 배

제시키는 조건절을 추가하면, 개선된 추측 '터널이 있는 다면체가 아닌 모든 다면체에 대하여, $v-e+f=2$이다'를 얻는다. 이것이 예외배제법을 이용하여 얻은 개선된 추측이다.

이때, 주의할 것은 개선된 추측이 '모든 다면체에 대하여, $v-e+f=2$이다'의 부분추측 1, 부분추측 2, 부분추측 3과 관련이 있는지 없는지를 알 수 없으며, 예외배제법에서는 개선된 추측에 대한 증명도 언급되지 않는다는 것이다. 결국, 얻어진 추측이 처음의 추측이나 부분추측들을 실질적으로 개선했는지에 대해서는 알 수 없다.

이제, 추측 '터널이 있는 다면체가 아닌 모든 다면체에 대하여, $v-e+f=2$이다'로 처음 추측을 대체했다고 하자. 전면적 반례인 도형 1에 예외배제법을 사용하자. 도형 1을 예외로 취급하여 배제시키려면, '두 다면체가 모서리를 따라 결합된 다면체가 아닌'을 추측에 추가하면 된다. 그러면, 개선된 추측으로, '터널이 있는 다면체가 아니며, 두 다면체가 모서리를 따라 결합된 다면체가 아닌 모든 다면체에 대하여, $v-e+f=2$이다'를 얻을 수 있다.

예외배제법에서는 추측에 대한 전면적 반례가 발견될 때마다 추측에 이 반례를 예외로 배제시키는 조건절을 첨가하여, 추측이 성립하는 영역을 축소한다. 발견되는 전면적 반례의 개수가 늘어나면, 추가되는 조건절의 수도 증가하고 개선된 추측을 쓰는 것도 어려워진다. 특히 예외배제법을 계속 사용하다 보면, 얻어진 추측은 처음의 추측에 조건절이 주렁주렁 붙은 다른 추측이 될 수 있고, **과대 또는 과소의 일반화**를 초래할 여지가 있으며, 처음 추측과 증명에 대한 진지한 수학적 탐구가 이루어지지 못할 가능성이 있다.

QUIZ

1 예외배제법을 통해 추측이 수정되는지, 그렇지 않은지 설명하시오.
2 예외배제법은 어떤 반례가 발생했을 때 사용하는 방법인지 쓰시오.
3 예외배제법과 괴물배제법의 차이점을 서술하시오.

보조정리합체법과 거짓의 재전달 원리

| 핵심어 | 보조정리합체법, 거짓의 재전달 원리, 증명-생성 정리, 증명-생성 개념

예외배제법에서는 전면적 반례가 국소적 반례인지에는 관심을 두지 않았지만, 보조정리합체법은 전면적 반례이면서 국소적 반례인 반례만을 다룬다. 만약, 어떤 반례가 전면적 반례이지만 국소적 반례가 아니면, 보조정리합체법은 사용할 수 없다.

도형 3에 대해 보조정리합체법을 이용하여 추측을 개선하자. 이를 위해, 전면적 반례인 도형 3이 국소적 반례가 되는지를 확인해야 한다. 도형 3은 증명의 1단계인 부분추측 1을 만족하지 않는다. 부분추측 1에서는 다면체를 고무로 된 속이 빈 다면체로 생각하고, 다면체의 한 면을 잘라낸 다음 남은 면을 펼쳐 평면 그물을 얻을 수 있어야 한다. 그러나, 도형 3의 다면체는 한 면을 제거하여도 평면 그물로 펼칠 수 없다.

보조정리합체법에서는 전면적 반례이며 국소적 반례인 도형 3을 제거하기 위해, 추측의 성립 영역을 부분추측이 성립하는 영역으로 축소하는 방법을 이용한다. 부분추측 1이 성립하는 영역은 한 면을 잘라내고 남은 면들을 평면에 그물로 펼쳐놓을 수 있는 다면체이다. 도형 3에 대해 보조정리합체법을 이용하면 개선된 추측으로, '한 면을 잘라내고 남은 면들을 평면에 그물로 펼치는 모든 다면체에 대하여, $v-e+f=2$이다'를 얻는다.

보조정리합체법과 예외배제법은 추측에 조건절을 추가한다는 점은 같지만, 예외배제법에서는 발견된 전면적 반례가 국소적 반례인지 확인하지 않으며 그냥 반례 자체를 예외로 보고 이를 조건절로 추가하여 추측을 개선하는 반면, 보조정리합체법에서는 ① 발견된 전면적 반례가 어느 부분추측에 대한 국소적 반례인지 확인하며(도형 3은 부분추측 1에 대한 국소적 반례), ② 확인된 부분추측의 성립 영역(한 면을 잘라내고 남은 면들을 평면에 그물로 펼쳐놓을 수 있는 다면체)으로 전면적 반례의 성립 영역을 제한하는 조건절을 추측에 추가한다. 그러면, 발견된 전면적 반례인 다면체는 개선된 추측에서는 더 이상 국소적 반례도 아니며 전면적 반례도 아니게 되어, 개선된 추측의 탐구 영역 밖에 놓인다.

이제, 새로운 전면적 반례가 나타났다고 하자. 그러면 이 전면적 반례가 어느 부분추측에 대한 국소적 반례인가를 조사하여, 다시 부분추측이 성립하는 영역을 추측의 조건절로 추가하여 개선된 추측을 얻을 수 있다.

도형 4

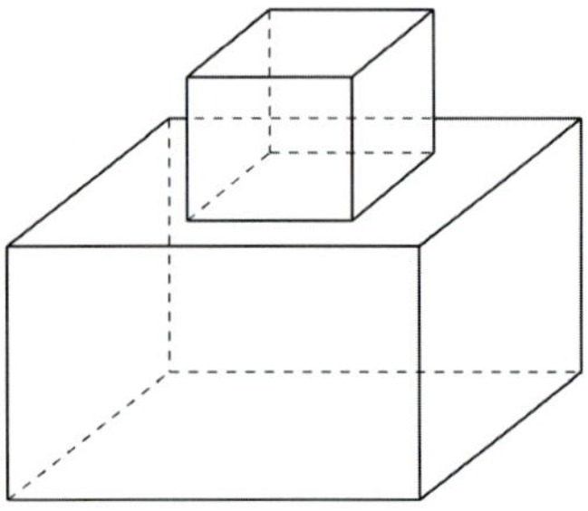
[그림 3-2-10]

[그림 3-2-10]에는 큰 직육면체 위에 작은 직육면체를 얹어놓은 다면체가 있다. 직육면체 하나에 대해 $v-e+f=2$이므로, 두 직육면체에 대하여 $v-e+f=4$이다. 그런데 [그림 3-2-10]에서 작은 직육면체는 면 하나가 사라졌으므로, 도형 4에 대해 $v-e+f=3$이고 전면적 반례가 된다.

[그림 3-2-10]의 다면체에서 큰 직육면체의 밑바닥을 잘라내고 남은 면들을 평면에 그물처럼 펼쳐놓으면 [그림 3-2-11]이 된다. 그런데, 큰 직육면체와 작은 직육면체의 접합면에 대각선을 그어도([그림 3-2-12]), 면의 개수가 증가하지 않는다. 그러므로, [그림 3-2-10]의 다면체는 부분

추측 2에 대한 국소적 반례이다. 즉, 대각선을 [그림 3-2-12]와 같이 그으면, 모서리의 개수만 하나 증가하므로 $v-e+f$의 값이 -1만큼 변한다.

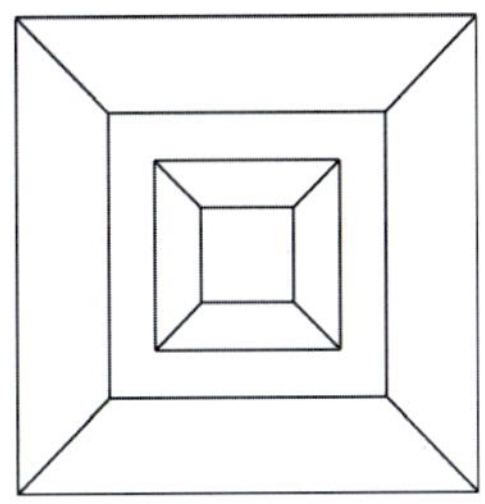

[그림 3-2-11]

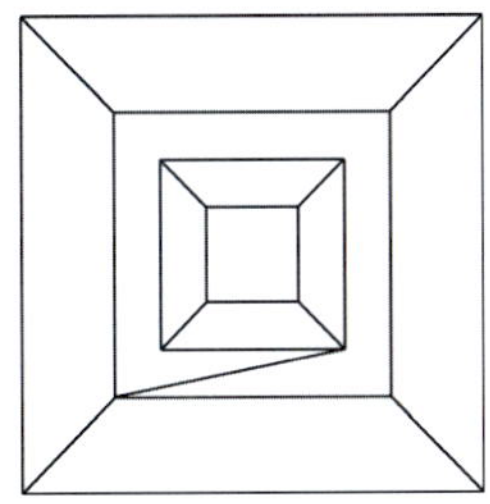

[그림 3-2-12]

이제, 보조정리합체법을 이용하여 추측 '한 면을 잘라내고 남은 면들을 평면에 그물로 펼쳐놓을 수 있는 모든 다면체에 대하여, $v-e+f=2$이다'를 개선하자. 이를 위해, 부분추측 2가 성립하는 영역과 관련하여 '대각선이 면을 두 부분으로 분할하는'을 조건절에 추가하자. 그러면, 개선된 추측 '한 면을 잘라내고 남은 면들을 평면에 그물로 펼치며 대각선이 면을 두 부분으로 분할하는 모든 다면체에 대하여, $v-e+f=2$이다'를 얻게 된다.

한 면을 잘라내고 남은 면들을 평면에 그물로 펼칠 수 있는 다면체를 단순(simple) 다면체, 대각선에 의해 면이 두 부분으로 분할되는 면을 단순연결(simple-connected) 면이라 하면, 보조정리합체법에 의해 얻어진 추측을 '모든 면이 단순연결인 단순 다면체에 대하여, $v-e+f=2$이다'로 쓸 수 있다. 이 추측(정리)은 '모든 다면체에 대하여, $v-e+f=2$이다'에 대한 증명, 부분추측에 대한 분석, 보조정리합체법을 통해 얻어진 '**증명-생성 정리**(proof-generated theorem)'이다. 즉, 최초의 추측이 아니라, 증명과 증명에 대한 분석을 통한 보조정리합체법에 의해 만들어진 증명-생성 정리인 것이다. 그리고 증명-생성 정리라는 개념과 유사하게, 단순 다면체와 단순연결 면과 같이 보조정리합체법을 사용하면서 만들어진 개념을 **증명-생성 개념**(proof-generated concept)이라고 부른다.

이제, 전면적 반례이지만 국소적 반례가 아닌 반례가 발견되었다고 하자. 부분추측과 추측의 관계를 전제(근거 또는 원인)와 결과로 본다면, 전면적 반례이지만 국소적 반례가 아닌 반례가 있다는 것은 추측에 대한 증명-분석(부분추측들)이 충분하지 않은 것이므로, 라카토스는 기존의 증명을 면밀하게 조사하여 감추어진 부분추측을 찾도록 권고한다. 이때, 밝혀진 새로운 부분추측을 기존의 증명-분석에 추가하면, 전면적 반례이지만 국소적 반례가 아닌 반례는 전면적 반례이면서 국소적 반례(추가된 부분추측에 대한 반례이므로)가 된다. 그러면, 보조정리합체법을 이용하여 추측을 개선할 수 있다.

보조정리합체법에서는 추측(결론)에 대한 반례는 부분추측(전제)에 대한 반례가 되어야 한다. 이때, 거짓임이 추측(결과)에서 부분추측(전제)으로 재전달되는 것을 **거짓의 재전달 원리(허위성의 재전달 원리**, the principle of retransmission of falsity)라고 한다. 결국, 거짓의 재전달 원리에 따라 전면적 반례는 동시에 국소적 반례가 되어야 한다. 이를 위해, 숨겨진 부분추측을 찾아 기존의 증명-분석에 추가함으로써 전면적 반례이지만 국소적 반례가 아닌 반례를 전면적 반례이면서 국소적 반례가 되도록 할 수 있다. 우정호(2000)에 의하면, 거짓의 재전달 원리는 발생 상태에 있는 증명-분석을 위한 조정의 원리이며, 전면적 반례이지만 국소적 반례가 아닌 반례는 증명-분석을 성장시키는 촉매가 된다.

전면적 반례가 있다는 것은 그 예에 대해 추측이 거짓임을 의미하며, 국소적 반례가 아니라는 것은 그 예에 대해 부분추측들은 참임을 의미한다. 결국, 참들인 부분추측들(전제)로부터 거짓인 추측(결과)이 얻어지는 것은 논리적으로 맞지 않는다. 그러므로, 전면적 반례는 국소적 반례이어야 하므로, 추측의 거짓임이 부분추측들로 옮겨가야 한다. 즉, 전면적 반례에 대해 거짓이 되는(국소적 반례가 되는) 숨겨진 부분추측을 찾아 기존의 증명-분석에 추가해야 한다.

보조정리합체법에서 추측의 개선은 증명에 기반하여 이루어지기 때문에, 라카토스는 보조정리합체법을 통해 추측을 실질적으로 개선할 수 있다고 생각했으며, 수학적 지식이 성장하는 최선의 방법으로 보았다.

QUIZ

1 거짓의 재전달 원리는 어떤 반례에 대해 사용하는지 말하시오.

2 전면적 반례이지만 국소적 반례가 아닌 반례가 발견되었을 때, 어떤 과정을 거쳐 보조정리합체법을 사용하는지 설명하시오.

소박한 추측과 연역적 추측

| 핵심어 | 소박한 추측, 연역적 추측

라카토스는 추측을 얻는 방식을 **소박한 추측**(naive guessing)과 연역적 추측(deductive guessing)으로 나누었다. 소박한 추측은 문제 상황으로부터 먼저 추측을 만들고, 그 다음 추측을 증명(추측을 부분추측들로 분해)한다. 그리고 반례를 찾아 추측과 부분추측을 반박하고, 이를 통해 추측과 부분추측을 개선하는 과정을 거친다. 소박한 추측은 추측이 증명에 선행한다는 특징이 있다.

소박한 추측의 전형적인 사례가 귀납에 의한 추측이다. '모든 다면체에서 $v-e+f=2$이다'는 추측을 만드는 방법으로 귀납을 생각할 수 있다. 이를 위해, 몇몇 다면체에 대해 꼭짓점의 개수(v), 모서리의 개수(e), 면의 개수(f)를 직접 세어 보고, 이를 바탕으로 등식 $v-e+f=2$를 추측하게 된다. 가령, 〈표 3-2-1〉에 제시된 다면체의 꼭짓점, 모서리, 면의 개수를 세어 등식 $v-e+f=2$를 추측하는 것은 귀납에 의한 추측의 예이다.

연역적 추측은 문제 상황으로부터 먼저 증명을 유도하고 증명에 근거하여 추측을 만든다. 추측을 얻은 후에는 추측과 부분추측에 대한 반례를 찾아 추측과 부분추측을 반박하고, 추측과 부분추측을 개선한다. 연역적 추측의 특징은 증명이 추측에 선행한다는 것이다.

〈표 3-2-1〉

	꼭짓점의 개수(v)	모서리의 개수(e))	면의 개수(f)
사각뿔	5	8	5
사면체	4	6	4
직육면체	8	12	6
오각뿔대	10	15	7
정팔면체	6	12	8

연역적 추측을 통해 추측 '다각형은 $v-e+f=1$이다'와 '다면체는 $v-e+f=2$이다'를 얻는 과정을 살펴보자. 우선, '다각형은 $v-e+f=1$이다'를 살펴보자.

한 점은 $v=1$이므로 $v-e+f$의 값은 1이다. 이제, 모서리와 점을 하나 추가하여 양 끝에 꼭짓점이 있는 선분을 만들자([그림 3-2-13]). 그러면 꼭짓점과 모서리가 각각 하나씩 증가하므로 $v-e+f$의 값은 변하지 않는다. [그림 3-2-13]에 선분들을 덧붙여서 [그림 3-2-14]의 꺾인 선을 만들자. 선분 하나를 덧붙일 때마다 꼭짓점과 모서리가 한 개씩 증가하므로 $v-e+f$의 값은 변하지 않고, [그림 3-2-14]의 꺾인 선은 $v-e+f=1$이다.

이제 [그림 3-2-14]에 모서리를 하나 추가하면 다각형을 만들 수 있다([그림 3-2-15]). [그림 3-2-14]와 [그림 3-2-15]를 비교하면 [그림 3-2-15]에서 모서리와 면이 하나씩 더 많으며, [그림 3-2-14]와 [그림 3-2-15]의 $v-e+f$의 값은 1로 같다. 이로부터, 추측 '다각형은 $v-e+f=1$이다'를 얻을 수 있다.

[그림 3-2-13]

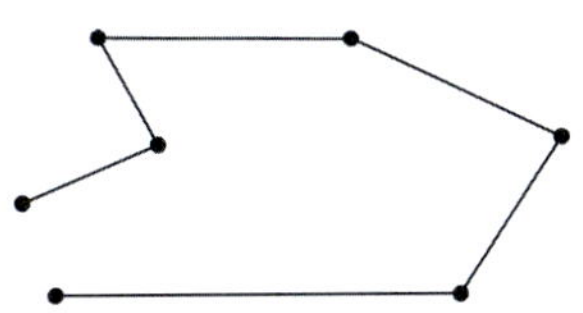

[그림 3-2-14]

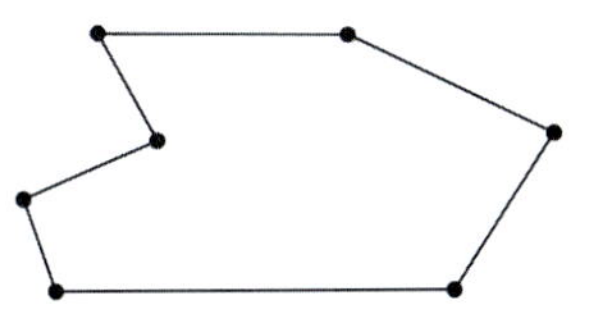

[그림 3-2-15]

이 추측은 [그림 3-2-15]에서 꼭짓점, 모서리, 면의 개수를 세어서 얻은 소박한 추측이 아니며, 증명에 근거하여 얻은 추측이다. 이는 증명이 추측에 선행하였으므로 연역적 추측이다. 이 추측을 다른 방법으로도 얻을 수 있다. 몇몇 다각형에서 꼭짓점, 모서리(변), 면의 개수를 세어 귀납적으로 추측을 얻었다면 이는 소박한 추측이 된다.

이제 추측 '다각형은 $v-e+f=1$이다'에서 연역적 추측을 통해 추측 '다면체는 $v-e+f=2$이다'를 유도해 보자.

[그림 3-2-15]의 다각형에서 다각형 체계(다각형 평면 그물)를 만들자. 이를 위해, [그림 3-2-15]에 모서리 5개, 꼭짓점 4개를 덧붙이면 [그림 3-2-16]을 얻게 된다. 이때 면이 하나 증가하므로, [그림 3-2-16]에서는 $v-e+f=1$이다.

[그림 3-2-15]에 모서리 a개, 꼭짓점 $(a-1)$개를 [그림 3-2-16]과 같이 덧붙이면, 다각형을 하나 추가할 수 있다. 가령, [그림 3-2-16]에 모서리 4개, 꼭짓점 3개를 덧붙이면 [그림 3-2-17]을 얻는다. 그리고 [그림 3-2-17]에서도 $v-e+f=1$이며, 다각형 체계에서는 $v-e+f=1$이다. 이제, 고무로 된 다면체의 한 면을 잘라내고 펼쳐서 평면 그물을 얻는 것의 역으로, 다각형 체계에 뚜껑(면)을 하나 덧붙여 세우면 다면체가 되며, 이 다면체에 대해 $v-e+f=2$이다. 이로부터 추측 '다면체는 $v-e+f=2$이다'를 얻을 수 있으며, 이렇게 얻은 추측은 연역적 추측이다.

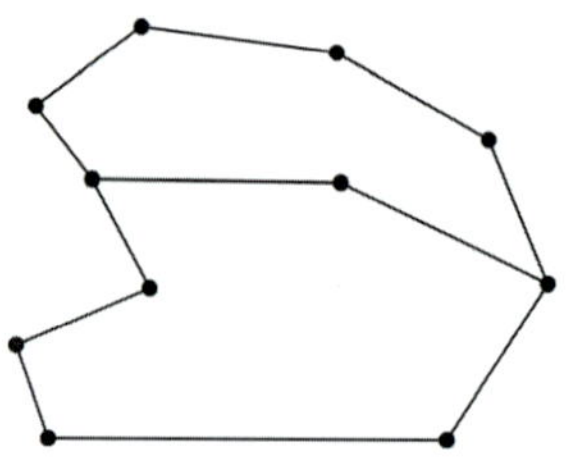

[그림 3-2-16]

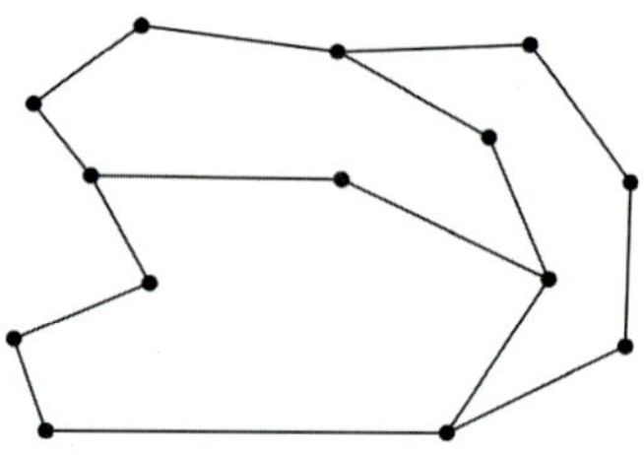

[그림 3-2-17]

이상과 같이, 어떤 추측이 연역적 추측인지 소박한 추측인지는 증명이 추측에 선행하는지 그렇지 않은지를 확인하여 알 수 있다.

QUIZ

1 소박한 추측, 연역적 추측의 차이는 무엇인지 적으시오.

증명과 반박의 방법(발견술)

핵심어 증명과 반박의 방법

라카토스는 다음의 5가지 발견술 규칙을 **증명과 반박**의 방법이라 불렀다.

규칙 1

추측을 가지게 되면, 그것을 증명하고 반박하는 것을 착수하라. 증명을 주의 깊게 조사하여 자명하지 않은 보조정리의 목록을 준비하라(증명-분석). 추측에 대한 반례(전면적 반례)와 보조정리에 대한 반례(국소적 반례) 양쪽을 모두 찾아라.

규칙 2

전면적 반례가 있으면 반례에 의하여 반박될 적절한 보조정리를 증명-분석에 추가하고, 그 보조정리를 조건으로 합체시킨 개선된 추측으로 추측을 대체하라. 반박을 괴물이라고 무시하지 마라. 감추어진 모든 보조정리를 명백하게 하도록 시도하라.

규칙 3

국소적 반례가 있으면, 그것이 전면적 반례인지 아닌지를 조사하라. 만약, 그것이 전면적 반례이면, 규칙 2를 쉽게 적용할 수 있다.

규칙 4

국소적 반례이지만 전면적 반례가 아닌 반례가 있으면, 반증되지 않는 보조정리로 반박된 보조정리를 대치시켜 증명을 개선하도록 시도하라.

규칙 5

만약, 어떤 유형이든 반례가 생겼다면, 그것이 더 이상 반례가 되지 않을 보다 깊은 정리를 연역적 추측으로 발견하도록 시도하라.

처음의 규칙 1, 규칙 2, 규칙 3은 보조정리합체법의 실행 과정에 대한 것이다. 규칙 1에서는 추측을 하면, 추측을 부분추측(보조정리)으로 나누며(증명), 부분추측에 대해 조사한다(증명-분석). 그리고 추측에 대한 반례, 부분추측에 대한 반례를 찾도록 권고한다.

규칙 2에서는 전면적 반례가 있으면 개선된 추측으로 반박된 추측을 대체한다. 이때, 예외배제법에서와 같이 반례들을 조건절에 나열하는 것이 아니라, 부분추측의 조건을 추측의 조건절에 추가하여 개선된 추측을 만든다. 이와 같이 개선된 추측을 만드는 방법이 보조정리합체법이다.

규칙 3에서는 규칙 2를 적용하는 반례의 유형을 말하고 있다. 전면적 반례이면서 국소적 반례이면 규칙 2를 적용한다. 만약, 전면적 반례가 국소적 반례가 아닌 경우에는 규칙 2에 기술된 것과 같이, 감추어진 부분추측(보조정리)을 명백히 밝혀 부분추측의 목록에 추가한다. 그러면, 이 반례는 전면적 반례이면서 국소적 반례가 되므로, 규칙 3에 해당하게 된다.

규칙 4에서는 국소적 반례이지만 전면적 반례가 아닌 반례를 다루는 방법을 제시하고 있다. 이러한 반례는 국소적 반례이므로 부분추측(보조정리)에 대한 반례이며 부분추측을 반박하게 된다. 그러면, 국소적 반례를 해소하도록 부분추측을 개선하여, 개선된 부분추측으로 반박된 부분추측을 대치하면 된다.

규칙 5에서는 연역적 추측에 의해 추측(정리)을 개선하도록 권고하고 있다. 즉, 반례가 생기면, 연역적 추측에 의해 개선된 추측(정리)을 만들도록 권고한다.

QUIZ

1 라카토스의 증명과 반박 방법에서 국소적 반례이지만 전면적 반례가 아닌 반례가 있으면, 어떻게 대응하는지 설명하시오.

증명과 반박의 방법에 의한 수학 탐구의 사례

| 핵심어 | 증명과 반박, 증명과 반박에 의한 수학 탐구

증명과 반박 방법으로 5가지 발견술 규칙을 살펴보았다. 이 규칙들을 바탕으로 학교수학에 관련된 문제 상황을 탐구해 보자. 추측은 문제 상황에서 얻어지는데, 소박한 추측과 연역적 추측으로 나눌 수 있다. 소박한 추측은 추측이 증명에 선행하고 연역적 추측은 증명이 추측에 선행한다.

① 문제 상황 → 소박한 추측 → 증명 또는 ② 문제 상황 → 증명 → 연역적 추측의 과정을 거친 후에는, ①과 ②의 경우 모두에 대해 반례를 찾고 증명(증명-분석)을 분석(조사)하는 보조정리합체법을 이용하여 추측을 개선하게 된다. 이때, 추측을 개선하는 작업은 끝이 있는 것이 아니며, 개선된 추측에 대해 다시 반례를 찾고 증명을 분석하여 다시 추측을 개선하는 과정이 반복된다. 이와 같은 과정을 [그림 3-2-18]과 같이 요약, 정리할 수 있다.

[그림 3-2-18]을 중심으로 수학 탐구의 사례를 살펴보자. 어떤 학생이 삼각형의 한 꼭짓점을 지나는 직선을 그어 삼각형을 둘로 나누는 활동을 하다가 '삼각형의 한 꼭짓점을

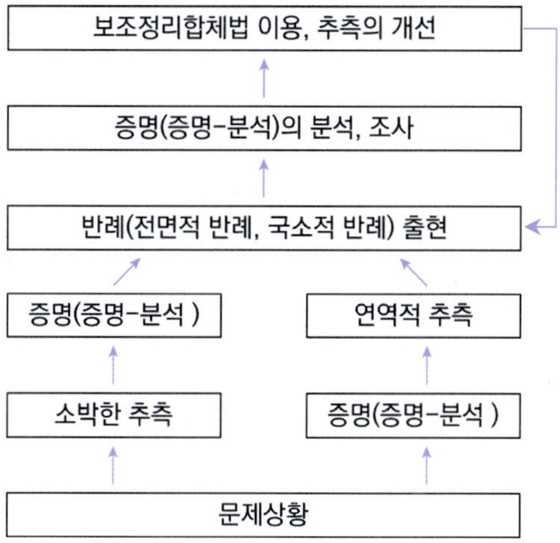

[그림 3-2-18]

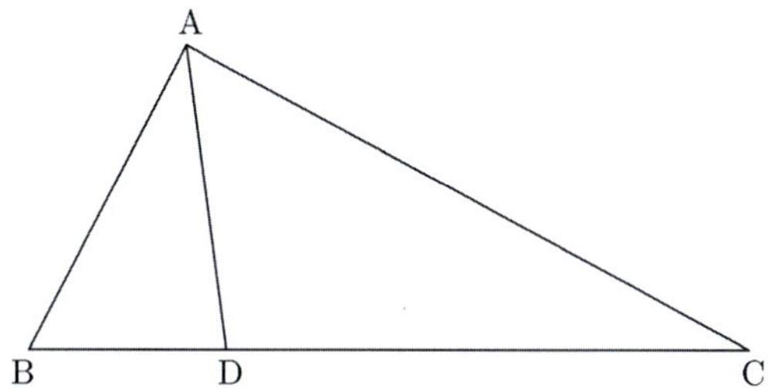

[그림 3-2-19]

지나는 직선을 그어 삼각형을 2개의 이등변삼각형으로 나눌 수 없다'라는 추측을 얻었다(귀납을 통한 소박한 추측). 학생이 추측에 대한 증명(사고실험)에 착수하였고, 다음의 증명-분석(부분추측 1, 부분추측 2, 부분추측 3)을 교사에게 제시하였다. 편의상 삼각형 ABC에서 각 A, B, C를 α, β, γ로 나타내고, $\alpha \geq \beta \geq \gamma$라고 하자([그림 3-2-19]).

부분추측 1

삼각형 ABC의 꼭짓점 A를 지나는 직선을 그어 변 BC와의 교점을 D라 하자. 그러면, $\overline{AB} \neq \overline{AD}$이고 $\overline{AD} \neq \overline{CD}$이므로, 삼각형 ABD와 DCA는 이등변삼각형이 아니다.

부분추측 2

삼각형 ABC의 꼭짓점 A를 지나는 직선을 그어 변 BC와의 교점을 D라 하자. 그러면, $\overline{BA} \neq \overline{BD}$이고 $\overline{AD} \neq \overline{CD}$이므로, 삼각형 BDA와 DCA는 이등변삼각형이 아니다.

부분추측 3

삼각형 ABC의 꼭짓점 A를 지나는 직선을 그어 변 BC와의 교점을 D라 하자. 그러면,

$\overline{AD} \neq \overline{BD}$이고 $\overline{AD} \neq \overline{CD}$이므로, 삼각형 DAB와 DCA는 이등변삼각형이 아니다.

교사: 부분추측 1을 보다가, 세 각이 75°, 70°, 35°인 삼각형 ABC를 생각했습니다. 변 AC로부터 각 C와 같은(크기가 35°인) 각을 작도했습니다([그림 3-2-20]). 그러면, 삼각형 DCA는 이등변삼각형이고 $\angle ADB$는 이등변삼각형의 외각이므로 $\angle ADB = 70°$가 됩니다. 그러므로 삼각형 ABD는 이등변삼각형입니다(반례 출현).

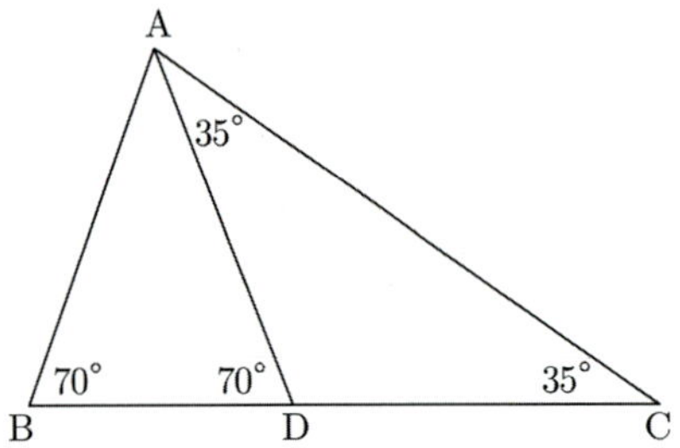

[그림 3-2-20]

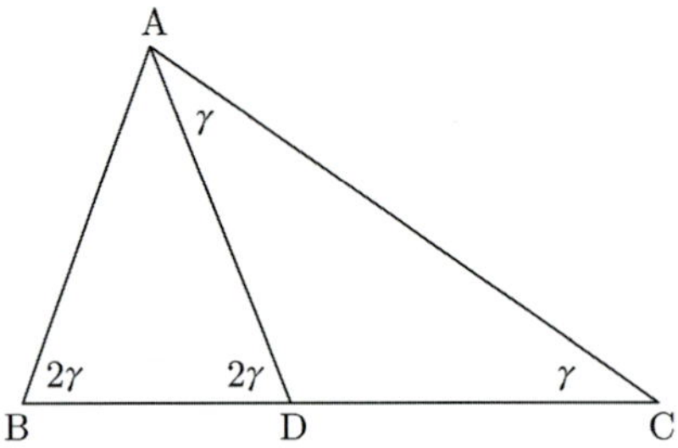

[그림 3-2-21]

학생: 선생님이 제시한 반례는 부분추측 1이 추측에 대한 근거로 충분하지 못하다는 것을 보여줍니다. 그래서 저는 부분추측 1을 선생님의 반례에 견디도록 수정해 보겠습니다. 각 C를 γ라고 했으므로, 선생님의 반례를 [그림 3-2-21]로 나타낼 수 있습니다. 이때 $\beta = 2\gamma$가 됩니다. 그러면, $\beta = 2\gamma$가 아닌 삼각형 ABC에 대해 부분추측 1은 안전합니다. 그러므로, 부분추측 1에 조건절 '$\beta = 2\gamma$가 아닌'을 덧붙여서 개선된 부분추측을 만들겠습니다. 그리고 이 반례는 전면적 반례이기도 하므로, 추측을 '$\beta = 2\gamma$가 아닌 삼각형에서 한 꼭짓점을 지나는 직선을 그어 삼각형을 2개의 이등변삼각형으로 나눌 수 없다'라고 개선하겠습니다(보조정리합체법에 의한 추측의 개선).

교사: 부분추측 2, 부분추측 3에 대한 반례도 노력하면 찾을 수 있을 것 같습니다. 그런데, 흥미로운 반례를 찾았습니다. 처음에는 삼각형을 나누기 위해, 꼭짓점 A를 지나는 직선을 그어야 한다고 생각했었습니다. 그런데, [그림 3-2-22]에 있는 각이 120°, 45°, 15°인 삼각형 ABC에서 꼭짓점 B를 지나는 직선도 삼각형을 2개의 이등변삼각형으로 나눌 수 있다는 것을 알았습니다.

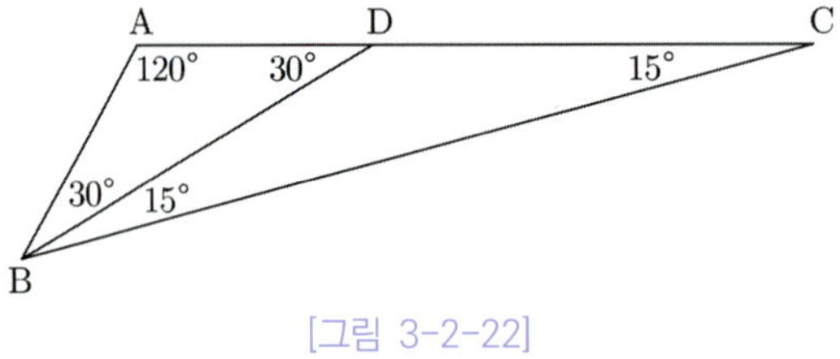

[그림 3-2-22]

특히, 이 반례는 전면적 반례이지만 국소적 반례는 아닙니다. 부분추측 1, 부분추측 2, 부분추측 3에서는 모두 꼭짓점 A를 지나는 직선을 그었기 때문입니다.

학생: 새로운 부분추측 4를 증명-분석에 추가하겠습니다. 이때, 선생님께서 제시한 반례로부터 안전한 부분추측 4를 만들겠습니다. 선생님의 반례를 [그림 3-2-23]과 같이 써서 살펴보면, $\beta = 3\gamma$인 경우에 해당합니다. 그래서 저는 부분추측 4를 다음과 같이 쓸 것입니다.

부분추측 4

$\beta = 3\gamma$가 아닌 삼각형 ABC의 꼭짓점 B를 지나는 직선을 그어 변 AC와의 교점을 D라 하자. 그러면, $\overline{\mathrm{AB}} \neq \overline{\mathrm{AD}}$이고 $\overline{\mathrm{DB}} \neq \overline{\mathrm{DC}}$이므로, 삼각형 ABD와 DBC는 이등변삼각형이 아니다.

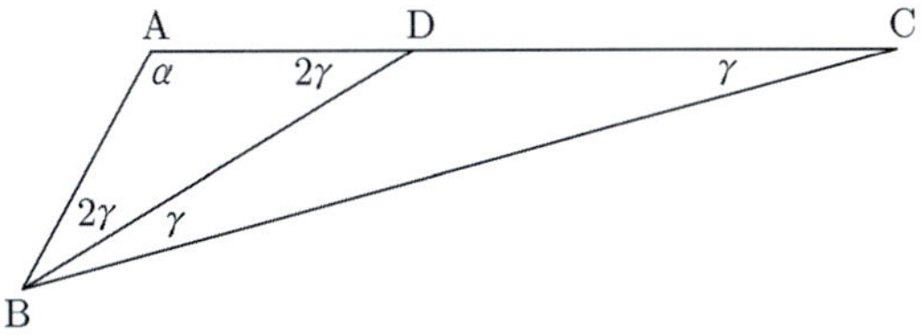

[그림 3-2-23]

그리고 추측에도 조건절로 '$\beta = 3\gamma$가 아닌'을 추가하여, 개선된 추측으로 '$\beta = 2\gamma$ 또는 $\beta = 3\gamma$가 아닌 삼각형에서 한 꼭짓점을 지나는 직선을 그어 삼각형을 2개의 이등변삼각형으로 나눌 수 없다'를 만들겠습니다.

교사: 개선된 추측에서는 [그림 3-2-20], [그림 3-2-22]의 삼각형이 더 이상 반례가 되지 못하는군요. 그러나 반례는 더 발견될 수 있을 것 같습니다.

학생: 괜찮습니다. 반례가 발견되면, 그에 따라 추측을 개선할 수 있습니다.

QUIZ

1 연역적 추측을 얻은 후에 보조정리합체법을 이용하여 추측을 개선할 때까지의 과정을 말하시오.

03 구성주의

구성주의

핵심어 구성, 구성주의, 지식의 자주적 구성의 원리, 지식의 생장 지향성의 원리

구성주의(constructivism)에서는 수학이 처음부터 만들어져있던 것이라는 절대주의의 관점을 비판하면서, 지식은 전수되는 것이 아니라 학습자가 내적 인지 구조를 재구조화함으로써 학습자 스스로 능동적으로 구성해간다는 관점을 갖는다. 구성주의는 지식의 구성에 대한 관점에 따라 다음의 세 사조로 구분된다.

조작적 구성주의	급진적 구성주의	사회적 구성주의
1950년대 ~ 피아제(J. Piaget)	1980년대 ~ 글래저스펠드(von Glasersfeld)	1990년대 ~ 어니스트(P. Ernest)

모든 구성주의에서 공유하고 있는 '**구성**(construction)'의 개념은 목공, 건축, 건설과 같이 기존의 조작들을 모아서 어떤 구조를 형성하는 것, 즉 '정신적 구조를 형성하는 것'을 의미한다(Ernest, 2018). 구성주의에서 '이해'는 누군가로부터 전달된 지식으로부터 나오는 것이 아니라 구성이라는 행동의 산물로 나타나는 재귀적인 과정이다. 이미 형성된 구조는 이후에 이루어지는 구성 과정에서 내용이 된다. 인간의 인식을 주체의 구성으로 설명한 것은 칸트(Kant)로부터 시작되었으며, 이후 듀이(Dewey)[4]를 거쳐 피아제의 **조작적 구성주의**로 구체화되었다. 조작적 구성주의는 이후 나타난 **급진적 구성주의**와 **사회적 구성주의**의 기초가 되었다.

킬패트릭(Kilpatrick)은 1987년 PME(Psychology of Mathematics Education)의 기조 강연에서 구성주의의 원리를 다음과 같이 언급하였다(Kilpatrick, 1987).

첫째, 지식은 환경으로부터 수동적으로 받아들이는 것이 아니라 주체에 의해 능동적으로 구성되는 것이다. **(지식의 자주적 구성의 원리)**

둘째, 알게 된다는 것은 자신의 경험 세계를 조직하는 **적응** 과정(adaptive process)이다. 그것은 인식 주체의 관념 밖에 독립적으로 이미 존재하는 세계를 발견하는 것이 아니다. **(지식의 생장 지향성의 원리)**

4 측정활동으로부터 수의 구성 : 막연한 전체 → 단위 도입(분석) → 명확한 전체(종합)

QUIZ

1 구성주의의 세 가지 사조를 말하고, 이들이 공통적으로 갖는 두 가지 원리에 대해 설명하시오.

조작적 구성주의

| 핵심어 | 조작, 조작적 구성주의

발생적 인식론자인 피아제는 유기체가 생존을 위해 주변 환경에 적응하는 구조를 갖고 있듯이 인간의 지능도 새로운 지식에 적절하게 적응하는 인지 구조인 **쉠**(schème)을 가지고 있다고 보았다. 인간은 경험 세계에 적응하기 위해 **동화**(assimilation)와 **조절**(accommodation)이라는 두 개의 상보적인 과정을 거친다. 동화는 새로운 경험이 기존의 스키마로 해석되어 그 구조 속에 맞추어지는 것이고, 새로운 경험이 기존의 스키마로 해석될 수 없을 때 조절이라는 재구조화의 과정이 일어난다. 피아제는 동화와 조절을 통한 쉠의 끊임없는 재구성의 과정을 인지 발달이자 학습이라고 보았다. 이러한 피아제의 인식론은 구성주의의 두 가지 원리인 지식의 자주적 구성의 원리와 지식의 생장 지향성의 원리를 뒷받침한다.

피아제는 인지 발달을 감각운동기, 전조작기, 구체적 조작기, 형식적 조작기로 구분하였는데, 이 네 단계를 구분 짓는 가장 중요한 기준이 되는 것이 바로 조작이다. **조작**(operation)은 '내면화된 가역적인 행동'으로, 조작은 태어나면서 획득되는 것이 아니라 성장과 함께 발달한다고 보았다. 조작에서 '내면화(interiorized)'된 행동이란 실제로 수행할 필요 없이 표현(representation)을 통해 수행될 수 있는 행동을 말한다. 그리고 '가역적(reversible)'의 의미는 양쪽 방향으로 수행될 수 있다는 것 즉, 행동 A의 결과가 행동 A의 역인 다른 행동 B에 의해 소거될 수 있고, 행동 A와 행동 B의 곱은 원래의 상태를 변화시키지 않는 항등 조작이 된다는 것이다.

조작적 사고는 물질적이고 구체적으로 수행될 수 있는 것을 생각 속에서 수행할 수 있고(내면화), 한 방향 또는 그 반대 방향의 사고(가역성)를 할 수 있을 때 비로소 가능하다. 덧셈은 조작의 한 예인데, 하나에 하나를 더하여 둘을 얻을 수 있고, 둘에서 하나를 빼서 다시 하나를 얻을 수 있다. 뺄셈은 덧셈의 역이며 덧셈과는 반대 방향으로 수행되는 정확히 같은 조작이다. 한편 조작은 어떤 보존과 불변량을 전제하고 있어야 한다. 조작은 행동이므로 하나의 변환이지만 모든 것을 한꺼번에 변화시키지는 않는다. 만약 모든 것을 한꺼번에 변화시킨다면 가역성이 가능하지 않다. 예를 들어 덧셈의 경우 5+1, 4+2, 3+3과 같이 말할 수 있고 이때의 불변량이 그 합이다. 마지막으로 어떤 조작도 홀로 존재하지 않으며, 모든 조작은 조작의 체계 또는 전체적인 구조와 관련된다(Piaget, 2020).

조작적 구성주의(operational constructivism)는 피아제가 수학적 개념의 발생과 관련하여 제시한 수학 인식론으로, 특히 추상적인 수학적 지식을 구성할 때 조작적 사고가 밑바탕이 된다고 보았다. 예를 들어 바둑돌 5개로부터 5라는 수의 개념을 추상화한 것은 바둑돌의 속성을 추상화한 것이 아니라 바둑돌의 개수를 센 행동을 추상화한 결과이다. 즉, 수학적 개념은 인식 주체의 외부 대상으로부터 직접 얻어지는 것이 아니라 대상에 대한 주체의 행동이나 조작의 일반적인 조정에 의한 **반영적 추상화**를 통해 구성된다고 보았다. 이러한 반영적 추상화의 산물이 '조작적 셈'이다. 피아제는 수학적 지식의 원천을 조작적 구조를 구성하도록 하는 주체의 활동으로 보았다.

한편 피아제는 반영적 추상화의 산물이 새롭기는 하지만 명확히 정해진 가능성의 체계 내에서의 조합의 무한한 연속에 의한 것이라는 점에서 발명으로 볼 수는 없다고 하였다. 피아제의 조작적 구성주의는 가능성의 전체 체계를 가정하고, 주체가 행동의 일반적 조정을 통해 점차적으로 보다 나은 균형을 향해 나아간다고 보았는데, 이는 어떤 보편적인 이데아에 접근해간다는 점에서 플라톤주의적 신념과 맞닿아 있다. 그러나 주체가 미리 모든 조작적 구조를 포함하는 골격을 가지고 있다고 할 수는 없으므로 선험론은 아니라는 점에서 플라톤주의와 차별화된다고 볼 수 있다(우정호, 2010).

QUIZ

1 조작적 구성주의는 지식, 특히 수학적 지식이 어떻게 구성된다고 보았는지 설명하시오.

급진적 구성주의

| 핵심어 | 급진적 구성주의, 지식의 비객관성의 원리

급진적 구성주의(radical constructivism)는 구성주의에 대한 피아제의 연구에 뿌리를 두고 있으며 지식의 자주적 구성의 원리, 지식의 생장 지향성의 원리를 바탕으로 한다. 그러나 급진적 구성주의는 개별 주체가 구성한 지식에는 객관성을 부여할 수 없다는 **'지식의 비객관성의 원리'**를 주장했다는 점에서 다른 구성주의 사조와는 차별화된다. 급진적 구성주의는 글래저스펠드가 1980년대부터 약 20년에 걸쳐서 발표한 연구들로 알려졌으며, 수학

교육 측면에서의 대표자로는 스테프(Steffe)가 있다.

급진적 구성주의에서 '급진적(radical)'이라는 용어는 뿌리(root)와 동일한 어원을 가지며 '뿌리부터 철저한, 근본적인'이라는 의미가 강하게 내포되어 있다. 글래저스펠드는 인식 주체가 구성한 지식이 주체와 독립적으로 실재하는 세계를 그대로 표상하는 것은 아니라고 보았다. 이러한 점에서 지식과 실재 사이의 관계를 보는 관점이 기존의 전통적 인식론과 근본적으로(radically) 다르다고 하여 급진적 구성주의라고 명명하였다(홍진곤, 2019).

지식의 구성과 관련하여 칸트는 인식 주체가 구성한 지식의 객관성을 포기하지 않았다. 피아제도 인간에게는 유전적으로 공통적 행동을 가능하게 하는 본능적 수준의 인지 도식이 있으며, 이로부터 인지 발달이 일어나는 과정에 어떤 자기 규제 체계가 작용하여 평형 상태를 유지하려고 하므로 개별적인 인지 발달은 보편적인 지식으로 수렴하게 된다고 보았다.

그러나 급진적 구성주의는 개별 주체가 구성한 지식이 참이라는 것은 객관적이거나 보편적이라는 것이 아니라 유용하고 적합하여 생존 가능성을 갖는 것이라는 의미로 보았다. 어떤 지식이 참인지의 여부는 어떤 문제 상황에 그 지식을 적용하여 그것의 생존 가능성(viability)을 판단할 수 있으며, 잘 적용되지 않으면 그 지식은 폐기되거나 더 나은 지식으로 성장해야 한다고 보았다. 급진적 구성주의는 우리가 구성한 지식에서 지식의 절대적인 객관성을 더 이상 고려할 필요가 없으며 지식의 적합성, 유용성, 생장성이 중요하다는 입장을 갖는다. 즉, 급진적 구성주의에서는 지식은 개별 주체가 특정한 환경에 적응하기 위해 구성하는 것이지, 객관적인 존재론적 실재를 발견하는 것은 아니므로 개별 주체가 구성한 지식에는 객관성을 부여할 수 없다고 보았다. 급진적 구성주의 관점에서 수학적 지식의 확실성은 수학적 지식의 적합성, 적응성으로 대치된다.

글래저스펠드는 학습자가 자신이 경험한 것을 해석하고 세상을 살아가는 데 필요한 방향을 안내할 수 있는 자신만의 '세계 지도(world map)'를 개발한다고 설명하였다. 이 세계 지도는 우리가 살고 있는 실제 모습일 수도 있고 아닐 수도 있으며, 이 세계 지도가 세상에 대한 실제 모습을 갖는다고 하더라도 그것이 정말로 그런지는 알 수가 없다고 하였다. 급진적 구성주의는 존재론적 관점에서 중립적인 입장이며 인식 주체의 경험 대상인 세계의 특성에 대해 아무런 가정을 하지 않는다. 지식은 인간이 구성한 것이며 인간이 알 수 있는 전부이다. 그러므로 객관적 실재의 존재 여부 또는 그것과 지식과의 관련성은 무의미하다. 급진적 구성주의는 **오류주의**, 회의주의, 비객관주의에 입각하고 있으며, 수학 영역에서도 진정으로 옳은 객관적 지식은 존재하지 않는다고 보았다.

급진적 구성주의에 따르면 각 개인이 필요와 목적에 맞게 자신이 경험한 세계에 대한 인지 구조를 형성하기 때문에 각 개인의 인지 구조의 타당성에 대해서는 어떤 논박도 할 수 없고, 개인 상호 간의 의사소통, 사회적 가치나 기초를 마련할 수가 없다. 급진적 구성주의는 지식은 언어를 통해 전달될 수 없으며, 개인의 경험을 통한 추상화 과정을 통해 구성되는 것으로 보았다. 이러한 **언어의 비공유성**과 관련하여 글래저스펠드는 다음과 같이 말하였다(Glasersfeld, 2006).

> 우리는 언어를 통해 아이디어, 개념, 심지어 지식의 전체가 화자로부터 청자에게 전달된다는 환상을 갖는다. 이 환상은 단어와 구문의 의미가 언어 사용자 외부 어딘가에 고정되어 있다는 믿음에서 비롯되기 때문에 매우 강력한 것이다. 그러나 이 환상을 해체하는 가장 좋은 방법은 처음에 언어를 습득할 때 단어와 문구의 의미를 어떻게 형성하게 되었는지 기억하거나 재구성해 보는 것이다. 분명히 그것은 자신이 들은 언어의 일부를 자신의 경험 덩어리와 연관시켜야만 이루어질 수 있으며, 어느 누구의 경험도 다른 사람의 경험과 완전히 동일할 수는 없다. 그러므로 다른 사람이 말하거나 쓰는 것은 무엇이든 당신이 듣는 단어와 문구에 자신의 주관적인 의미를 담을 수밖에 없다.

급진적 구성주의에서는 개인의 지식이 언어에 의해 전달되지 않지만 의사소통이 이루어지는 이유가 객관적 지식이나 의미의 보편성에서 유래하는 것이 아니라 우연적으로 형성된 합의 영역에 의한 것이라고 보았다. 그리고 이러한 우연의 일치가 광범위한 합의에 이르러 지금까지 지식과 언어를 생성해 온 것은 그러한 일치가 앞서 언급한 실용적인 결과를 가져왔기 때문으로 보았다. 즉, 급진적 구성주의는 개별 주체들의 의사소통이 주관적 경험 세계의 상대적 합의 영역이 존재할 때 가능한 것으로, 객관적인 실재의 본질로부터 도출되는 것이 아니라는 입장을 갖는다.

급진적 구성주의는 모든 지식이 학생 자신의 경험을 바탕으로 창조되는 것이며, 교사나 교과서 중심의 수업을 통해 전달되는 것이 아니기 때문에 그러한 수업은 유용성이나 의미가 없다고 본다. 급진적 구성주의는 지식은 주관적이며 모든 학생은 개인적인 관점을 바탕으로 자신의 지식을 구성한다는 철학을 갖는다. 따라서 급진적 구성주의는 교사가 학생들에게 자신의 지식을 창출하고 학생들의 다양한 관점과 배경을 인식할 수 있는 더 많은 기회를 제공하여 각 학생의 학습 과정에 영향을 미칠 것을 강조한다. 즉, 교사는 안내자로서 학생 개개인이 다양한 방식으로 그들 자신의 지식을 구성하도록 격려해야 한다.

다음은 어느 학생의 수학 일기를 보고 김 교사와 박 교사가 대화를 나누는 상황이다. 이때 ㉠과 ㉡은 급진적 구성주의의 '지식의 비객관성의 원리'가 수학 수업에 어떻게 반영될 수 있는지를 보여준다.

오늘은 친구와 함께 영화를 보러 갔다. 보고 싶은 영화를 어떻게 선택할지 고민하다가 영화 관람을 하고 나오는 사람들이 어떤 영화를 봤는지 조사하여 가장 많은 사람들이 본 영화를 관람하기로 결정했다. 나는 먼저 영화 관람을 마치고 나오는 사람들에게 관람한 영화가 무엇이었는지 조사하고, 별생각 없이 조사한 자료로 수학 시간에 배운 평균을 구하자고 친구에게 말하였다. 그런데 친구는 "자료를 대표하는 값에는 여러 가지가 있고, 주어진 자료에 따라 적절한 값을 사용해야 그 자료의 특성을 대표할 수 있다."고 말하면서, 우리가 함께 관람하기로 한 영화의 선택 조건이 무엇이었는지 나에게 상기시켜 주었다. "맞아, 그거야! 여기서는 최빈값이 대푯값으로 적절하겠구나."라는 것을 깨달았다.

친구의 도움으로 최빈값의 의미와 그것을 언제 사용해야 하는지 확실히 알게 되었다. 그러고 보니 빅 데이터 기술을 이용하여 많은 사람들이 주로 사용하는 단어를 최빈값으로 구해 낼 수 있고, 그 단어가 갖는 여러 의미를 해석해 볼 수 있어 최빈값이 매우 유용하지 않을까 하는 생각도 들었다. 그래도 오늘 가장 좋았던 것은 ㉠ <u>교과서의 정리된 수학이 아닌 내 주변에 살아있는 수학을 경험한 것</u>이었다.

김 교사: 수학이 우리 삶 가운데 유용하게 사용되고 있음을 알도록 학생들에게 수학일기를 써 보게 했습니다.

박 교사: 좋은 생각입니다. 학생들이 수학을 왜 배워야 하는지 모르겠다고 하는데 수학일기를 통해 수학의 실용적 가치를 깨닫는 좋은 기회가 될 것 같습니다.

김 교사: 네, 그리고 동시에 ㉡ <u>수학이 객관적 진실이라기보다는 우리의 삶의 경험을 조직하는 데 도움이 됨을 학생들이 인식하면 좋겠습니다.</u>

QUIZ

1 급진적 구성주의에서의 '지식의 비객관성의 원리'에 대해 설명하시오.

사회적 구성주의

핵심어 | 사회적 구성주의, 사회적 합의 가능성, 주관적 지식과 객관적 지식의 관계

사회적 구성주의(social constructivism)는 1990년대에 나타난 구성주의적 관점으로, 크게 개인적 측면을 중시하는 피아제의 이론을 기반으로 한 유형과 사회적 측면을 중시하는 비고츠키의 이론을 기반으로 한 유형으로 구분할 수 있다. 첫째, 피아제의 이론을 기반

으로 한 사회적 구성주의는 콥(Cobb), 야켈(Yackel) 등의 학자들이 주장하는 것으로 지식의 비객관성을 주장한 급진적 구성주의의 문제를 보완하고 정교화하고자 하였다. 특히 콥(Cobb)은 급진적 구성주의의 '독립 주관적인 의미에서의 객관성'을 '공통 주관적인 의미에서의 객관성'의 개념으로 변경하며 인류 공동체의 **'합의성'**을 제안하였다. 둘째, 비고츠키의 이론을 기반으로 한 사회적 구성주의는 피아제의 이론에서 출발한 구성주의의 모습을 갖고 있지 않으며 사회적 구성주의에서의 언어, 의사소통, 사회의 역할에 관심을 두고 있다. 대표적인 학자인 어네스트는 급진적 구성주의의 '언어의 비공유성' 대신 **'언어의 사회적 공유성'**을 언급하면서 '사회성'을 강조하였다.

사회적 구성주의에서는 전통적인 의미의 객관성을 거부하면서, 객관성을 '한 개인을 넘어선 사회 공동체가 옳다고 인정하는' 또는 '역사와 문화를 통해 인정된'과 같은 의미로 사용한다. 즉, 사회적 구성주의에서의 '객관성'은 **'사회적 합의 가능성'**을 의미하는데, 그 바탕에는 언어의 사회성이 있다. 급진적 구성주의는 인식 주체의 인지 발달을 생물학적 발달 과정에 중점을 두었기 때문에 인식 과정에 영향을 주는 사회적 요인을 중요하게 다루지 않았지만, 사회적 구성주의는 인식 주체의 사회적 상호작용 과정을 인지 발달의 근원이라고 보았다. 여기서는 지식의 근본이 '언어'이고, 이러한 언어는 '사회'를 전제로 한다고 보았기 때문이며, 언어의 사회성을 바탕으로 수학적 지식은 객관성을 확보하게 된다고 하였다.

사회적 구성주의에서는 **주관적 지식과 객관적 지식의 관계**를 [그림 3-3-1]과 같이 서로 영향을 주는 순환 관계로 설명하였다. 첫째, 개인의 주관적 지식이 사회의 객관적 지식이 되는 과정은 창조의 과정으로, 개인이 구성한 주관적 지식은 사회적으로 공표되어 공적인 비판과 재형성을 거쳐 사회적 합의에 이르면 객관적 지식이 된다. 라카토스는 수학적 지식의 발생 매커니즘을 정의, 추측, 비형식적 증명과 같은 개별 수학자들의 산물이 비판에 노출되면 이 비판에 대응하여 재형성이 이루어지는 반복적인 변증법적 순환으로 설명했는

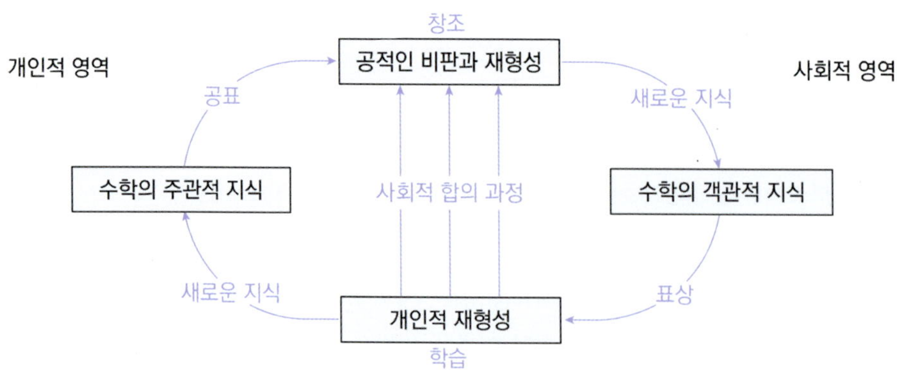

[그림 3-3-1] 수학의 주관적 지식과 객관적 지식의 관계

데, 사회적 구성주의는 이러한 준경험주의의 관점을 수용하고 있다. 둘째, 사회의 객관적 지식이 개인의 주관적 지식이 되는 과정은 학습의 과정으로, 개인은 수학을 학습함으로써 객관적 지식을 내면화하고 재형성해서 개인의 주관적 지식으로 삼으며, 이는 다시 개인이 새로운 수학적 지식을 만들어내는 과정에 사용된다.

한편 한 학급을 그 자체의 고유한 문화, 역사, 규약 등을 갖는 공동체로 보고, 학생이 구성해야 하는 수학적 지식을 그 학급 안에 존재하는 사회의 상호작용 매커니즘에 주목하여 살펴볼 수 있다. 즉 학습할 주제와 관련하여 학생이 자신의 의견을 학급 동료에게 발표(공표)하면 학급 동료들에 의한 토론(공적인 비판과 재형성)을 통해 합의된 객관적 지식을 구성하여 학습 목표에 도달하게 된다. 따라서 사회적 구성주의는 학생들의 발표와 토론을 강조하는 사회적 상호작용이 활발하게 이루어지는 수업을 지지하며, 교사는 학생들의 발표, 공적인 비판과 재형성, 합의된 객관적 지식을 구성할 수 있도록 적절한 발문을 통해 수업을 이끌어야 한다.

다음은 김 교사가 사회적 구성주의를 적용한 수학 수업 장면이다. 수업에서 학생 A는 "오각형의 내각의 크기의 합은 $5\times180°$가 됩니다.", 학생 B는 "오각형을 이렇게 자르면 내각의 크기의 합이 $3\times180°$가 되는데요?"라는 서로 다른 주관적 지식을 발표(공표)하였다. 이후 김 교사는 두 학생의 주관적 지식이 합의된 객관적 지식으로 변환해가도록 다음과 같이 안내할 수 있다. 먼저 공표된 주관적 지식에 대한 공적인 비판과 재형성이 이루어지도록 교사는 "학생 A와 학생 B는 각자 자신이 생각한 내용을 설명해볼까요? 의문이 있는 부분이 있으면 서로 질문하세요." 등의 질문을 할 수 있다. 이후 "토론을 통해 오각형 내각의 합을 구하는 방법을 정리해볼까요?" 등의 질문을 통해 합의된 객관적 지식의 형성을 유도할 수 있다.

김 교사: 이런 오각형에서 내각의 크기의 합이 얼마일지 생각해 봅시다. ([그림 1])
(학생들의 소집단 토론이 진행된다.)
김 교사: 자, 이제 발견한 사실을 발표해 봅시다.
학생 A : 오각형의 내각의 크기의 합은 $5\times180°$가 됩니다.
김 교사: 학생 A가 오각형의 내각의 크기의 합이 $5\times180°$라는 의견을 제시하였습니다. 이 의견에 대한 질문이 있습니까?

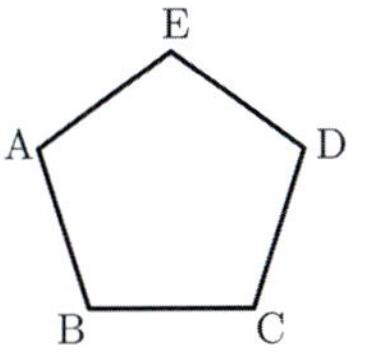

[그림 1]

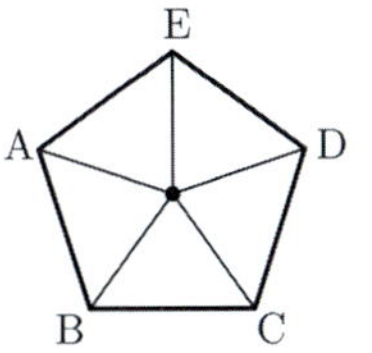

[그림 2]

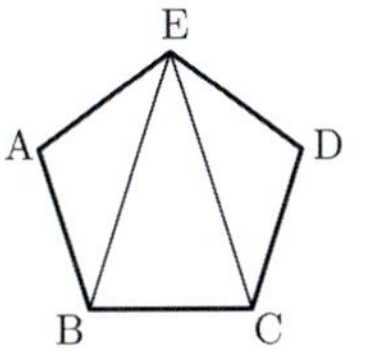

[그림 3]

학생 B : 왜 $5\times180°$가 된다고 생각하는지 설명이 필요합니다.

학생 A : 이렇게 잘라서 각의 크기를 모두 합하면 $5\times180°$가 됩니다. ([그림 2])

학생 B : 오각형을 이렇게 자르면 내각의 크기의 합이 $3\times180°$가 되는데요? ([그림 3])

QUIZ

1 사회적 구성주의에서 수학적 지식이 구성되는 과정을 설명하시오.

참고문헌

강옥기, 강윤수, 고상숙, 고호경, 권나영, 김구연, 김래영, 김민경, 김응환, 김익표, 노선숙, 서보억, 신재홍, 이수진, 이중권, 정인철, 한인기, 허혜자, 황우형(2012). 수학교육학 신서. 교우사.

강옥기, 허난, 조현공, 박경은, 이환철(2018). 수학교육학 정론. 경문사.

심아정(2017). 수학의 역설(paradox)과 마주하기: 수학의 심연, 외부성이 출현하는 사건의 장소. 교양학연구, 5, 167-187.

우정호(2000). 수학 학습-지도 원리와 방법, 서울대학교출판부.

임재훈, 홍진곤(1998). 조작적 구성주의와 사회적 구성주의에서 구성의 의미와 과정. 대한수학교육학회논문집, 8(1), 299-312.

폴 어네스트(2010). 수학교육철학(강문봉, 백석윤, 이중권, 장혜원 역). 경문사.

폴 어니스트(2018). 수학 학습심리학(박성선 역). 경문사.

홍진곤(2019). 구성주의 인식론의 이해. 수학교육철학연구, 1(1), 1-16.

황혜정, 나귀수, 최승현, 박경미, 임재훈, 서동엽(2022). 수학교육학신론1. 문음사.

Glasersfeld, E. (Ed.). (2006). Radical constructivism in mathematics education (Vol. 7). Springer Science & Business Media.

Kilpatrick, J. (1987). What constructivism might be in mathematics education. In Proceedings of the Eleventh International Conference on the Psychology of Mathematics Education, 1987 (Vol. 1, pp. 3-27).

Lakatos I. (1976). Proof and Refutation. New York: Cambridge University Press.

Piaget, J. (2020). 장 피아제의 발생적 인식론(홍진곤 역). 신한출판미디어.

CHAPTER

04

학습심리학과 수학교육

둘러보기

1절 행동주의 이론과 수학 학습

행동주의(行動主義, Behaviorism)는 관찰 가능한 행동들을 분석함으로써 인간의 심리를 객관적으로 이해하고자 하는 심리학 분야이다. 20세기 초에 이르러 왓슨(Watson)과 손다이크(Thorndike)를 중심으로 행동주의 심리학이 발달하였다. 여기서는 손다이크와 스키너(Skinner)의 이론을 중심으로 행동주의 심리학 이론과 수학 학습과의 관계를 살펴보고자 한다.

2절 형태주의 이론과 수학 학습

게스탈트(Gestalt) 심리학이라고도 불리는 형태주의(形態主義) 이론은 자극과 반응을 요소로 하는 행동주의 심리학에 반하여 인간의 심리적 현상을 개별 요소의 집합이 아닌 그 자체를 하나의 전체성으로 구성된 구조를 강조하였다. 여기서는 형태주의 이론의 의미, 문제의 구조와 통찰, 베르트하이머(Wertheimer)의 생산적 사고, 카토나(Katona)의 유의미 학습를 중심으로 살펴보고자 한다.

3절 피아제의 이론과 수학 학습

피아제(Piaget)는 스위스의 철학자이고 자연과학자이며 발달심리학자이다. 아동의 학습에 대한 연구인 인지 발달 이론과 피아제 자신의 인식론적 관점인 발생적 인식론으로 잘 알려져 있다. 피아제의 이론은 교육심리학과 수학교육학 등에 지대한 영향을 미쳤다. 또한 피아제는 구성주의가 수학 학습 이론으로 발전하는 데에도 영향을 주었다. 여기서는 피아제의 이론을 인지 구조, 인지 발달 단계, 반영적 추상화를 중심으로 살펴보고자 한다.

4절 브루너의 이론과 수학 학습

스프트니크(Sputnik) 충격 이후 미국을 중심으로 학교 교육과정의 개혁에 대한 움직임이 시작되었는데, 1959년 미국 매사추세츠주 Woods Hole에서는 초등학교와 중등학교에서 과학 및 수학교육을 어떻게 개선할 것인가에 중요한 회의가 열렸다. 35명의 과학자, 수학자, 교육학자 등이 참석한 이 회의의 중요한 결과는 브루너(Bruner)가 대표 저자로 저술한 '교육의 과정(The Process of Education)'에 담겨져 있다. 브루너는 '교육의 과정'에서 각 학문 분야는 그 학문의 독특한 기본 구조를 가지고 있고, 교육과정은 그러한 기본 구조를 중심으로 조직되어야 한다고 하는 '구조중심' 또는 '학문중심' 교육과정을 표방하여 수학교육 현대화 운동(New Math)에 지대한 영향을 끼쳤다. 여기서는 브루너의 이론을 지식의 구조, 발견학습, EIS 이론을 중심으로 살펴보고자 한다.

5절 비고츠키의 이론과 수학 학습

비고츠키(Vygotsky)는 피아제가 탄생한 해인 1896년 러시아에서 태어났다. 1925년 10월에 '예술의 심리학(The Psychology of Art)'이란 제목의 논문으로 박사 학위를 받았다. 비고츠키의 주요 이론은 주의, 추상, 언어, 기억, 수 조작과 추리의 발달에 있어서의 문화적 부호와 상징의 역할, 고등 심리적 기능 혹은 고등 정신 기능이라고 하는 인지발달의 결과에 대한 설명과 논의, 사고 발달에 있어서의 과학적인 개념의 주요 역할, 그리고 사고와 언어의 관계 등이다. 하지만 제자들을 중심으로 스탈린 사후 서구에 그의 이론이 소개되면서 1970년대 이후부터 그의 이론에 대한 많은 관심과 연구가 이루어졌다. 여기서는 비고츠키의 사회문화적 맥락에서 학습과 인지발달, 근접 발달 영역(ZPD), 비계 설정(Scaffolding)을 중심으로 살펴보고자 한다.

6절 가네의 이론과 수학 학습

가네(Gagné)는 미국 매사추세츠주에서 태어나 심리학을 전공하였다. 1958년 프린스턴 대학의 교수를 역임하면서 문제해결과 수학적 기능에 대해 연구하였다. 1965년에는 그의 유명한 저서 〈학습의 조건(The conditions of Learning)〉을 집필하였으며, 학습의 위계에 관한 연구 결과를 제시하였다. 여기서는 가네가 말하는 학습의 과정과 결과, 학습의 위계를 중심으로 살펴보고자 한다.

7절 오수벨의 이론과 수학 학습

오수벨(Ausubel)은 미국의 심리학자로 1960년대 강조되었던 브루너(Bruner) 중심의 발견학습에 대조되는 유의미한 수용학습을 주창하였다. 다시 말해, 오수벨은 교사가 설명식 수업을 통해 지식을 유의미하게 전달하는 데 초점을 두었으며, 이를 위한 조건과 지도원리 등에 관한 연구를 수행하였다. 여기서는 오수벨의 유의미한 수용학습, 유의미한 수용학습이 이루어지기 위한 조건, 유의미한 수용학습의 방식과 지도원리를 중심으로 살펴보고자 한다.

01 행동주의 이론과 수학 학습

손다이크의 산술심리학

핵심어 행동주의, 자극과 반응, 결합(본드), 효과의 법칙, 연습의 법칙, 준비성의 법칙

19세기 말까지 심리학은 철학적 측면에서 연구되었으며 체계적이고 실험적인 방법을 갖추지는 못하였다. 이러한 상황에서 심리학을 과학적인 연구 분야로 발전시킨 것은 19세기 말 독일의 심리학자 분트(Wundt)에 의해서이다. 분트는 1879년 라이프치히 대학에 심리실험실을 설립하고 실험심리학 연구를 시작하였다. 이를 통해 심리학은 철학적 연구에서 벗어나 실험적이고 체계적인 연구를 통해 과학적 분야로 발전하게 되었다.

행동주의 심리학은 20세기 초에 이르러 왓슨(Watson)과 **손다이크**(Thorndike)를 중심으로 발달하였다. 행동주의는 학습을 경험이나 연습을 통해서 일어난 행동의 지속적인 변화로 간주한다. 행동주의 심리학에서는 내적인 정신적 과정을 측정하기 어렵다는 인식을 바탕으로 외부 행동의 관찰을 통한 행동의 예측과 통제에 대하여 연구하였다. 특히, 손다이크는 동물의 학습에 대한 실험을 토대로 어떤 자극(stimulus)에 대하여 어떤 반응(response)이 일어날 때 그에 대한 보상이 따른다면 자극과 반응 사이에 결합(bond)이 형성되기 시작하며, 이러한 결합이 만족스러운 결과를 가지고 오면 해당 결합의 강도는 강화되나 불만족스러운 결과를 가져오면 약화된다는 **효과의 법칙**(Law of Effect)를 주장하였다. 또한, 손다이크는 연습의 횟수나 사용빈도가 증가할수록 결합의 강도가 강화되고, 횟수가 적거나 사용되지 않을 때는 약화된다는 **연습의 법칙**(Law of Exercise)과 학습자의 준비성에 따라 학습의 효과가 달라질 수 있다는 **준비성의 법칙**(Law of Readiness)을 제시하였다. 준비성의 법칙에 따르면 어떤 사람이 무엇인가를 할 준비가 된 상황에서 그것을 하도록 허용하면 만족스러운 상태가 되며, 준비성을 갖추지 못했을 때 무엇인가를 하도록 강요되거나 혹은 준비성이 갖추어졌는데도 허용되지 않는다면 불만족스러운 상태가 초래된다는 것이다. 손다이크는 이러한 자극과 반응의 결합, 효과의 법칙, 연습의 법칙, 준비성의 법칙을 학습에 어떻게 적용할 수 있을지에 대하여 연구하였다.

손다이크는 당시 행동주의 심리학자들과 마찬가지로 인간이 학습하는 모든 지식은 아무리 복잡하더라도 **자극-반응**의 단순한 결합으로 이루어져 있으며, 따라서 학습은 필요한 결합을 구성하여 이를 강화시키면 된다고 생각하였다. 손다이크는 이러한 효과의 법칙을 인간의 학습에 적용하여 보상이 따르는 연습을 통해 목표한 반응을 일으키는 학습 방법을 제시하였다. 산술 계산 능력의 향상에 대하여 손다이크는 우선 산술 학습의 기본이 되는

특별한 본드들을 선정하고 이를 잘 계열화한 후, **훈련과 연습**을 통해 강화하고자 하였다. 즉, 훈련과 연습을 통해 산술 계산 능력 향상에 중요한 본드들을 자주 연습시킴으로써 산술 능력을 향상시키고자 하였다. 손다이크 이론이 산술교육에 주는 시사점을 정리하면 다음과 같다(우정호, 2013, p. 173).

첫째, 본드들을 연습하여 조직함으로써 전반적인 산술 능력을 향상시킬 때, 중요한 것은 개별적인 본드들의 단순한 연습이 아니라 어떤 본드의 형성이 다른 본드의 형성에 최대한 도움이 되도록 적절하게 배열하여 연습하도록 하는 것이 산술 능력을 크게 향상시킬 수 있다는 것이다. 즉, 모든 본드는 형성되었거나 형성될 다른 모든 본드들과 연관지어 형성되어야 하며, 모든 능력은 다른 능력과 관련지어 연습됨으로써 효과적인 전체 능력으로 조직될 수 있다는 것이다.

둘째, 산술 계산에 대한 부정확성은 그 계산을 구성하는 본드가 약함을 뜻하므로 이와 관련된 본드를 선정하여 보다 강한 결합이 형성될 수 있도록 해야 한다. 이때, 학습을 위한 훈련과 연습 과정에서 어려움이 따를 수 있는데, 손다이크는 곤란과 성공 중에서 성공이 결국 사고하는데 더 생산적이라고 주장하였으며, 학습 과정에서 겪는 곤란이나 실패의 경험 그 자체로는 학습에 아무런 도움이 되지 않으며 특히 괴로운 실패의 경험은 사고와 학습을 방해한다고 보았다. 즉, 결합을 강화하는 훈련과 연습 가운데 필요한 것은 성공의 경험이다.

셋째, 손다이크는 학습에 있어서 학습자의 자세나 태도가 학습에 영향을 준다고 주장하였다. 즉, 자세나 태도는 학습자의 행동을 결정할 뿐만 아니라 행동 결과에 대한 만족과 불만족을 결정하는 데도 영향을 준다. 산술 학습과 관련하여 학생의 자세나 태도를 높이기 위해서 다양한 문제를 활용할 필요가 있는데, 이때 학생에게 지나치게 실제적인 문제만을 활용하는 것도 좋지 않지만 학생의 실제에 벗어난 단순하고 지적인 문제만을 활용하는 것도 좋지 않다. 손다이크는 산술 기능을 연습하기 위한 문제를 구성할 때 학습자에게 흥미롭고 실제적인 문제 상황을 산술을 적용할 수 있는 해결할 수 있도록 구성하고, 경쟁 방법을 도입하여 보상에 의한 본드의 강화를 시도하도록 하였다.

넷째, 손다이크에 따르면 구체물을 사용한 계산은 초기 산술교육의 기초를 보증하고 명확히 하는데 의미가 있으나, 기본 계산이 익숙해진 이후에도 계속 사용하면 오히려 산술에 대한 자연스러운 발달을 지체시키고 억제하게 된다. 즉, 순수한 사고에 의해 스스로 획득할 수 있는 의미를 구체적인 경험을 통하여 얻도록 강요하는 것은 학생들의 지력을 피곤하게 하는 것이다. 따라서, 기본적인 계산에 익숙해진 이후에는 가능한 한 빨리 추상적인 아이디어와 일반적인 원리로 나아갈 수 있도록 지도해야 한다.

다섯째, 손다이크에 따르면 학생들은 계산 방법을 연역적 추론에 의해 학습하지 않고, 교사가 계산하는 방법을 보고 지시하는 대로 실제로 해보면서 자신들의 계산 결과로부터 귀납추론에 의해 계산법을 익힌다. 즉, 먼저 교사의 시범과 이에 대한 모방에서 출발하여 절차에 대하여 완벽하게 학습함으로써 이를 습관처럼 익힌 후에 연역적 설명이 도입되어야 한다.

여섯째, 일반적으로 추론은 기계적인 계산과는 구분되는 고차원적인 사고 과정으로 여겨지며 추론에 의한 원리의 이해는 습관적이고 기계적인 계산과 다르다고 보는 경향이 있다. 그러나 손다이크는 연습을 통해 형성된 본드들을 새로운 자료에 적용하여 성공적인 반응을 얻는 것이 추론이며, 이러한 추론적 사고도 산술 계산과 마찬가지로 여러 가지 본드들에 대한 연습과 훈련을 통해 길러질 수 있다고 주장한다.

QUIZ

1 효과의 법칙이란 무엇인지 설명하시오.

2 행동주의에서 산술 계산에 대한 부정확성을 어떻게 설명하는지 기술하시오.

3 행동주의에서 추론교육도 연습과 훈련을 통해 가능한 것인지 설명하시오.

스키너의 강화 원리와 프로그램 학습

핵심어 | 조건형성, 강화, 프로그램 학습의 원리

스키너(Skinner)의 심리학은 현대 행동주의 심리학의 주도적인 역할을 담당하고 있으며, **프로그램 학습**, 개별학습, 컴퓨터 기반의 학습(Computer-Based Instruction)에 적용되는 학습심리 이론의 기초이다.

스키너가 진행한 학습 활동과 관련된 연구의 핵심은 **조건형성**(conditioning)과 **강화**(reinforcement)이다. 조건형성은 학습의 효과를 위해서는 목적하는 학습의 결과가 이루어지기에 적합한 조건이 형성되어야 한다는 것이다. 즉, 비둘기를 훈련시키는 것과 같이 학습자를 조건화함으로써 잘 형성된 반응을 기대할 수 있으며, 여러 연계된 조건형성의 과정을 통해 복잡한 행동도 학습시킬 수 있다고 주장하였다.

스키너에 따르면 특정한 상황에서 인간의 행동(behavior)은 앞서 이루어진 전례(antecedent)와 뒤이어 발생하는 결과(consequence) 사이에 놓이며, 행동은 전례와 결과의 변화에 영향을 받는다.[1] 스키너는 그중에서도 행동의 결과는 그 행동의 반복가능성

1 이를 조작적 조건형성의 ABC(Antecedent-Behavior-Consequence)라고 한다.

에 가장 직접적이고 큰 영향을 준다고 보고 결과의 변화에 따른 조건형성에 초점을 맞추어 연구하였다. 이때 행동의 변화에 영향을 주는 결과의 한 형태가 강화이다.

강화에는 정적(positive) 강화와 부적(negative) 강화가 있다. 정적 강화는 칭찬과 같이 어떤 반응에 대한 행동의 빈도나 강도를 증가시키는 유쾌한 자극을 제공하는 것이다. 부적 강화는 주어지던 불쾌한 자극을 제거하여 그 행동의 빈도나 강도를 증가시키는 것을 말한다.[2] 학습된 행동은 적절한 강화가 뒤따르지 않으면 시간이 지남에 따라 점진적으로 소멸된다. 스키너는 학습자에게 제공되는 강화는 그 양이 중요한 것이 아니라 그 사용 방법이 더 중요함을 지적한다. 즉, 적은 양의 강화라도 효과적으로 사용된다면 행동을 충분히 그리고 효과적으로 통제할 수 있다.

스키너에 따르면 강화 계획은 크게 간격(interval) 강화와 비율(ratio) 강화로 구분된다. 간격 강화에는 보상이 주어지는 시간 간격이 규칙적으로 고정되는 고정간격 강화와 불규칙한 시간 간격으로 보상이 주어지는 변동간격 강화가 있다. 비율 강화도 고정된 횟수의 반응 후에 보상이 주어지는 고정비율 강화와 보상이 주어지는 반응 횟수가 불규칙한 변동비율 강화로 나눌 수 있다. 간격 강화에서는 시간 간격이 너무 길면 보상의 효과가 소멸될 수 있으며, 비율 강화에서는 처음에 부과됐던 보상의 비율보다 보상 비율이 줄어들 경우, 반응의 속도가 증가할 수 있다(강완, 백석윤, 1998, p. 104).

스키너에 의하면 교수 활동은 학습자가 학습을 진행하는 상황에서 이루어질 강화 조건의 배열 행위이다. 따라서 교사는 학습을 증진시키기 위한 특별한 강화 조건의 배열을 고안하여 학습자의 행동 조건형성을 촉진시키는 역할을 하는 것이다. 프로그램 학습이란 학습자의 학습 활동을 세부적으로 정확하게 통제하여 학습 목표에 효과적으로 도달하도록 구성한 학습 방식이다. 일반적으로 프로그램 학습은 체계적으로 조직된 자율적 교수·학습 방식으로 학습 내용이나 정보가 교사의 도움 없이 학습자 단독으로 습득될 수 있도록 제시되는 교수 방안을 의미한다. 즉, 학습자로 하여금 일련의 경험을 통해 프로그램 작성자가 의도하는 학습 목표에 점차적으로 도달하도록 하는 교육 방안이다. 프로그램 학습의 원리는 다음과 같다(강완, 백석윤, 1998, pp. 105-106).

첫째, 개별적 진도의 원리이다. 학습자 개개인의 능력에 따라 진도를 맞추고 각 개인에게 적합한 속도로 수업 활동을 진행하게 해야 한다. 둘째, 소 단계(small steps)의 원리이다. 교재의 내용을 세분화하여 각 단계의 활동이 성공하기에 충분한 범위 내에서 학습이 이루어지도록 해야 한다. 셋째, 즉시 확인의 원리이다. 자신의 반응의 옳고 그름을 학습자 스스로 즉각 확인할 수 있게 해야 한다. 넷째, 적극적 반응의 원리이다. 학습자마다 스스로의 학습 활동을 확인하여 적극적인 자기 관리가 이루어지도록 해야 하며, 다음 단계로

2 부적 강화는 벌과 혼동되기 쉬운데, 벌은 어떤 자극을 제공하거나 제거하여 그 행동의 빈도나 강도를 약화시킨다는 점에서 강화가 아니다.

의 도전은 이전 단계에서의 성취를 기초로 해서 학습자 자신의 적극적인 의지에 따라 이루어져야 한다. 다섯째, 개별적 검증의 원리이다. 학습자는 프로그램의 지시에 따라 자신이 할 수 없는 것을 교사에게 말할 때, 학습자 개인의 학습 과정은 물론 프로그램에 대한 평가를 할 수 있게 해야 한다.

프로그램 학습은 단순한 정보 제공 방법이나 학습 순서의 제시가 아니라 과제를 중심으로 학습 목표에 점진적으로 접근하는 방식이며 무엇보다도 학습자의 적극적인 참여를 통해 이루어지는 학습 방식이라고 할 수 있다.

QUIZ

1 정적 강화와 부적 강화를 구체적인 예를 통해 설명하시오.

2 고정간격 강화와 변동간격 강화를 구체적인 예를 통해 설명하시오.

훈련과 연습 방법에 대한 비판

핵심어 | 훈련과 연습에 대한 비판

훈련과 연습을 통한 학습 방법에 대하여 많은 비판이 제기되어 왔다. 특히 수학을 관련 없는 사실이나 절차의 집합으로 보게 하고, 의미나 관련성의 이해와 개념 · 원리 · 법칙의 발견 및 문제해결적인 측면보다 분리된 개별적 사실의 암기를 강조하고 연습에 의한 습관화를 중시한다는 점을 비판하였다. 그중에서 특히 브라우넬(Brownell)은 수학 학습과 관련하여 제시한 훈련과 연습에 의한 수학 학습에 대한 비판은 다음과 같다. 브라우넬은 아동들이 7+5에 대하여 재빠르게 12라고 대답할 수 있다고 해서 그들이 수 결합을 알고 있다는 것을 보증하지는 않는다고 보았다. 7+5는 왜 12인가를 이해하고 자신과 다른 사람에게 설명할 수 있어야 하며, 그것이 올바른 답이라는 것을 확신하고 지적인 방법으로 이용할 수 있을 때까지는 진정으로 알고 있는 것이 아니라는 입장이다. 브라우넬은 양적인 사고에서 성공하려면 의미의 축적이 필요한 것이지 무수히 많은 자동화된 반응이 필요한 것은 아니며, 훈련은 의미를 발달시키지 못하며 반복을 통해서 이해를 이끌 수는 없다고 주장하였다(Brownell, 1935, p.10). 브라우넬은 훈련이 곱셈 구구에 대하여 자동적이고 즉각적인 반응을 얻을 때는 더 직접적인 방법이지만 전이 학습에는 **유의미 학습** 방법이 더 좋은 결과를 가져온다는 것을 발견하였다. 브라우넬에 따르면 연습은 이해를 증진시킬 수 있을 때만 가치가 있다(구광조, 오병승, 전평국, 1995, pp. 20-21). 다시 말해, 훈련은 단순한 반복보다는 유의미한 습관이어야 한다.

이상의 내용을 종합해 보면, 손다이크와 브라우넬은 수학 학습에서 목표로 하는 점이 분명히 다르다. 손다이크는 수학 학습을 본드들의 결합으로 본 반면, 브라우넬은 원리들과 규칙성들의 통합에 의한 의미의 이해이다. 수학을 학습하는 과정에서 이 두 가지 측면은 모두 필요하다. 또한 이 두 가지 측면은 서로 다른 교수 방법 즉, 훈련 방법이거나 유의미 학습을 필요로 한다. 즉, 두 가지 유형의 학습경험은 학습 내용과 주제에 따라 모두 필요하며 어떠한 학습 방법이 더 효과적인가 또는 어떻게 두 가지 방법을 통합하여 접근해야 하는가에 대한 고민이 필요하다.

QUIZ

1 브라우넬이 수학 학습에서 강조하고 있는 것은 무엇인지 설명하시오.

과제 및 연습

1. 행동주의 심리학을 기반으로 초기 산술교육의 방법에 대하여 토론하고, 발표하시오.

2. 손다이크 이론이 산술교육에 주는 시사점을 고려하여 중학교 수학에서 인수분해를 지도하는 과정을 제시하시오.

3. 여러 가지 강화 원리를 적용한 학습자료를 작성해 보시오.

4. 수학 학습에서 훈련과 연습의 중요성, 의미 축적의 중요성에 대한 자신의 의견을 제시해 보시오.

02 형태주의 이론과 수학 학습

형태주의 이론

| **핵심어** | 형태주의, Gestalt, 전체와 부분의 관계

형태란 독일어 Gestalt를 번역한 용어로 인간이 자신을 둘러싼 세계를 의미화하기 위하여 자신이 지각한 것을 패턴이나 관계성으로 조직화하거나 구조화하려는 경향성을 말한다(임정훈, 한기순, 이지연, 2009). 형태주의 심리학자들은 인간의 정신은 인간에게 입력되는 모든 감각과 경험을 그대로 받아들이는 것이 아니라, 어떤 조직 원리를 갖고 그것에 근거하여 해석함으로써 이해에 이른다고 주장한다. 또한 인간은 자신이 지각하는 것 가운데 구조를 보려는 경향이 있는데, 특히 전체적인 모양이나 형태를 찾으려는 성향이 일반적이라고 본다(강문봉 외, 2005).

형태주의 이론에서 강조하는 "전체란 단순히 부분의 합이 아니라 그 이상을 의미한다."는 말은 [그림 4-2-1]에서 도형과 배경 간의 지각 현상으로 설명할 수 있다. [그림 4-2-1]은 부채꼴 모양으로 잘린 세 개의 원과 세 개의 꺾인 실선으로 구성되어 있지만, 전체적으로 그림의 가운데 부분에 실제로는 존재하지 않는 삼각형이 나타나게 된다. 이 삼각형은 여섯 개의 요소가 분리되었을 때는 보이지 않지만 배경과 그림이 합쳐지면 보이게 된다. 즉, 각 요소(부분)를 합쳐 놓으면 각 요소에서는 볼 수 없던 새로운 구조가 보일 수 있다.

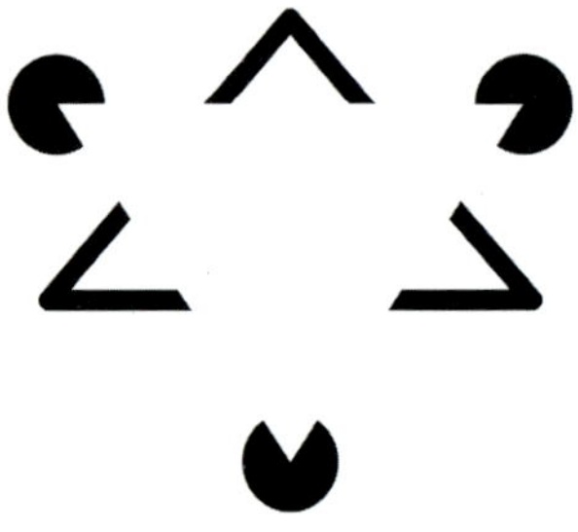

[그림 4-2-1] 부분과 전체의 관계를 나타내는 도형과 배경(임규혁, 임웅, 2007)

[그림 4-2-2]는 한 개의 흰 점과 몇 개의 검은 점을 다양하게 배열한 그림이다. 우선 그림 (a)는 흰 점이 한 꼭짓점이 되는 마름모 모양으로 지각될 수 있다. 이제 아래쪽에 점 2개를 더하면, 그림 (b)는 흰 점이 한 꼭짓점이 되는 삼각형으로 인식될 수 있다. 또한, 그

림 (c)와 같이 아래 세 개의 점을 지우고 위쪽에 두 개를 더하면 직사각형의 중심에 흰 점이 있는 그림으로 지각될 수 있고, 그림 (d)의 흰 점은 검은 점으로 이루어진 육각형의 바깥쪽이 있는 점으로 인식될 수 있다. 이러한 예는 같은 흰 점이라도 주위의 상황에 따라 어떻게 변하는가를 보여준다. 즉, 우리는 흰 점을 그 점의 주위에 있는 다른 점들과의 관계에 따라 다르게 보게 된다는 것이다(구광조, 오병승, 전평국 역, 1995). 이처럼 형태주의에서는 주어진 정보의 맥락 또는 과거 학습 경험에 비추어 원래의 부분 요소와는 다른 정보로 지각하는 경향을 보여준다.

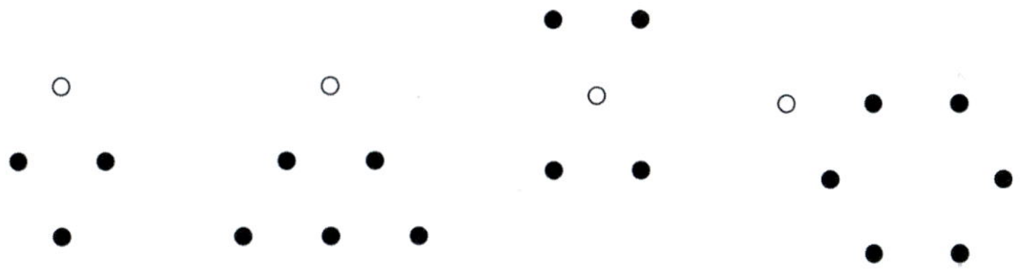

[그림 4-2-2] 지각적 조직의 영향(구광조, 오병승, 전평국 역, 1995)

형태주의는 학습이 외부 자극과 그에 대한 유기체의 반응으로 이루어진다는 연합주의 심리학과는 다르게, 전체는 부분의 합과 다르다고 주장하면서 하나의 통일된 전체로서의 구조를 분석하였다. 즉, 형태주의 심리학자들이 보는 학습원리의 핵심은 전체와 부분의 관계이다. 이들은 전체는 부분의 합 이상이라고 보았고, 학습에 있어서 지각의 과정이 매우 중요한 역할을 수행한다고 이해하였으며, 학습은 부분을 낱개 그 자체로 보지 않고 전체적인 형태로 지각하는 과정에서 일어난다고 생각하였다(임정훈, 한기순, 이지연, 2009). 이렇듯, 형태주의 이론은 연합주의 심리학의 입장에서 강조하는 자극과 반응을 통한 학습 이외의 전체를 구조적으로 통찰하는 과정에서의 학습 과정을 설명하는데 기여했다고 볼 수 있다.

QUIZ

1 형태주의 이론에서 전체와 부분의 의미를 설명하시오.

2 형태주의 이론을 적용하여 전체와 부분의 관계를 보여주는 사례를 제시하시오.

문제의 구조와 통찰

| 핵심어 | 내적인 구조적 관련성, 통찰

형태주의 심리학은 발견과 학습의 중요한 요소로서 문제의 **내적인 구조적 관련성**을 파악하는 **통찰**에 관심을 가졌다. 즉, 형태주의 이론을 적용한 문제해결의 핵심은 통찰에 있다. 또한 형태주의 계열의 심리학자들은 인간의 사고를 문제해결과 동일시하고 창의적 문제해결인 통찰적 문제해결을 가능하게 하는 요인으로 지각을 강조하였다(Humphrey, 1963; Ohlsson, 1992).

문제에 직면한 인간이나 동물의 마음(mind)은 문제해결을 끊임없이 시도하는 과정에서 관계 구조를 전체적인 면에서 이해하고 조직화하여 문제해결에 보다 적절한 관계 구조로 재구조화한다(Ohlsson, 2012). 이는 한 상황에서 학습된 것이 다른 상황으로 전이될 때 두 상황이 동일한 정도만큼만 전이된다는 손다이크(Thorndike)의 **동일 요소설**(identical elements principle)과 대조를 이룬다(Thorndike & Woodworth, 1901).

형태주의 심리학자들은 통찰이 일어나면 그것은 곧 진정한 이해를 통한 유의미한 문제해결을 의미하기 때문에 통찰로 얻은 해결 원리를 유사한 문제에 전이시킬 수 있다고 하였다(Wertheimer, 1985). 전이를 가능하게 하는 것은 단순 사실이 아닌 관계에 대한 규칙, 다시 말해 해결 원리에 대한 깨달음이다. Knoblich 외(1999)가 고안한 성냥개비로 만든 로마 숫자(Ⅰ, Ⅱ, Ⅲ 등), 연산자(+, -), 등호(=) 문제를 예로 살펴보자. 이 문제는 틀린 산술식을 하나의 성냥개비를 옮겨 옳은 식이 되게 하는 문제이다(〈표 4-2-1〉 참조).

〈표 4-2-1〉 성냥개비 산수 문제의 예와 해답

문제	해답
A. Ⅳ = Ⅲ + Ⅲ	A. Ⅵ = Ⅲ + Ⅲ
B. Ⅲ = Ⅲ + Ⅲ	B. Ⅲ = Ⅲ = Ⅲ

이 문제는 일반적인 방정식에서 암묵적으로 내재되어 있는 숫자나 연산자를 바꿀 수 없다는 제약을 완화하여, 단순한 사실이 아닌 숫자나 연산자가 다른 형태로 바뀔 수 있다는 규칙을 깨달아야 전이가 나타나고 문제를 해결할 수 있다. 다시 말해, 표상의 전환이든 지식 학습이든 작용 기제가 무엇이든 간에 해결 원리에 대한 이해가 있어야 함을 시사한다(이경민, 2019).

형태주의 심리학자인 쾰러(Köhler)는 원숭이 실험을 통하여 통찰이론(insight theory)을 제기하였다. 이 실험에서 원숭이는 천장에 달린 바나나에 손이 닿지 않자 주변의 막대기와 상자를 이용하여 바나나를 얻었다. 이는 원숭이가 바나나를 얻기 위해 바나나, 상자,

막대기라는 요소를 통합적으로 활용하였음을 시사한다. 이 실험은 연합주의 심리학에서 강조하는 단순한 모방과 반복보다는 사물의 전체를 이루는 구성 원리를 통찰할 때 학습이 가능하다는 시사점을 제공한다.

쾰러는 원숭이의 행동을 인간의 행동에 비유하면서 해결이 즉각적으로 이루어지지 않고 문제 상황에서 특유의 갈등이 있게 되면, 역동적인 정신력은 어떤 재조직을 통하여 평형화를 이룬다고 보았다. 쾰러에 따르면 이러한 내적 갈등의 해소는 문제의 구성요소들이 전체와 관련하여 그들의 적절한 기능(function)에서 지각되었을 때 한해서만 일어날 수 있다. 통찰은 이러한 재구조가 이루어지는 시점에서 나타난다(구광조, 오병승, 전평국 역, 1995).

이를 문제해결에 적용하면 중요한 것은 문제를 해결할 때 실마리를 찾기 위해 문제의 구조를 파악하는 것이다. 학생이 문제를 해결할 때 교사는 문제를 이해하도록 적절한 안내를 할 수 있지만 결국은 학생 스스로가 문제해결에 필요한 통찰을 경험하게 할 필요가 있다.

다음 사례는 피타고라스 정리를 활용하는 문제 상황에서 학생의 문제해결 과정과 관련하여 두 교사가 수업을 반성하는 대화이다.

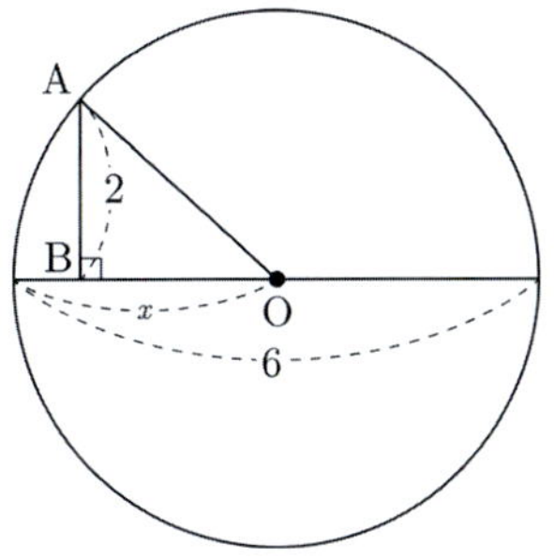

[그림 4-2-3] 피타고라스 정리 활용 문제

교사의 대화

윤 교사: 그림과 같이 지름의 길이가 6인 원 O위의 점 A에서 지름에 내린 수선의 발을 B라 하고, $\overline{AB}=2$일 때, 원의 중심 O에서 점 B까지의 거리 x의 값을 구하게 하였더니 어떤 학생이 x의 값을 구하지 못하더군요. 피타고라스 정리를 알고 이차방정식을 비교적 잘 푸는 학생임에도 불구하고 말이지요.

강 교사: 선분 OA를 직각삼각형 OAB의 빗변으로 보면서 동시에 원 O의 반지름으로 보는 것과 같이 문제의 내적인 구조적 관련성을 파악하는 과정이 없었던 것이 아닐까요?

윤 교사 : 저도 그렇게 생각해요. 전체에 대한 부분의 구조적 기능이 파악되어 '구조의 개선적 변화'가 일어나는 지적 과정에 더욱 관심을 기울여야겠다는 생각을 하게 되었어요.

위에서 윤 교사의 말에 따르면, x의 값을 구하기 위해서는 선분 OA가 3이라는 것을 알아야 하는데, 학생 중에는 지름의 길이가 6이라는 것을 문제해결에 활용하지 못하는 경우가 있다는 것이다. 즉, 피타고라스 정리와 이차방정식을 잘 푸는 학생임에도 불구하고, 원과 직각삼각형의 내적인 구조적 관련성을 파악하지 못하여 선분 OA가 주어진 원의 반지름과 같다는 사실을 인지하지 못하는 경우이다. 형태주의에서 강조하는 전체와 부분의 구조적인 관계를 파악하는 '통찰'이 수학적 문제해결에 중요한 역할을 한다는 것을 알 수 있다.

QUIZ

1 손다이크의 동일 요소설과 통찰 학습의 차이점은 무엇인지 설명하시오.

2 수학적 문제해결 과정에서 통찰이 필요한 사례를 제시하시오.

생산적 사고

| **핵심어** | 생산적 사고

형태주의 심리학은 발견과 학습의 중요한 요소인 통찰과 더불어 전체에 대한 부분의 구조적 기능이 파악되어 이를 기초로 구조의 개선적 변화가 일어나는 지적 과정인 **생산적 사고**(productive thinking)에 특히 관심을 가졌다(Wertheimer, 1959).

베르트하이머(Wertheimer)는 '생산적 사고' 또는 구조의 이해에 기초한 사고를 입증하는 데 특히 관심이 있었다. 베르트하이머는 평행사변형 문제의 예를 활용하여 구조적인 원리를 이해하지 못하고 표준적인 알고리듬을 적용했을 때의 문제점을 제시하였다.

베르트하이머는 교사가 학생들에게 평행사변형의 넓이를 구할 때 아래 [그림 4-2-4]와 같은 일반적인 평행사변형 형태에서 (밑변)×(높이)를 활용하여 넓이를 구하는 방법에 익숙한 학생들에게 [그림 4-2-5]와 같이 일반적이지 않은 평행사변형의 넓이를 구하라는 문제를 제시하면 해결을 어려워한다는 사실을 발견했다(Wertheimer, 1959).

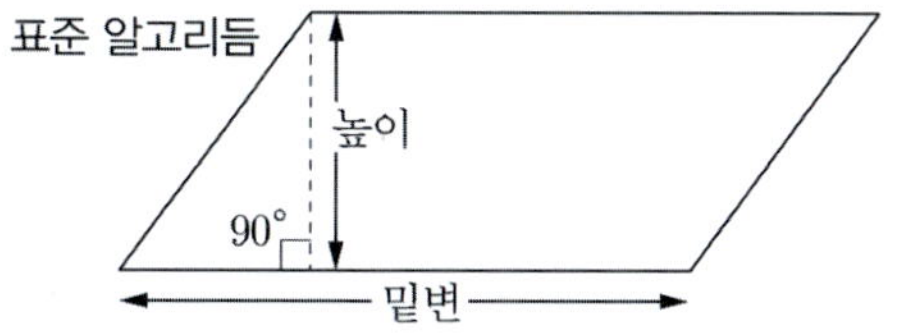

[그림 4-2-4] 표준 알고리듬에서의 밑변과 높이

베르트하이머는 표준 알고리듬을 제대로 이해하지 못한 학생들은 아래의 [그림 4-2-5]의 왼쪽처럼 평행사변형의 높이를 구할 때 도형의 밑변에 수직이 되게 선을 긋는 것이 아니라 오른쪽과 같이 꼭짓점에서 선이 없는 부분에 수선을 긋는 오류를 발견하였다.

[그림 4-2-5] 평행사변형 높이의 오류(오른쪽)

베르트하이머는 표준적인 알고리듬을 적용하여 평행사변형의 넓이를 구할 때 발생하는 문제점을 해결하기 위해서, 구조적인 원리에 대한 이해를 기초로 한 생산적 사고의 필요성을 주장했다. 평행사변형의 넓이를 수학적 구조의 관점에서 살펴보면, 넓이가 (밑변)×(높이)라는 것은 평행사변형을 몇 개의 단위 정사각형으로 나눌 수 있는 직사각형 모양으로 변환할 수 있다는 것을 의미한다. 평행사변형과 직사각형의 구조적인 관계를 이해해야만 (밑변)×(높이)의 공식을 다양한 평행사변형에 적용할 수 있다. 즉, 평행사변형과 직사각형과의 기능적 동질성(등적 변환)을 이해하는 것이 중요하다. 이러한 이해는 문제의 상황과 전체에 대한 부분의 관계를 모두 고려하는 것이다. 하지만 이러한 수학적 구조의 원리를 이해하지 못하고 평행사변형의 공식을 기계적으로 적용한 학생들은 표준적인 알고리듬을 적용하기 어려운 평행사변형을 제시했을 경우에 넓이를 구하는 데 한계를 보일 수밖에 없다. 베르트하이머는 다양한 평행사변형의 넓이를 구할 때, 알고리듬의 기초가 되는 구조적인 원리를 이해하는 생산적 사고의 중요성을 지적한 것이다.

학생들이 비정형적인 평행사변형의 넓이를 구할 때 겪는 어려움을 해소하기 위해 베르트하이머의 생산적 사고를 적용하여 다음과 같은 절차로 지도할 필요가 있다.

- 직사각형의 넓이 구하는 방법을 지도한다. 가로와 세로를 곱하여 직사각형의 넓이를 계산할 때는 단위 정사각형을 이용한다.

- 평행사변형의 뜻과 성질을 지도한다.
- 평행사변형을 직사각형으로 변형하는 과정을 시각화하여 지도한다.
- 다양한 모양의 평행사변형의 넓이 구하는 방법을 지도한다. 평행사변형을 직사각형으로 변형하여 평생행사변형의 넓이는 (밑변)×(높이)가 됨을 확인시킨다.

위와 같이 평행사변형과 직사각형의 내적인 구조적 관련성을 이해한다면, 학생들은 다양한 평행사변형이 주어졌을 때 높이에 대한 이해와 더불어 넓이를 구하는 문제를 효과적으로 해결할 수 있다.

생산적 사고를 강조하는 형태주의 심리학자들은 문제의 전체적인 구조를 중시하며, 생산적인 사고 과정을 분리, 분류, 조직화 등의 사고 조작에 의해 문제의 내적인 관련성을 파악하는 것으로 설명한다(황혜정 외, 2016). 생산적 사고에서 강조하는 전체와 부분 간의 구조 관계를 효과적으로 활용한 사례로 가우스(Gauss)가 10살 때 1부터 100까지의 합을 구한 예를 들 수 있다. 1부터 100까지의 합을 순서대로 구하는 방법은 긴 계산 과정을 필요로 한다. 하지만 수열 1, 2, 3, … 98, 99, 100의 전체와 부분 간의 구조 관계를 이용하면 보다 간단하고 세련된 방법으로 그 합을 계산할 수 있다. 즉 1+100=101, 2+99=101, 3+98=101의 관계를 이용하면 101이 50쌍 있으므로 101×50=5050과 같이 구하면 된다. 이는 전체 구조 안의 부분 구조인 규칙성을 활용하면 1부터 100까지의 합을 효과적으로 구할 수 있다는 것을 보여준다.

연합주의는 자극과 반응 사이의 연결을 수립하기 위한 많은 문제에 대한 반복적 훈련을 강조하지만, 베르트하이머의 생산적 사고에서 강조하는 의미 있는 구조적 전이는 위의 예에서 살펴본 것처럼 전체의 구조와 부분들의 내적 관계를 발견함으로써 가능해진다.

QUIZ

1 수학적 문제해결 과정에서 생산적 사고의 중요성에 대해 설명하시오.

유의미 학습

핵심어 | 유의미 학습

카토나(Katona)는 사람들이 과제를 어떻게 수행하는지를 설명하기 위하여 형태주의 이론과 전통적인 학습 이론을 비교하면서 학습의 의미에 대한 해석을 시도하였다. 카토나는

베르트하이머나 다른 형태주의 심리학자와 마찬가지로 연합주의 심리학에서 주장했던 자극-반응 이론에 대항하였으며 암기에 의한 학습을 기계적 학습과 동일시하였다. 이에 카토나는 다양한 형태의 학습을 '의미 없는 것(무의미 학습)' 또는 '의미 있는 것(유의미 학습)'으로 구분하였다. 카토나는 한 실험에서 세 집단에게 각각 다른 교수 방법을 적용하여 14916253649648를 기억하는 학습을 진행하였다(Katona, 1967).

집단 1

이 수들을 천천히 세 번 말하여라. 예를 들어, 백사십구, 백육십이, 오백삼십육……

집단 2

이 수들을 정확히 이해할 수 있게 천천히 읽어라. "작년 미국의 국민총생산량은 14,916,253,649,648 달러이다."

집단 3

다음 수열을 학습하여라. (어떤 특수한 교수 방법도 제시하지 않았고, 수들의 목록만 주어졌다.)

실험 결과, 집단 1과 집단 2의 피실험자들은 특정하게 주어진 방법을 적용하려고 노력하였다. 반면에 집단 3의 피실험자들은 제시한 수열을 잠시 생각한 후 이를 1, 4, 9, 16, 25, 36, 49, 64와 같이 수열로 표현하여 그 규칙을 발견하였다. 주어진 과제를 끝낸 후에는 모든 집단이 오류 없이 숫자들을 암송할 수 있었지만 일주일 후에 각 집단이 수열을 기억하는지에 대한 질문에서 차이가 발생했다. 집단 1은 질문 자체가 타당하지 못하다고 말하였으며, 집단 2는 GNP는 약 14조 달러였다고 대략적으로 답하였다. 하지만 집단 3은 수열을 완벽하게 기억하였으며, 그 다음의 수인 81, 100, 121까지도 확장할 수 있었다. 기억 과제에서 가장 성공적이었던 집단 3은 해당 수열에 기초가 되는 원리를 발견하였기 때문에 수열의 기본이 되는 구조적인 계열에 따라 수들을 배열하였다.

카토나는 학습은 단지 절차나 결합을 기억함으로써 이루어지는 것이 아니라, 문제의 기초가 되는 원리와 구조를 발견함으로써 시간이 흐른 후에도 유사한 문제를 쉽게 해결하도록 정보를 재조직하는 것이라고 설명하였다. 즉, 앞의 실험에서 제시된 여러 자리의 수의 목록을 기억하는 데 있어서 수열이라는 원리나 구조로 학습했다면 제시한 수열을 재구성하고 무한히 확장할 수 있을 것이다. 이와 같은 카토나의 설명은 구조화된 전체로 조직되는 사실들은 그 전체의 부분으로 보유되며, 이들은 그 구조 안에서의 개별적 위치에 따라 각각 다르게 기억되는 형태주의 사고의 영향을 받았다고 할 수 있다.

형태심리학에 있어서 유의미 학습에 관한 연구는 문제의 적절한 표상과 수학적 구조에 중점을 둔다. 적절한 표상과 수학적 구조는 문제해결을 위한 전략을 세우는 데 중요한 역할을 한다. 폴리아(Polya)가 그의 저서 〈How to solve it〉에서 언급한 문제해결 과정의 4단계(문제 이해, 계획 수립, 계획 실행, 반성)에서 유의미 학습을 적용하면 보다 효과적으로 문제를 해결할 수 있다. 즉, 문제해결의 각 단계에서 구조적 질문 등은 문제를 효과적으로 해결하는 데에 중요한 영향을 줄 수 있다. 예를 들어, 학생이 다음의 문제 상황을 폴리아의 문제해결 4단계에 따라 해결한다고 가정하고 교수·학습 상황을 구현해 보자.

그림과 같이 담장 아래의 빈 공간에 길이가 12m인 밧줄로 'ㄷ'자 모양의 테두리를 둘러서 직사각형 모양의 꽃밭을 만들려고 한다. 이 꽃밭의 넓이의 최댓값은? (단, 담장의 길이는 12m 이상이고, 밧줄의 양 끝은 담장에 닿아 있으며 밧줄의 두께는 무시한다.)

교사: 문제에서 구하고자 하는 것은 무엇인가요?
학생: 꽃밭의 넓이의 최댓값입니다.
교사: 주어진 자료와 조건은 무엇인가요?
학생: 12m인 밧줄로 'ㄷ'자 모양의 꽃밭을 만드는 것입니다.
교사: 꽃밭의 넓이를 구하기 위해 미지수를 어떻게 정해야 하나요?
학생: 꽃밭의 가로와 세로의 길이를 x로 나타내고, 넓이를 y로 나타내려고 합니다.
교사: 이와 유사한 문제를 해결한 적이 있나요?
학생: 예. 이차함수의 최댓값과 최솟값을 구한 적이 있습니다.
교사: 그것을 적용할 수 있나요?

학생들은 기존에 배운 수학적 지식을 활용하는 문제에 어려움을 겪을 수 있는데, 이 문제의 경우 교사의 적절한 발문에 따라 학생들은 이 문제가 전에 풀어보았던 이차함수의 최댓값과 관련이 있음을 스스로 발견하게 된다. 즉 'ㄷ'자 모양의 꽃밭의 길이와 넓이를 미지수 x, y로 나타내면 꽃밭의 넓이의 최댓값을 구할 수 있다는 생각을 할 수 있다. 이러한 문제해결 과정에서 문제 구조에 대한 통찰이 발생하고, 이러한 통찰을 기초로 기존에 알고 있던 알고리듬을 적용하여 꽃밭의 최대 넓이를 구하여 검토할 수 있다.

형태주의 관점에서 통찰, 생산적 사고, 유의미한 문제해결은 전체에 대한 문제의 이해에서 출발하고, 전체와 부분의 구조 관계를 효과적으로 활용하는 것이 중요하다. 형태심리학 이론의 영향을 받은 폴리아의 문제해결 4단계는 문제에 대한 이해에서 출발하여 주어진 조건과 구하고자 하는 것과의 관계를 파악하는 데 도움이 되는 꼬리말을 제시했는데, 이러한 문제해결 단계에서의 발문은 학생들이 통찰을 통하여 문제를 해결하는 데 도움이 될 것이다.

QUIZ

1 수학적 문제해결 과정에서 유의미한 학습이 중요한 이유에 대해 기술하시오.

2 유의미한 학습을 폴리아의 문제해결 4단계와 연결할 수 있는 문제 상황을 만들어 보시오.

03 피아제의 이론과 수학 학습

인지 구조

| 핵심어 | 쉠, 균형(평형), 동화, 조절

피아제(Piaget, 1896~1980)

피아제(J. Piaget)는 생물학자로 학문을 시작하였고, 이러한 경향은 심리학 연구에 큰 영향을 미쳤다. 생물학자로서 유기체의 특징이 되는 물리적 구조는 유기체가 환경에 잘 적응하기 위해 여러 세대에 거쳐 점진적으로 발달한다고 하였다. 심리학자로서 피아제는 사고의 과정과 발달, 특히 사고의 구조인 인지 구조에 관심을 가졌다. 물리적 구조와 달리 인지 구조를 직접 관찰할 수는 없지만 면담에 기초한 실험 방법으로 아동의 사고 과정을 드러내려고 시도하였다(Resnick & Ford, 1981).

피아제는 인간의 자극에 대한 반응과 기억에 대한 여러 가지 현상을 설명하기 위하여 **쉠**(scheme)이라는 용어를 사용하였다(Resnick & Ford, 1981). 피아제는 인간이 환경에 정신적으로 적응할 수 있는 인지 구조인 쉠을 가지고 있다고 보았다. 쉠은 다양한 사건과 맥락에서 일반화하고 반복할 수 있게 하는 행동과 조작의 양식을 뜻하는 것으로, 단순한 감각적인 행동 쉠의 형태부터 고도의 추상적인 논리수학의 쉠까지도 포함한다. 이러한 쉠은 인지적 조직화에 의해 서로 관련되어 구조의 성질을 갖게 된다.

피아제에 따르면 쉠은 변화하고 발달하는 인지 구조이고, 이러한 변화는 동화(assimilation)와 **조절**(accommodation)로 이루어진다(Ginsburg & Opper, 1988). 동화는 새로운 인식 대상을 이미 가지고 있는 쉠에 흡수하고 해석하여 결합하는 인지 과정이다. 조절은 새로운 인식 대상의 특성에 알맞게 기존의 쉠을 바꾸거나 새로 만들어 내는 과정이다. 인지 구조의 성장과 발달에 동화와 조절은 필수적인 과정이고, 동화와 조절을 통해 인지적으로 **균형** 상태가 된다. 피아제는 동화와 조절을 통한 균형을 평형(equilibration)이라고 하였으므로, 자연스럽게 불균형도 생각할 수 있다. **인지적 불균형**은 아동에게 평형을 추구할 수 있게 하는 동기유발이 된다(장상호, 1991).

아동은 새로운 자극이나 오래된 자극을 다시 경험할 경우, 자신이 이미 가지고 있는 쉠에 동화하려 하고, 동화가 성공적으로 이루어지면 특수한 자극에 대한 평형을 순간적으로 얻게 된다(Ernest, 2018). [그림 4-3-1]과 같이 자극을 동화하지 못한 경우에는 쉠을 자극에 맞게 고치거나 새로운 쉠을 만들고, 이러한 조절이 이루어지면 자연스럽게 동화가 뒤따르게 되어 평형에 이르게 된다. 이러한 인지의 성장과 발달은, 아동의 쉠으로부터 형성되어 성인의 쉠에 이르기까지, 발달의 모든 수준에서 한결같은 방식으로 이루어진다. 동화 과정은 이미 만들어진 인지 구조에 양적 변화를 가져다주고, 조절 과정은 인지 구조의 질적 변화를 일으킨다([그림 4-3-1] 참조). 이처럼 동화와 조절의 누적되는 조합과 결합으로 인지 구조는 성장하고 발달한다.

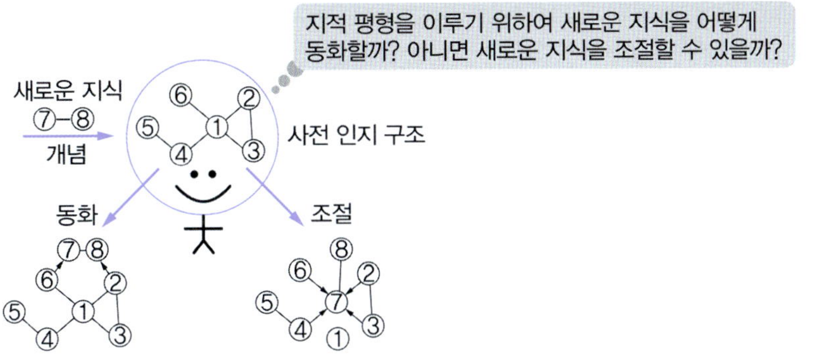

[그림 4-3-1] 동화와 조절로 평형화를 이룬 인지 구조의 비교

QUIZ

1 피아제가 사용한 쉠의 의미는 무엇인지 설명하시오.

2 인지 구조의 성장과 발달에 필수적인 과정인 동화와 조절에 대해 설명하시오.

인지 발달 단계

핵심어 | 조작, 감각운동기, 전조작기, 구체적 조작기, 형식적 조작기

피아제에 따르면 인지 발달은 인지 구조(schemes)의 지속적인 질적 변화로 일관되는 과정이다. 인지 발달이 일어나기 위해서는 환경에 대한 인간의 활동이 전제되어야 하고, 인지 구조는 태어나면서부터 어른이 되기까지 환경에 대한 자극을 동화하고 조절함으로써 끊임없이 발달한다. 쉠을 끊임없이 재구성하는 과정인 인지 발달은 개인차가 있지만, 피아제는 인지 발달 단계를 크게 감각운동기, 전조작기, 구체적 조작기, 형식적 조작기의 4단

계로 구분하였다(장상호, 1991).

피아제는 인지 발달 단계를 구분할 때 조작(operation)의 개념을 핵심으로 다루었는데, 조작을 이용하여 각 단계의 인지 구조를 논리와 수학이라는 형식 언어로 기술하려고 하였다. 피아제는 조작을 내면화할 수 있는 가역적인 행동으로 정의하였다. 내면화할 수 있다는 것은 원래 행동의 성질을 잃지 않고 사고 수준에서도 수행할 수 있다는 의미이다. 가역성은 다른 활동을 수행함으로써 원상태로 되돌릴 수 있다는 것을 의미하는 성질이다. 예를 들어, 다섯 개의 블록은 세 개를 제거함으로써 변화할 수 있지만($5-3=2$), 최초의 체계를 원하면 다시 환원할 수 있다($2+3=5$). 변환을 가하고 환원할 수 있는 가역성은 조작적 사고 구조의 중요한 특징이다. 피아제의 이론에서 어떤 조작의 존재 여부는 지능적으로 성숙해지는 발달의 여부를 결정할 수 있다.

이러한 정신적인 조작은 출생할 때부터 존재하는 것이 아니다. 피아제의 관점은 어떤 종류의 정신적인 조작도 출생 시기에 찾아볼 수 없다는 것이다. 피아제는 제시된 대상을 수용하는 것보다 대상에 조작을 가하는 것이 사고에 매우 중요하다고 보았다. 조작은 4단계의 인지 발달 단계를 거쳐 점진적으로 구성되고 확장된다고 보았다. 각 단계에서 성취하는 구조의 특징을 간략하게 소개하면 다음과 같다(Ginsgerg & Opper, 1988).

(1) 감각운동기

정신 발달은 유아가 태어나자마자 바로 시작된다. 감각운동기는 출생에서 약 2세까지의 첫 번째 단계를 말한다. 이 기간의 영유아와 아동은 감각적 경험과 동작을 통해 세상을 이해하고 배우게 된다. 영유아는 시각, 청각, 촉각, 미각, 후각과 같은 감각을 통해 환경을 탐구하고 이해한다. 이 단계에서 중요한 발달 중의 하나는 약 8~12개월경에 발달하는 개념으로 물체가 시각적으로 가려져도 존재한다고 이해하는 물체의 항상성 개념이다. 이 시기의 영유아는 즐거운 결과를 가져오는 행동을 반복적으로 시도하며 원인과 결과 사이의 인과 관계를 이해하는 데 도움이 되는 순환적 반응을 보인다. 약 6~9개월경부터 영유아들은 낯선 사람에 대해 불안감을 느낄 수 있는데, 이는 사회적 인식이 발달하고 있음을 나타낸다. 아동은 이 단계에서 다음 단계의 지능 발달에 필요한 공간, 시간, 인과성 등의 개념을 초보적인 동작 수준에서 획득하게 된다. 전반적으로 영유아는 감각운동기 단계를 통해 더 높은 수준의 인지 능력의 기반을 마련한다.

(2) 전조작기

전조작기는 인지 발달 단계 중 두 번째로, 약 2세에서 7세 사이에 해당하는 단계를 말한다. 아동은 사건을 점점 내적으로 표상할 수 있게 되고 행동을 지향하는 데 있어서 직접적인 감각-운동 활동에 의존하는 것이 적어진다. 이 단계에서 아동은 말하기, 듣기, 읽기, 쓰기 등의 언어적 기술을 획득하고, 언어, 상상력, 그림, 상징적인 놀이 등을 통해 물체와 사건을 기호로 이해하고 표현할 수 있게 된다. 이러한 상징적 사고의 강화로 아동은 지능이 작용하는 영역을 시간적으로 그리고 공간적으로 확장하고, 단순한 논리적 문제를 해결하며 직관적인 추론을 시도할 수 있다.

그러나 이 시기의 아동의 사고는 조작이라는 명칭을 부여하기 어렵다. 예를 들어, 같은 분량의 물을 다른 모양의 컵에 옮기는 것을 본 4~5세 아동은 옮기는 과정에서 물의 양이 증가하거나 감소하는 것으로 믿는다. 일대일 대응이 되도록 펼쳐 놓은 한 줄의 꽃과 한 줄의 꽃병을 보여준 다음에 직접 보는 앞에서 꽃의 간격만 늘려 놓아도 아동은 꽃과 꽃병의 개수가 같다고 생각하지 못한다. 이처럼 이 단계의 아동은 지각하는 변화와 논리 간의 갈등 상황에서 감각이나 지각에 의존하는 사고, 즉 직접 본 사물의 상태를 그대로 수용하는 사고를 한다고 볼 수 있다. 이는 아동이 가역성 개념이나 보존 개념을 갖고 있지 않다는 사실을 보여준다.

(3) 구체적 조작기

구체적 조작기는 약 7세에서 11세 사이에 해당하는 단계이다. 이 단계의 아동은 처음으로 논리적 조작을 활용할 수 있게 되고, 지각에 지배되지 않는 사고를 하게 되기 때문에 구체적인 문제를 논리적으로 해결할 수 있게 된다. 즉, 아동은 기초적이지만 논리 수학적인 사고 구조를 가진다. 이 단계에서 이전에 없었던 보존과 가역성의 개념이 생기고, 이 단계의 완성기에 이르면 아동은 앞의 예와 같은 상황에서 물의 양이 컵의 모양에 따라 변할 수 없고, 꽃의 간격을 늘리더라도 개수는 변하지 않는다는 논리적 판단을 할 수 있게 된다. 이러한 판단은 부정(negation)[3]이나 상보성(reciprocity)[4]의 논리적 조작이 이 단계에서 형성되었음을 의미한다.

그러나 이러한 조작의 체제는 아직 불완전하고, 구체적 조작의 테두리 안에서 발생한다. 이 단계에 있는 아동의 보존 개념은 구체적인 내용에 따라 시차를 두고 불안정하게 나타난다. 예를 들어, 이들의 보존 개념은 물질의 양에 제한적으로 적용되고 이후 점차 무게와 부피로 확대된다. 또한 보존 개념은 부정과 상보성이 하나의 체제로 통합되어 일어나는 것이 아니라 둘 중 어느 하나에 근거하여 나타난다. 이는 이 단계의 조작이 하나의 구조화된 전체로서 안정성 있게 통합되어 있지 않다는 것을 의미한다.

3 수행된 조작을 취소하는 것을 의미한다.

4 수행된 조작과의 차이를 보정하는 것을 의미한다.

(4) 형식적 조작기

형식적 조작기는 약 11세 이후부터 성인의 인지 발달에 해당하는 단계이다. 이 단계에 도달한 학생은 구체적인 조작 활동에 의존하지 않고 추상화할 수 있을 뿐만 아니라 추상화하여 형성한 것을 표현하고 설명할 수 있다. 이들은 여러 가지 관점을 통해 동시에 사고할 수 있고, 자신의 사고 과정을 반성할 수 있게 된다. 이 단계에서는 이전 단계에서 형성한 가역성의 두 가지 형태인 부정과 상보성을 하나의 완전한 조작적 체계로 통합한다. 형식적 조작은 구체적 조작에서 진화되어 이 기간에서도 동화와 조절은 인지 구조를 변형시키고 발달시킨다. 그리고 각각의 구조적 변화는 기존의 구조를 결합하고 개선한다.

이 단계의 학생은 고도의 형식적인 지적 구조를 획득한다. 이들은 현존하는 것뿐만 아니라 여러 가지 가능한 것을 상정하며, 여러 변인을 동시에 조작하여 연역적으로 가설을 형성하고, 이 가설의 타당성을 체계적으로 입증할 수 있다. 이들은 모든 문제를 논리적으로 사고하고, 가설적 문제와 언어적 문제를 해결하며, 과학적 추론도 할 수 있다. 이러한 능력은 학생이 과학적 지식의 무한한 가능성에 적극적으로 참여할 수 있게 한다.

QUIZ

1 피아제의 인지발달 단계에서 조작에 대해 설명하시오.

2 가역성의 두 가지 형태인 부정과 상보성이 하나의 체제로 통합되는 인지발달 단계를 무엇이라 하는지 기술하시오.

반영적 추상화

핵심어 | 경험적 추상화, 반영적 추상화, 반사, 반성

피아제는 인간의 지식의 본질을 활동적이라고 규정하였다(Resnick & Ford, 1995). 피아제에 따르면 안다는 것은 특정한 상태가 어떻게 해서 초래된 것인지 이해하기 위해 실재를 변환하는 것이다. 즉, 어떤 대상을 아는 것은 형상적 측면의 묘사가 아니라 대상에 행동(또는 조작)한다는 의미라고 하였다. 실재에 대해 아는 것은 실재에 대응하는 변환 체계를 구성하는 것으로 보았다. 이에 지식은 계속하여 더 적절하게 변하는 변환 체계라고 설명하였다.

일반적으로 경험을 바탕으로 한 물리적 지식은 구체적이지만 논리적 지식과 수학적 지식은 추상적이다(Resnick & Ford, 1995). 피아제는 논리적 지식과 수학적 지식을 무엇

으로부터 추상한 것인지 답하기 위하여 두 가지 가능성을 제시하였다. 첫 번째 가능성은 우리가 대상에 대하여 행동할 때 그 대상 자체로부터 지식이 얻어진다는 것이다. 두 번째 가능성은 대상에 대하여 행동할 때 정신적으로 변환할 수 있으므로 행동 자체 또는 조작을 고려할 수 있다는 것이다. 이러한 가설에 근거하여 피아제는 **논리-수학적 추상화**는 행동을 가하는 대상에서 끌어내는 것이 아니라 행동 자체로부터 얻어지는 것으로 보았다.

피아제에 따르면 물리적 세계와 관련되는 추상화, 즉 **경험적 추상화**(empirical abstraction)는 대상 그 자체로부터 이루어진다. 예를 들어, 아동은 대상을 손으로 들어 무게를 어림하고, 서로 다른 무게를 가지며, 대개는 큰 물체가 작은 물체보다 무겁지만 작은 물체가 더 무거운 경우도 있다는 것을 알아낼 수 있다. 이러한 지식은 대상 자체로부터 추상화되는 것이고 아동이 경험으로 대상의 속성을 알아내는 것이라고 보았다.

피아제는 대상으로부터 이루어지는 것이 아닌 인간의 행동으로부터 또는 행동의 조정으로부터 이루어지는 추상화를 **반영적 추상화**(reflective abstraction)라고 하였다. 그리고 논리적 지식과 수학적 지식은 반영적 추상화로 이루어진다고 보았다. 예를 들면, 10개의 조약돌을 길게 늘어놓고 왼쪽에서 오른쪽으로 세어도, 오른쪽에서 왼쪽으로 세어도, 원 모양으로 놓고 세어도 10개이다. 조약돌을 어떻게 놓고 세어도 그 수는 10임을 알고, 이러한 세기로부터 집합의 원소의 개수는 원소의 순서와 무관하다는 것을 이끌어낸다. 이러한 논리-수학적 지식은 조약돌 자체의 속성이 아니라 주체가 조약돌에 행한 행동으로부터 이끌어져 나온 것으로 물리적 지식이 아니라고 하였다.

반영적 추상화의 몇 가지 예를 살펴보자. 먼저, 구체물을 이용하여 더하는 행동을 조작의 수준으로 내면화한 후에 덧셈 과정을 새로운 사고의 대상으로 만드는 **주제화**로 귀착하여 반성 과정에서 수학적 지식인 덧셈의 교환법칙으로 재구성한다.

반영적 추상화의 또 다른 예를 생각해 보자. 중학교 수학 수업 시간에 학생이 한 변의 길이가 a인 정사각형 모양 한 개, 세로와 가로의 길이가 각각 a와 b인 직사각형 모양 2개, 한 변의 길이가 b인 정사각형 모양 한 개를 이용하여 하나의 정사각형을 만든 후에, 4개 사각형의 넓이의 합과 만든 정사각형의 넓이를 구하고 비교하는 활동을 하였다. 학생은 이 활동을 조작의 수준으로 내면화하고 사각형 4개의 넓이의 합과 정사각형의 넓이를 비교하는 과정을 사고의 대상으로 하는 주제화로 귀착하여 $a^2+2ab+b^2=(a+b)^2$으로 재구성함으로써 인수분해 공식의 수학적 지식을 인식한다. 학생은 자신의 활동으로부터 인수분해 공식 $a^2+2ab+b^2=(a+b)^2$을 끌어내는 반영적 추상화를 한 것이다.

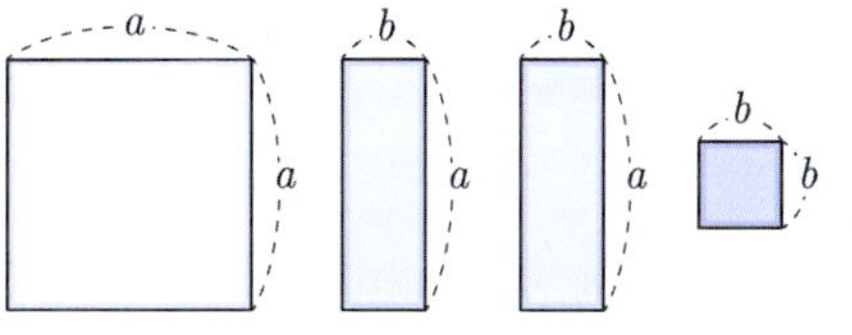

세 번째 예로, 반영적 추상화로 구성한 곱셈 공식을 이용하여 인수분해 공식 $a^2-b^2=$

$(a+b)(a-b)$를 끌어내는 반영적 추상화를 **반사**와 반성의 과정으로 생각해 보자. 이전 단계에서 학습한 다항식의 곱셈 공식 $(a+b)(a-b)=a^2-b^2$을 이번 단계에 옮기는 반사의 결과로 이전 단계에서의 사고의 도구가 사고의 대상이 되는 주제화가 일어난다. 곱셈 공식 $(a+b)(a-b)=a^2-b^2$을 사고의 대상으로 하여 인수분해 공식 $a^2-b^2=(a+b)(a-b)$으로 재구성한다.

이러한 반영적 추상화의 메커니즘은 수학 수업 시간에 학생의 활동(또는 조작)에 대한 반성을 강조할 필요성을 시사한다. 반성을 통해 학생은 자신의 활동(또는 조작)을 최종적인 수학적 개념과 관련시키거나 활동의 의미와 중요성을 이해하게 됨으로써 행동을 재구성하기 때문이다.

피아제는 수학적 지식을 획득하는 원동력으로 반영적 추상화를 강조하였다. 반영적 추상화는 이전에 구성한 조작을 단순히 바꾸어 새로운 조작을 구성하는 것이 아니라 이전의 구성을 통합하고 더 뛰어난 재구성으로 나아간다. 피아제에 따르면 반영적 추상화는 분리할 수 없는 상보적인 반사와 반성으로 이루어짐으로써, 반사한 내용은 반성을 통해 새로운 형식으로 구성되어 일시적 균형 상태가 되지만 다시 불균형에 놓인다. 반영적 추상화는 반사와 반성의 끊임없는 교대, 즉

반사 → 반성 → 반사 → 반성, ...

(또는 내용 → 형식 → 보다 세련된 내용 → 보다 세련된 형식, ...)

의 과정으로 반복을 되풀이한다(우정호, 2015).

QUIZ

1 반영적 추상화의 의미에 대해 설명하시오.

2 반영적 추상화의 메커니즘인 반사와 반성의 의미에 대해 설명하시오.

3 학교 수학 수업 과정에서 학생의 활동에 대한 반성을 강조해야 하는 이유에 대해 설명하시오.

04 브루너의 이론과 수학 학습

지식의 구조

| 핵심어 | 지식의 구조, 구조 학습의 장점

브루너(J. Bruner)에 의해 강조되는 구조중심 교육과정의 기본 전제는 모든 교과목에는 그 교과목만의 독특한 기본적인 구조를 가지고 있다는 것이다. 브루너에 있어서 구조란 학문의 기저를 이루고 있는 일반적 원리나 개념으로, 구조를 파악한다는 것은 곧 여러 현상들 사이의 관련성과 질서를 파악한다는 것을 의미한다. 따라서 구조중심 또는 학문중심 교육과정에서 교과가 효율적으로 제시되기 위해서는 학문이 지니고 있는 기본적인 구조를 충분히 고려해야 하고, 교육과정의 구성은 그 학문에 정통한 학자가 맡아야 한다고 보았다.

브루너(Bruner, 1915~2016)

브루너는 그의 교육의 과정에서 **지식의 구조**와 관련하여 언어에 대한 예를 다음과 같이 제시하고 있다. 어린이가 일단 한 문장의 구조를 파악하고 나면 이 구조를 기초로 수많은 문장을 생성할 수 있다. 이렇게 생성된 문장은 내용에 있어서는 서로 다르지만 문장의 구조는 같다. 또 '개가 사람을 물었다.'를 '사람이 개에게 물렸다.'로 변형하는 것처럼 문장의 의미를 바꾸지 않고 그 형식을 바꾸는 변형의 규칙을 배우고 나면 문장을 훨씬 여러 가지로 바꿀 수 있다. 이때 어린이는 말을 배우는 동안에 이러한 규칙을 올바로 사용할 줄 알게 되겠지만, 그렇다고 그 규칙의 이름을 안다고는 할 수 없다.

브루너는 수학에 대한 지식의 구조에 대해 유사한 설명을 하고 있다. 수학에서 방정식을 푸는 문제를 생각해보자. 이 방정식을 해결하고자 할 때 세 가지의 기본적인 연산법칙인 교환법칙, 분배법칙, 결합법칙을 정확하게 이해하고 있다고 한다면, 현재 풀려고 하는 새로운 방정식은 전혀 새로운 방정식이 아니라, 이미 그 전에 알고 있던 방정식의 한 변형에 불과하다는 것을 쉽게 파악할 수 있을 것이다. 여기서 중요한 것은 학생들이 변형을 위해 사용한 연산법칙의 이름을 기억하는 것이 아니라, 그 법칙을 정확하게 사용할 수 있느냐이다(Bruner, 1960, p. 6).

브루너가 주장하는 지식의 구조 학습의 장점 네 가지를 수학에 적용하면 다음과 같다.

첫째, 수학에 대한 기본적인 구조를 이해하면 수학교과 지식을 훨씬 쉽게 이해할 수 있다.

둘째, 수학지식의 기억력과 관련이 있다. 세세한 사항은 그것이 전체적으로 구조화된 형태 안에 들어 있지 않는 한 곧 잊혀 진다는 것이다. 즉, 수학 학습에서 일반적이고 기본적인 원리를 배우게 되면, 어떤 내용이 기억에서 사라진다고 해서 모든 것이 사라지는 것이 아니고 남아 있는 것이 필요한 세세한 내용을 다시 구성할 수 있도록 해 준다는 것이다.

셋째, 수학의 기본적인 원리나 개념을 이해하는 것은 적절한 '전이'를 가능하게 하는 가장 중요한 방법이다. 수학 학습에서 전이는 매우 중요한데, 지식의 구조를 중심으로 하는 학습은 이러한 전이를 매우 용이하게 한다. 즉, 한 가지 수학 학습 내용을 구조 중심으로 학습하였다면, 장차 배우게 될 학습 내용을 이미 배운 내용과 유사한 수학 내용으로 파악할 수 있는 모형을 배웠다는 것을 의미한다.

넷째, 수학의 기본적인 지식의 구조와 이해에 대한 강조는 고등지식과 초등지식 사이의 관련성을 밀접하게 만들어 주기에 유익하다. 이에 대한 브루너의 생각을 정리하면, 초등학교와 중학교에서 다루어지는 수학 학습 내용을 수학적인 배경 및 구조에 비추어 기본적인 개념을 정확하게 담고 있는지를 끊임없이 확인함으로써 초등 수학지식과 고등 수학지식 사이의 차를 극복할 수 있다는 것이다. 이와 관련하여, 수학자와 초등학교 3학년생이 본질적으로 동일한 지적 활동을 한다는 것은 Woods Hole 회의의 핵심적인 확신이다. 브루너에 의하면 수학을 배우는 학생은 수학자가 하는 일을 해야 한다. 즉, 수학자처럼 수리 현상을 탐구해야 하는데, 그렇지 않고 수학자가 탐구한 결론에 대하여 논의하거나 교과서를 읽는 것은 '다른 무엇'을 하는 것으로 보았다.

브루너는 수학이 지닌 일반적인 원리, 기본적인 개념에 기초하지 않고 구체적인 사실이나 기능적인 측면에서 수학을 지도하는 것은 다음과 같은 이유로 비경제적이라고 보았다. 첫째, 이미 학습한 내용들을 앞으로 학습하게 될 내용에 적용하기가 매우 힘들다. 둘째, 일반적인 원리를 파악하는 데까지 미치지 못하는 학습은 학생에게 지적인 희열을 줄 수 없다. 셋째, 구조가 강조되지 않는 수학교육은 수학내용에 대한 기억을 어렵게 한다 (Bruner, 1960).

QUIZ

1 지식의 구조를 지도할 때 얻게 되는 이점이 무엇인지 설명하시오.

발견학습

| 핵심어 | 발견학습, 발견학습 모형의 수업 절차

브루너는 수학교육의 입장에서 수학적 지식의 구조를 가르치는 방법을 '**발견학습**'이라고 하였다. 탐구에 의한 발견이 가능한 것은 학생의 **자발성**에 의존해서가 아니라 수업이 지식의 구조를 내용으로 삼고 있기 때문이다. 그러나 학생의 자발성은 지식의 구조를 자신의 것으로 내면화하는 데 필요하다.

브루너에 의하면 Woods Hole 회의에서는 소크라테스가 노예 소년에게 기하학을 가르친 이야기가 자주 등장하였다. 플라톤의 대화편 〈메논〉에 나오는 이 이야기는 '발견의 역설'을 다루고 있다.

(1) 교사는 학생에게 지식을 가르쳐 주거나 지식을 가르쳐 주지 않거나 할 수 있다.
(2) 교사가 지식을 가르쳐 주면 학생은 발견할 필요가 없다.
(3) 교사가 지식을 가르쳐 주지 않으면 학생은 발견할 수가 없다.
(4) 학생은 지식을 발견할 필요가 없거나 지식을 발견할 수가 없다.

소크라테스는 이 역설을 상기설과 산파법으로 해명한다. 교사는 학생에게 문제만 제시하고 전적으로 학생에게 맡겨 놓아서는 안 되고 적절하게 질문함으로써 발견을 이끌어내야 한다. 즉, 수학교사는 학생들에게 탐구할 내용을 제시하고, 적절한 질문을 통하여 학생의 발견을 도와야 하며, 학생은 탐구의 주체로서 스스로 발견하도록 노력해야 하는 것이다.

이제 수업의 방법적인 측면에서의 발견학습에 대해 구체적으로 살펴보기로 하자. 발견학습 모형에 대한 연구는 다양하게 진행되었는데, 강옥기 외(2012)에 제시한 발견학습 모형의 수업절차를 수학교육적인 측면에서 요약하면 다음과 같다.

1단계: 수학 자료 탐색 및 문제 파악 단계

이 단계에서 학생은 교사에 의해 주어진 수학 학습 자료를 탐색하고 수학 학습을 위한 문제가 무엇인지를 명확하게 파악하고, 교사는 학생이 문제를 정확하게 파악할 수 있도록 도와준다.

2단계: 수학자료 제시 및 관찰 탐색 단계

이 단계에서 교사는 수학 문제해결에 필요한 자료를 몇 가지 제시하고, 학생은 교사에 의해 주어진 자료를 관찰 탐색한다.

3단계: 수학 자료의 추가 제시 및 관찰 탐색 단계

이 단계에서 교사는 앞에서 제시한 자료 이외의 추가적인 새로운 자료를 제시하고, 학생은 교사에 의해 주어진 추가 자료를 관찰 탐색하고 앞의 자료와 비교 분석한다.

4단계: 규칙성 발견 및 개념정리 단계

이 단계에서 학생들은 탐색한 결과를 통해 일반화하고 규칙성을 발견하게 되고, 교사는 학생들이 일반적인 규칙성을 발견하지 못할 경우 추가적인 자료를 제시한 다음 일반화하도록 한다.

5단계: 적용 및 응용 단계

이 단계에서 학생들은 앞에서 발견한 일반적인 성질과 규칙성을 다른 문제 상황에 적용 및 응용해 보고, 발견한 일반적인 성질과 규칙성을 심화하게 된다.

QUIZ

1 발견학습 모형의 수업절차를 설명하시오.

브루너의 인지적 표현 이론

| **핵심어** | EIS 이론, 활동적 표현, 영상적 표현, 상징적 표현, 나선형 교육과정

본래 심리학자였던 브루너가 활동하던 시기에는 인지심리학이 주목받고 있었고, 인지심리학자로서 브루너는 교육의 측면에서 아동이 어떤 경로로 인지발달을 하는지를 연구하면서 여러 편의 논문을 발표하였다. 그 중 '인지발달의 과정(the course of cognitive growth)'에 EIS 이론에 해당하는 표현양식으로 **활동적 표현**(enactive representation), **영상적 표현**(iconic representation), **상징적 표현**(symbolic representation)을 최초로 제시하였다. 이 개념을 창안한 데는 그가 대담하게 제시했던 가설 '어떤 교과라도 어떤 발달단계에 있는 아동들에게 지적으로 올바른 방식으로 가르쳐질 수 있다.'를 증명하는데 그 목적이 있었다. 세 양식은 동일한 지식의 구조를 아동의 발달단계에 맞게 서로 다른 형태로 표현한 것으로, 아동의 삶에서 발달 단계상의 순서로 나타나며 순서상 선행되는 것을 먼저 습득해야 다음 표현양식으로 나아갈 수 있다. 세 가지 표현양식의 의미와 특징은 다음과 같다(Bruner, 1964; 이지은, 2022).

첫째, 행위(action)로 대표되는 활동적 표현은 과거의 경험을 제시할 때 운동신경의 반응을 유도하는 표현양식이다. 이 표현양식은 근육과 같이 신체의 운동신경을 통해 특정한 내용을 이해하게 하는 표현양식이다.

둘째, 그림(image)으로 대표되는 영상적 표현은 과거의 경험을 지각이나 그림의 형태로 선별적으로 조직하여 제시하는 표현양식이다.

셋째, 말(word)로 대표되는 상징적 표현은 과거의 경험을 다소 인간의 마음에서 먼, 그리고 무작위적인 형태로 제시하는 표현양식이다. 상징적 표현에서 제시되는 용어는 현재 여기에서 경험할 수 있는 무엇도 아니고 영상적 표현처럼 그림으로 대변되지 않지만 여러 요소들을 결합하게 할 수 있는 생산성을 지닌다. 수학에서 미지수 'x'를 통해 여러 식을 만들어내는 것이 이에 해당한다.

브루너는 이러한 세 가지 표현양식을 저울을 통해 예를 들었다. 활동적 표현에서 아동은 시소를 직접 타면서 저울의 원리를 체험할 수 있다. 이후 아동이 좀 더 성장하면, 영상적 표현으로 아동이 그림을 통해서도 저울의 원리를 이해할 수 있다. 상징적 표현 단계에서는 논리적이고 추상적인 사고를 할 수 있는 청소년기에 도달하면서 말이나 글로써 저울의 원리를 설명할 수 있으며, 특정한 수학 법칙을 통해 그 원리를 표현할 수 있게 된다.

박한식 등(1992)은 브루너의 EIS에 대한 예를 다음과 유사하게 제시하고 있다.

첫째, 자연수를 표현하기 위한 세 가지 표현의 예를 다음과 같이 제시하였다.

〈자연수의 세 가지 표현〉

활동적 표현	영상적 표현	상징적 표현
원소 8개와 대응한 집합의 구체적인 제시	그림으로 8개 표현 ●●●●●●●●	숫자로 표현 8

둘째, 자연수의 덧셈을 표현하기 위한 세 가지 표현의 예를 다음과 같이 제시하였다.

활동적 표현	영상적 표현	상징적 표현
구체적인 자료를 합치고 세는 활동	그림으로 7개 표현 	연산과 숫자로 표현 3 + 4

이 세 가지의 표현양식은 활동적-영상적-상징적 표현의 순으로 점차 고차원화 되며 아동의 성장단계와도 같다. 아동은 자기 주변의 세상을 이해하기 위해 행위(acts)로서 경험하는 것에 최초로 의존한다면, 이후에는 굳이 행하지 않더라도 그림을 통해 이해할 수 있으며, 또 그 이후에는 최종적으로 기호(symbol)의 형태로 이해하여 문제를 해결할 수 있게 된다(Bruner, 1964).

이러한 표현양식은 결국 수업에서 학생들에게 내용을 발달단계에 맞추어 제시하기 위한 수단이며 이를 활용하는 주체는 교사이다. 따라서 표현양식은 교수자의 측면에서 아동의 인지발달을 도모하려는 목적으로 각 아동의 발달단계에 맞추어 지식의 구조를 제시하는 것으로 이해해야 한다. 따라서 표현양식은 반드시 발달단계 및 지식의 구조를 반영해야 한다(이지은, 2022).

브루너가 이 이론을 제시하기 전 참고하였던 피아제(1952)의 인지 발달 단계 이론은 아동의 연령대별 발달단계를 감각운동기, 전조작기, 구체적 조작기, 형식적 조작기의 네 가지로 구분하여 연령대별로 아동이 서로 다른 발달 수준을 보인다는 것을 제시하였다. 브루너(1964) 또한 저연령에서 고연령으로 나아갈수록 활동적 양식, 영상적 양식, 상징적 양식을 순차적으로 터득하여 대상을 이해할 수 있게 된다고 보았다. 따라서 브루너의 표현양식을 활용하는 수업을 구성할 때는 학습자의 발달단계에 맞추어 학습해야 하는 개념의 '지식의 구조'를 포함시켜 다음과 같이 구성할 수 있다.

첫 번째로, 활동적 표현양식에서는 어떤 개념이나 원리를 아직 영상적 혹은 상징적 표현양식으로 이해하지 못할 때 직접 몸소 행함으로써 그 개념의 지식의 구조를 이해할 수 있도록 구성해야 하며, 학습과 관련된 활동은 그 개념의 지식의 구조를 학습하기 위해 신체를 이용하는 활동이 되어야 한다. 두 번째로, 영상적 표현양식에서는 직접 행하지 않아도 될 정도로 성장하였으나 아직 상징적 표현양식을 이해하는 데 어려움이 있는 학습자를 대상으로 시각적인 매체를 통해 해당 개념을 간접적으로 이해하도록 수업을 구성해야 한다. 활동 역시 개념의 지식의 구조를 이해하기 위한 수단으로 시각화하는 활동이어야 한다. 세 번째로, 상징적 양식은 직접 행하거나 간접적으로 이미지를 살펴보지 않더라도 함축된 언어나 기호를 활용하여 지식의 구조를 이해할 수 있도록 수업내용과 활동이 구성되어야 한다.

브루너는 학생의 발달단계는 피아제의 논리와 같이 연령대별로 진화론적 관점에서 자동으로 발달이 이루어지는 것이 아니라 특정 연령과 관계없이 학습자가 속한 환경에서 문화적으로 제대로 된 교육이나 지원이 이루어질 때 다음 발달단계로 넘어갈 수 있다고 보았다(Olson, 2007, p.70). 따라서 문화적인 측면을 고려하여 수업지도안의 대상이 되는 학생들의 발달단계를 먼저 점검한 뒤 해당 학생들의 발달단계에 맞는 표현양식을 담아 수업지도안으로 설계할 필요가 있다. 예컨대, 초등학생이라고 하여 영상적 양식으로만 수업지도안을 설계해야 한다는 생각에서 벗어날 필요가 있다. 피아제의 관점에서는 모든 초등학생이 영상적 양식에 해당되는 발달단계로 생각될 수 있으나, 동일한 연령이라도 어떤 학생은 활동적 양식에 그칠 수 있고, 어떤 학생은 상징적 양식으로 나아갈 수 있다. 그러므로 학생 수준에 대한 진단이 필수적으로 선행되어야 한다(이지은, 2022).

브루너에 의하면 수학교육과정은 수학에서 가장 중요한 내용, 일반적인 원리를 중심으로 구성하되 학생들의 인지 발달 수준에 부합되고, 지적으로 올바른 방법으로 표현하여 가능하면 일찍 가르쳐야 한다. 초등학교 저학년에부터 학생들이 이해할 수 있는 표현방법으로 가르치고 나면, 이들이 고학년이 되었을 때 이 주제에 대한 학습을 성숙된 발달수준에 부합된 새로운 표현방법을 적용하여 다시 가르칠 필요가 있는 것이다. 이때 가르치는 내용에서 본질적으로는 수학적 구조의 차이는 나타나지 않으며 단지 표현방법의 차이만 있을 뿐이다. 이처럼 초등학교에서 가르쳤던 내용을 중학교, 고등학교에서 반복하여 가르치게 하고, 학년이 올라갈수록 수학적인 원리나 개념을 점차적으로 확장하여 지적인 성숙을 이룩할 수 있도록 구성한 교육과정을 **나선형 교육과정**이라고 한다.

QUIZ

1 어린 아동을 대상으로 '$a=b$이면 $3a=3b$'를 양팔저울과 추를 활용하여 표현한다면 어떤 표현양식에 해당하는지, 이것을 도식으로 나타내는 것과 위의 식과 같이 나타내는 것은 각각 어떤 표현양식에 해당하는지에 대해 설명하시오.

2 우리나라 수학과 교육과정에서 '함수'는 초등학교에서 다루지 않는다. 그러나 나선형 교육과정의 측면에서 함수는 초등학교에서 어떤 방식으로 제시되고 있는지, 함수의 개념은 중학교와 고등학교에서 어떤 방식으로 제시되고 있는지에 대해 설명하시오.

3 우리나라 수학과 교육과정에서는 초등학교에서 구체물이나 평면도형의 밀기, 뒤집기, 돌리기 활동을 통하여 그 변화를 이해하도록 하고 있다. 나선형 교육과정의 측면에서 이와 같은 활동은 고등학교에서 어떻게 제시되고 있는지에 대해 설명하시오.

과제 및 연습

1. 브루너의 〈교육의 과정〉이 대표하는 구조중심 교육과정은 우리나라의 어느 교육과정기에 해당하며, 이것이 성공적이지 않았다면 그 이유는 무엇인지에 대해 서술하시오.

2. 시소를 이용하여 저울의 원리를 설명하려고 한다. 학생의 수준에 따라 세 가지 표현 양식으로 제시해보시오.

3. 다음은 중학교 수업지도안 내의 교수·학습 활동과 표현 양식의 연결이 부자연스러운 것을 찾고, 그 이유를 설명하시오.

교수·학습 활동(지식의 구조와 관련 없음)	표현 양식
1. 문제 조건 확인하기	활동적(E)으로 표현해보기
2. 문제를 해결하기 위해 그림으로 표현하기	영상적(I)으로 표현해보기
3. 문제를 해결하기 위해 식이나 언어로 표현하기	상징적(S)으로 표현해보기
4. 문제를 푼 결과를 다른 결과와 비교해보기	활동적(E)으로 표현해보기

05 비고츠키의 이론과 수학 학습

사회문화적 맥락에서 학습과 인지발달

| 핵심어 | 사회적 상호작용, 언어, 내면화

비고츠키(Vygotsky, 1896~1934)

비고츠키(L. Vygotsky)는 러시아의 인지심리학자[5]로 사회적 구성주의를 대표하는 연구자이다. 피아제는 개인의 발달에 관심을 가진 반면, 비고츠키는 개인의 발달에서 사회문화적 요인을 강조하였다. 피아제와 비고츠키는 사회적 상호작용이 인지발달에 영향을 준다고 보았다는 데 공통점이 있다. 그러나 피아제는 사회적 상호작용이 불평형 상태를 만들어내는 역할을 하고 이후 동화와 조절을 통해 인지발달이 이루어진다고 본 반면, 비고츠키는 사회적 상호작용이 인지발달을 가져오는 직접적인 요인이라고 생각하였다. 이처럼 비고츠키는 개인의 발달에서 사회문화적 요인을 강조하였고, 교사, 부모, 또래 등 다른 사람과의 상호작용을 중요하게 여겼으며, 언어가 인지발달에서 핵심적인 역할을 한다고 보았다.

학습자는 사회적 상호작용을 통해 사회적 기제를 '**내면화**(internalization)'함으로써 발달한다. 내면화란 사회적 현상을 심리적 현상으로 변형시키는 과정으로 외적 활동을 내적인 수준에서 독자적으로 실행하는 과정이다(강옥기 외, 2012). 이러한 내면화 과정을 아동이 무언가를 가리키는 행위의 발달에서 찾아볼 수 있다. 예를 들어, 아이가 손이 닿지 않는 곳의 물건을 잡으려고 팔을 뻗어 손가락을 움직이는 행동을 하고 있는데, 이를 본 어른이 그 물건을 집어서 아이에게 주었다고 하자. 아이는 물건을 움켜쥐기 위해 했던 팔을 뻗는 동작을 물건을 가리키는 기호로 사용하게 될 것이다. 처음에는 외적 활동을 나타내는 어떤 움직임이 재구성되어 내적으로 일어나기 시작하고, 사람들 사이의 과정이 개인의 내적 과정으로 변화된다(Vygotsky, 1978). 이처럼 아동은 다른 사람과의 상호작용을 통해 고등 정신 기능을 내면화한다.

비고츠키는 피아제보다 인지발달에서 언어의 역할을 중요하게 생각했다. 사회적 상호작용이 언어를 통해 이루어지기 때문이다. 또한 언어는 학습자가 다른 사람이 지닌 지식에

5 인지심리학은 인간의 행동을 자극과 반응의 기계적인 연결에 의하여 설명하려는 행동주의심리학에 반대하여 인지활동을 강조하며, 주로 컴퓨터의 정보처리를 모형으로 택하여, 주의, 기억, 사고 등에 관해 연구하는 심리학 분야이다(교육학용어사전, 1995).

접근할 수 있게 해주고 자신의 생각을 조절하고 반영할 수 있도록 도와주므로 아동의 인지발달에 미치는 영향이 크다. 언어 발달 단계는 '사회적 언어', '자아 중심적 언어', '내적 언어'의 세 단계로 구분할 수 있다(강옥기 외, 2012).

- **사회적 언어**(social speech, 외적언어): 다른 사람의 행동을 통제하기 위해 자신의 감정이나 사고를 전달하는 데 사용하는 언어로 3세 이전의 유아가 주로 사용함.
- **자아 중심적 언어**(egocentric speech, 사적언어): 자신의 행동을 조정하기 위해 자기 자신에게 말하는 언어로 3세에서 7세 사이의 아동이 주로 사용함.
- **내적 언어**(inner speech): 소리를 내지 않고 말하는 내적 자기 대화로 7세 이후의 아동이나 성인이 주로 사용함.

피아제는 아동들의 혼잣말인 자기중심적 언어를 다른 사람의 관점을 통해 세상을 보지 못하는 미성숙하고 자기중심적인 성향의 증거로 생각하였으나, 비고츠키는 자신의 생각과 행동을 이끌기 위해 혼잣말을 한다고 보았다. 외부의 새로운 지식을 자신의 지식으로 바꾸거나 문제를 해결하는 과정에서 자신의 생각을 조절할 때 혼잣말을 하는 것이다. 성인들도 소리를 내지 않을 뿐 자신의 생각을 정리하거나 어떤 행동을 하기 위해 혼잣말을 한다. 언어는 사고와 행동을 조정하며 모든 고등 정신기능을 가능하게 하는데 중요한 역할을 한다.

비고츠키는 사고 발달 단계를 '비조직적 더미에서의 사고', '복합적 사고', '개념적 사고'의 세 가지로 구분하였다(강옥기 외, 2012). 비조직적 더미에서의 사고는 자신의 지각에 의존하여 근거 없이 사물을 조직화하는 단계이고, 복합적 사고는 자신의 주관적인 판단과 더불어 사물 간의 객관적 관련성에 근거하여 사고하는 단계이며, 개념적 사고는 사물을 분석하고 종합하는 능력을 갖추어 사고하는 단계이다. 비고츠키의 언어와 사고 발달에 대한 관점을 그림으로 나타내면 [그림 4-5-1]과 같다.

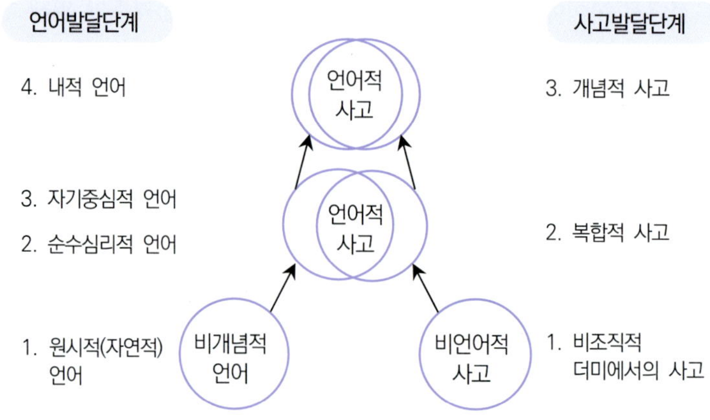

[그림 4-5-1] 비고츠키의 언어와 사고발달에 대한 관점(강옥기 외, 2012)

QUIZ

1 사회적 상호작용의 역할에 대한 피아제와 비고츠키의 견해를 비교하여 설명하시오.

2 비고츠키가 말한 내면화의 의미를 설명하시오.

근접 발달 영역

핵심어 | 근접 발달 영역(ZPD), 실제적 발달 수준, 잠재적 발달 수준, 모방

비고츠키는 학습자의 발달 수준을 다른 사람의 도움 없이 스스로 문제를 해결할 수 있는 수준인 '**실제적 발달 수준**(actual development level)'과 교사, 성인, 유능한 또래 등의 도움을 얻어 문제를 해결할 수 있는 수준인 '**잠재적 발달 수준**(potential development level)'으로 구분하였다. 그리고 이 두 수준 사이의 영역을 '**근접 발달 영역**(Zone of Proximal Development, ZPD)'이라고 하였다. 현재의 실제적 발달 수준이 같은 학습자라도 잠재적 발달 수준은 다를 수 있으므로, 개별 학습자의 근접 발달 영역을 찾고 근접 발달 영역에서 학습이 일어나도록 하는 것이 중요하다.

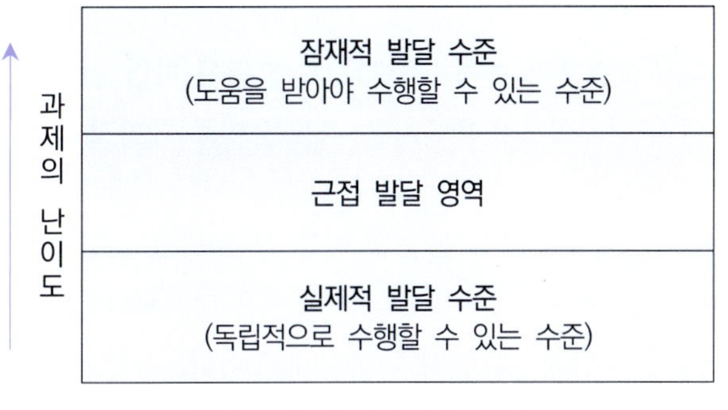

[그림 4-5-2] 근접 발달 영역

근접 발달 영역은 정적이지 않으며, 학습자가 더 높은 수준의 사고와 지식을 획득함에 따라 변화한다. 학습자의 인지발달은 근접 발달 영역의 연속적인 변화로 설명할 수 있으며, 이러한 근접 발달 영역의 역동적인 특성을 도식화하면 [그림 4-5-3]과 같다(Bodrova & Leong, 2007).

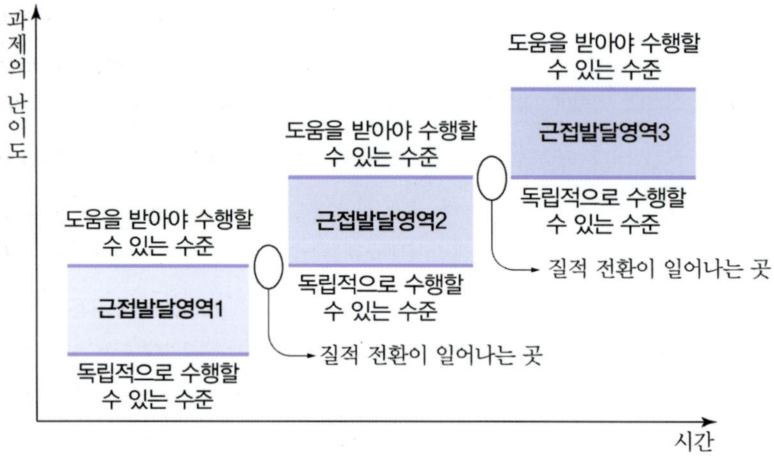

[그림 4-5-3] 근접 발달 영역의 역동성(Bodrova & Leong, 2007)

타프와 갤리모어(Tharp & Gallimore, 1988)는 근접 발달 영역을 통해 이루어지는 인지발달 과정을 4단계로 설명하였다. 이 모형은 사회적 조절과 자기 조절, 다시 말해 타인의 도움과 자신의 도움 간의 관계에 초점을 맞추고 있으며, 선형이 아닌 순환적 과정으로 인지발달을 설명한다(강옥기 외, 2011).

1단계

부모, 교사, 동료 등 자신보다 유능한 다른 사람의 도움을 받아 과제를 수행하는 단계이다. 학습자가 스스로 과제를 해결할 수 없으므로 타인을 '**모방**'하는 단계라고 볼 수 있다. 도움의 양이나 종류는 학습자의 연령, 과제의 특성 등에 따라 달리해야 한다. 이 단계는 근접 발달 영역의 초기 단계이므로 학습자는 과제를 아주 제한적으로 이해하지만, 과제를 수행하는 동안 다른 사람의 도움을 받으면서 과제에 대한 이해가 깊어진다.

비고츠키는 모방을 통해 학습자의 발달을 이끌 수 있다고 보았다. 학습자가 자신의 근접 발달 영역에서 타인을 모방할 수 있도록 하는 것은 중요하다. 모방하기 위해서는 타인의 행동을 어느 정도는 이해할 수 있어야 하기 때문이다.

2단계

다른 사람의 도움 없이 학습자 스스로 문제를 해결하는 단계이다. 그러나 이 단계는 아직 완전히 자동화되지 못한 상태이다. 학습자가 스스로 과제 수행을 조절하지만, 유능한 다른 사람의 통제가 여전히 필요한 수준이다.

3단계

과제 수행이 발달되어 내면화, 자동화, 화석화되는 단계이다. 근접 발달 영역을 벗어나

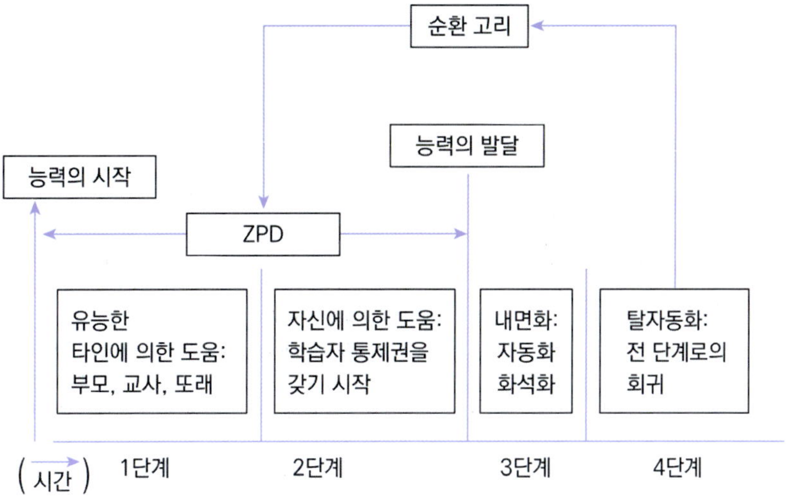

[그림 4-5-4] 근접 발달 영역을 통한 4단계 인지발달(Tharp & Gallimore, 1988)

과제를 수행하는 단계로 다른 사람이나 자신으로부터의 언어적 도움이 더 이상 필요하지 않은 수준이다. 내면화가 되면 잠재적 발달 수준이 실제적 발달 수준으로 변화된 것이다.

4단계

과제 수행이 탈자동화되어 다음의 근접 발달 영역으로 회귀하는 단계이다. 이러한 일련의 단계들은 반복된다.

다음은 근접 발달 영역에서 교수·학습이 이루어지는 예시이다.

다음은 교사 B가 다항식의 곱셈을 지도하는 수업 상황이다.

교사 B : $(a+b)^3$을 어떻게 전개하는지 공부하겠습니다.
학생 : 네, 선생님.
교사 B : 중학교 때 배운 공식 $(a+b)^2=a^2+2ab+b^2$을 기억하고 있나요?
학생 : 네. $(a+b)^2$을 $(a+b)(a+b)$로 바꾸어 전개하면
$(a+b)(a+b)=a^2+2ab+b^2$이므로
$(a+b)^2=a^2+2ab+b^2$이 되는 것을 알고 있어요.
교사 B : 맞아요. 그렇다면 $(a+b)^3$은 어떻게 전개할까요?
학생 : 잘 모르겠어요.
교사 B : $(a+b)^3$을 두 다항식의 곱으로 나타낼 수 있을까요?
학 생 : $(a+b)^3$은 $(a+b)(a+b)^2$의 곱입니다. 즉, $(a+b)^3=(a+b)(a+b)^2$이에요.
교사 B : 그러면 $(a+b)(a+b)^2$을 전개할 수 있을까요?

학 생 : $(a+b)(a+b)^2=(a+b)(a^2+2ab+b^2)$ 이므로 분배법칙을 이용하여 전개하면 될 것 같아요. (잠시 후)
아하, 그러면
$(a+b)(a^2+2ab+b^2)=a^3+2a^2b+ab^2+a^2b+2ab^2+b^3=a^3+3a^2b+3ab^2+b^3$
이므로 $(a+b)^3$은 $a^3+3a^2b+3ab^2+b^3$ 이네요.
이제 $(a+b)^3$을 어떻게 전개하는지 확실히 알게 되었으니, 혼자서도 할 수 있어요.

교사 B : 그래요. 그러면 $(5x+2)^3$은 여러분이 직접 전개해 볼까요?

… (하략) …

(출처: 2018학년도 중등학교교사 임용 시험 전공 A 9번)

위의 예시는 다항식의 곱셈을 지도하는 수업 상황으로 교사 B는 학생의 실제적 발달 수준과 잠재적 발달 수준을 파악하기 위해 $(a+b)^2$, $(a+b)^3$을 전개할 수 있는지 질문한다. 교사는 학생이 $(a+b)^2$을 전개할 수 있으나, $(a+b)^3$을 전개할 수 없는 수준임을 파악한다. 이후 교사는 $(a+b)^3$을 두 다항식의 곱으로 나타낼 수 있을지 등의 질문을 하면서 학생이 과제를 해결할 수 있도록 돕는다.

QUIZ

1 근접 발달 영역의 의미를 설명하시오.

비계 설정

| 핵심어 | 비계 설정(스캐폴딩)

비계 설정(스캐폴딩, scaffolding)은 우드, 브루너, 로스(Wood, Bruner, & Ross, 1976)가 비고츠키의 이론을 효과적으로 적용하기 위해 도입한 개념이다. 비계는 건축공사 시 높은 곳에서 일할 수 있도록 임시로 설치하는 가설물을 이르는 말이다. 학습 상황에서 학습자가 과제를 스스로 해결하지 못할 때 주변의 교사, 성인, 유능한 또래 등이 도움을 제공하는 것을 은유적으로 비계 설정이라 표현한 것이다. 시범, 질문, 힌트 등이 교수·학습 상황에서 제공할 수 있는 비계 설정의 예에 해당한다. 다음은 유능한 또래가 제공하는 비계 설정의 예시이다.

다음은 중학교 3학년 학생 A의 수학일기 일부이다.

오늘은 친구 B와 함께 시네마 영화관을 갔다. 보고 싶은 영화를 선택해야 하는데 B와 의견이 달랐다. 나는 액션 영화를 선택했고, B는 액션 영화도 좋지만 다른 영화를 함께 골라보자고 하였다. 시네마 영화관에서는 현재 여러 개의 영화를 동시에 상영하고 있어 영화를 고르기가 힘들었다. 그때 마침 내게 좋은 아이디어가 떠올랐다. 영화 관람을 마치고 나오는 많은 사람들에게 그들이 본 영화가 무엇이었는지 조사해 보자는 것이었다. 그런 다음 사람들이 가장 많이 본 영화를 관람하기로 결정하면 어떨까 생각하고 B의 의견을 물었다. B도 나의 의견에 동의하였다. 나는 먼저, 영화 관람을 마치고 나오는 사람들에게 관람한 영화가 무엇이었는지 조사하였다. 그리고 별생각 없이 조사한 자료로 수학 시간에 배운 평균을 구하자고 B에게 말하였다. 그런데 B가 "자료를 대표하는 값은 여러 가지가 있고, 주어진 자료에 따라 적절한 값을 사용해야 그 자료의 특성을 대표할 수 있다."라고 하면서 우리가 함께 관람하기로 한 영화 선택의 조건이 무엇이었는지 나에게 상기시켜 주었다. "맞아, 그거야! 여기서는 최빈값이 대푯값으로 적절하겠구나."라는 것을 깨달았다.

(출처: 2021학년도 중등학교교사 임용 시험 전공 A 8번)

위의 예시를 보면, 실제적 발달 수준에서 잠재적 발달 수준으로 나아가기 위해서는 다른 사람의 적절한 도움, 즉 비계 설정이 필요하다. 도움을 제공하는 사람은 처음에는 많은 도움을 제공하다가 그 도움을 점진적으로 줄임으로써 학습자가 스스로 과제를 해결하는 수준에 이를 수 있도록 해야 한다.

비고츠키는 학생의 실제적 발달 수준을 넘어 잠재적 발달 수준에 관심을 가졌다는 데 주목할 만하다. 교사는 학생의 근접 발달 영역 내에서 교수 활동을 계획하고 적절한 비계 설정을 통해 학생의 잠재적 발달 수준이 새로운 실제적 발달 수준이 될 수 있도록 지도해야 할 것이다.

QUIZ

1 수학 교수·학습 상황에서 비계 설정하는 예를 들어 설명하시오.

06 가네의 이론과 수학 학습

학습의 과정과 결과

| 핵심어 | 언어 정보, 지적 기능, 인지 전략, 태도, 운동 기능

가네(Gagné,
1916~2002)

가네(R. Gagne)는 초기에는 행동주의 이론에 기반한 연구를 수행하였으나 이후에는 정보처리이론을 수용하여 자신의 교수·학습 이론을 발전시켰다. 가네의 이론에서는 학습 결과(learning outcomes), 학습 활동(events of learning), 학습 조건(conditions of learning)이 중요한 개념이다. 가네는 학습자의 내적 학습 조건인 '학습 활동'과 외적 '학습 조건'의 상호작용에 의해 '학습 결과'를 얻도록 하는 것을 교수·학습으로 설명하였다.

학습 결과는 학습으로 획득하게 되는 능력을 의미하며 이는 학습 목표에 해당한다. 학습 결과는 언어 정보(verbal information), 지적 기능(intellectual skills), 인지 전략(cognitive strategies), 태도(attitudes), 운동 기능(motor skills)의 다섯 가지 유형으로 구분되며, 이 유형이 위계적인 순서를 갖지는 않는다.

언어 정보는 언어로 표현될 수 있는 지식을 의미하며, 명제적 지식 또는 선언적 지식에 해당된다. 지적 기능은 기호나 상징을 이용하여 환경과 상호작용하는 능력이다. 언어 정보가 내용이라면 지적 기능은 방법적 지식이나 절차적 지식에 해당된다. 인지 전략은 개인의 학습, 기억, 사고 행동을 관리하는 능력이다. 태도는 어떤 상황에서 무언가를 선택하는 데 영향을 주는 능력으로 개인적인 선호경향성과 관련된다. 이는 대상, 사람, 상황에 대해 긍정적이거나 부정적인 반응을 일으키는 내적 상태를 의미한다. 운동 기능은 직선 그리기, 자전거 타기 등 신체적 행동을 수행하는 능력이다.

학습 활동은 학습자 내부에서 정보가 처리되는 학습 과정을 의미하며, 학습은 9단계(주의, 기대, 작업기억으로 재생, 선택적 지각, 의미론적 부호화, 재생과 반응, 강화, 재생을 위한 암시, 일반화)를 거쳐 이루어진다. 주의는 학습자가 자극을 받아들이는 것이고, 그 결과 학습에 대한 기대가 발생하며, 기대는 학습 목표에 도달하기 위한 동기화를 의미한다. 이후 학습자는 필요한 선수 지식을 회상한다. 다음으로 수용한 자극의 전체가 아닌 일부를 선택하여 지각하고, 이를 개념망이나 의미망으로 받아들여 장기기억으로 저장한다. 장기기억으로부터 새롭게 저장된 부호를 재생하고 반응을 실행하며 이에 대한 강화가 뒤따

른다. 마지막으로 장기기억에서 사용할 수 있는 부가적인 단서를 추구하며, 새로운 상황에 적용하여 일반화시킨다. 이 9단계는 학습 과정을 체계적으로 설계하는 데 도움을 주기 위한 모델로 '학습 준비', '획득과 수행', '학습 전이'의 세 범주로 구분할 수 있다. 학습 활동의 단계별로 교사가 수행해야 하는 교수 활동을 정리하면 〈표 4-6-1〉과 같다. 각 단계가 서로 연계되어 효과적인 학습을 도모하도록 구성되어 있지만, 실제 교육 현장에서는 학습자의 특성, 수업 목표와 방법 등에 따라 유연하게 적용할 수 있다.

〈표 4-6-1〉 학습 활동과 교수 활동(신명희 외, 2022, p. 312)

	학습 활동	교수 활동
학습을 위한 준비	주의	주의 집중 유발
	기대	수업목표 제시
	작업기억으로 재생	선행지식 자극
획득과 수행	선택적 지각	자극자료 제시
	의미론적 부호화	학습 안내 제공
	재생과 반응	성취행동 유발
	강화	피드백 제공
학습의 전이	재생을 위한 암시	성취행동 평가
	일반화	기억 보존과 전이 높이기

QUIZ

1 가네가 말한 학습 결과의 다섯 가지 유형을 적으시오.

학습의 위계

| 핵심어 | 과제분석, 학습 위계

가네는 성공적인 학습이 이루어지기 위해서는 특정 학습 영역에 대한 **과제분석**이 우선되어야 한다고 보았다. 과제분석은 학습 과제를 구성하고 있는 하위 요소들로 나눈 다음 선후 또는 상하 관계를 밝혀 학습 위계를 정하는 것이다.

자연수의 뺄셈에 대한 과제분석의 예를 들면 [그림 4-6-1]과 같다. 그림에서 제시된 바와 같이 자연수의 뺄셈을 이해하기 위해서는 받아내림이 없는 뺄셈, 받아내림이 있는 뺄셈 등이 기초가 된다.

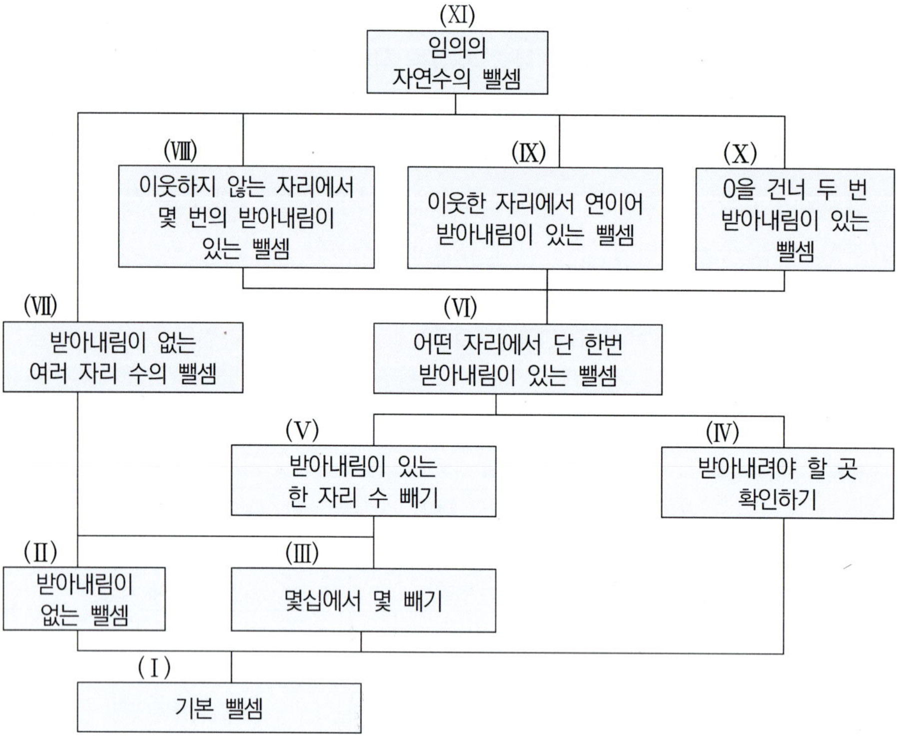

[그림 4-6-1] 자연수의 뺄셈에 대한 과제분석(우정호, 2011, p. 190; Gagne, Briggs, & Wager. 1992, p. 153)

가네는 학습내용이 단순한 것에서 복잡한 것으로 위계를 이루고 있으므로 위계적으로 낮은 수준의 지식을 먼저 학습하지 않으면 다음 수준의 지식을 학습할 수 없다고 보았다. 이는 높은 수준의 지식을 학습하기 위해서는 관련된 하위 개념, 법칙 등에 대한 학습이 먼저 이루어져야 함을 의미하므로 학습이 누적되어 쌓인다는 특성이 있음을 보여준다.

앞서 설명한 다섯 가지 학습 결과 중 지적 기능과 관련된 학습으로 위계를 이루고 있는 변별학습, 개념학습, 규칙학습을 살펴보자. 변별학습은 유사한 여러 대상을 구별하는 것이다. 예컨대, 원과 타원의 정확한 정의는 모르더라도 그려진 모양을 보고 둘을 구별하는 것을 말한다. 개념학습은 사물의 공통적 속성을 개념화하는 것이다. 변별하는 능력을 지녀야 대상의 공통 속성을 찾는 개념학습이 가능하다. 규칙학습은 여러 개의 개념으로 구성된 규칙을 학습하는 것이다. 규칙을 구성하고 있는 개념들에 대한 이해가 토대가 되어야 규칙을 학습할 수 있다.

가네의 이론은 누적학습(cumulative learning)이라는 개념을 바탕으로 단순한 것에서 복잡한 것으로 수업을 설계하는 원리를 제공했다는 면에서 의의가 있다. 또한 과제분석을 통해 학생들이 학습할 과제를 위계적으로 계열화시키는 것은 수업을 계획하는 교사들에게 도움이 될 것이다. 그러나 가네는 학습 위계가 한 영역 내에서 학습할 수 있는 모든 내용을 나타내는 것은 아니며, 특히, 긍정적인 전이가 발생할 수 있는 모든 가능성을 표현할 수 없다고 하였다. 즉, 학습 위계는 학습 전이의 원천을 모두 제공할 수 없으며, 누적학습의 결과로 습득된 새로운 능력은 학습 위계에 직접적으로 표현할 수 없는 많은 다른 상황과 영역으로 일반화될 수 있음을 뜻한다.

QUIZ

1 특정 학습 요소에 대해 과제분석을 수행하여 그림으로 나타내시오.

07 오수벨의 이론과 수학 학습

유의미한 수용학습

핵심어 수용학습, 발견학습, 유의미한 학습, 기계적 학습

오수벨(Ausubel, 1918~2008)

수학교과에서 개념, 원리, 법칙 및 기능이나 사실 등의 습득은 유의미한 **수용학습**이 중요한 역할을 한다고 알려져 있다. 오수벨(D. Ausubel)이 유의미한 수용학습에 관심을 가지게 된 배경에는 수용학습과 **발견학습**의 구분, **유의미한 학습**과 **기계적 학습**의 구분에서 오는 오해가 자리 잡고 있다.

먼저 수용학습과 발견학습에 대해 살펴보자. 수용학습은 학습되어야 할 수학 내용이 학습자에게 최종의 형태로 직접적으로 제시되는 경향이 있다. 학습자의 입장에서 보면, 그 어떤 발견도 경험할 기회가 없이 단지 수학 내용을 자신의 인지구조 내에 통합시키기만을 요구하는 학습 형태이다. 반면, 발견학습은 본질적으로 학습되어야 하는 수학 내용이 학습자에게 직접적으로 주어지는 것이 아니라, 학습자가 스스로 발견해야 하는 방식이다. 학습자의 입장에서 보면, 학습자가 기존의 인지구조 내의 선행지식을 활용하여 수학적인 무언가를 발견하도록 안내하는 학습 형태이다(박경은, 고호경, 2010).

오수벨은 수용학습이나 발견학습의 결과에 대해 고찰하면서, 추후 새로운 학습을 위해 활용이 가능하고 미래의 언젠가에 다른 용도로 사용할 수 있다는 측면에서 두 학습의 결과는 동일한 것으로 간주하였다. 서로 다른 두 방식의 학습이 동일한 결과를 가져온다는 오수벨의 이러한 관점은 발견학습에서 발생할 수 있는 발견의 실패에 대한 가능성 및 오랜 시간이 필요하다는 것을 고려하면, 수용학습이 발견학습보다 더 우월할 수 있다는 판단을 자연스럽게 이끌어 낼 수 있었다.

유의미한 학습과 기계적 학습을 살펴보자. 오수벨이 위와 같은 문제에 대해 고민할 당시의 시대적 상황을 보면, 현재 우리가 인정하기 어려운 **'수용학습은 항상 기계적이고, 발견학습은 항상 유의미하다'**는 주장이 만연해 있었다.

그런데, 이러한 주장의 근본적인 원인은 발견학습의 반대가 기계적 학습이라는 잘못된 이해에서 비롯되었다고 볼 수 있다. 학습의 과정에서 지식을 획득하는 방식에 따라 '발견학습'과 '수용학습'을 구분할 수 있고, 지식을 인지구조에 통합하는 방식에 따라 '유의미한 학습'과 '기계적 학습'을 구분할 수 있으므로, 수용학습과 발견학습은 학습이 일어나는 조

건에 따라서 각각이 기계적일 수 있고 유의미할 수도 있다는 측면을 간과한 것이다. 실제로 오수벨은 지식의 획득 방식과 지식을 인지구조에 통합하는 방식에 따른 학습을 〈표 4-7-1〉과 같이 구분하고 있다.

〈표 4-7-1〉 학습의 구분 방식(강옥기 외, 2012)

구분	지식의 인지구조 내 통합 방식	지식의 획득 방식
학습 방법	유의미한 학습	수용학습
	기계적 학습	발견학습

수용학습은 이미 제시된 학습해야 할 수학 내용을 받아들이는 학습이라면, 발견학습은 주어진 자료를 근거로 학습해야 할 내용을 도출하는 학습이다. 유의미한 학습은 학습해야 할 내용이 기존의 인지구조에 통합되는 학습 방식이라면, 기계적 학습은 학습해야 할 내용이 기존의 인지구조에 통합되지 않는 학습 방식이다. 따라서 학습의 형태는 유의미한 수용학습, 기계적 수용학습, 유의미한 발견학습, 기계적 발견학습이 모두 나타날 수 있다. 결과적으로 오수벨이 주장하는 유의미한 수용학습(혹은 유의미한 설명학습)이란 새로운 학습 내용이 기존의 인지구조와 의미 있게 연결되어 새로운 학습 내용이 기존의 인지구조 속으로 들어가도록 하는 학습을 의미하는데, 이때 기존의 인지구조 속으로 들어가는 것을 **포섭**이라고 불렀다(Ausubel, 1963).

따라서, 학습이 기계적인지 유의미한지의 문제와 수용이냐 발견이냐는 전혀 다른 차원의 문제라는 것을 알 수 있다. 교실 수학수업에서 유의미한 수용학습은 중요하다. 다양한 이유로 수학수업에서 기계적 수용학습이 흔하게 일어난다는 것은 부인할 수 없고, 동시에 설명식 교수가 적절하게 유의미하게 일어난 이후에는 기계적 수용학습도 필요하다는 것도 부정할 수 없다. 더불어 발견학습이나 문제해결 학습이 유의미한 학습을 보증하는 것은 아니라는 사실도 인식할 필요가 있다. 수업 중에 공식을 구성하는 용어의 의미와 공식들 사이의 관계를 이해하지 못한 상태에서 공식만을 기억하고 문제해결에 적용하는 문제해결 학습은 기계적 학습에 해당하기 때문이다.

지금까지의 논의를 통해 볼 때, 유의미한 수학 수업환경에서 수용학습이 발견학습보다 더 우월할 수 있다. 일반적으로 발견학습은 많은 시간의 소요를 전제로 하는데, 수학 교과의 방대한 지식을 획득하는 일차적 수단으로써 발견학습만을 고집하는 것은 현실적으로 불가능할 수 있다. 수천 년 동안 축적된 수학지식을 중등학교 학생에게 전수하기 위해서는 유의미하게 아이디어를 전달하고 설명하는 것이 학생이 발견하도록 안내하는 것보다 훨씬 짧은 시간이 걸리는 것은 당연하다. 게다가 수학이라는 교과가 가지는 고유한 특성 및 유의미한 수용학습 과정에서의 복잡성과 어려움으로 인해 학생들의 심리적 갈등을 유발할 수도 있지만, 발견 그 자체의 능동적 과정이 지식의 유의미한 획득을 위해 학생들에게 필요한지에 대한 강한 의구심이 남아 있다. 왜냐하면, 수학적 지식의 발견 과정에 참여하는 경험보다는 지식 자체의 유의미한 이해가 더 중요하기 때문이다.

QUIZ

1 지식의 획득 방법에 따른 발견학습의 반대를 무엇이라고 부르는지 적으시오.

2 유의미한 수용학습이 발견학습보다 더 우월할 수 있는 이유를 설명하시오.

유의미한 수용학습의 본질

핵심어 | 유의미한 학습과제, 관련 정착 아이디어, 유의미한 학습자세

앞서 살펴본 것과 같이 오수벨은 경험 중심의 탐구 및 발견학습이 강조되던 시대에 교사 중심, 설명 중심의 교수 학습이 효과적이고 가치롭다고 주장하였고, 발견학습의 우월성을 거부하고 수용학습을 강조한 학습심리학자이다. 오수벨은 학습심리학 전체를 단 하나의 원리로 환원해야 한다면 '학습을 위해 가장 중요한 단일 요인은 학습자가 사전에 무엇을 알고 있는가?'라고 생각하고, 교사는 그것을 확인하고 그에 따라 학습자를 지도해야 한다고 주장하였다. 이러한 요구를 실현하기 위한 교사의 결정적 수단은 학습자의 인지구조로부터 학습 내용의 의미를 획득하도록 학습 자료를 적절하게 선택하여 조직화하여 제시하는 것이다(Ausubel, 1969).

오수벨은 학습의 과정에서 학습과제가 학습자의 독자적 발견에 의해 인지구조에 안착된다고 생각하지 않았다. 그는 단지 제시된 자료를 내면화시키거나 기존 인지구조와 통합하여 미래에 그것을 이용될 수 있도록 하는 것만을 요구하였다. 따라서, 유의미한 수용학습은 잠재적으로 의미 있는 학습과제나 자료가 학습자의 인지구조 내에서의 내면화 과정을 통해서 이해되거나 의미 충실하게 되는 것을 의미한다.

이러한 입장에서 보면 수용학습이 반드시 기계적 학습은 아니며 실제로 많은 개념이나 법칙이 발견학습에 의하지 않고도 내면화되고 의미 있게 적용될 수 있으므로 오수벨은 문제해결 활동이 개념이나 규칙의 내면화에 선행되어야 할 이유가 없다고 생각하였다. 학습 자료가 교사에 의해 의미 있게 조직되어 제시된다면 학습자가 발견할 필요성은 없어지게 되고, 수용학습이 발견학습보다 훨씬 더 효과적이 된다.

그렇다면, 학교에서 일반적으로 가장 광범위하게 수행되는 설명학습이 유의미하지 않고 기계적 학습으로 귀결되는 원인에 대해 오수벨은 다음 세 가지로 구분하여 제시하고 있다. 첫째, 학습과제가 적절하지 않기 때문이다. 이에 대해 학습과제의 '논리적 유의미가(logical meaningfulness)'가 낮다고 표현하였다. 둘째, 학습자의 인지구조 내에 새로운 학습과제와 관련된 내용이 존재하지 않기 때문이다. 새로운 학습과제와 관련 있는 사전 지식이 학습자의 인지구조에 존재하지 않는 것으로, 이에 대해 '잠재적 유의미가(potentially meaningfulness)'가 낮다고 표현하였다. 셋째, 학습자의 학습자세가 학습에 부적절하기 때문이다. 학습자가 학습과정에 수동적으로 참여하여 유의미한 학습이 일어나지 않는 것으로, 이를 심리적 유의미가(psychological meaningfulness)가 낮다고 표현하였다. 이 세 가지 원인이 모두 해결되어졌을 때 비로소 유의미한 수용학습이 일어날 수 있다(강옥기 외, 2012).

오수벨이 주장하는 위의 세 가지 원인을 일소하기 위한 조건에 대해 살펴보자. 즉, 교과지식의 유의미한 수용학습에 영향을 미치는 조작 가능한 조건들이` 무엇인지 확인하는 것이다. 이러한 조건은 학습과제의 측면과 학습자 측면으로 구분할 수 있는데, 학습과제의 측면에서는 잠재적 유의미한 과제(potentially meaningful material)의 준비이고, 학습자의 측면에서는 유의미한 학습자세(meaningful learning set)의 요구이다.

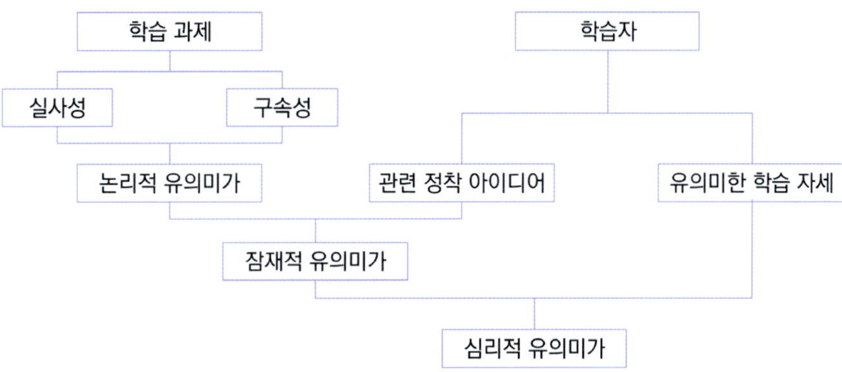

[그림 4-7-1] 학습과제의 유의미가(강옥기 외, 2012)

잠재적 유의미한 과제에 대해서는 좀 더 상세하게 알아볼 필요가 있다. 왜냐하면, 잠재적 유의미한 과제는 두 가지 조건을 포함하고 있기 때문이다. 첫째는 학습과제가 학습자의 적절한 인지구조에 구속적(non-arbitrarily)이며 실사적(substantive)으로 관련시킬 수 있어야 한다는 점이다. 여기서 구속적이라는 것은 임의적(arbitrary)이지 않고, 필연적(inevitable)이라는 것을 의미하는데, 새로운 과제와 인지구조 안에 존재하는 지식 사이가 구속적이고 필연적인 관계가 유지되어야 한다는 것이다. 예를 들어, 사각형과 평행사변형 사이의 관계는 일반적인 경우에 대한 특수한 예의 관계이며 분명히 구속적이며 필연적이다. 또한 실사적이라는 것은 본질은 유지된다는 것을 의미하는데, 학습과제가 교사나 교과서에 따라 서로 다르게 표현되더라도 그 과제와 학습자의 인지구조 내에 있는 지식 사이의 관계는 바뀌지 않는다는 것이다. 예를 들어, 평행사변형을 '두 쌍의 대변이 서로 평행한 사각형'이라고 정의하는 것에 대해 어떤 학생이 '두 대각선이 서로 다른 것을 이등분하는 사각형'이라고 다시 정의하여도 본질은 유지되며, 학습자의 인지구조 내에 있는 사각형의 개념과 새롭게 학습하는 평행사변형 사이의 관계도 바뀌지 않고 유지된다. 둘째는 학습자의 특정 인지구조 내에 새로운 과제를 구속적이고 실사적으로 관련시킬 수 있는 **관련 정착 아이디어**(relevant anchoring idea), 즉 학습자의 인지구조 내에 학습과제와 관련이 있어 유의미한 학습 과제를 받아들일 수 '지식'이 존재하여야 한다는 것이다. 이와 관련하여 오수벨은 **잠재적 거리**(potential distance)에 대해 언급하였는데, 이는 새로운 학습 과제와 이를 포섭해야하는 관련 정착 아이디어 사이의 거리, 즉 학습을 위한 심리적 거리를 의미한다.

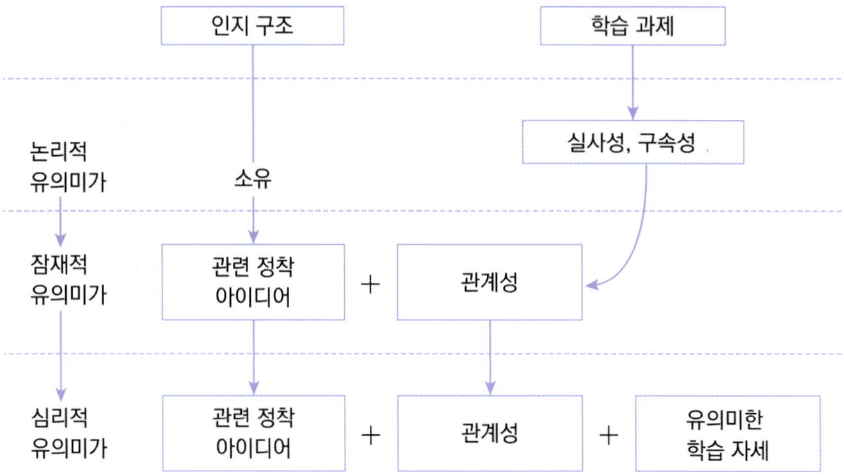

[그림 4-7-2] 유의미학습(강옥기 외, 2012)

결론적으로, 논리적 유의미가와 잠재적 유의미가를 높이고 유의미한 학습이 본질적으로 이루어지기 위해서 세 가지 조건이 충족되어야 한다. 첫째, 학습과제는 그 자체가 학습자의 인지구조에 실사적이고 구속적으로 관련지어질 수 있어야 한다. 둘째, 학습자는 새로운 학습과제와 관련지을 수 있는 관련 정착 아이디어를 소유해야 한다. 셋째, 학습자는 실사적이고 구속적인 방식으로 새로운 학습과제를 자신의 인지구조에 관련시키려는 유의미한 학습자세를 소유해야 한다.

QUIZ

1 학교에서 유의미한 학습이 아닌 기계적 학습이 일어나는 원인 세 가지는 무엇인지 적으시오.

2 유의미한 학습이 이루어지기 위한 조건 세 가지를 적으시오.

3 학습자가 가지고 있는 관련 정착 아이디어와 새로운 학습과제 사이의 거리를 무엇이라고 부르는지 적으시오.

유의미한 수용학습 방식

| 핵심어 | 포섭, 상위적 포섭, 하위적 포섭, 병위적 포섭

오수벨은 새로운 학습과제가 인지구조 내에 어떻게 정착되는지 관심을 가지고 연구를 수행하였다. 그 결과로 학습 내용이 습득되고 기억되며 내면화되는 일련의 과정을 **동화이론**(assimilation theory)으로 정리하였다. 여기서 새로운 학습과제가 학습자의 인지구조 내에 정착되는 것을 포섭이라는 말로 설명하고 있는데, 포섭은 포괄성과 일반성이 높은 학습자의 인지구조 내에 있는 기존의 지식이 포괄성과 일반성이 낮은 새로운 지식을 통합하는 과정을 의미한다. 따라서 포섭은 학습이 이루어지는 과정에서 가장 중요한 도구이다. 오수벨은 새로운 정보가 학습자의 인지구조 내에 존재하는 관련 개념들에 포섭될 때 의미 있는 통합이 이루어지게 된다고 보았으므로, 포섭의 과정이 곧 학습이 이루어지는 과정이다.

학습의 형태를 결정하는 포섭의 유형은 여러 방식으로 존재하는데, 대표적으로 **상위적 포섭**(superordinate subsumption), **하위적 포섭**(종속적 포섭, subordinate subsumption), **병위적 포섭**(결합적 포섭, combinational subsumption)이 있다(강옥기 외, 2012). 이는 새로운 학습 내용과 기존 인지구조 간의 포함관계에 따른 구별이다.

(1) 상위적 포섭

새로운 학습 내용이 인지구조 내에 있는 관련 내용보다 상위에 있는 경우에 일어나는 학습을 의미한다. 이러한 경우는 특수한 것을 사전에 학습한 상황에서 보다 더 일반적인 것을 학습하는 상황에서 주로 일어나는 포섭이다. 이러한 상위적 포섭은 귀납추론 과정과 밀접한 관련이 있다. 상위적 포섭에 의한 학습은 아래 그림과 같이 이미 존재하는 하위 지식 a_1, a_2, a_3가 상위에 있는 새로운 지식 A의 더욱 특정한 예로 인식되면서 새로운 지식 A에 연결되는 방식이다.

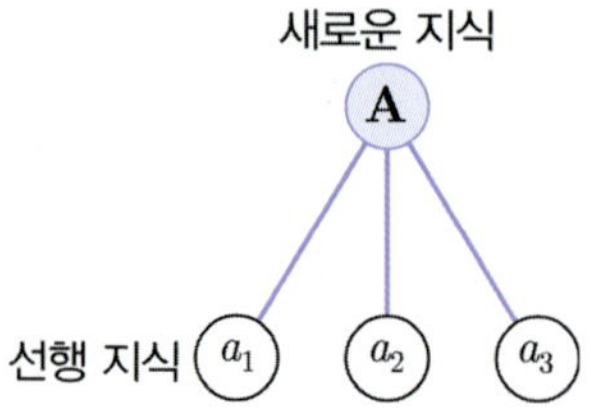

[그림 4-7-3] 상위적 포섭(강옥기 외, 2012)

상위적 포섭의 예를 들어보자. 먼저 중학교의 사례이다. 지식 a_1은 '정삼각형의 한 내각의 크기가 $60°$이다.'이고, 지식 a_2는 '정사각형의 한 내각의 크기가 $90°$이다.'이며, 지식 a_3은 '정오각형의 한 내각의 크기가 $108°$이다.'라고 가정하자. 학생이 정삼각형, 정사각형, 정오각형, 정육각형의 한 내각의 크기에 대해 학습하면서, 상위에 있는 지식 A인 '정n각형의 한 내각의 크기가 $\frac{180° \times (n-2)}{n}$이다.'임을 포섭하는 것이 이에 해당한다. 이제 고등학교의 사례이다. 지식 a_1은 '함수 $f(x)=ax+b$는 일차함수이다.'이고, 지식 a_2는 '함수 $g(x)=ax^2+bx+c$는 이차함수이다.'이며, 지식 a_3은 '함수 $h(x)=ax^3+bx^2+cx+d$는 삼차함수이다.'라고 가정하자. 학생이 일차함수, 이차함수, 삼차함수, 사차함수에 대해 학습하면서, 상위에 있는 새로운 지식 A 즉, '함수 $p(x)=a_nx^n+a_{n-1}x^{n-1}+\cdots+a_1x+a_0$는 다항함수이다.'를 포섭하는 것이 상위적 포섭이다.

(2) 하위적 포섭

새로운 학습 내용이 인지구조 내에 있는 관련 내용보다 하위에 있는 경우에 일어나는 학습을 의미한다. 이러한 경우는 일반적인 것이 사전에 이미 학습되었고, 보다 특수한 지식을 추가적으로 학습하는 상황으로, 인지구조 내에 있는 상위의 지식들이 하위의 지식을 포섭하는 학습이다. 이러한 과정은 상위적 포섭에 의한 학습과 반대의 과정이며, 세부적으로는 파생적 포섭과 상호관련적 포섭으로 구별할 수 있다. 파생적 포섭은 새로운 학습 내용이 학습자의 인지구조 내에 있는 관련 개념의 구체적인 예이거나 이를 상세화하는 상황에서 일어난다. 파생적 포섭에 의한 학습은 [그림 4-7-4]의 왼쪽 그림과 같이 새로운 지식 a_5는 상위적 지식 A에 연결되며 선행 지식 A의 또 다른 예에 해당하는 것으로 선행 지식을 보다 명확히 해주고 보강하는 기능을 한다고 볼 수 있다. 반면, 상호관련적 포섭은 새로운 학습 내용이 학습자의 인지구조 내에 있는 기존 개념을 확장, 수정, 정교화할 때 일

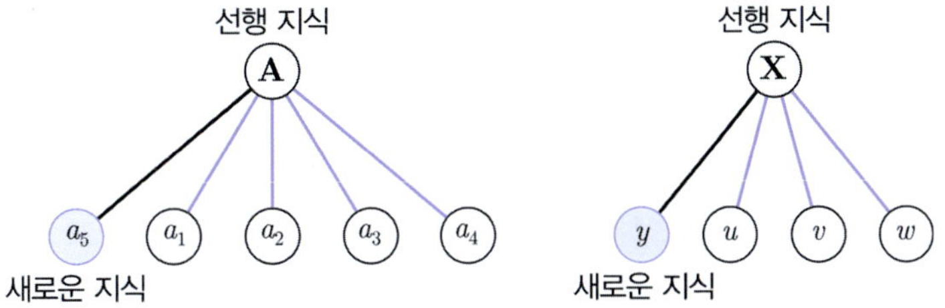

[그림 4-7-4] 하위적 포섭(강옥기 외, 2012)

어난다. 상호관련적 포섭에 의한 학습은 [그림 4-7-4]의 오른쪽 그림과 같이 새로운 지식 y는 상위적 지식 X와 연결되지만 선행 지식 X의 파생적 관계가 아니라 선행 지식 X의 연장, 수정 또는 정교, 제한에 해당하는 지식을 획득하는 기능을 한다고 볼 수 있다.

하위적 포섭의 예를 들어 보자. 먼저 파생적 포섭에 의한 학습의 사례이다. 선행 지식인 A는 인수분해 공식 $acx^2+(ad+bc)x+bd=(ax+b)(cx+d)$를 학습한 상황에서, 이를 이용하여 다음과 같은 지식 a_1, a_2, a_3, a_4를 학습하였다고 하자.

a_1은 $c=1$일 때의 공식	$ax^2+(ad+b)x+bd=(ax+b)(x+d)$
a_2는 $a=1$일 때의 공식	$cx^2+(d+bc)x+bd=(x+b)(cx+d)$
a_3은 $a=1$, $c=1$일 때의 공식	$x^2+(b+d)x+bd=(x+b)(x+d)$
a_4는 $a=1$, $c=1$, $b=d$일 때의 공식	$x^2+2dx+d^2=(x+d)^2$

이러한 상황에서 새로운 지식 a_5 즉, $a=1$, $c=1$, $b=-d$인 공식 $x^2-d^2=(x-d)(x+d)$를 학습하는 것이 파생적 포섭에 해당한다. 다음은 상호관련적 포섭에 의한 학습의 사례이다. 선행 지식인 X는 '세 변의 길이가 a, b, c인 삼각형에서 가장 긴 변을 c라고 하면, $c<a+b$이다.'이고, 이를 학습한 상황에서 다음과 같은 지식 u, v, w를 학습하였다고 하자.

> u는 세 변의 길이가 a, b, c인 삼각형에서 c의 대각이 직각이면, $c^2=a^2+b^2$이다.
> v는 삼각형에서 c의 대각의 크기를 θ라 하면, 삼각형의 넓이 $S=\frac{1}{2}ab\sin\theta$이다.
> w는 삼각형에서 c의 대각의 크기 θ가 예각이면, $c^2=a^2+b^2-2ab\cos\theta$이다.

이러한 상황에서 새로운 지식 y 즉, 세 변의 길이가 a, b, c인 삼각형에서 c의 대각의 크기 θ가 둔각이면, $c^2=a^2+b^2+2ab\cos\theta$임을 학습하는 것이 상호관련적 포섭에 해당한다.

(3) 병위적 포섭

새로운 학습 내용이 인지구조 내에 있는 관련 내용보다 상위에 있지도 않고 하위에 있지도 않은 상황에서 일어난다. 즉, 기존의 지식과 새로운 학습과제 사이에 수평적 관계를 유지하면서 서로가 서로를 포섭하는 학습을 의미한다. 오수벨은 개념과 같은 많은 새로운 지식에 대한 학습은 병위적 포섭에 의해 이루어지고, 이 지식은 잠재적으로 유의미하다고 판단하였다. [그림 4-7-5]와 같이 새로운 지식 A는 선행 지식 B, C, D와 관련되는 듯하지만 선행지식 B, C, D보다 더 포괄적이지도 더 특수하지도 않다.

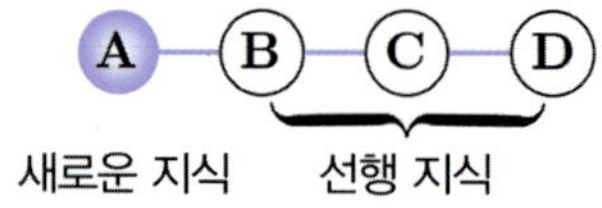

[그림 4-7-5] 병위적 포섭(강옥기 외, 2012)

병위적 포섭의 예를 들어 보자. 먼저 선행 지식인 B, C, D는 다음과 같다고 하자.

> B는 수직선 위의 두 점 $\mathrm{P}(a)$, $\mathrm{Q}(b)$를 $m:n$으로 내분하는 점 R은 $\dfrac{mb+na}{m+n}$이다.
>
> C는 평면 위의 두 점 $\mathrm{P}(a, 0)$, $\mathrm{Q}(b, 0)$를 $m:n$으로 내분하는 점 R은 $\left(\dfrac{mb+na}{m+n}, 0\right)$이다.
>
> D는 평면 위의 두 점 $\mathrm{P}(0, a)$, $\mathrm{Q}(0, b)$를 $m:n$으로 내분하는 점 R은 $\left(0, \dfrac{mb+na}{m+n}\right)$이다.

이러한 상황에서 새로운 지식 A 즉, 평면 위의 두 점 $\mathrm{P}(x_1, y_1)$, $\mathrm{Q}(x_2, y_2)$를 $m:n$으로 내분하는 점 R은 $\left(\dfrac{mx_2+nx_1}{m+n}, \dfrac{my_2+ny_1}{m+n}\right)$임을 학습하는 것이 이에 해당한다. 또한, 평면에서의 반지름이 r인 원의 방정식 $x^2+y^2=r^2$을 학습한 것을 바탕으로 공간에서 반지름이 r인 구의 방정식 $x^2+y^2+z^2=r^2$을 학습하는 상황이나, 중학교 1학년에서 $|a|$의 의미를 학습한 것을 바탕으로 중학교 3학년에서 $\sqrt{a^2}$을 학습하는 상황이 병위적 포섭에 해당한다.

QUIZ

1 포섭이란 무엇인지 적으시오.

2 세 가지 포섭의 방식에 대해 설명하시오.

유의미한 수용학습 지도원리

핵심어 선행조직자, 통합적 조정의 원리, 점진적 분화의 원리

지금까지의 사실을 비춰볼 때, 유의미한 수용학습은 저절로 이루어지는 것은 아니다. 교사는 잠재적으로 유의미한 학습 자료를 제시하고, 학습자는 이를 포섭할 수 있는 적절한 지식이 인지구조 내에 갖추고 있어야 하며, 이를 능동적으로 관련지으려는 학습태도가 절대적으로 필요하다. 더불어 오수벨은 유의미한 수용학습을 위한 세 가지 실천 전략으로 선행조직자의 활용, **점진적 분화의 원리**, **통합적 조정의 원리**를 제시하였다(우정호, 2010).

첫째, **선행조직자**(advance organizer)의 활용이다. 사실 수학교과의 학습이 기계적이거나 적절하지 못한 근본적 이유 중의 하나는 학생들이 타당하거나 적절한 닻을 내리는 아이디어를 획득하기 전에 친숙하지 않은 수학 교과의 세부 지식을 배우도록 강요하고 있기 때문이다. 이러한 수학교과의 세부 지식들은 자의적이지 않으며 실제적으로 관련을 맺을 수 있도록 하는 인지구조 내에서 그러한 아이디어들의 접근이 가능하지 않기 때문에, 후자의 소재는 잠재적 유의미성을 결여하는 경향이 있다. 그러나 이런 어려움은 수학교과의 좀 더 일반적이고 포괄적인 아이디어, 즉 대부분 설명적인 잠재력을 지니고 있는 것들이 먼저 제시되고, 그런 후에 세부 지식과 특이성에 의하여 점진적으로 분리될 필요가 있다. 즉 선수 학습에 의하여, 좀 더 구분된 학습과제와 관련을 맺을 수 있도록 포섭하는 역할을 하기 위하여 일반적이고 포괄적인 아이디어들이 인지구조 내에서 이미 이용 가능하다면, 유의미한 수용학습과 기억은 대부분 쉽고 효과적으로 일어날 수 있다. 이처럼, 새로운 개념을 학습하기 전에 제시하는 학습과제보다 좀 더 일반적인 개념을 배열한 포괄적이고, 추상적이고, 일반적인 개요적 자료를 선행조직자라고 부른다(Ausubel, 1960). 하지만, 선행조직자는 포괄적이고 추상적이며 일반적인 속성에 의해 구체적 모습으로 명확하게 제시하기는 쉽지 않다. 다만, 대표적인 예를 하나 제시한다면, '실행하기와 되돌리기'를 제시할 수 있다. 곱셈공식과 인수분해를 학습하는 대단원에서 실행하기(doing)와 되돌리기(undoing)는 단원 전체의 내용을 포괄하고 일반적인 학습방향을 파악할 수 있다는 측면

에서 선행조직자의 활용의 대표적 사례로 파악할 수 있다. 또한, 선행조직자의 활용은 다음에 제시하게 될, '점진적 분화의 원리'를 실현하는 효과적인 전략의 하나로 설명하고 있다.

둘째, 점진적 분화(progressive differentiation)의 원리이다. 이 원리는 수학 교과에서 특정 주제를 학습하는 상황에서, 해당 주제의 가장 포괄적이고 일반적이며 설명력이 있는 개념과 원리를 먼저 제시하고 점차로 특수화되고 세분화되는 방향으로 학습 내용을 조직해야하는 원리이다. 즉, 수학의 다양한 특정 주제에서 가장 일반적이고 포괄적인 아이디어들이 우선 제시되고 이후 세부 사항과 상세한 사항으로 점진적으로 분화되어야 한다는 것을 의미한다. 따라서, 학생들은 가장 포괄적인 지식을 우선 이해하고, 이후 세부적인 하위 지식을 점진적으로 분화하여 이해하게 된다. 예를 들어, n각형의 대각선의 개수에 대한 일반화된 공식 $\frac{n(n-3)}{2}$을 먼저 지도한 다음, 삼각형, 사각형, 오각형 등의 대각선의 개수를 구해보게 하는 것이 이에 해당한다. 또한, 중학교의 인수분해 지도에서 가장 일반적인 공식인 $acx^2+(ad+bc)x+bd=(ax+b)(cx+d)$를 지도한 다음, 특수한 인수분해 공식을 순차적으로 지도하는 것이 점진적 분화의 원리에 해당한다. 마지막으로, 곱셈공식을 지도하는 과정에서 $(a+b)(c+d)$의 전개를 지도한 다음, 이에 대한 특수한 형태인 $(a+b)^2$을 지도하고, 최종적으로 $(101)^2$을 지도하는 것이 이에 해당한다.

셋째, 통합적 조정(integrative reconciliation)의 원리이다. 이 원리는 새로운 학습과제와 이미 학습된 내용 사이의 유사성과 차이점을 분명하게 하여 새로운 학습 내용이 인지구조 내에 명확히 통합되도록 하는 원리이다. 실제로 낯선 새로운 아이디어의 학습이 가능하려면 새로운 아이디어는 반드시 기존의 낯익은 아이디어와 충분하게 식별되어야 한다. 만약 학습자가 새로 학습한 수학지식과 이미 알고 있는 지식을 상호 구분할 수 없다면, 새로운 학습 지식은 학습자에게 진정한 의미로 존재하는 것이 아니라고 볼 수 있다. 구체적으로, 학생이 경우의 수 단원에서 조합의 의미를 새롭게 학습할 때, 이전에 배운 순열의 의미와 어떻게 유사하고 차이가 있는지를 충분히 식별하는 기회를 가져야 한다는 원리이다. 또한 인지구조 내에서 이미 존재하는 지식과 새로운 지식 사이에 상호 간의 연결을 위해서는 이 둘 사이의 순서관계가 중요하며, 학습자는 새로운 주제를 이해하기 위해서는 이와 관련이 있는 기존의 지식을 먼저 이해하고 있어야 하고, 새로운 과제를 여러 번 학습하는 과정에서 기존 지식과의 관련성을 통해 온전한 학습이 가능하게 된다. 예를 들어, 함수의 학습에서 일대일 함수를 이미 학습한 학생이 있다고 하자. 이제 일대일 대응을 학습하기 위해서는 일대일 대응과 일대일 함수의 유사성, 차이점을 정확하게 학생들이 분별할 수 있도록 한 다음, 개념이 인식되도록 지도하여야 한다. 구체적으로 조합의 수 ${}_nC_r=\frac{n!}{r!(n-r)!}$을 학습하는 상황을 생각해 보자. 이 개념이 명확히 되기 위해서는 이

전에 학습한 순열의 수에 대해 적용이 필수적이다. 즉, ${}_nP_r = \frac{n!}{(n-r)!}$ 에서 $r!$의 서로 다른 경우가 존재하는 것을 바탕으로 두 개념의 의미를 조정하는 것이 이에 해당한다(강옥기 외, 2012)

QUIZ

1 유의미한 수용학습이 이루어지기 위한 세 가지 실천전략을 적으시오.

2 점진적 분화의 원리가 무엇인지 설명하고, 예를 한 가지 제시하시오.

개념도

| 핵심어 | 개념도

오수벨은 유의미한 설명학습의 우수성에 대한 연구를 수행하면서, 유의미학습의 본질을 인지구조 내에 학생들이 이미 알고 있는 지식과 새로운 지식 사이의 연결 고리를 만드는 것으로 간주하였다. 이러한 인지 구조 내의 연결 고리는 일반적 개념과 덜 일반적이고 구체적 개념 사이의 계층화된 조직적 구성으로 이루어져 있다(Ausubel, 2000). 오수벨은 새로운 개념을 기존 인지 구조와 연결시키는 것은 첫째, 점진적인 분화(progressive differentiation)를 통한 보다 일반적인 아이디어로 기존 지식의 재구성, 둘째, 통합적 조정(integrative reconciliation)을 통한 명백한 서로 다른 아이디어가 조정되었을 때 많은 아이디어를 하나 또는 두 개로 합성하는 것을 통해 이루어질 수 있는데, **개념도**(concept map)의 작성을 통해 주제 및 문제에 대한 해석과 이해를 공개적으로 설명할 수 있다(Novak & Gowin, 1984).

이처럼 개념도는 오수벨의 유의미학습 이론에 그 근거를 두고 있다(서보억, 2018). 오수벨은 앞에서 살펴본 것과 같이 유의미한 학습은 구체적 하위개념과 상위개념이 서로 통합하거나 하위개념이 상위개념에 포섭됨으로 인해 효과적으로 일어날 수 있는데, 이러한 상위개념과 하위개념 사이의 상호 관계를 여러 가지 개념과 그 개념들 사이의 연결어를 통해 상위에서부터 하위로 이어지는 일련의 명제가 형성될 수 있도록 시각적으로 표현한 것이 바로 '개념도'이다(Karoline, 2009). 즉, 개념도는 특정 개념에 대한 조직화 및 세분화를 통해 개념들 사이의 관계를 설명하는 명제를 다이어그램을 통해 시각적으로 표현한 것이다.

개념도에서 가장 중요한 것은 일련의 명제를 형성하도록 개념과 개념 사이에 연결어를 진술하는 것이다. [그림 4-7-6]에서 세 가지 서로 다른 대상을 볼 수 있다. 첫째, 사각형(▭) 모양, 둘째, 화살표 혹은 선분, 셋째, 화살표나 선분에 있는 '설명'이다. 사각형은 개념을 의미하고, 사각형과 사각형 사이의 화살표 혹은 선분은 두 개념 사이의 관련성이 있음을 보여주고 있으며, 화살표나 선분에 있는 설명은 두 개념 사이의 관련성을 설명하거나 보충하는 역할을 한다. 구체적으로 살펴보면, 첫째, [그림 4-7-6]에서 가장 상위의 사각형에는 가장 일반적이고 상위의 '개념'이 있고, 그 아래에 순차적으로 'graph, boxes, line segments, math object, linking words'가 있는데, 이들이 모두 개념에 해당한다. 둘째, 사각형과 사각형 사이에 연결고리인 화살표 혹은 선분이 있다. 셋째, 연결고리 위에 설명하는 진술이다. 예를 들어, 'Concept Map' 과 'graph' 사이에 'is a' 라는 동사(술어)가 있고, 'graph'와 'boxes' 사이에는 'with'라는 전치사가 있으며, 'boxes'와 'math object' 사이에는 'represent'라는 동사가 있다. 이들이 관련이 있는 개념과 개념 사이의 관련성을 설명하거나 보충하는 역할을 한다. 그런데 여기서 중요한 것은 사각형 안에 있는 개념(명사)와 이들 사이의 관련성을 설명하는 술어를 연결하면, 특정한 명제를 얻을 수 있다는 점이다. [그림 4-7-6]에서 사각형을 'Concept map', 'graph', 'boxes', 'math object'를 선택하여 이들 사이에 있는 설명에 해당하는 단어인 'is a', 'with', 'represent'을 연속적으로 연결하면 명제 'Concept map is a graph with boxes represent math object.'를 얻을 수 있다. 이러한 일련의 명제를 얻는 것이 개념도의 가장 중요한 특성이다. 물론 [그림 4-7-6]에서 다른 사각형들을 연속적으로 선택하면 또 다른 명제인 'Concept map is a graph with line segment have linking word.'를 얻을 수 있다.

개념도는 인간 지능 내에 존재하는 지식의 내적인 과정에 대한 지식의 구조를 표현하거나 이러한 과정을 유도하기 위해 유용하게 사용될 수 있다. 또한, 개념도는 의미연결조직

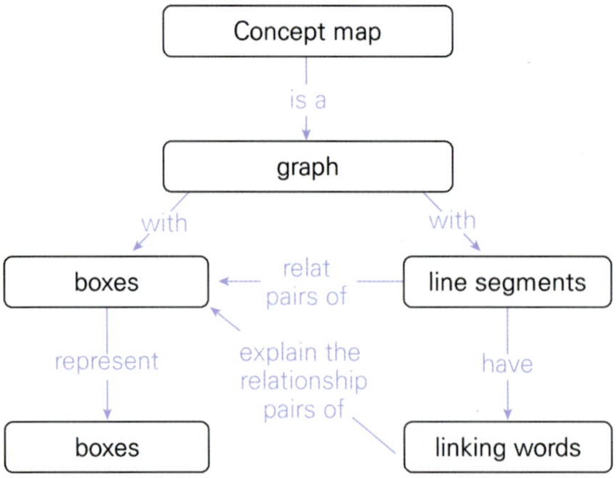

[그림 4-7-6] 개념도의 뜻에 대한 개념도(서보억, 2018)

(semantic nets)이라고 표현하기도 하는데(Albert & Steiner, 2005), 이는 존재하는 지식의 구조의 틀 내에서 지식을 표현하거나 조직하기 위한 가치 있는 도구이기 때문이다. 이러한 개념도의 특성을 정리하면 다음 다섯 가지로 요약할 수 있다. 첫째, 개념도는 둘 이상의 개념들을 연결어를 통해 명제 형식으로 나타낼 수 있다. 둘째, 개념과 개념이 의미가 있도록 연결어로 이어져 있다. 셋째, 구체적인 하위 개념들이 일반적이고 추상적인 상위 개념에 통합되거나 포섭되는 관계를 가지고 있다. 넷째, 개념을 짧게 세분화하여 구분하므로 시각적인 효과성을 지니고 있다. 다섯째, 비대칭적 속성을 지니고 있다.

이러한 특성을 가지고 있는 개념도을 작성하는 방법은 크게 네 단계를 거친다. 1단계는 최상위 개념을 결정한다. 이 개념은 학습 내용에서 가장 중요한 개념이나 생각들을 규정하는 것으로 가장 일반적이고 추상적이고 보편적인 것으로 결정한다. 2단계는 개념들을 가장 일반적인 것에서부터 가장 특별하고 구체적인 것으로 등급을 결정하며, 그것을 순차적으로 배열한다. 3단계는 순차적으로 배열된 개념들 사이의 관계성을 명확하게 규정한다. 관련된 개념들 사이에 선을 긋고, 그 선 위에 구체적인 관련성을 기록한다. 이때, 개념들 사이의 관계가 상위에서 하위로 내려가면서 일련의 명제가 만들어질 수 있도록 관계성을 기록하여야 한다.

문제해결에서 많은 학자들의 공통적인 관심은 문항을 세분화되어진 하위 문항 혹은 기본 문항으로 쪼갤 수 있다는 점이다. 이것은 곧 문항에 대한 조직화 및 세분화가 필요함을 역설한 것으로 이러한 조직화와 세분화를 위한 도구로 개념도를 제안하였다(Schmitau, 2004). 또한, 과학 및 수학에서 개념도는 어떤 사물이나 생각 따위의 중심 형태 또는 내용을 그림으로 나타낸 것을 의미한다(Primo & Shavelson, 1996). 그리고 개념도를 인간 지능 내에 존재하는 지식의 내적인 과정에 대한 지식의 구조를 표현하거나 이러한 과정을 유도하기 위한 도구로 설명되기도 한다(Hao, Kwok, 2007). 지금까지의 논의를 종합하여 볼 때, 수학 개념도는 다음과 같이 정의할 수 있다.

> 명제(개념, 지식, 원리, 사실) 등을 의미하는 유한개의 대상들의 집합 $C=\{c_1, c_2, c_3, \cdots, c_n\}$가 네모 박스 모양으로 나타내지고, 집합 C의 원소들 사이의 관계를 의미하는 공집합이 아닌 집합 A가 선(혹은 직선)모양으로 나타낸 것이다.

수학 교과에서 개념도를 효과적으로 사용하기 위한 방안에 대해 살펴보자. 초기에는 수학적 아이디어를 개념도 안에 어떻게 표상할 수 있느냐에 초점을 맞추었다. 실제로 한 대학교에서는 수학교육 과정에 대한 핵심 아이디어를 개념도로 나타내었는데, 개념도를 통해 수학 내용들을 위계적으로 계열화하여 교사에게는 수업 설계를 도와주고 학생에게는 주제들 사이의 관련성을 파악할 수 있도록 도와준다고 평가하였다(Cardemone, 1975).

또한, 한 연구에서는 학생들이 자신의 개념도를 만들어 봄으로 인해, 문제해결력의 향상과 더불어 수학을 행하는 자신의 자신감도 높아진다고 평가하였으며, 다른 연구에서는 개념도를 사용한 학생과 그렇지 않은 학생을 비교한 연구에서 개념도를 사용한 학생들이 자기 주도적 학습능력이 더 뛰어난 것으로 확인하였다(Minemier, 1983; Fuata'i, 2009). 이를 바탕으로 수학 교과에서 교사와 학생이 개념도를 효율적으로 사용하기 위한 방안을 다음 여섯 가지로 제시할 수 있다(Novak, Cañas, 2009).

첫째, 전문가 골격(expert skeleton)을 통해 개념도에 쉽게 접근하는 것이다. 처음부터 빈 종이에 개념도를 그리는 것은 어려움이 있다. 따라서 몇몇 핵심 골격을 갖추어진 개념도를 제공하여 학생들이 쉽게 개념도를 활용할 수 있도록 한다.

둘째, 컴퓨터 도구를 활용한 개념도의 활용이다. 컴퓨터 도구는 쉽게 새로운 개념을 추가할 수 있어 활용에 용이하다.

셋째, 학생들 사이의 협동에 개념도를 활용하는 것이다. 인지적 구조를 형성하기 위해서 사회적 상호작용의 중요성이 점점 더 강조되고 있다. 따라서 개념도를 활용하여 여러 학생이 함께 공동의 작업을 격려할 수 있다.

넷째, 실세계 문제를 탐구하는 도구로 개념도를 사용할 수 있다. 실세계 문제의 구조를 소개하기 위한 새로운 아이디어를 개념도를 이용하여 접근할 수 있는데, 이를 통해 실세계 현상을 설명하는 정확한 답을 찾기 위한 활동에 집중할 수 있다.

다섯째, 지식의 체계를 개발하고 구조화하는 글로 쓰고 말로 표현하고 시각적으로 보여주는 도구로 개념도를 사용할 수 있다.

여섯째, 지식모형(knowledge models)에 대한 평가와 공유를 위한 도구로 개념도를 사용할 수 있다.

과제 및 연습

1. 유의미한 수용학습이 등장하게 된 배경을 발견학습과 연결하여 서술하시오. 또한, 수용학습이 발견학습에 비교해서 우월할 수 있는 이유를 설명하시오.

2. 하위적 포섭의 서로 다른 두 가지 방식을 설명하고, 구체적 사례를 중학교와 고등학교에서 각각 1가지씩 제시하시오.

3. 점진적 분화의 원리와 통합적 조정의 원리의 개념을 설명하고, 구체적인 예를 중학교와 고등학교에서 각각 1가지씩 제시하시오.

참고문헌

강문봉, 강흥규, 권선일, 김수미, 남진영, 박교식, 박문환, 서동엽, 송상헌, 유현주, 이종영, 임재훈, 정동권, 정은실, 정영옥(2005). 초등수학교육의 이해. 경문사.

강옥기, 강윤수, 고상숙, 고호경, 권나영, 김구연, 김래영, 김민경, 김응환, 김익표, 노선숙, 서보억, 신재홍, 이수진, 이중권, 정인철, 한인기, 허혜자, 황우형(2012). 수학교육학 신서. 교우사.

강옥기, 허난, 조현공, 박경은, 이환철(2011). 수학교육학 정론. 경문사.

강완, 백석윤(1998). 초등수학교육론. 동명사.

교육학용어사전(1995). 교육학용어사전, 서울대교육연구소 편. 하우동설.

구광조, 오병승, 전평국(1995). 수학 학습 심리학. The Psychology of Mathematics for Instruction 역. 교우사.

박경은, 고호경(2010). 수학교육에서 Ausubel의 유의미 학습 재고. **韓國數學教育學會誌** 시리즈 E, **數學教育 論文集**, 24(3), 777-792

박한식, 김응태, 우정호(1992). 수학교육학개론, 서울대학교 출판부.

서보억 (2018). Concept Map을 통한 수학 문제의 구조 분석 연구. 수학교육논문집, 32(1), 37-57.

신명희, 강소연, 김은경, 김정민, 노원경, 서은희, 송수지, 원영실, 임호용(2022). 교육심리학(4판). 학지사.

우정호(2010). 수학 학습-지도 원리와 방법. 서울대학교출판문화원

우정호(2011). 수학 학습-지도 원리와 방법(제2개정판 수정판). 서울대학교출판문화원.

우정호(2013). 수학 학습-지도 원리와 방법. 서울대학교출판문화원.

우정호(2015). 수학 학습-지도 원리와 방법. 서울대학교출판문화원.

이경민(2019). 창의적인 문제해결의 발현 기제에 대한 형태주의 관점의 타당성 고찰. 학습자중심 교과교육연구 19(23), 485-500.

이승우(2001).우정호(2010). 수학 학습-지도 원리와 방법. 서울대학교출판문화원

이지은(2022). Bruner의 표현양식(EIS 이론)에 대한 오해와 이해. 내러티브와 교육연구, 10(3), 243-262.

이홍우 역(1973), 교육의 과정, 배영사.

임규혁, 임웅(2007). 학교학습 효과를 위한 교육심리학. 학지사.

임정훈, 한기순, 이지연(2009). 교육심리학. 양서원.

장상호 (1991). (Piaget) 발생적 인식론과 교육. 과학교육사.

전영주, 임해미, 김희정, 김선희, 노지화, 서보억, 손홍찬, 신보미, 이경언, 이봉주, 한인기(2023). 수학과 교수·학습의 이론과 실제. 경문사.

황혜정, 나귀수, 최승현, 박경미, 임재훈, 서동엽(2016). 수학교육학신론, 문음사.

Albert, D. & Steiner, C. M. (2005). Representing domain knowledge by concept maps: How to validate them?. In T. Okamoto, D. Albert, T. Honda & F. W. Hesse(Eds.), The 2nd Joint Workshop of Cognition and Learning through Media-Communication for Advanced e-Learning (pp. 169-174).

Ausubel, D. P. (1960). The use of advance organizers in the learning and retention of meaningful verbal material. Journal of Educational Psychology, 51, 267-272.

Ausubel, D. P. (1963). The Psychology of Meaningful Verbal Learning. Orlando, FL : Grune & Startto.

Ausubel, D. P. (1969). School Learning : An Introduction to Educational Psychology. New York : Holt, Rinehart & Winston.

Ausubel, D. P. (2000). The acquisition and retention of knowledge: A cognitive view. Dordrecht, Boston: Kluwer Academic Publisher.

Bodrova, E. & Leong, D. J. (2007). Tools of the Mind : The Vygotskian approach to early childhood education (Second edition). Pearson/Merrill Prentice Hall: New Jersey.

Brownell, W. A. (1935). The development of children's number ideas in the primary grades. Chicago: University of Chicago Press.

Bruner, J. S. (1960). The process of education, Cambridge, MA: Havard University Press.

Bruner, J. S. (1964). The course of cognitive growth. American Psychologist, 19(1), 1-15.

Cardemone, P. F. (1975). Concept maps: A technique of analyzing a discipline and its use in the curriculum and instruction in a portion of a college level mathematics skills course. Unpublished M. S. thesis, Cornell University.

Earnest, P. (2018). 수학 학습심리학: 수학 학습의 인지적 · 정의적 · 상황적 관점 (박성선 역). 경문사. (원저 2011년 출판)

Fuata'i, K. A. (2009). Analysing the 'Measurement' strand using concept maps and Vee diagrams. In K. A. Fuata'i (Ed.), Concept mapping in mathematics. New York, NY: Springer.

Gagne, R. M., Briggs, L. J., & Wager, W. W. (1992). Principles of Instructional Design(4th ed.). Orlando: Harcourt Brace Jovanovich.

Ginsburg, H. P. & Opper, S. (2006). 피아제의 인지발달이론 (김정민 역). 학지사. (원저 1988년 출판)

Hao, J. X. & Kwok, R. C. (2007). Predicting problem-solving performance using concept map. In Proceedings of the 11th Pacific Asia Conference on information Systems. Retrieved January 30, 2012, from http://www.pacis-net.org /file/2007/1242.pdf

Humphrey, G. (1963). Thinking: An introduction to its experimental psychology. New York: Wiley.

Karoline, A. (2009). Concept mapping in mathematics, Springer Verlag.

Katona, G. (1967) Organizing and memorizing: Studies in the psychology of learning and teaching. New York: Hafner.

Knoblich, G., Ohlsson, S., Haider, H., & Rhenius, D. (1999). Constraint relaxation and chunk decomposition in insight problem solving. Journal of Experimental Psychology: Learning, memory, and cognition, 25(6), 1534-1555.

Minemier, L. (1983). Concept mapping and educational tool and its use in a college level mathematics skills course. Unpublished M. S. thesis, Cornell University.

Novak, J. D., & Cañas, A. J. (2009). The development and evolution of the concept mapping tool leading to a new model for mathematics education. In K. A. Fuata'i (Ed.), Concept mapping in mathematics. New York, NY: Springer.

Novak, J. D., & Gowin, D. B. (1984). Learning how to learn. Cambridge, UK: Cambridge University Press.

Ohlsson, S. (1992). Information-processing explanation of insight and related phenomena. In M. T. Keane, & K. J. Gilhooly (Eds). Advances in the psychology of thinking (Vol. 1. pp. 1-44). New York: Harvester Wheatsheaf.

Ohlsson, S. (2012). The problem with problem solving: Reflections on the rise, current, status, and possible future of a cognitive research paradigm. The Journal of Problem Solving, 5(1), 101-128.

Olson, D. R.(2007). Jerome Bruner: The cognitive revolution in educational theory. UK: Bloomsbury.

Piaget, J. (1952). The origins of intelligence in children. New York: International

Piaget. J. (2017). 판단과 추리의 발달심리학 (김명자 역). 양서원. (원저 1924년, 5판 1963년 출판).

Piaget. J. (2020). 장 피아제의 발생적 인식론 (홍진곤 역). 신한출판미디어. (원저 1970년 출판).

Primo, M. R. & Shavelson, R. J. (1996). Problems and issues in the use of concept maps in science assessment. Journal of research in science teaching, 3(6), pp.569-600.

Resnick, L. B. & Ford, W. W. (1995). 수학 학습 심리학 (구광조, 오병승, 전평국 공역). 교우사. (원저 1981년 출판)

Schmitau, J. (2004). Uses of concept mapping in teacher education in mathematics. In Proceedings of the 1st Int. Conference on Concept Mapping Systems. Retrieved January 31, 2012, from http://cmc.ihmc.us/papers/cmc2004-269.pdf

Tharp, R. G., & Gallimore, R. (1988). Rousing minds to life: Teaching, learning, and schooling in social context. Cambridge University Press.

Thorndike, E. L, & Woodworth, R. S. (1901). The influence of improvement in one mental function upon the efficiency of other function.(Ⅰ). Psychological Review, 8(3), 247-261. Universities Press.

Vygotsky, L. S. (1978) Mind in Society : The development of Higher Psychological Process. 마인드 인 소사이어티: 비고츠키의 인간 고등심리 과정의 형성과 교육. 정회욱 (역) (2010). 학이시습.

Wertheimer, M. (1959). Productive thinking. New York: Harper & Brothers Publishers.

Wertheimer, M. (1985). A Gestalt perspective on computer simulations of cognitive processes. Computers in Human Behavior, 1(1), 19-33.

Wood, D., Bruner, J. S., & Ross, G. (1976). The role of tutoring in problem solving. Child Psychology & Psychiatry & Allied Disciplines, 17(2), 89-100.

CHAPTER

05

수학 학습 이론

둘러보기

1절 스켐프의 수학 학습 이론

수학교사로서 학생들의 심리학적 문제에 관심을 가졌던 스켐프(Richard Skemp)에 대해 고찰한다. 스켐프는 자신이 쓴 〈수학 학습심리학(The Psychology of Learning Mathematics)〉에서 그의 학습 이론을 자세히 소개하고 있다.

2절 딘즈의 수학 학습 이론

수학교사로서 놀이와 게임으로서의 수학 학습에 대해 큰 관심을 가졌던 딘즈(Zoltán Pál Dienes)에 대해 고찰한다. 딘즈는 구성적 활동을 수학 학습의 본질로 생각하고 〈수학 세우기(Building up mathematics)〉 등 다양한 저서와 논문을 통해 그의 수학 학습 이론을 자세히 소개하고 있다. 특히 수학 개념 학습의 6단계 과정과 학습원리는 수학교육에 중요한 시사점을 제공해 주고 있다.

3절 프로이덴탈의 수학 학습 이론

새수학(New math)에 대항하여 현실주의적 수학교육의 기초를 수립한 프로이덴탈(Hans Freudental)에 대해 고찰한다. 프로이덴탈은 수학화의 경험을 제공하기 위한 수학화 학습-지도 방법에 대해 중요한 이론을 남겼다. 여기에서는 프로이덴탈의 수학 학습 이론의 바탕이 되는 수학화 활동과 현실적 수학교육 이론을 개관한다. 수학화 경험을 제공하기 위한 수학화 학습-지도 방법을 살펴보고, 이를 기반으로 하여 수학화 학습-지도의 예를 알아본다.

4절 반 힐레의 수학 학습 이론

반 힐레(van Hiele)는 기하학습에서 어려움을 겪는 학생들의 지도 경험을 바탕으로 기하 사고 수준이론에 대한 중요한 발자취를 남겼고, 이에 대해 구체적으로 고찰한다. 반 힐레는 자신의 박사학위 논문에 기초하여 출판된 〈구조와 통찰(Structure and Insight)〉을 통해 기하 교육에 중요한 영향을 미쳤다.

5절 수학 교수학적 상황론

수학 교수학적 상황론은 브루소(Brousseau)가 제창한 이론이다. 브루소의 교수학적 상황론은 가르칠 수학 지식의 의미가 보존되는 본질적인 상황의 속성을 밝히고, 해당하는 수학 지식이 살아서 기능하도록 상황을 정교화하여 실행하는 문제를 중점적으로 다룬다. 최근 국내에서는 수학 수업을 학생 활동 중심으로 진행하여 전통적인 설명식 수업의 한계를 극복하려는 다각적인 시도가 있으므로, 수학 지식의 본질에 비추어 학습이 일어나는 상황을 구성하고 실행하는 것에 주목하는 브루소의 교수학적 상황론은 우리나라 수학교육 연구와 개선에 적지 않은 영감을 준다. 여기에서는 교수학적 상황론의 주요 개념을 수학 교수학적 상황과 하위 체계, 교수학적 변환, 극단적인 교수현상, 교수학적 계약과 인식론적 장애의 측면에서 개관한다.

01 스켐프의 수학 학습 이론

스키마(개념의 구조)

| **핵심어** | 스키마, 개념, 개념의 구조

스켐프(Skemp, 1919~1995)

스키마(schema)라는 심리학 용어가 있다. 피아제(Piaget)가 쉐마 혹은 쉠이라고 명명하였던 것과 유사한 개념으로 이해하면 된다. 스키마라는 용어의 의미는 스켐프(R. Skemp)의 저서인 〈The Psychology of learning Mathematics〉에서 찾아 볼 수 있다. 스켐프는 수학 교사로서 학생들에게 수학을 열심히 가르쳤지만, 많은 학생들이 수학을 싫어하고 어려워하는 현실적 문제에 봉착하였고, 이를 해결하기 위한 방법을 찾기 위해 심리학에 관심을 가지게 되었다. 그 당시로는 새로운 관점에서 수학 학습에 대한 인간의 지능 및 사고 활동에 대한 이론을 발표하였는데, 그것이 스키마 학습 이론이다(황혜정 외, 2022; Skemp, 1973).

스키마는 인간의 사고 속에 자리 잡고 있는 '**개념의 구조**(conceptual structure)'라고 칭할 수 있다. 스키마는 지속적인 학습 경험을 통해 발전, 확장해 가는 인간의 사고 활동의 결과로, 정적 이미지가 아니라 매우 동적인 인지 양식이며 인지구조이다. 피아제가 밝힌 것처럼 이러한 인지구조가 존재함으로 인해 인간은 학습을 통해 행동이나 사고를 반복적으로 실행 가능하고, 더 나아가 일반화할 수 있는 인지구조를 형성하게 된다. 따라서 스키마는 새로운 경험을 내면화하고 이해하는 정신의 모델 또는 틀로 설명할 수 있다. 인간의 정신 구조 속의 스키마는 그 자체가 유기적으로 조직되어 있고, 살아 있어서 스스로 확장하고 발전할 수도 있다. 또한, 스키마가 존재함으로 인해 새로운 지식을 얻기 위한 기본 토대가 갖추어진 것으로 볼 수 있다. 또한, 스키마의 존재는 **개념적 사고**와 밀접한 연관을 맺고 있다. 이러한 스키마를 기반으로 하는 사고를 개념적 사고라고 부른다.

여기서 이러한 개념과 스키마(개념의 구조)는 구분할 필요가 있다. 브루너의 입장에서 지식과 지식의 구조를 구분한 것과 유사한 구분이라 생각하면 된다. 개념과 스키마를 설명하기 위해 컴퓨터를 떠올려 보겠다. 컴퓨터는 자판기, 모니터, 중앙처리장치, 저장장치, 스피커, 마이크 등이 합쳐서 구성된 집합체이다. 자판기, 모니터, 중앙처리장치 등을 결합하여 인터넷을 할 수 있고, 프로그램을 실행할 수 있는 전혀 새로운 기계인 컴퓨터를 생성해 낸다는 것은 결코 쉬운 일이 아니었을 것이다. 각각의 구성 요소들에 대한 개념이 존재하고, 이러한 구성 요소들이 서로 결합하여 새로운 기능을 수행하는 컴퓨터를 세상에 태어나게 한 것이다. 따라서 컴퓨터의 개념과 컴퓨터의 스키마는 분명히 차이가 있다.

[그림 5-1-1]

이제 수학의 사례를 통해 알아보자. 유리수가 있다. 우리는 유리수를 생각하기 이전에 자연수라는 수를 자유롭게 사용하였다. 자연수가 무엇이라고 물어보면, 많은 학생들이 1, 2, 3, 4, ⋯ 으로 대답할 것이다. 그런데, 이러한 자연수와 분배결과의 몫, 비율 등과 결합하여 새로운 개념인 $\frac{2}{3}$와 같은 새로운 수인 유리수를 탄생시켰다. 유리수의 개념은 $\frac{(정수)}{(정수)}$의 꼴(단, 분모는 0이 아니다)로 정의되지만, 유리수의 개념의 구조는 집합을 기반으로 하는 동치관계에 의한 동치류 및 연산을 포함하는 대수적 속성을 기반으로 명확해질 수 있다.

결론적으로 스켐프(Skemp)는 학습자의 '개념의 구조'를 의미하는 스키마라는 용어를 도입하여 수학 학습 이론을 전개하였다. 스켐프에 의하면, 수학 학습의 주요 목적은 스키마, 즉 개념의 구조를 구성하고 형성하는 것이다. 실제로 부르바키(Bourbaki) 학파는 구조적으로 현대 수학을 재조명하였고, 유리수는 대수적으로는 소체(prime field)이고, 순서 공리를 만족시키며, 위상적으로는 조밀성의 속성을 만족하는 수로 구조화되어질 수 있는데, 이러한 방식으로 구성되고 형성되어진 인간의 사고 활동의 결과를 스키마라고 볼 수 있다.

QUIZ

1 개념과 개념의 구조의 뜻을 예를 들어 설명하시오.

2 스키마를 기반으로 하는 사고 활동을 무엇이라고 부르는지 기술하시오.

스키마의 기능과 학습

| 핵심어 | 이해, 통합, 학습의 도구, 스키마 학습

앞에서 살펴본 스켐프가 제시한 스키마는 여러 개념들 사이의 관계(relation)와 깊은 관련이 있다. 약수와 배수는 관계가 있고, 정수와 정수가 아닌 유리수도 관계를 가지고 있고, 유리수와 무리수도 관계를 가지고 있으며, 방정식과 부등식 사이에도 깊은 관계를 가지고 있다. 이러한 관계는 '스키마(개념의 구조)'의 의미를 이해하는 가장 기본적인 속성이라고 볼 수 있다. 이제 스켐프가 생각한 스키마의 기능을 정리하면 다음 세 가지로 요약할 수 있다(Skemp, 1961).

첫째, 이해를 가능하게 한다. 학생들이 학습을 통해 새로운 것을 이해한다는 것은 곧 해당 지식의 개념의 구조를 파악하는 것이다. 다시 말해, 어떤 수학적 개념을 이해한다는 것은 학습자의 인지구조 속에 존재하는 기존의 적당한 스키마에 동화시키는 것이다. 스키마가 존재하지 않는다면 학습 자체가 불가능할 수 있다. 따라서 스키마는 새로운 수학 학습의 이해를 가능하게 하는 수단이 된다. 예를 들어, $\sin 30° = \frac{1}{2}$임을 이해하기 위해서는 한 각의 크기가 30°인 직각삼각형의 개념, 직각삼각형의 세 변의 길이 등으로 결합한 사인(sine)의 개념에 대한 스키마에 동화시키는 과정이 필요하다. 사인에 대한 스키마가 존재하지 않는 상황에서 30°에 대한 사인값을 이해할 수는 없다.

둘째, 기존의 지식을 통합한다. 우리가 어떤 것을 개념의 예로 인식할 때, 그 대상은 두 가지 수준으로 지각된다. 하나는 개념 그 자체에 대한 지각이고 다른 하나는 해당 대상을 개념의 한 부류의 원소로 지각하는 것이다. 예를 들어, 어떤 특정한 꽃을 보았을 때, 일차적으로는 거의 자동적인 꽃으로 인식하고, 이차적으로는 꽃의 한 부류의 원소인 '수선화'로 인식하게 된다. 이러한 과정을 통해 꽃이라 개념의 구조가 발전, 확장된다. 수학적 예를 들어 보자. 우리가 아래와 같은 식을

[그림 5-1-2]

보았다고 가정해 보자.

$$x^2 - 3x - 4 = 0$$

우리는 식의 개념에 비추어 볼 때, 방정식이라고 인식함과 동시에 차수가 2가 되는 방정식이라는 한 부류의 원소인 이차방정식으로 지각하게 된다. 이러한 이차방정식이라는 부류 개념은 또 다른 부류 개념(차수, 다항식, 등식, 인수분해)과 함께 정신적 스키마와 연결되어 있어서, 여러 가지 다른 상황에서 적절하게 행동하도록 도와준다.

셋째, 새로운 학습의 도구가 된다. 학생의 인지구조 속에 존재하는 기존의 스키마는 새로운 지식을 얻는 데 필요한 필수적 도구이다. 우리가 학습하는 거의 모든 수학내용은 이미 알고 있는 어떤 것에 의존한다. 우리가 새로운 컴퓨터를 개발하려면, CPU의 원리, 반도체의 역할에 대해 인식해야 하고, 이에 앞서 기계어의 기초인 진법에 대해서도 알아야 하며, 진법을 이해하기 위해서는 십진기수법, 기호 수 체계를 알아야 할 것이다. 이처럼 학습의 진전을 위해서는 스키마가 필요하고, 이러한 스키마는 새로운 학습을 가능하도록 안내한다. 예를 들어, 이차방정식을 풀기 위해서는 이차방정식의 의미를 알아야 하고, 이차방정식을 알기 위해서는 방정식의 의미를 알아야 한다. 방정식을 이해하기 위해서는 다항식, 등식, 연산 등을 이해해야 하는 것이다. 이처럼 새로운 수학 학습이 가능하기 위해서는 선행된 스키마가 필연적으로 요구된다.

스켐프의 스키마 이론은 수학 학습에서 중요한 시사점을 제시하고 있다. 학생들은 스키마에 기반하여 학습을 하기 때문에 학습 초기 교사의 역할이 매우 중요하다. 따라서 교사는 신중해야 하며, 책임감을 가져야 한다. 예를 들어, 부적절한 스키마에 동화되는 상황이 발생하면, 추후의 학습에서 동화가 어렵거나 불가능할 수도 있다. 교사가 수업을 준비하면서 해당 수학 학습을 위해서 '이해하기 쉽지만 일시적인 스키마'와 '어렵지만 장기적인 스키마' 중 어떤 것을 선택할 것인가에 당면할 수도 있다. 일단 형성된 초기의 스키마는 쉽게 버릴 수 없으며 새로운 스키마의 재구성은 매우 어려울 수도 있기 때문에 항상 쉬운 쪽만을 택할 수도 없을 것이다. 일반적이고 장기적인 스키마의 형성이 반드시 더 어렵지는 않으며, 다만 처음에 이를 발견하기가 더 어려울 뿐이다. 교사들은 단순한 기호 조작의 암기가 아닌 스키마 학습이 이루어지고 있는지 확인해야 한다. 학습의 어느 시기에 단순한 동화가 필요한지, 어느 시기에 전반적인 재구성이 필요한지 알아야 한다. 학습내용의 재구성 단계에서는 학습 속도가 늦추어져야 하고, 학습자의 학습 상황을 세심하게 확인하여야 한다. 교사는 학생 스스로 기초적인 규칙성을 찾을 수 있도록 도와주어야 하고, 학생들에게 그들의 스키마를 재구성할 준비를 할 수 있도록 지도해야 한다.

이와 같이 스키마를 기반으로 하는 학습을 '**스키마 학습**(schema learning)'이라고 부른다(Skemp, 1962). 그런데 스키마 학습이 항상 성공적이지 않을 수 있다는 측면에서 단점도 존재한다. 다른 학습과 다소 관련이 없는 독립된 특정 수학 주제를 학습하는 상황이라면, 매우 원초적인 스키마를 형성해야 한다. 따라서 학습의 시간이 더 오랜 시간이 걸릴 수 있다. 즉, 어떤 과제가 독립적이라면 학습에 더 오랜 시간이 걸릴 수도 있다는 점이다. 또한, 새로운 학습 상황에서 학생들은 스키마의 영향을 크게 받고 있는데, 심리적 평안과 안정을 얻기 위해 스키마를 바꾸지 않으려는 성향이 있으며, 기존의 스키마와 맞지 않는 새로운 학습 상황에 적응하려면 기존의 스키마에 대한 재구성 과정을 거쳐야 하는 어려움이 생길 수도 있다. 이뿐 아니라, 자연수의 덧셈을 학습한 다음, 이를 기반으로 곱셈을 동수누가로 설명하면 효과적인 학습으로 스키마가 활용될 수 있는 반면, 동수누가로 설명할 수 없는 유리수의 곱셈의 학습에서는 방해가 될 수도 있음을 기억해야 한다.

QUIZ

1 스키마의 기능 세 가지를 기술하시오.

2 스키마를 기반으로 하는 학습을 부르는 명칭이 무엇인지 기술하시오.

직관적 사고활동(지능)과 반영적 사고활동(지능)

핵심어 직관적 사고활동(지능), 반영적 사고활동(지능), 지휘체계

스켐프는 사고활동(혹은 지능)을 크게 두 가지 유형으로 구분하였다. 하나는 **직관적 사고활동**(지능)이고 다른 하나는 반영적 사고활동(지능)이다(Skemp, 1973).

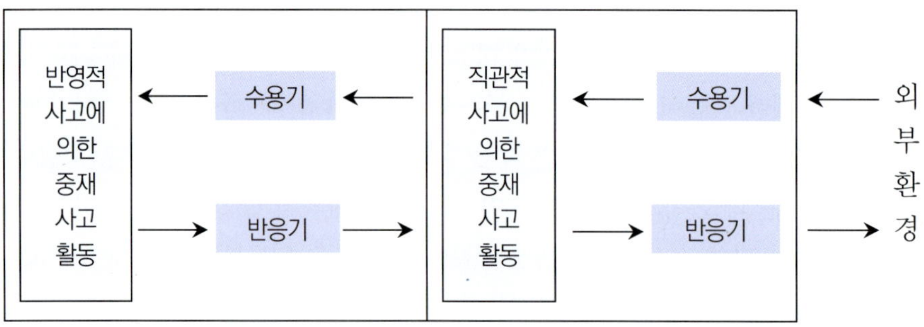

[그림 5-1-3] 사고활동의 두 유형(강옥기 외, 2012; 황혜정, 2022)

직관적 사고활동은 감각기관(외부환경)을 통해 지각된 실제적 대상 사이의 관계를 파악하는 사고활동이며, 반영적 사고활동은 직관적 사고활동으로 구성한 개념이나 개념 사이의 관계를 인식하고 이에 대한 내면적 활동을 조정하는 사고활동이다. 반영적 사고활동에서 비로소 일차 개념 및 그 관계를 인식하고 이를 조정할 수 있는 스키마를 구성하게 한다. 일반적으로 산술학습은 직관적 사고활동에 의한 것이고, 수학적 구조에 대한 이해는 반영적 사고활동에 의한 것으로 알려져 있다.

예를 들어 보자, 교사가 학생들에게 '삼각형의 세 내각의 합이 얼마인가요?'라고 질문을 하였고, 학생은 180°라고 대답하였다고 하자. 학생은 교사의 단순한 질문인 '삼각형의 세 내각의 합'을 대상으로 사고하게 된다. 외부환경인 객관적 실체인 '삼각형의 내각의 합'을 사고의 대상으로 삼은 것이다. 그리고 이에 대한 반응으로 자신의 기억 속에 존재하는 180°를 직관적으로 대답한 것이다. 이와 같은 경우는 학생들이 직관적 사고활동을 하였다고 볼 수 있다. 이에 반해, 교사가 추가적으로 '왜, 삼각형의 세 내각의 합이 180°인가요?'라는 질문을 하였다고 가정해 보자. 학생들은 '삼각형의 세 내각의 합은 180°이다'라고 대답한 자신의 사고 자체를 사고의 대상으로 삼게 된다. 즉, 직관적 사고활동 그 자체가 사고의 대상이 된다. 그리고 왜 세 내각의 합이 180°가 되는지 반영적 사고를 통해 그 이유를 설명하게 될 것이다.

이와 같은 반영적 사고활동은 수학 학습 과정에서 매우 중요한 역할을 한다. 가르치는 교사의 입장에서 볼 때, 반영적 사고활동이 왕성하게 일어나는 교수·학습의 효과는 매우 크다고 할 수 있다. 왜냐하면, 반영적 사고활동은 다른 사람과의 의사소통과 밀접한 관련이 있으며, 결과보다는 '왜', '어떻게'와 같은 과정을 필수적으로 다룰 수 있기 때문이다.

직관적 사고활동 단계에서 학생들은 교재가 제시하는 방법에 의존할 수밖에 없다. 따라서 학생들이 학습을 시작하는 초기 단계부터 주의 깊게 학습할 개념을 분석하고, 구체적으로 어떻게 설명할지에 대한 계획을 체계적으로 세워야 한다. 또한, 학습자의 사고수준과 양식에 맞도록 설명하는 방식을 찾아야 한다. 이러한 과정을 통해 학습자 스스로 자신의 분석 능력을 점차 증대시켜서 교사가 더 이상 가르쳐 주지 않아도 되는 단계에 이르도록 하는 것이 교사가 해야 할 중요한 역할이다.

스켐프는 학습자의 행동이 목표 지향적이라는 가정 하에 지능에 대한 모델을 제시하고 있다. 이 모델은 우리의 행동을 적절하게 바꿈으로 인해 목표를 성취할 수 있도록 실행하는 체계를 의미하는데, 스켐프는 이것을 **지휘체계**(director system)라고 불렀다.

지휘체계는 눈에 보이지 않는 우리의 인지 구조에 존재하는 지능 모델로서 '델타1'과 '델타2'라고 불리는 두 가지 지휘체계가 존재한다. 지능 모델로서 '델타1' 지휘체계는 물리적 환경에 작동하고, '델타2' 지휘체계는 델타1을 대상으로 하는 이차적 지휘체계로서 스키마의 구성이 중요한 목표 중의 하나가 된다(Skemp, 1973).

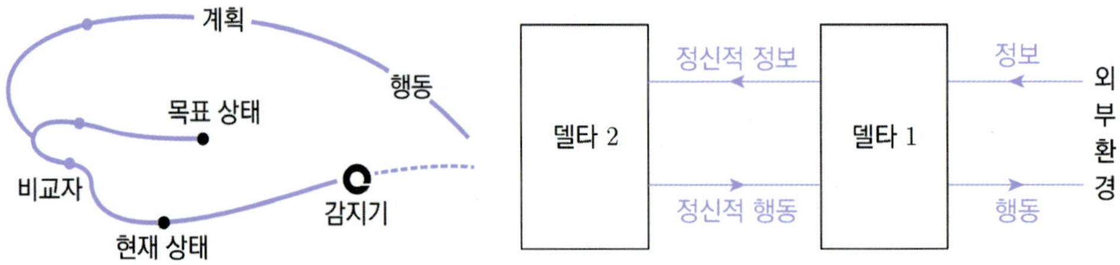

[그림 5-1-4] 지휘체계의 흐름과 두 가지 지휘체계

QUIZ

1 감각기관(외부환경)을 통해 지각된 실제적 대상 사이의 관계를 파악하는 사고활동을 칭하는 명칭을 쓰시오.

2 '왜', '어떻게'와 같은 과정을 필수적으로 다루게 되는 사고활동을 칭하는 명칭을 쓰시오.

이해의 유형

| **핵심어** | 도구적 이해, 관계적 이해, 논리적 이해, 기호적 이해

스켐프는 이해의 유형을 네 가지로 구분하여 제시하였다. 도구적 이해, 관계적 이해, 논리적 이해, 기호적 이해가 그것이다. 각각의 의미에 대해 살펴보자.

첫째, **도구적 이해**(instrumental understanding)는 어떤 규칙을 기억하고 있으면서 그 규칙이 왜 그렇게 작용하게 되는지 알지 못하고 그것을 문제해결에 적용하는 상태를 의미한다. 예를 들어, 이차식 $x^2+(a+b)x+ab$와 같은 유형의 이차식을 인수분해하는 공식을 다음과 같이 수업시간에 암기하였다.

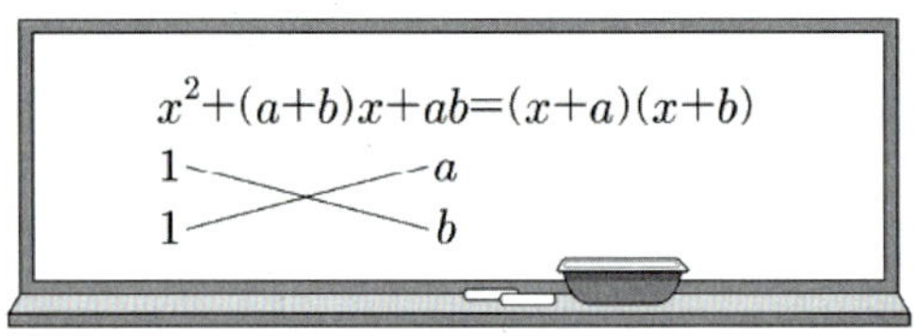

[그림 5-1-5]

그리고 이 방법을 사용하여 다음과 같이 주어진 활동지에 제시된 이차식의 인수분해 문제를 성공적으로 해결하였다고 하자. 그런데, 왜 그렇게 인수분해되는지에 대한 설명은 할

수 없었다고 가정해 보자.

활동지

다음 이차식을 인수분해하시오.

(1) $x^2+4x-5=$

(2) $x^2+4x+4=$

[그림 5-1-6]

이러한 상황은 이차식의 인수분해 공식 $x^2+(a+b)x+ab=(x+a)(x+b)$의 의미는 모르고 있으면서, 공식의 암기를 통해 그 공식을 사용할 수 있는 상태라 할 수 있다. 이러한 상태의 이해는 도구적 이해의 상태이다. 도구적 이해는 피상적으로는 이해가 빠른 것처럼 보이고, 보상이 즉각적이고 명백하며, 적은 양의 지식만을 필요로 하기 때문에 보다 빠르게 정답을 얻을 수 있다. 하지만, 도구적 이해만을 추구하는 교육은 수학교육의 본질적 목적이 될 수는 없을 것이다.

둘째, **관계적 이해**(relational understanding)는 어떤 규칙을 기억하고 있으면서 그 규칙이 왜 그렇게 작용하게 되는지 방법과 이유를 모두 아는 상태를 의미한다. 예를 들어, 근의 공식 $x=\dfrac{-b\pm\sqrt{b^2-4ac}}{2a}$를 관계적으로 이해하고 있다는 것은 학습자가 이차방정식의 해를 구하는 상황에서 무엇을 해야 하는지를 알고 있고, 또한 왜 그렇게 해야 하는지도 모두 아는 것을 의미한다. 관계적 이해를 하게 되면, 새로운 과제에 더 잘 적응하고, 기억하기가 더 쉽다(망각하더라도 바로 재생 가능)고 알려져 있다. 이로 인해, 관계적 이해 자체가 학습의 목적으로서 효과적이며, 질적으로 유기적이어서 수학 학습에서 자발적인 동기유발이 가능하다는 장점이 있다. 실제로 스켐프 입장에서는 진정한 이해를 보장하는 것은 개념의 구조를 바탕으로 하는 관계적 이해이며, 이러한 관계적 이해를 위한 선행 조건으로 **'관계망'**의 형성을 제시하고 있다. 즉, 학습자가 어떤 개념을 이해하려면 그 개념에 대한 관계망을 형성하여야 하는데, 이것이 바로 이해의 본질이다.

셋째, **논리적 이해**는 수학적 기호체계와 표기를 적절한 수학적 아이디어와 관련시키고 그 아이디어를 논리적 추론 고리와 결합하여 기술하는 능력을 의미한다. 예를 들어, 원소의 개수가 n인 집합 X에서 X로의 함수 중에서 일대일 대응의 개수는 $n!$이다. 여기서 $n!$이라고 하는 기호체계와 표기를 일대일 대응이 되는 함수의 개수와 동일하게 볼 수 있는 아이디어와 관련시키고, 논리적으로 그 이유를 기술할 수 있는 이해가 이에 해당한다. 논리적 이해는 관계적 이해를 기본으로 하면서 수학적 기호와 수학적 의미 사이의 관련성을 논리적으로 명확히 기술할 수 있는 상태의 이해이다.

넷째, **기호적 이해**는 기호체계와 개념 구조 사이의 상호 동화를 의미한다. 예를 들어, 아래와 같이 정적분과 급수 사이의 관계에 대한 기호표현이 있다고 하자.

폐구간 $[a, b]$에서 연속인 함수 $f(x)$에 대하여

$$\int_a^b f(x)dx = \lim_{n\to\infty}\sum_{k=1}^{n} f(x_k)\Delta x$$

$$\left(\text{단, } \Delta x = \frac{b-a}{n},\ x_k = a+k\Delta x\right)$$

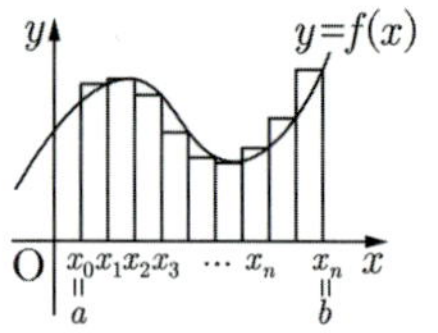

[그림 5-1-7]

이러한 기호체계를 보고, 정적분의 의미와 정적분의 개념의 구조를 명확히 인식하고 상호 간에 변환할 수 있는 이해의 상태가 기호적 이해이다.

> 스켐프가 제시한 네 가지 이해의 유형과 별도로, 바이어스(Byers)는 **직관적 이해**와 **형식적 이해**를 제시하고 있다. 여기서 직관적 이해는 분석에 의하지 않고 문제의 의미와 구조를 곧바로 파악하는 것을 의미하고, 형식적 이해는 수학적 기호체계와 표기를 적절한 수학적 아이디어와 관련시키고 그 아이디어를 논리적 추론 고리와 결합하여 기술하는 능력을 의미한다. 의미적으로는 형식적 이해와 논리적 이해는 동일한 개념으로 이해할 수 있다.

여기서 우리가 주목할 것은 도구적 이해를 기반으로 수업을 하는 교사들이 많다는 점이다. 수학교사들은 왜 도구적 이해를 강조하는 수업을 진행하는지 그 이유에 대해 생각해 보자. 첫 번째는 교사들은 학생들을 관계적으로 이해시키는 데 시간이 너무 많이 소요된다고 인식하고 있고, 학생들이 필요로 하는 것은 특정한 기능을 아는 것으로 생각하고 있기 때문이다. 두 번째는 어떤 주제는 관계적으로 이해하기가 너무 어려울 수 있는데, 학생들이 시험을 고려하여 그 주제 관련 문제를 풀 수 있어야 하기에 도구적으로 가르쳐야 한다고 생각하기 때문이다. 세 번째는 학생들이 현재 이용할 수 있는 스키마를 관계적으로 이해하기 전인데 다른 과목(과학 등)에서 그 기능을 사용하고 있는 상황에서 도구적으로 수업을 하려는 경향이 있기 때문이다.

한편, 앞에서 언급한 관계적으로 이해시키기가 어려운 상황적 요인도 존재하고 있다. 첫 번째는 시험이라는 현실적인 문제이다. 좋은 점수를 얻기 위해선 도구적 이해가 더 유익할 수도 있다는 점이다. 학생들은 좋은 점수를 받을 수 있는 방향으로 움직이기 때문이다. 두 번째는 학습 내용의 과중한 부담이다. 너무 많은 내용을 관계적으로 지도하기에는 현

실적인 어려움이 있기 때문이다. 세 번째는 관계적 이해에 대한 평가의 어려움이다. 어떤 사람이 관계적으로 이해하는지 도구적으로 이해하는지를 평가하기가 쉽지 않다. 종이 위에 적어 놓은 내용을 보고, 학생이 어떻게 생각했는지 타당하게 추정하기는 어렵다. 네 번째는 교사가 오랫동안 가지고 있던 기존의 스키마를 재구성하여 수업을 진행하기에는 심리적으로 어려움이 크다는 점이다. 필요성을 느끼고, 그렇게 하기를 원하지만, 제한된 시간에 기존의 스키마를 재구성하기는 심리적으로 매우 어렵다.

지금까지 살펴본 이해에 대한 논의에서 가장 중요한 것은 도구적 이해와 관계적 이해의 구분이다. 다음 명제를 통해 도구적 이해와 관계적 이해의 차이에 대해 살펴보자.

명제 **실수 n에 대하여 $f(x)=x^n$의 도함수는 $f'(x)=nx^{n-1}$이다.**

함수 $f(x)=x^n$에서 n의 범위를 실수로 확장하여 도함수를 구하는 상황이다. 즉, 함수 $f(x)=x^n$에 대하여 유리수 n에서는 도함수가 $f'(x)=nx^{n-1}$로 나타남을 알고 있다. 밑이 e인 자연로그를 이용하여 n이 실수일 때, $f(x)=x^n$의 도함수를 구해 보자. 자연로그를 씌워주기 전에, 자연로그의 진수는 양수이어야 하므로 양변에 절댓값을 씌워주자. $|y|=|x^n|=|x|^n$으로 나타낼 수 있고 여기에 자연로그를 씌워주면, $\ln|y|=\ln|x|^n=n\ln|x|$로 나타나게 된다. 이 식에서 x에 대하여 미분을 하면, $\frac{1}{y}\frac{dy}{dx}=n\times\frac{1}{x}$이 되고, 결국 $\frac{dy}{dx}=\frac{n}{x}\times y=\frac{n}{x}\times x^n=nx^{n-1}$로 나타나게 된다. 즉, n이 실수일 때, 함수 $f(x)=x^n$의 도함수 즉, $f'(x)=nx^{n-1}$을 알게 된다. 이와 같은 학습은 관계적 이해에 해당한다. 반면에 실수 n에 대하여 $f(x)=x^n$의 도함수는 $f'(x)=nx^{n-1}$이라는 것을 암기한 상태에서 문제 상황에만 적용할 수 있도록 하는 학습은 도구적 이해에 해당한다.

QUIZ

1 도구적 이해와 관계적 이해의 의미를 서술하시오.

2 바이어스가 말한 두 가지 이해의 유형을 적으시오.

단기적 악순환과 장기적 악순환

| **핵심어** | 단기적 악순환, 장기적 안순환

스켐프는 학생들의 심리적 문제에 큰 관심을 가졌다. 수학교육에서 학생들의 수학에 대한 흥미, 가치 및 태도에 높은 관심을 가지고 있는 우리나라의 수학교육 현실에서 보면, 가치롭고 유의미한 이론이다. 스켐프는 수학을 싫어하는 학생들이 왜 그러한 심리적 상태에 도달하였는지에 대한 원인을 규명하려고 하였고, 이러한 과정에서 **단기적 악순환**과 **장기적 악순환**에 대해 언급하였다(강옥기 외, 2012).

단기적 악순환은 아래와 같은 매커니즘이 존재한다. 학생이 수학 공부를 하면서 내용 이해의 어려움을 느끼게 되었다고 가정해 보자. 그러면 실패에 대한 두려움이 생기게 되지만, 동시에 이러한 실패를 극복하기 위해서 이해하려고 노력하게 된다. 그런데, 심리적 두려움은 이해를 방해하게 되고, 궁극적으로는 암기를 통해 실패를 극복하게 된다. 결과적으로는 이해에는 실패하고, 단순한 암기를 통해 학습을 마무리하려고 하지만 불안한 심리적 상태가 생기게 되는데 이러한 상태가 단기적 악순환이다. 수학에 어려움을 느끼는 초기 상태가 이에 해당한다.

내용 이해의 어려움

⇨ 실패에 대한 두려움
⇨ 이해하려고 노력
⇨ 두려움이 이해를 방해
⇨ 암기
⇨ 이해의 실패, 불안

[그림 5-1-8]

반면 장기적 악순환은 비교적 오랜 과정에 의해 형성된다. 학생들은 수학을 학습하는 과정에서 장기적으로 또한 지속적으로 단기적 악순환의 경험을 반복하게 된다. 그러면 수학시간 또는 수학공부 자체가 불안을 일으키는 심리적 상태가 된다. 이러한 상태가 장기적 악순환이다.

여기서 학생들이 수학 학습에서 불안이 시작되는 이유를 생각해 보자. 대부분의 학습자의 인지구조 속에 새로운 학습을 하는데 필요한 스키마를 가지고 있지 않은 경우이거나 스키마를 가지고 있기는 하지만 현재 사용할 수 없는 경우이거나 학습자가 어떤 내용을 학습할 때 교사의 권위를 무조건 수용해야 하는 상황일 것이다. 따라서 다양한 원인에 의해 문제의식 없이 행하여 온 암기식 학습은 초기에는 효과적일 수도 있지만, 장기적으로는 반드시 실패하게 되는 결과로 귀결될 수 있다는 점을 명심해야 한다.

QUIZ

1 단기적 악순환과 장기적 악순환을 비교하여 설명하시오.

과제 및 연습

1. 스켐프는 아래와 같은 그림으로 사고 활동 과정을 설명하고 있다. 다음 물음에 답하시오.

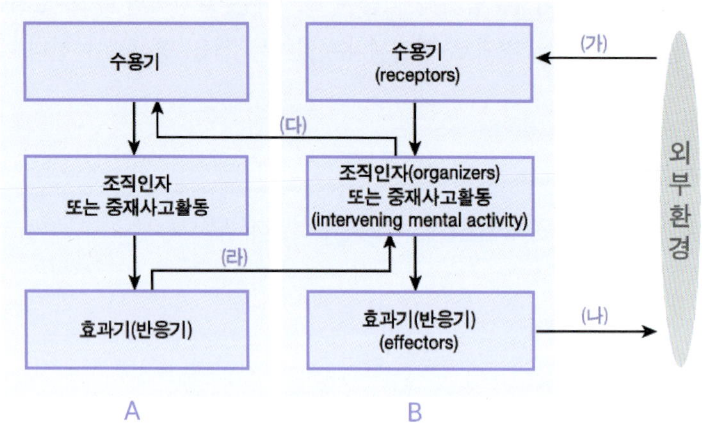

위의 그림에서 A, B를 부르는 용어를 적으시오. 만약, 어떤 학생이 주어진 수학 문제는 해결했는데, 자신이 그 문제를 어떻게 풀었는지 그 과정을 설명할 수 없었다면, 위의 그림에서 A와 B 가운데 어느 부분이 미숙하기 때문인지 그 이유와 함께 설명하시오. 또한, 이 학생이 (가)와 (다)에서 인식하는 대상은 각각 구체적으로 무엇인지 적으시오.

2. 스키마의 첫 번째 기능인 '이해를 가능하게 하는' 구체적인 예를 중학교와 고등학교 교과서에서 각각 한 가지씩 찾고, 그 이유를 설명하시오.

3. 스키마 학습이 무엇인지 정리해 보고, 스키마 학습의 단점과 관련된 구체적인 사례를 한 가지 제시하시오.

4. 반영적 사고활동(지능)은 수학 학습에서 중요한 역할을 한다. 따라서 반영적 사고활동을 발달시키는 것은 중요한 수업 과제이다. 그런데, 반영적 사고활동을 발달시키는 가장 좋은 방법으로 수학 학습 주제로 하는 '토론'이라고 알려져 있다. 그 이유가 무엇인지 서술하시오.

5. 스켐프가 주장한 이해의 핵심은 관계적 이해이다. 관계적 이해를 통해 학습자가 반드시 형성해야 하는 것이 무엇인지 찾아보시오. 또한, 기호적 이해의 예를 중학교와 고등학교에서 각각 한 가지씩 찾고, 그 이유를 설명하시오.

02 딘즈의 수학 학습 이론

놀이와 학습

핵심어 | 놀이, 개폐연속체

딘즈(Dienes, 1916~2014)

딘즈(Z. Dienes)는 새수학 운동 시기에 활발히 활동했던 세계적으로 유명한 수학교육자이다. 딘즈는 수학 학습을 놀이를 통한 구성적 활동으로 보고, 수학적 개념 형성 과정을 놀이를 중심으로 한 조작 활동이라고 설명하면서 놀이의 단계를 자유놀이, 게임, 공통성의 탐구, 표현, 기호화, 형식화의 과정으로 구분하였다(전영주 외, 2023). 박진성(2001)은 놀이 학습은 수학 불안을 감소시키며 수학 학습에 능동적으로 참여할 수 있도록 하므로 수학적 태도와 흥미에 긍정적인 영향을 미친다고 하였다. 또한 이재관, 이종학(2018)에 따르면 수학교육에서 놀이학습은 다음과 같은 가치를 갖는다.

첫째, 수학은 딱딱하고 재미없다는 선입견을 주지 않으면서 학생들의 흥미와 학습 동기를 유발할 수 있다. 둘째, 수학의 기초 지식과 기능의 숙달, 개념에 대한 깊은 이해에 기여한다. 셋째, 개념 학습과 응용을 위해 다양한 교수 전략을 고안하도록 한다. 넷째, 학습 내용에 대한 폭넓은 접근을 통해 수학적 개념을 실생활과 연결시킬 수 있게 한다. 다섯째, 일상생활의 활동을 수학적으로 음미할 수 있도록 하여 수학적 태도의 긍정적인 변화와 창의적 문제해결력을 개발할 수 있다. 이와 같이 놀이를 출발점으로 하여 수학적 개념 형성을 유도하는 것은 수학과 실생활과의 관련성에 대한 이해도를 증진시킬 뿐만 아니라 귀납적인 사고를 함양하는 데에도 중요한 영향을 미칠 수 있다.

딘즈(Dienes, 1960)는 **개폐연속체**(open-closed continuum)라는 용어를 도입하여 아동의 개념 형성 과정을 설명하였다. 개폐연속체의 기본적인 생각은 개념 형성의 단계를 거쳐 일단 형성된 수학적 개념은 닫힌 상태(폐)로 되지만 분석과 적용 과정에서 열린 상태(개)로 변하여 보다 객관적이고 높은 수준의 재구성이 이루어진다는 것이다(황혜정 외, 2016).

개폐연속체와 같은 개념 형성 과정은 학생들이 놀이를 이용하여 도형의 성질을 학습하는 과정에서 살펴볼 수 있다. 예를 들어, 일상생활에서 볼 수 있는 세모, 네모, 둥근 모양과 같은 다양한 도형의 모양을 제시하고 같은 모양끼리 분류하는 놀이에서, 세 가지 모양에 대한 개념이 형성될 수 있다. 이와 같이 도형의 모양에 대한 개념이 형성되면 종이를 접거나 모눈종이를 이용하여 다양한 세모 모양 또는 네모 모양을 만드는 놀이 과정에서 정삼각형, 이등변 삼각형, 정사각형, 직사각형 등의 개념을 형성할 수 있다. 이러한 개념 형성 과정은 피아제의 반영적 추상화의 메커니즘인 반사와 **반성**을 통한 개념의 추상화 과정에 비유할 수 있다.

또한 탐구용 소프트웨어를 통해 일차함수 그래프의 성질을 학습하는 과정에서도 개념형성 과정을 살펴볼 수 있다. [그림 5-2-1]과 같이 일차함수 $y=ax(a \neq 0)$의 그래프를 활용하여 별모양 광채를 만드는 활동을 제시하면 학생들은 이를 만드는 과정에서 $y=ax(a \neq 0)$의 성질을 추측할 수 있게 된다. 이와 같이 $y=ax(a \neq 0)$의 그래프에 대한 개념이 형성이 되면 $y=ax+b(a \neq 0)$의 그래프를 탐구하는 과정에서 $y=ax$ $(a \neq 0)$와 $y=ax+b(a \neq 0)$의 관계도 파악할 수 있다. 딘즈는 위에서 제시한 예와 같이 개념이 구조화되어가는 열린 사고가 수학적 사고의 본질이라고 보았다(김응태 외, 1984).

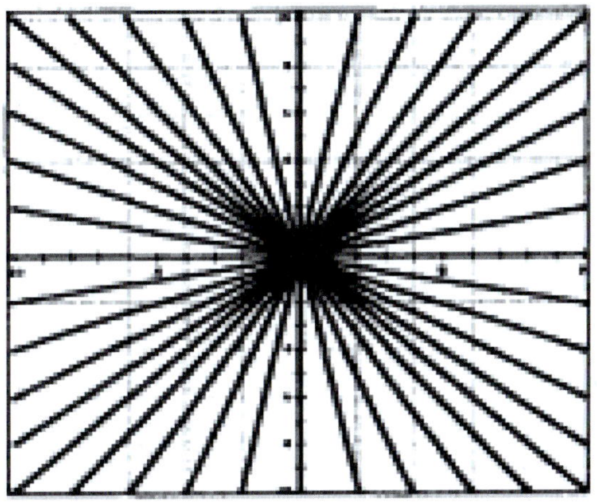

[그림 5-2-1] $y=ax(a \neq 0)$로 만든 별모양 광채(이광상, 2007)

QUIZ

1 딘즈의 개폐연속체와 피아제의 반영적 추상화의 관련성을 설명하시오.

수학 개념 학습 과정

핵심어 자유놀이, 게임, 공통성 탐구, 표현, 기호화, 형식화

딘즈의 **수학 개념 학습 과정**은 자유놀이, 게임, 공통성 탐구, 표현, 기호화, 형식화의 6단계로 이루어진다. 딘즈의 6단계 이론의 본질은 수학적 추상화의 과정으로 볼 수 있다. 6단계의 수학 개념 학습 과정을 도형 및 함수 관련 학습 내용을 중심으로 제시하면 다음과 같다.

첫째, 자유놀이 단계는 학습을 새롭게 시작하는 단계로, 구조화되어 있지 않은 방법으로 구체물을 자유롭게 조작하는 기회를 제공하는 시기이다. 자유놀이 단계에서는 성급하게 아동들에게 개념 학습의 목표를 제시하는 것보다는 아동들이 학습하고자 하는 수학적 개념에 친밀하게 하는 데 중점을 둘 필요가 있다. 도형 학습에서는 다양한 다각형을 만들거나 구체물로 만들어진 도형을 비슷한 종류끼리 분류하는 활동을 예로 들 수 있다. 또한 함수 학습에서는 모눈종이 또는 탐구용 소프트웨어를 활용해 다양한 일차함수의 그래프를 그려보는 활동을 예로 들 수 있다.

둘째, 게임 단계는 놀이에서 다루었던 여러 구체물에서 어떤 규칙성이 있다는 것을 인식하는 시기이다. 개념 형성이 시작되는 단계로 다양한 구체물이 어떠한 차이가 있는지를 인식하는 단계이다. 또한 아동들의 학습 경험이 구체물을 사용하여 체계적으로 구조화하기 시작하는 시기이다. 도형 학습은 자유놀이 단계에서 분류한 도형들이 어떤 특징을 가지고 있는지를 파악하는 활동을 예로 들 수 있다. 유사하게 분류한 도형의 변과 각의 개수가 몇 개인지 등의 특징을 찾아내는 활동을 말한다. 또한 함수 학습에서는 모눈종이 또는 탐구용 소프트웨어를 활용하여 그린 일차함수 그래프의 특징이 무엇인지 파악하는 활동 등을 들 수 있다.

셋째, 공통성 탐구 단계는 전 단계의 구체물을 활용한 게임에서 구체물의 공통적인 **수학적 구조**를 파악하는 시기이다. 2단계인 게임에서는 차이가 있다는 사실을 인식하는 시기이지만, 이 시기에는 그 차이가 무엇인지 명확해지는 시기이다. 도형 학습과 관련된 예로는 게임 단계에서 발견한 도형의 특징에 대해 명확하게 판단하는 단계이다. 학생이 분류한 도형의 특징을 서로 토론하는 과정에서 유사한 도형의 공통적인 **구조**를 파악할 수 있다. 또한 함수 학습에서는 게임 단계에서 발견한 그래프가 지닌 공통점을 수학적으로 구체화하는 단계이다. 예를 들면, $y=ax(a \neq 0)$의 그래프는 원점을 지나는 직선이라는 수학적인 공통 특징을 발견할 수 있다.

넷째, 표현 단계는 전 단계의 추상화 과정을 통하여 파악한 수학적 구조의 공통성을 표나 다이어그램, 그림, 언어 등의 시각적인 형태로 표현하는 시기이다. 즉 이 단계는 학습

자가 생각하는 구체물의 공통적인 특징이 무엇인지를 다양한 방법으로 표현하는 시기이다. 도형 학습과 관련된 예로는 공통성 탐구 단계에서 발견한 도형의 공통적인 특징을 그림의 형태나 언어로 표현할 수 있는 단계이다. 예를 들면, 오각형은 변의 개수가 5개, 육각형은 변의 개수가 6개와 같이 특징을 표현할 수 있다. 또한 함수와 관련된 예로는 게임 단계에서 발견한 그래프의 공통점을 수학적으로 구체화하는 단계이다. 예를 들면, 그래프의 성질을 그림 또는 언어로 표현하는 단계이다. 예를 들면, "이 그래프는 원점을 지난다.", "이 그래프와 이 그래프는 서로 평행한 그래프이다." 등의 표현을 할 수 있다.

다섯째, 기호화 단계는 전 단계에서 개발한 시각적인 표현을 수학적인 기호를 사용하여 나타내는 시기이다. 학습자의 수준이나 개념의 난이도 등에 따라 기호화를 실행하기가 어려울 경우에는 교사가 적절한 방법으로 학습 지원 전략을 개발하는 것이 필요하다. 도형 학습과 관련된 예로는 표현 단계에서 발견한 도형의 그림 또는 언어 표현을 수학적인 기호로 나타낼 수 있는 단계이다. 예를 들면, 도형에서는 여러 가지 다각형을 사각형, 오각형이라는 수학 용어로 표현하도록 지도하는 단계이다. 또한 함수 학습과 관련된 예로는 일차함수의 그래프의 식을 $y=ax(a \neq 0)$ 또는 $y=ax+b(a \neq 0)$로 표현하도록 지도하는 단계이다.

여섯째, 형식화 단계는 학습자가 5단계까지의 과정에서 추상한 수학적 개념의 구조를 파악하고 발견한 성질을 정리하는 시기이다. 예를 들어, 삼각형, 사각형, 오각형, 육각형 등의 여러 가지 도형을 탐구한 후에 각 도형의 관계나 성질 등을 제시하는 단계이다. 도형 학습과 관련된 예로는 기호화 단계에서 표현한 수학적인 기호와 관련된 성질을 정리하여 제시하는 단계이다. 예를 들면, 도형에서는 삼각형, 사각형, 오각형의 관련성과 성질 등을 파악하여 정리하는 단계이며, 함수 영역에서는 일차함수 $y=ax$와 $y=ax+b$의 그래프 간의 관계와 성질을 파악하는 단계이다.

QUIZ

1 수학 개념 학습 과정 6단계를 적으시오.

수학 학습 원리

| 핵심어 | 역동적 원리, 구성의 원리, 지각적 다양성의 원리, 수학적 다양성의 원리

(1) 역동적 원리(Dynamic Principle)

역동적 원리는 바람직한 수학 학습을 위해서 모델 사이의 전이나 한 모델 내의 변환 등, 역동적인 학습 활동이 전제되어야 한다는 원리이다(정정성 외, 2001). 역동적인 학습 활동은 아동이 새로운 수학적 개념을 형성할 때, 인지적 발달에 맞추어 **'예비 놀이'**, **'구조화된 놀이'**, **'실습 놀이'**의 3단계 경험을 순차적으로 제공한다는 것을 의미한다. 1단계인 예비 놀이 단계는 수학적 개념 형성을 위한 놀이이지만 목표가 명확하지 않고 그 자체로 학습자가 자유롭게 즐기는 놀이 단계이다. 2단계인 구조화된 놀이 단계는 예비 놀이 단계보다 어느 정도 학습 방향이 정해지고 형식성을 내포하고 있는 단계이다. 3단계인 실습 놀이 단계는 학습자가 수학적 개념을 점차 형성하고 이를 적용할 수 있는 단계이다. 3단계인 실습 놀이에서 형성한 수학적 개념은 다음에 배우게 되는 새로운 수학 개념을 습득하기 위한 예비 놀이 단계에 적용할 수 있다.

딘즈의 개념 형성의 3단계 이론(Building up Mathematics, Dienes, 1960)을 통해 예비 놀이, 구조화된 놀이, 실습 놀이가 무엇인지 이해할 수 있다. 이 이론은 피아제의 수학적 개념 발달 이론을 토대로 하며 각 단계에 활용할 수 있는 게임을 제시하였다.

1단계

예비 놀이(preliminary game)이다. 아무런 의식적인 목적도 없는 놀이와 같은 활동에 따른 자의적 반응을 하는 단계이다. 이 단계는 개념의 구성 요소를 다루기는 하지만 그것을 오랫동안 무의식적으로 다루는 단계로서 방향이 없고 목적이 없는 듯한 활동 그 자체를 즐기는 과정이다. 우리가 흔히 놀이라고 하는 행동을 하는 단계로서 이때 학생들에게는 자유롭게 실험해 보는 자유가 주어져야 한다.

2단계

구조화된 놀이(structured game)이다. 중간단계로 학생 자신이 어떤 구조화가 필요하다는 것을 이해하기 시작하며, 개념의 누적적인 구성이 이루어진다. 무의식적인 경험이 의미 있는 문제로 전화 구성되어 가는 방향에 대한 느낌 개발이 일어나면서 수학적 구성이 시작되는 단계이다. 이전 단계보다 더 목적적이지만 초고가 있는 것에 대한 복합한 의식은 결여되어 있다.

3단계

실습 놀이(practice game)이다. 최종적으로 개념이 형성되는 단계이다. 갑작스럽게 구조에 대한 통찰, 곧 이해의 순간이 오고 개념이 형성되는 단계이다.

(2) 구성의 원리(Constructivity Principle)

구성의 원리는 수학적 개념에 대한 추상화는 구체물 자체가 아니라 구체물에 대한 활동에서 이루어진다는 학습 원리이다. 즉, 구성의 원리는 피아제의 구체적 조작 단계와 관련이 있으며, 개념에 대한 분석적 또는 논리적 탐구를 하기 전에 직관적인 구성 활동이 선행되어야 한다는 것을 의미한다. 따라서 학습자가 수학 개념에 대한 이해도를 제고할 수 있도록 다양한 구체물의 구성 활동을 체계적으로 제공할 필요가 있다.

다음은 중학교 3학년 원의 현에 대한 성질 단원의 교수·학습 활동 예시라고 하자.

활동 1

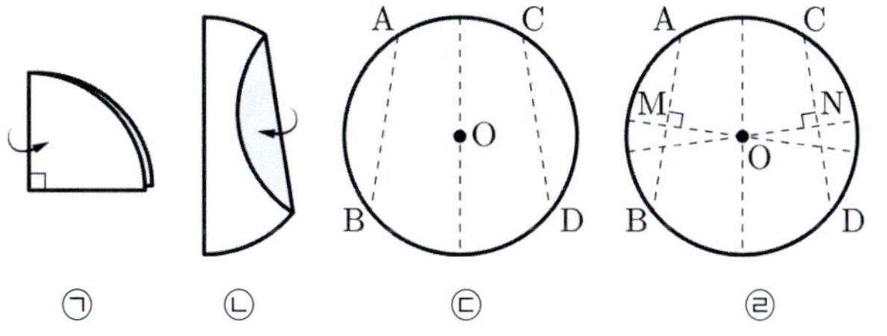

[그림 5-2-2] 원의 현에 대한 성질 탐구

가. ㉠과 같이 원 모양의 색종이를 완전히 포개어지도록 반으로 두 번 접어 원의 중심 O를 찾는다.

나. 다시 처음 상태에서 색종이를 반으로 접고 ㉡와 같이 접은 후 펼친다.

다. ㉢과 같이 네 점 A, B, C, D를 잡는다.

라. 점 A와 점 B, 그리고 점 C와 점 D가 서로 겹치도록 색종이를 각각 접었다 펼친 후, ㉣와 같이 현 AB의 중점 M과 현 CD의 중점 N을 찾는다.

마. $\overline{OM}=\overline{ON}$임을 확인한다.

활동 2

- 친구들과 자유롭게 토의 · 토론하면서 〈활동 1〉을 통해 '길이가 같은 두 현은 원의 중심으로부터 같은 거리에 있다.'는 성질을 학생이 정리할 수 있도록 허용적인 분위기를 조성한다.
- 학생이 정리한 현에 관한 성질에서 '원의 중심으로 부터 같은 거리에 있는 두 현의 길이는 같다.'는 성질을 재구성해 보도록 안내한다.
- 현에 관한 성질을 연역적으로 논증하기 등 학생 수준에 맞게 정당화 방법을 활용한다.

〈활동 1〉은 학생이 '원의 중심으로부터 같은 거리에 있는 두 현은 원의 중심으로부터 같은 거리에 있다'는 현에 관한 성질을 색종이라는 구체물을 통해 직접 구성할 수 있도록 한다는 점에서 구성의 원리를 구현하였다고 할 수 있다. 이러한 구성의 원리를 효과적으로 활용하기 위해서는 <활동 2>와 같이 학생이 현의 성질을 스스로 정리하게 하고, 크기가 다른 원 모양 색종이를 활용하는 등의 방법을 통해 정당화할 수 있는 기회를 제공하는 것이 필요하다.

(3) 지각적 다양성의 원리(Perceptual Variability Principle)

지각적 다양성의 원리는 수학적 개념을 지도할 때 구조적으로 동형인 다양한 형태의 구체물을 이용한다는 학습 원리이다. 이를 위해서는 수학적 개념의 지도에서 개념의 본질과 관련된 요소는 그대로 유지하고, 본질과 관련 없는 다른 요소는 가능한 많이 변화시켜야 한다. 즉, 개념의 불변의 특성이 드러나게 하기 위해서 비본질적인 특성을 모두 변화시키라는 것으로서 변수를 포함하는 개념은 가능한 한 많이 다루는 경험에 의해 학습되어야 한다는 원리이다. 즉, 주어진 외형은 다르게 보일 수 있지만 동일한 수학적인 개념을 내포하고 있는 예들을 실생활에서 찾거나 실제로 만드는 활동을 통해 유사성을 추상화 할 수 있는 기회를 제공하는 것이다.

예를 들어 빨대와 색종이를 이용하여 다양한 크기의 정삼각형 모양을 만들거나, 일상에서 정삼각형 모양을 찾아보는 활동을 할 수 있다. 이러한 활동을 통하여 정삼각형의 외양은 다르지만 공통적인 수학적인 성질을 추상화할 수 있다.

[그림 5-2-3]은 중학교에서 정사면체에 대한 학습을 할 때 활용할 수 있는 자료이다.

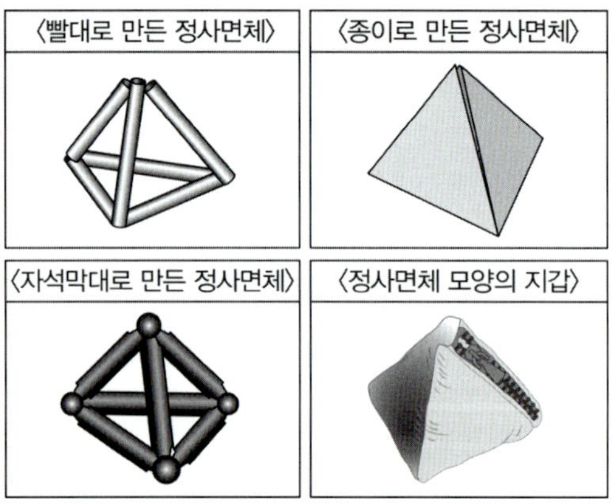

[그림 5-2-3] 다양한 구체물로 만든 정사면체 모양

[그림 5-2-3]을 통해 학생들은 빨대, 종이, 자석막대 등으로 사면체를 만든 구체물은 다르지만 수학적 구조는 동형임을 알 수 있다. 이와 같이 지각적으로 다른 자료를 활용하여 정사면체라는 도형이 다양하게 구현이 될 수 있다는 사실을 알게 함으로써 도형에 대한 이해도를 제고할 수 있다.

(4) 수학적 다양성의 원리(Mathematical Variability Principle)

수학적 다양성의 원리는 수학적 개념의 일반화와 관련된 변인의 변화에 대한 경험을 제공해야 한다는 원리이다. 이를 위해서는 수학적 개념의 지도에서 개념의 본질과 관련된 요소는 그대로 유지하고, 본질과 관련 없는 다른 요소는 가능한 많이 변화시켜야 한다. 즉, 개념의 불변의 특성이 드러나게 하기 위해서 비본질적인 특성을 모두 변화시키라는 것으로써 변수를 포함하는 개념은 가능한 한 많이 다루는 경험에 의해 학습되어야 한다는 원리이다. 예를 들어 사다리꼴이나 평행사변형의 경우 대변이 평행하다는 것을 유지하면서 대변의 길이나 각의 크기 등을 다양하게 변화시키는 활동을 경험하게 하는 것을 의미한다. 이러한 다양한 도형의 경험은 사다리꼴과 평행사변형의 의미와 성질을 일반화하는 데 중요한 역할을 한다. 또한 일차함수 $y=ax+b(a\neq 0)$의 그래프를 학습하는 과정에서도 두 변수인 a, b를 다양하게 변화시켜, 그래프의 모양을 탐구하는 것도 수학적 다양성의 원리를 반영한 것으로 볼 수 있다.

수학적 다양성의 원리와 관련된 첫 번째 사례는 "기울기가 같은 두 일차함수의 그래프는 서로 평행하거나 일치한다."는 학습 내용을 지도할 때, 탐구형 소프트웨어를 활용하여 그래프의 변화를 탐구하는 학습 활동이다. 다음 〈학습 활동 1〉을 보면, 일차함수 $y=ax+b(a\neq 0)$ 의 그래프에서 a의 값은 고정하고 b의 값을 변화시킬 때 $f(x)$와 $g(x)$의 그래프 관계를 관찰하게 한다. 즉 두 일차함수의 그래프가 평행인 경우는 기울기 a의 값이 같고 b의 값이 다른 경우이고, 일치하는 경우에는 a와 b의 값이 서로 같다는 것을 학생 스스로 발견할 수 있는 기회를 제공하고 있다.

학습 활동 1

탐구형 소프트웨어를 이용하여 컴퓨터 화면에 함수 $f(x)=2x+1$의 그래프를 그린다. 매개변수 입력창에 a, b의 값을 입력하면 그 값에 따라 새로운 함수 $g(x)=ax+b$의 그래프가 동일한 화면에 그려지도록 한다.

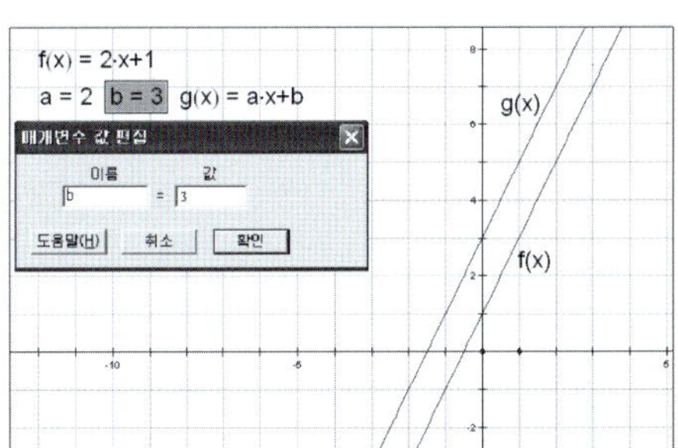

활동 ① : 위 학습 자료에서 a의 값을 2로 입력하여 고정한다.

활동 ② : b의 값에 3을 입력하여 $g(x)$의 그래프를 그리고, $f(x)$와 $g(x)$의 두 그래프 사이의 관계를 관찰한다.

활동 ③ : b의 값을 바꾸어 입력하여 $g(x)$의 그래프를 그리고, $f(x)$와 $g(x)$의 두 그래프 사이의 관계를 관찰한다.

활동 ④ : 활동 ③의 과정을 여러 번 반복해서 실행한다.

두 번째 사례는 교사가 탐구용 소프트웨어를 활용하여 원주각의 성질을 지도하는 수업이다. 다음 〈학습 활동 2〉에서 교사는 원 위의 호가 정해져 있을 때 학생들 스스로 원주각의 크기를 다양하게 변화시켜보는 기회를 제공한다. 학생들은 이를 통해 호 AB에 대해 여러 개의 원주각을 그려 보고 그 크기를 비교하여 한 호에 대한 여러 개의 원주각의 크기는 항상 같다는 사실을 발견한다.

학습 활동 2

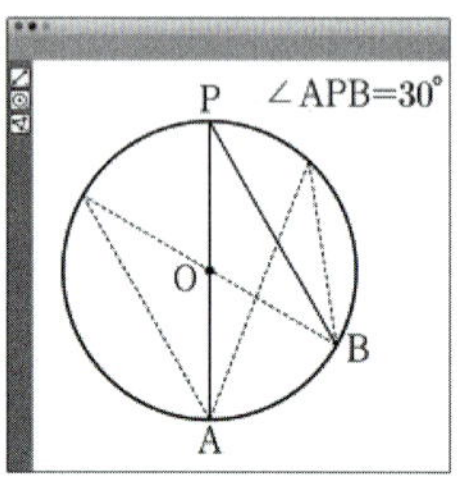

김 교사: 점 P를 원 O 위에서 움직이면서 원주각 ∠APB의 크기가 어떻게 변하는지 관찰해 봅시다. 여러분, 점 P를 원 O 위의 호 AB를 제외한 부분에서 움직이면 ∠APB의 크기가 어떻게 변화하나요?

학 생 1: 점 P를 움직여도 ∠APB의 크기가 30°로 변하지 않았어요.

김 교사: 잘 관찰했습니다. 이번에는 원 O에서 점 B를 움직여 호 AB의 길이를 바꾼 후 점 P를 움직여 보세요. 원주각의 크기가 어떻게 변화하나요?

학 생 2: 점 P를 움직였는데, 호 AB에 대한 원주각이 여러 개 생기지만 그 크기는 항상 같았어요.

〈학습 활동 3〉에서는 〈학습 활동 2〉의 결과를 활용하여 한 호에 대한 중심각과 원주각의 관계도 탐구하는 기회를 제공한다. 학생들은 호 AB에 대한 원주각과 중심각의 크기를 비교하면서 한 호에 대한 원주각의 크기는 그 호에 대한 중심각의 크기의 $\frac{1}{2}$이라는 것을 스스로 발견한다. 이와 같이 수학적 다양성의 원리를 반영한 수업은 학생들이 한 호에 대한 원주각과 중심각의 형태를 다양하게 변화시켜 탐구함으로써 그 공통 특징을 발견할 수 있도록 한다.

학습 활동 3

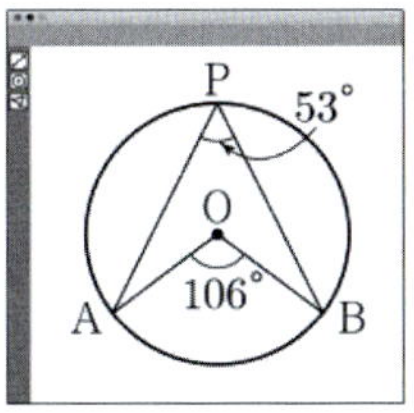

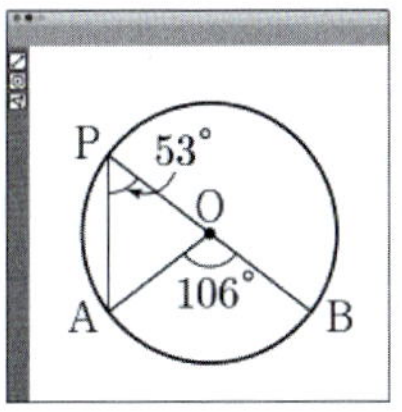

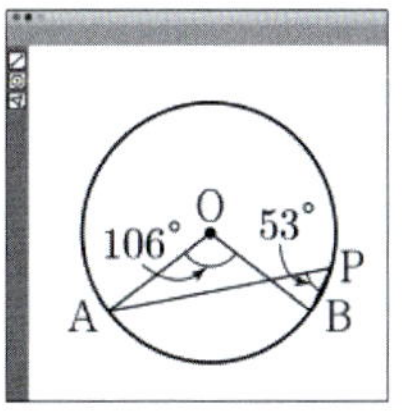

김 교사: 이제 원주각의 크기와 중심각의 크기 사이의 관계를 관찰해 봅시다. 이때도 점 P를 원 O 위의 호 AB를 제외한 부분에서 움직이면서 중심각 ∠AOB의 크기와 원주각 ∠APB의 크기의 측정값을 비교해 봅시다. 무엇을 발견했나요?

학 생 1: 원주각 ∠APB의 크기가 중심각 ∠AOB의 크기의 $\frac{1}{2}$인 것 같아요.

김 교사: 네, 그렇네요. 한 호에서 여러 개의 원주각을 만들 수 있어요. 점 P를 원 O 위의 호 AB를 제외한 부분에서 더 움직여 보면서 원주각과 중심각의 크기를 좀 더 관찰해 봅시다.

학 생 2: 점 P의 위치와 관계없이 ∠APB는 호 AB에 대한 원주각이고 그때 각의 크기가 같으니까, 원주각과 중심각의 크기의 관계는 언제나 똑같아요. 원주각의 크기는 중심각의 크기의 $\frac{1}{2}$입니다.

김 교사: 잘 관찰했습니다. 지금까지 탐구형 소프트웨어를 활용 관찰한 원주각의 성질을 문장으로 만들어 봅시다. 누가 발표해 볼까요?

학 생 1: 한 호에 대한 원주각의 크기는 모두 같습니다. 그리고 한 호에 대한 원주각의 크기는 그 호에 대한 중심각의 크기의 $\frac{1}{2}$입니다.

김 교사: 잘 만들었어요. 이제, 이러한 성질을 자세하게 분석해 봅시다.

[이후, 원주각 크기와 중심각 크기 사이의 관계를 연역적으로 정당화하는 교수-학습이 이루어진다.]

QUIZ

1 역동적 원리와 구성의 원리를 설명하고, 이를 적용할 수 있는 사례를 제시하시오.

2 지각적 다양성의 원리와 수학적 다양성 원리를 설명하고, 이를 적용할 수 있는 사례를 제시하시오.

과제 및 연습

1. 딘즈의 개폐연속체에 해당하는 사례를 중학교 함수에 관한 학습 내용 중에서 제시하시오.

2. 딘즈의 6단계 개념 학습 과정을 근거로 삼각형과 사각형의 성질을 탐구하는 교수·학습 활동을 구성하시오.

3. 딘즈의 6단계 개념 학습 과정을 근거로 $y=ax(a \neq 0)$와 $y=ax+b(a \neq 0)$의 그래프의 관계를 탐구하는 교수·학습 활동을 구성하시오.

03 프로이덴탈의 수학 학습 이론

수학화 활동의 중요성

핵심어 수학화, 교수학적 현상학, 수평적 수학화, 수직적 수학화

프로이덴탈(Freudenthal, 1905~1990)

프로이덴탈은 독일 태생의 수학자이자 수학교육자로, 베를인 대학에서 대수적 위상기하 분야의 박사학위를 받았으며 네덜란드의 암스테르담 대학 교수로 재직한 바 있다. 그는 수학자이자 직관주의자인 브라우어(Brouwer)의 영향을 받았으며, 위트레흐트(Utrecht) 대학에서 수학을 가르치면서 자신의 생각을 구체화하여 현실적 수학교육(Realistic Mathematics Education) 이론의 기초를 마련하였다.

프로이덴탈은 1968년 세계적인 수학교육저널 'Educational Studies in Mathematics(ESM)'을 창간하는 데 공헌하였으며, 1971년에 위트레흐트 대학 내에 설립한 수학교육연구소(Institute for the Development of Mathematical Education)는 그의 사후인 1991년에 프로이덴탈 연구소(Feudenthal Institute)로 개칭되어 현재에도 RME 등 수학교육 분야의 연구를 이어가고 있다. 또한, 국제수학교육위원회(International Commission on Mathematical Instruction)에서는 2003년부터 국제적으로 수학교육 영역에서 큰 공헌을 해온 연구자를 선정하여 한스 프로이덴탈 메달(Hans Freudenthal Award)을 수여하고 있는데, 역대 수상자인 스파드(Sfard), 콥(Cobb), 쉐발라드(Chevallard) 등을 보면 수학교육 분야에서 프로이덴탈의 위상을 가늠할 수 있다.

프로이덴탈(H. Freudenthal)은 수학을 기본적인 직관을 바탕으로 일련의 정신적 활동에 의해 구성된 것으로 보는 직관주의 수리철학의 입장을 그의 이론의 기초로 삼고 있다(우정호, 2011). 이러한 입장에서 수학을 **상식**으로부터 출발하여 **내용**과 **형식**의 교대 작용을 거치면서 점진적으로 조직화되어 가는 인간의 활동으로 보고 있으며, 수학의 특성을 상식과 수학의 교대 작용 즉, 내용과 형식의 교대 작용으로 설명한다. 수를 다루는 과정에서 예를 들어보면, '내용'은 두 수를 바꾸어 더해도 결과가 같다고 하는 암묵적인 생각을 갖게 되는 상태까지이고, '형식'은 이것을 '덧셈의 교환법칙'이라는 수학적 표현을 사용하여 조직화하는 것이다(정영옥, 1997). 이런 구분은 상대적이며, 획득된 형식은 그 자체가 새롭게 조직되어야 하는 내용이 된다.

프로이덴탈에 의하면, 수학적 개념, 구조, 아이디어는 물리적, 사회적, 정신적 세계의 **현상**을 조직하는 수단으로 발명된 것이다(Freudenthal, 1983). 수학적 개념, 구조, 아이디어는 현상을 조직화하는 수단으로서의 **본질**(nooumenon)이며, 내용과 형식, 현상과 본질의 교대 작용이 이루어지면서 발달해 간다. 이때 **현상**(phenomenon)은 물리적인 세계이든 사회적인 세계이든 수학적인 정신적 세계이든 개인에게 상식적으로 받아들여질 수 있는 사실이며, 현상을 정리하고 조직하는 수단인 본질이 다음 단계의 현상이 되는 과정을 거듭 반복하면서 수학적 사고가 발달해 간다(우정호, 2011). 프로이덴탈은 현상이 본질로 조직되고 그 본질이 다시 현상이 되는 끊임없는 재조직화의 과정을 '**수학화**(mathematizing)'로 명명하였다. **실행 수학**[1]의 주요한 수학적 활동을 수학화 활동으로 보았으며, 수학화라는 용어에 수학자들의 조직화 활동 전체를 포함시킬 것을 주장하였다(Freudenthal, 1991).

수학화는 현상을 수학적 수단인 본질로 조직하는 활동이며, 수학화 과정은 [그림 5-3-1]에서 보듯이 현상과 본질의 교대 작용에 의해 수준 상승이 이루어지는 불연속적인 과정이다. 예를 들어, 자연수의 수학화 과정을 살펴보면, 일상생활에서 사물을 체계적으로 세는 행동을 조직화하고 점차 형식화, 공리화하여 수학적 귀납법의 원리에 의한 체계로서의 자연수에 도달한다. 또 다른 예로, 실세계 공간에서 모양이라는 현상은 삼각형, 평행사변형, 마름모, 직사각형 등의 도형으로 조직되고, 다음 단계에서 도형이라는 현상이 작도와 증명으로 조직될 수 있다(Freudenthal, 1983). 이와 같이 현상 → 정리 수단인 본질 → 더 높은 차원의 본질 →… 과 같이 현상과 본질의 교대 작용 속에서 본질을 찾아 체계화하고 조직화하는 것이 수학화이며, 근원적인 현상과 본질의 관계를 찾는 것이 수학적 현상학이라면, 이런 관계를 교수학적 측면에서 다루는 것이 **교수학적 현상학**이다(정영옥, 1997). 즉, 교수학적 현상학은 현상과 본질의 상대적인 관계를 교수학적 측면에서 논하는 것이다. 교수학적 현상학이 의미하는 바는 교사가 수학적 지식을 단순히 전달하는 것이 아니라, 학습자가 상식적으로 받아들일 수 있는 현상으로부터 스스로의 활동을 통해 수학이 형성되

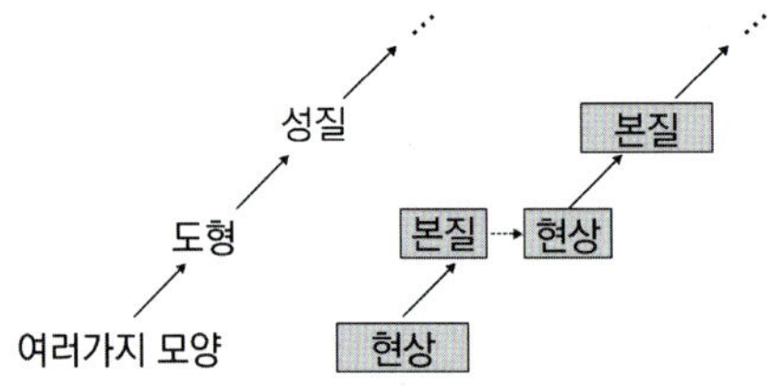

[그림 5-3-1] 수학화 과정(김남희, 2021, p.183)

1 프로이덴탈은 수학을 결과적 지식으로서의 기성 수학과 활동 중의 수학인 실행 수학으로 구분하면서 학생들이 학습해야 하는 수학은 실행 수학이라고 주장하였다(황혜정 외, 2022).

는 과정을 직접 경험할 수 있도록 안내해야 함을 강조한 것이다.

한편, 트레퍼스(Treffers)는 수학화를 **수평적 수학화**(horizontal mathematization)와 **수직적 수학화**(vertical mathematization)로 구분하였다. 수평적 수학화는 현실 내의 문제 장면을 수학적 처리가 가능하도록 변환하는 것을 의미하고, 수직적 수학화는 좀 더 세련된 수학적 처리가 가능하도록 변환하는 것을 의미한다. 수학화는 현실을 수학적 수단으로 조직하는 수평적 수학화로 시작하지만, 수학적 경험이 축적되면 수학 자체의 수학화, 곧 수직적 수학화가 시작되며, 처음에는 국소적으로, 점차적으로 공리적 이론체계의 구성으로 총체적인 수학화가 시도된다(우정호, 2011). 프로이덴탈은 오랫동안 수학화의 구분을 받아들이는 것을 주저해 왔지만, 수학교육 유형의 특징을 이해하는 데 중요하기 때문에 결국 이런 구분을 긍정적으로 평가하였다(Freudenthal, 1991).

수평적 수학화와 수직적 수학화의 예를 [그림 5-3-2]의 '도형의 방정식' 단원에 대한 활동 과제와 관련하여 살펴보자. 수평적 수학화는 현실 내의 문제 상황을 좌표평면, 원, 직선을 이용해 수학적 처리가 가능하도록 변환하는 것으로, 축구공이 골라인을 지나가는 상황인 (1)을 좌표평면에서 원과 직선의 위치 관계를 알아보는 (2)로 나아간 것이 이에 해당한다. 수직적 수학화는 원과 직선의 위치 관계를 이해하고 판별식을 이용해 좀 더 세련된 수학적 처리가 가능하도록 변환하는 것으로, 좌표평면에서 원과 직선의 위치 관

(1) 다음 [그림 1], [그림 2], [그림 3]은 축구공이 골라인을 나타내는 직선 l을 지나가는 상황을 차례로 찍은 사진이다. [그림 1], [그림 2], [그림 3]에서 각각 직선 l을 x축으로 하여 좌표축을 설정하고 축구공을 나타내는 원을 식으로 표현하시오.

※ 준비물: 삼각자

[그림 1]

[그림 2]

[그림 3]

(2) 좌표평면에서 원과 직선의 위치 관계를 알아보시오.

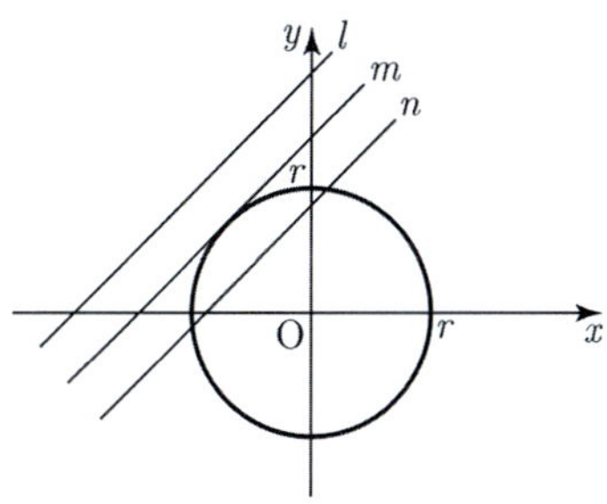

(3) 원 $x^2+y^2=r^2$과 직선 $y=px+q$의 위치 관계를 이차방정식의 판별식을 이용하여 설명하시오.

[그림 5-3-2] '도형의 방정식' 단원의 활동 과제

계를 알아보는 (2)를 이차방정식의 판별식을 이용해서 설명하는 (3)으로 나아간 것이 그 예이다.

QUIZ

1. 수학화의 뜻을 기술하시오.
2. 수평적 수학화와 수직적 수학화를 비교하여 설명하시오.
3. 교수학적 현상학에 대하여 설명하시오.

현실적 수학교육

| 핵심어 | 현실적 수학교육, 점진적인 수학화

프로이덴탈이 활동하던 1960년대에는 수학적 지식이 절대적이고 확실한 객관적 지식이며 수학적 대상은 인간과 무관하게 존재한다는 절대주의가 여전히 지배적이었다. 프로이덴탈은 초기에는 직관주의 관점을 따랐으나, 이후 준경험주의자인 라카토스의 견해를 수용하여 수학은 인간 활동에 의한 역동적인 변화와 발전의 결과라고 보고 이러한 역동성이 학교수학에 적극적으로 반영되어야 한다고 보았다. 프로이덴탈은 수학이 인간의 활동이며 수학적 활동의 본질은 수학화 활동이라는 관점 하에 현실적 수학교육을 주창하였다(정영옥, 이경화, 나귀수, 2018).

현실적 수학교육에서의 '현실적'이라는 용어는 수학의 실생활 적용 맥락을 의미한다기보다 현실 맥락을 이용하여 수학을 배워야 함을 강조한 것이다. '현실적'이라는 것은 실세계와 반드시 연결해야 한다는 것보다는 학생들이 상상할 수 있는 문제 상황에서 출발해야 함을 강조한 것으로, 수학을 실세계 맥락에서 출발하여 지도할 수 있으나 만약 학생들에게 현실적이기만 하면 동화 속 세계나 형식적인 세계도 적절한 현실적 맥락이 될 수 있다고 보았다. 네덜란드어로 '상상하다'라는 동사는 'zich realiseren'이고, 이것은 마음속에서 어떤 것을 현실적이라고 생각하는 것을 뜻하며, 이로부터 RME(Realistic Mathematics Education)라는 명칭이 비롯되었다(이경화, 2016; Van den Heuvel-Panhuizen, 2000).

현실적 수학교육에서는 현실 상황 맥락으로부터 형식적 표현으로의 **점진적인 수학화**(progressive mathematization)를 강조했는데, 이를 은유적으로 나타낸 것이 [그림 5-3-3]의 빙하 모델이다. 빙하 모델은 빙하의 윗부분인 형식적인 수준에 도달하려면 훨씬

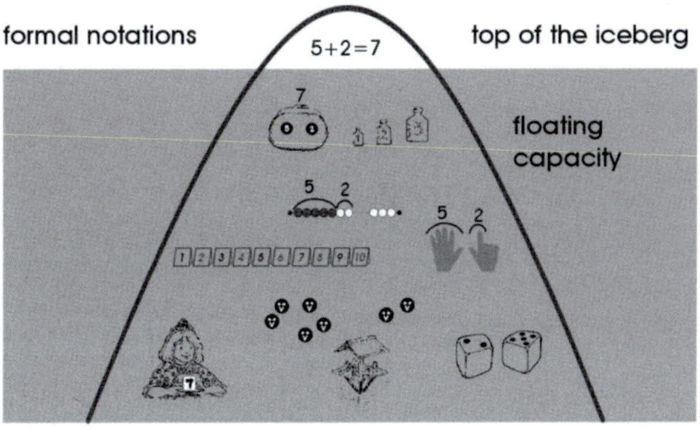

[그림 5-3-3] 덧셈에 대한 빙하 모델
(출처: https://www.uu.nl/en/research/freudenthal-institute/realistic-mathematics-education)

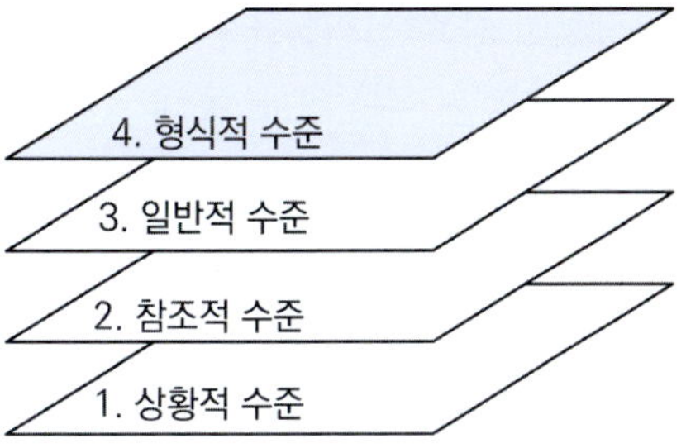

[그림 5-3-4] 점진적인 수학화의 단계(Bakker, 2004, p. 8)

더 풍부한 비형식적인 맥락과 전-형식적(pre-formal) 표현인 빙하의 아랫부분을 경험해야 함을 보여준다(Webb, 2010).

한편, 현실적 수학교육에서 점진적인 수학화의 단계는 [그림 5-3-4]의 네 수준으로 구분할 수 있다(정영옥 외, 2018; Bakker, 2004)

첫째, 상황적 수준(situational level)은 대체로 학교 밖 환경이라는 현실 맥락에서 활동하는 수준이며, 둘째, 참조적 수준(referential level)은 현실 맥락에서의 사고활동을 압축하여 이에 대한 사후 이미지인 '~의 모델(model of~, 이하 MO)'을 형성하는 단계이다. 셋째, 일반적 수준(general level)은 이후 일반성을 갖춘 형식 수학의 사전 이미지인 '~을 위한 모델(model for~, 이하 MF)'을 창조하는 단계이다. 넷째, 형식적 수준(formal level)은 더 이상 수학적 활동을 위한 모델에 의존하지 않고 약속된 상징 기호에 따라 추론하는 형식적 수학 수준이다.

예를 들어, 총 40대의 차량을 주차할 수 있는 주차장에 24대가 주차된 상황을 [그림 5-3-5]와 같이 나타낼 수 있는데, 위의 막대는 현실 맥락인 주차 공간의 상황을 수학적으로 나타낸 것으로 MO에 해당한다. 이는 절반보다 더 큰 공간을 차지한다는 것은 분명하지만 정확히 몇 %인지를 나타낼 수는 없다. 아래의 막대는 40대가 100%에 해당한다면

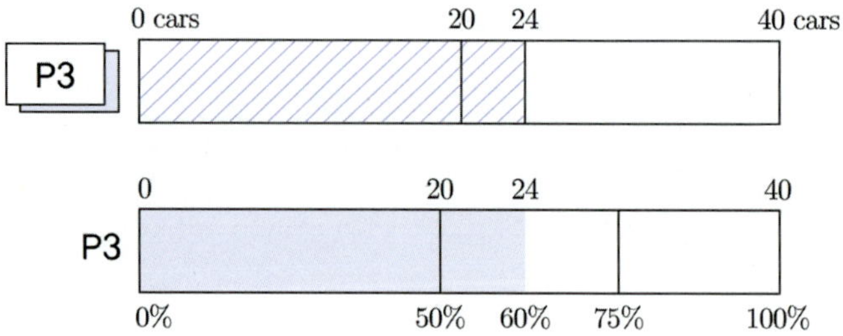

[그림 5-3-5] MO와 MF(Van den Heuvel-Panhuizen, 2003, p. 21)

20대는 50%, 24대는 60%에 해당함을 나타낸 것으로, 주어진 하나의 현실 맥락에 대한 모델에 그친 것이 아니라 동형인 모든 현실 맥락을 다룰 수 있는 일반적인 원리이자 수학적 추론 도구로서의 MF의 의미를 강조하게 된다. 이렇게 창조된 의미는 이후 백분율의 분수 표현, 유사한 사례로의 확장에서 중요한 역할을 하게 된다. 이처럼 학생들은 현실 맥락을 모델링하여 MO와 MF를 창조하는 수학화를 통해 수학을 재창조하게 된다(이경화, 2016; Van den Heuvel-Panhuizen, 2003).

QUIZ

1 현실적 수학교육에서 '현실적'이라는 용어의 의미를 기술하시오.

2 점진적인 수학화 단계를 네 수준으로 구분하여 설명하시오.

수학화 학습-지도 방법

핵심어 | 안내된 재발명 방법, 사고 실험, 역사 발생적 원리, 형식 불역의 원리, 심상, 반성적 사고, 전형적인 보기

프로이덴탈은 수학화에 대해 교수학적으로는 재발명을 의미하는 것으로 보고, 교사는 학습자가 수학적 수단으로 조직되어야 할 현상에서 출발하여 수준의 비약을 거쳐 재발명을 이루도록 안내해야 함을 강조하였다. 그는 점진적인 수학화를 위한 수학화 학습-지도 방법으로 **'안내된 재발명** 방법', '역사 발생적 원리에 따른 지도', '심상의 구성에 의한 개념 지도', '현실과의 관련성이 적재된 수학', '학습 수준 이론에 따른 지도', '전형적인 보기를 통한 개념 지도'를 제안하였다.

(1) 안내된 재발명 방법

프로이덴탈에 의하면, 수학적 개념, 구조, 아이디어는 여러 가지 현상을 정리하는 수단으로 발명된 것이므로 수학은 현상을 조직화하는 수단으로 학습되어야 한다. 학습은 발명의 과정을 포함해야 하며, 진정으로 응용 가능한 수학은 수학화 활동 경험을 통해 학습된 수학이다. 수학 학습 과정에서는 교사의 안내 하에 감정이 이입될 수 있는 학습자의 현실로부터 수학화 활동을 통해 수학적 내용을 재발명해 나가는 과정이 필수적이다(정영옥, 1997). 수학 학습-지도에서 학습자에게 수학적 활동의 재발명을 경험시키는 방법이 안내된 재발명 방법이다.

프로이덴탈은 '재발명 방법'을 교사의 주도 아래 수학의 역사적 발달과정을 단축된 형태로 재현시켜야 한다는 발생적 입장에서 말하지만, 선조들의 발명 과정을 현재 학습자의 상황에서 재해석하여 재발명시킬 것을 주장한다(우정호, 2011). 재발명을 위해서는 학습자들이 현실적·구체적으로 받아들일 수 있는 현상이 제시되어야 하며, 학습자의 현실에서 출발해서 교사의 안내에 의해 수학화 경험으로 이어져야 한다.

프로이덴탈은 안내된 재발명 방법을 가능하게 하기 위해서는 '사고 실험'을 할 것을 주장한다. 사고 실험은 수업 장면과 수업 내용 측면에서 그 의의를 살펴볼 수 있다. **수업 장면과 관련된 사고 실험**은 교사나 교과서 저자가 한 학습자 또는 한 그룹의 학습자들을 생각하고 학습자들의 가능한 반응에 따라 가르치거나 저술하는 태도를 의미한다. **수업 내용에 중점을 둔 사고 실험**은 어떤 것을 발명했거나 어떤 방법을 개선한 개인 수학자의 마음속에 어떤 일이 일어났는지에 대해 추측하는 것을 의미한다. 즉, 사고 실험은 교실 수업에서 학습자들의 재발명을 돕기 위해서 학습자의 입장과 반응을 고려함과 동시에 자신의 입장에서 개인 수학자의 마음에 대해 추측하는 것을 의미한다(정영옥, 1997).

예를 들어, 입체도형을 이용하여 [그림 5-3-6]과 같이 인수분해 공식 '$a^3-b^3=(a-b)(a^2+ab+b^2)$'을 지도하기 위한 교사는 "$a$, b, $a-b$가 양수이다.", "입체도형을 분리하여 만든 새로운 입체도형들의 부피의 합은 분리하기 전 입체도형의 부피와 같다.", "도형

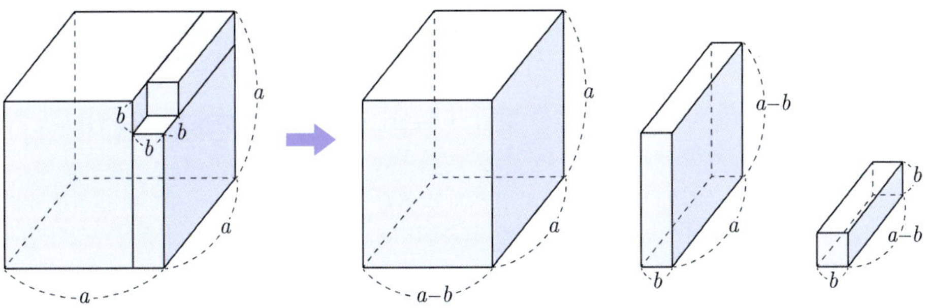

[그림 5-3-6] 입체도형을 이용한 인수분해 공식 지도

을 분리할 때 새로 생성된 면은 부피에 영향을 주지 않는다." 등 여러 가지 숨겨진 가정을 생각해 보고 그 가정을 학생이 찾아내도록 하는 발문을 생각해 볼 수 있다.

(2) 역사 발생적 원리에 따른 지도

안내된 재발명 방법은 가르치고자 하는 내용에 대한 수학화 과정의 분석을 통해 현상을 조직하는 수단으로서 그것이 어떻게 작용하는지 알아보고, 그러한 수학화의 소재가 되는 학습자 주변 현상을 찾아 학습자로 하여금 수학화 활동을 경험시키는 학습-지도 방법이다. 이때 수학사 곧 선조들의 학습 과정을 단축된 형태로 반복하거나 수학자 개인의 발명 과정을 재현하게 함으로써 수학화 활동을 경험시키는 것은 역사 발생적 원리[2]와 그 맥을 같이 하는 것으로 볼 수 있다(우정호, 2011).

이러한 맥락에서 프로이덴탈은 음수의 지도는 처음부터 형식적으로 지도되어야 한다고 주장한다. 음수는 양의 표현과 측정 및 뺄셈을 자유롭게 하기 위한 실제적 필요성과 대수에서 방정식 풀이 방법에 대한 일반성을 확보하기 위한 필요성 때문에 발명되었으며, 음수의 연산은 자연수의 집합에서 성립하는 교환법칙과 결합법칙이 정수의 집합에서도 성립해야 한다는 원칙을 통해 정의되었기 때문이다. 프로이덴탈은 음수의 지도를 형식적인 관점에서 접근하는 **형식 불역의 원리**(principle of the permanence of equivalent forms)[3]를 '기하적 · 대수적 형식 불역의 원리'로 확장하였다. '기하적 · 대수적 형식 불역의 원리'의 의미를 정수의 나눗셈 '$(-2) \div 2 = ?$'의 지도와 관련지어 대수적 측면과 기하적 측면에서 생각해 보자.

먼저, 대수적 측면에서는 '$2 \div 2 = 1$', '$1 \div 2 = \frac{1}{2}$', '$0 \div 2 = 0$'과 같이 일련의 나눗셈이 진행되는 규칙으로부터, '$(-2) \div 2 = -1$'이 되어야 한다는 것을 귀납적으로 추측할 수 있다. 기하적 측면에서는 '2로 나누는 연산'을 '나누어지는 수 x에 연산 결과 y를 대응시키는 함수'로 이해할 수 있다. [그림 5-3-7]과 같이 음수가 도입되기 전까지는 함수 $y = \frac{x}{2}$에서 x의 범위가 $x \geq 0$으로 제한된다. 그런데 x의 범위를 음수까지 확장하면 이 함수의 그래프는 [그림 5-3-7]의 오른쪽과 같이 변화한다. 이를 통해 $x < 0$일 때 $x \div 2$가 어떻게 정해지는지를 알 수 있으며, 이로부터 '$(-2) \div 2 = -1$'을 유도할 수 있다.

한편, 프로이덴탈은 학습자의 정신적 발달이 역사를 그대로 재현하는 것이 아니라 학습

2 역사 발생적 원리는 수학이 발생된 것으로 파악하고 학습자가 학습 과정에서 수학의 발생을 경험하게 하는 교수학적 원리로서, 클레로(Clairaut), 클라인(Klein), 퇴플리츠(Toeplitz) 등이 주장하였다(우정호, 2011).

3 형식 불역의 원리는 어떤 대수적 구조나 기하적 구조를 확장할 때 기존의 체계에서 인정된 성질이 유지되도록 해야 한다는 것을 의미한다(김남희 외, 2017).

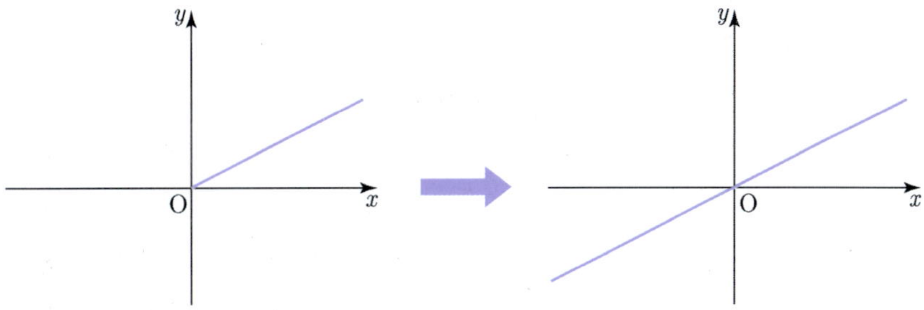

[그림 5-3-7] '2로 나누는 연산'에 대한 기하적 해석

자의 현실을 출발점으로 하여 이미 발명된 수학을 학습자 스스로 개선된 방법으로 재창조해 나간다고 주장한다. 여기서 역사의 중요성은 어떤 개념의 발달 또는 수학적 구조의 형성에 있어서 발생 맥락을 알려주며, 수학화 과정의 하나의 패러다임 역할을 담당한다. 예를 들어 수학사를 통해 수 계산의 단축화 과정을 알고 있을 때, 이것은 하나의 전형적인 보기일 뿐이지 학생들이 그 순서와 방법을 그대로 따르는 것은 아니며, 학습자는 새로운 방법으로 단축화 과정을 발명해 나갈 수 있는 것이다(정영옥, 1997). 이 과정에서 수학적 개념의 역사 발생이 중요한 역할을 하므로 역사 발생적 원리를 따르고 있기는 하지만, 엄격한 의미에서의 역사적 발생의 재현이 아닌 학습자의 현실 문맥을 통한 재구성을 강조하기 때문에 '**현대적 역사 발생적 원리**'라고 명명할 수 있다(우정호, 민세영, 2002).

(3) 심상의 구성에 의한 개념 지도

프로이덴탈은 개념을 이해한다는 것은 개념 획득을 통해서가 아니라 심상(mental object)의 구성에 의한 것임을 강조한다. 심상이란 학습자가 개념을 현상 가운데에서 접해 보고 다루어 봄으로써 발생되는 일종의 암묵적인 직관 또는 개념 이미지이다. 개념을 알게 된다는 것은 그것에 대한 형식적 정의나 설명에 의한 것이라기보다는 그 개념이 내포된 현상 속에서 그 개념의 용도를 알고 사용하는 것을 통해 자기 나름대로 그 개념에 대한 심상을 갖게 된다는 것이다. 프로이덴탈의 교수학적 현상학은 학습자의 정신적 현실에 맞으며, 수학적 개념, 아이디어, 구조가 조직화의 수단이 되는 현상들에 직면하도록 해서 학습자 스스로 재발명 과정에서 수학적 수단들을 찾아내도록 한다.

이는 현상 속에서 수학적 수단을 다루어 봄으로써, 수학적 대상에 대한 심상을 구성하게 하려는 것이며, 그것을 반성에 의한 수준 상승으로 이끌어나가기 위한 틀을 제공하려는 것이다. 가령, 함수 개념을 지도할 때 교사는 함수 개념에 대한 심상을 구성하도록 수학화가 될 현상들을 제시하고, 반성에 의해 함수 개념으로 나아갈 수 있도록 해야 한다는 것이다. 즉, 함수 개념을 가르치기 위해서는 심상의 구성 기회가 중요하다. 함수를 명시적으로 정의하지 못하더라도 좋은 심상을 가지고 있다면 현상과 본질의 교대에서 수학화로 이르는 길에 들어설 수 있기 때문이다.

따라서 수학적 개념 형성 과정에서는 심상의 구성이 우선되어야 하며, 수학의 본질을 우선 심상으로 구성한 후 정신적 활동을 통해 개념으로 형성되도록 함으로써 심상을 구성하는 자료가 현상임을 인식시켜야 한다.

(4) 현실과의 관련성이 적재된 수학

교수학적 현상학은 내용과 형식의 교대, 현상과 본질의 교대가 이루어지는 가운데 심상을 구성하여 수학화를 진행하도록 설계하는 교수학적 측면을 다루는 것이다. 심상은 현상으로서의 현실 맥락을 조직화하는 가운데 구성되므로 학생에게 적절한 현실 맥락을 제공하는 것이 매우 중요하다(정영옥 외, 2018). 프로이덴탈은 학습자의 현실을 수학화하는 경험으로부터 출발하여 점진적인 수학화 과정을 재발명시키고자 풍부한 맥락을 강조한다. 풍부한 맥락이란 맥락이 교수학적으로도, 학습자들에게도 의미가 풍부해야 함을 뜻한다. 맥락은 어떤 특정한 학습 과정에서 수학화하도록 학습자들에게 제시하는 현실의 영역이며(Freudenthal, 1991), 학습자의 현실은 학습자의 물리적·사회적·정신적인 세계를 총칭하는 것으로 점진적인 수학화를 통해 점차 확대된다(우정호, 2011).

현실적 수학교육 이론에서는 수학 수업에서 추구해야 할 수학화 학습 사이클을 제시하고 있다. 수학화 학습 사이클은 현실 맥락을 직관적으로 탐구하면서 그 맥락에 내포된 수학적 측면들을 알아내어 관련된 수학적 개념에 대한 심상을 형성하며, 이에 대해 반성적으로 사고함으로써 형식화·추상화를 통해 추상적인 형식 수학을 이해하고 다룰 수 있게 되어 이를 새로운 현실 맥락에 적용 및 강화하고 일반성을 부여할 수 있게 됨을 의미한다. 그 결과 다른 현실 맥락도 조직할 수 있게 되며, 이를 통해 더 넓은 현실 맥락으로 나아가게 되고, 이것이 다시 더 높은 수준의 학습 사이클의 출발점이 된다. 이때 현실 맥락은 초기에만 활용되는 것이 아니라 심상을 형성하고 형식화·추상화하여 적용하는 전 과정에 필수적이다. 또한 각 단계를 거치는 과정에서 수평적 수학화와 수직적 수학화의 교대 작용이 반복적으로 일어나게 된다. 이 사이클은 한 단원, 한 학기, 한 학년 동안의 학습이나 한 차시, 한 주제의 수업 내에서 실현될 수 있다. 하나의 큰 사이클 안에 여러 개의 작은 사이클이 포함될 수 있으며, 각각의 사이클은 이상적으로는 수학화 학습의 네 단계 사이클을 모두 포함하는 것이지만 일부 단계만 포함할 수도 있다. 이러한 수학화 학습 사이클이 계속되면서 학생들의 현실은 더욱 확장되며 질적으로도 높은 수준으로 발전하게 된다(정영옥 외, 2018).

예를 들어, 소수 개념 단원에서 이루어지는 수학화 과정을 도식으로 나타내면 [그림 5-3-8]과 같다. 소수 단원 전체가 하나의 수학화 학습 사이클이지만, 각 주제별로 작은 사이클들이 존재한다. 주제 1에서는 현실 세계 맥락인 교실 측정 맥락에서 종이띠를 반복적으로 세분하는 활동을 통해 소수에 대한 직관적인 개념을 추출하고, 이를 분수로 기호화하는 작은 사이클이 적용되는 것을 볼 수 있다. 주제 2에서도 현실 세계 맥락인 화폐 맥락에서 물건 가격을 다양한 화폐 단위로 표현하면서 분수를 소수로 전환하는 것과 다양한 동치 표현을 통해 소수의 구조에 대한 심상을 형성하고, 소수를 기호화하는 작은 사이클이 적용되는 것을 볼 수 있다. 그러나 모든 주제가 이와 같은 방식으로 구성되는 것은 아니며, 주제가 거듭될수록 상대적인 추상화·형식화의 정도는 점차 심화된다. 또한, 각 주제의 사이클 내 단계에서는 수평적 수학화와 수직적 수학화가 다양하게 교대된다. 이와 같은 수학화의 사이클이 계속되면서, 소수 개념에 대한 수학화가 계속 이루어지고, 학생들은 소수 개념과 관련된 다양한 측면들을 자신의 현실로 포함하게 된다.

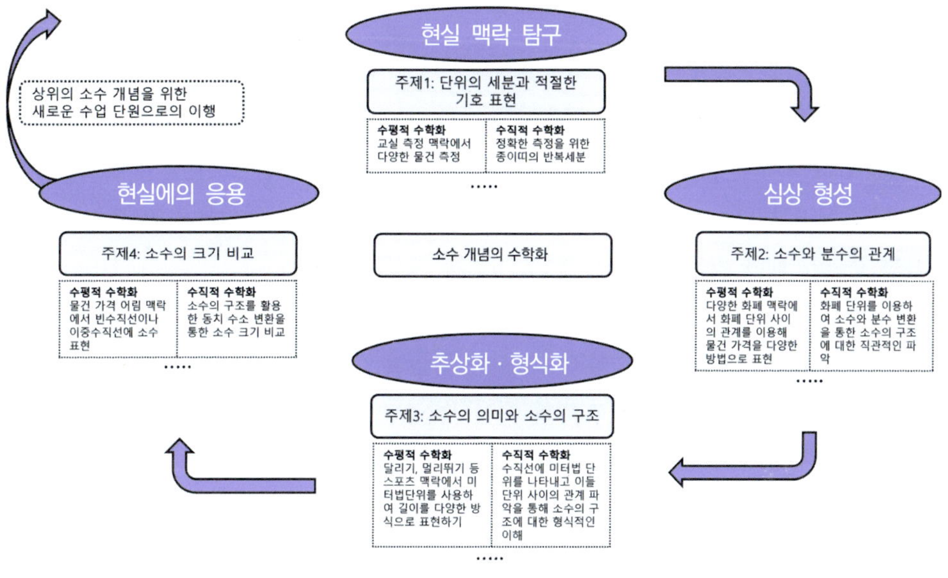

[그림 5-3-8] 소수 개념의 수학화 과정(정영옥 외, 2018)

(5) 학습 수준 이론에 따른 지도

프로이덴탈에 의하면, 수학은 인간의 정신적 활동이며 수학화 과정은 현상과 본질의 교대 작용에 의해 수준의 상승이 이루어지면서 조직화·구조화되는 불연속 과정이다. 수학 학습 과정도 사고 수준 간의 비약이 이루어지는 불연속성이 중요한 특징이다. 수학 학습에서 수학화 과정을 재발명하도록 경험시킨다는 것은 사고 수준의 비약이 가능하도록 점진적인 수학화를 안내해 가는 것을 의미한다(정영옥, 1997).

프로이덴탈은 수학적 사고 수준을 '**바닥 수준**(bottom level)'과 '**탐구 수준**(research level)'으로 구분하면서, 바닥 수준으로부터의 점진적인 수학화를 주장한다. 바닥 수준에서 활동은 탐구 수준의 활동과 구분하여 비수학적인 활동이 아니며, 탐구 수준에서 수학을 할 준비를 하는 예비 수학적(pre-mathematical) 활동이다. 바닥 수준의 활동이 탐구 수준에서 반성됨으로써 비로소 수학 학습이 시작되며, 바닥 수준에서의 수학화 활동이 계속적인 수준 상승에 의해 수학적 개념으로 발달한다(Freudenthal, 1973).

프로이덴탈은 수학화 과정에서 수준 상승을 가능하게 하는 중요한 정신적 활동이 바로 **반성적 사고**라고 보았다. 프로이덴탈은 반성이라는 용어를 '거울처럼 비추어 주는 것'이라고 정의한다. 자신을 다른 사람에게 비추어서 탐구하고 이해하는 것으로부터 시작해서, 자기 자신을 비추어 보는 것 즉 내관이 뒤따른다. 이는 자기 자신에 대해 반성하는 것이며, 자기가 한 것, 느낀 것, 상상한 것, 생각한 것 또는 자기가 하고 있는 것, 느끼고 있는 것, 상상하고 있는 것, 생각하고 있는 것에 대해 반성하는 것이다(정영옥, 1997). 프로이덴탈은 반성이 수학적 사고 수준 상승의 결정적 수단이 된다는 점에서 그 중요성을 강조한다.

(6) 전형적인 보기를 통한 개념 지도

프로이덴탈은 수학적 개념은 여러 가지 보기의 관찰로부터 귀납적으로 획득되는 것이 아니라, 전형적인 보기로부터 그 구조를 파악하여 획득된다고 주장한다. **전형적인 보기**란 수학적 구조에 대한 깊은 통찰을 곧바로 제공해 주면서 동형인 다른 상황에 신속하고 정확하게 전이 가능한 예이다. 예를 들면, 음수 $-x$를 $x+(-x)=0$이 되는 수로 정의하고 기지의 산술법칙을 그대로 사용하여 그 계산 법칙을 지도하는 방법을 분수, 거듭제곱근, 분수지수, 허수의 지도에도 적용할 것을 권고하였는데, 여기서 문자를 임의의 자연수로 대치하면 전형적인 보기가 된다(우정호, 2011, p.413). 전형적인 보기를 통한 개념 지도가 가능하기 위해서는 학교수학에서 다루는 수학적 내용에 대해서 적절한 전형적인 보기를 찾는 많은 연구가 선행되어야 한다.

QUIZ

1 안내된 재발명 방법의 의미를 기술하시오.

2 사고 실험의 역할과 그 의의를 기술하시오.

3 역사 발생적 원리와 프로이덴탈의 관점에서 본 현대적 역사 발생적 원리를 비교하여 설명하시오.

수학화 학습-지도의 예

핵심어 반교수학적 전도, 국소적 조직화, 전반적 조직화

프로이덴탈은 학교수학에서 수학의 연역적인 체계만을 중시하는 현대화 운동을 비판하면서 수학을 학습하는 최선의 방법은 학습자 스스로 수학이 형성되는 과정을 경험하도록 하는 것이라고 주장한다. 그는 이런 관점에서 수학화 과정에 대한 경험은 생략하고 기성 지식을 초등화해 가르치는 것, 즉 기성 수학의 전개 순서에 따라 학교수학의 교재를 구성하는 것을 **반교수학적 전도**(antididactical inversion)라 비난하고, 수학의 형식화는 처음이 아니라 나중에 이루어진다는 것을 강조한다. 수학은 인간의 활동이며, 인간이 배워야 할 것은 현실을 수학화하는 과정, 수학을 수학화하는 과정이다(정영옥, 1997).

프로이덴탈은 안내된 재발명 방법을 보다 구체화하기 위해 수학 학습 수준 이론에 따른 '**국소적 조직화**'에 의한 수학화를 주장한다. 국소적 조직화는 공리 체계로 수학을 조직화하는 **전반적 조직화**와 대비되는 개념으로, 공리에서 출발하는 것이 아니라 참이라고 인정되는 사실로부터 시작해서 부분적으로 조직화하는 것을 말한다(Freudenthal, 1973). 평행사변형을 정의하는 학습-지도 과정에서 그 예를 생각해 보자. 전반적 조직화는 평행사변형의 정의를 먼저 제시한 후 그 성질들 각각을 정당화하도록 하는 방식이다. 반면에 국소적 조직화는 학생들에게 평행사변형의 정의를 처음부터 제시하지 않고, ▱처럼 생긴 도형을 평행사변형으로 부르도록 안내한 후 평행사변형의 성질을 먼저 찾아보게 한 다음, 학생들이 찾은 평행사변형의 성질들이 서로 어떻게 관련되는지를 탐구하는 활동을 통해 평행사변형의 정의를 지도하는 방식이다.

구체적으로 살펴보면, 학생들은 평행사변형의 모형을 이용하여 '두 쌍의 대변이 각각 평행이며 서로 같다.', '대각의 크기는 각각 같으며 이웃하는 각의 크기의 합은 180°이다.', '대각선은 서로 다른 것을 이등분한다.', '대각선에 의해 합동인 두 삼각형으로 나누어질 수 있다.' 등과 같이 여러 가지 성질을 시각적으로 발견하여 열거할 수 있다. 이들 성질은 조직화를 요구하는 평행사변형의 성질이며, 그 사이에 논리적 연관성이 있다는 것을 자연스럽게 알게 된다. 이들은 서로 관련되며 이 가운데 하나는 다른 것이 나오는 근원이 될 수 있으므로, 여기에서 평행사변형의 정의가 발생된다. 평행사변형의 여러 가지 모형을 만들어 봄으로써 이제 마름모, 직사각형, 정사각형이 평행사변형인 이유가 분명해진다. 학생들은 이러한 과정을 통하여 정의는 기술 이상이며, 대상의 성질을 연역적으로 조직하는 수단임을 경험을 통해 알게 된다. 정의는 미리 생각되는 것이 아니라 조직화 활동의 마무리 작업이다. 훌륭한 기하 교육이란 내용을 조직하는 것을 배우고 조직화가 무엇인지를 배우는 것이며, 개념화하는 것을 배우고 개념화가 무엇인가를 배우는 것이며, 정의하는 것을

배우고 정의가 무엇인지를 배우는 것이다. 이는 학생들이 어떤 조직화, 개념, 정의가 다른 것보다 좋은 이유를 이해하게 됨을 뜻한다.

정리하면, 전통적인 기하 교육에서처럼 내용을 미리 조직된 구조로서 제공하는, 즉 정의-정리-증명의 순서로 지도하는 대신에 교사는 학생들이 도형의 성질을 발견할 수 있도록 그러한 성질을 조직하는 기회를 제공함으로써 '정의'보다는 '정의하기'를, '증명'보다는 '증명하기'를 경험할 수 있도록 해야 한다(우정호, 2011).

프로이덴탈은 국소적 조직화의 전형적인 보기로서 기하 학습을 들고 있는데, 수학적으로 조직된 기하학적 지식으로 기하 학습을 시작할 것이 아니라 공간적인 현상을 도형으로 조직하는 것으로 출발하여 도형의 성질을 조직화하는 수단으로 도형을 정의하는 재발명 활동을 시키고, 정리를 가르칠 것이 아니라 도형의 성질에 대한 국소적 조직화 활동을 시킬 것을 주장한다. 그는 기하를 대수화한 선형대수나 엄밀한 공리체계로서의 기하, 곧 기성의 공리적 수학을 가르치는 것에는 반대하지만, 국소적 조직화를 거친 다음 공리화를 통한 형식적 수학의 학습은 공리의 의미, 엄밀성과 암묵적 정의에 대한 교육의 기회를 제공할 수도 있을 것으로 본다(우정호, 2011).

QUIZ

1 반교수학적 전도의 의미를 기술하시오.

2 국소적 조직화와 전반적 조직화를 비교하여 설명하시오.

04 반 힐레의 수학 학습 이론

기하 사고 수준

| 핵심어 | 사고 수준, 시각화 수준, 분석 수준, 비형식적 연역 수준, 연역 수준, 엄밀 수준

반 힐레 부부
(출처: Smid, 2022)

네덜란드 교육자 부부인 피에르 반 힐레(P. van Hiele)와 디나 반 힐레-겔도프(D. van Hiele-Geldof)는 자신들의 학생들이 기하 수업에서 큰 어려움을 겪는 것을 관찰하면서, 학생들이 단순한 도형 인식에서 시작하여 형식적인 기하 증명을 할 수 있는 능력에 이르기까지 다양한 사고 단계를 거친다는 이론을 수립하게 되었다.

1957년에 우트레흐트(Utrecht) 대학에서 진행된 두 사람의 박사 학위 논문에서 처음 보고된 이 이론은, 기하 사고 발달을 위한 다섯 수준의 단계로 구체화되어 1986년 영문으로 출판된 책 〈구조와 통찰〉을 통해 전 세계 기하 교육 과정에 큰 영향을 미쳤다(Smid, 2022).

반 힐레의 이론에 따르면, 수학적 사고활동은 경험의 세계를 조직하는 활동이다. 한 수준에서 경험을 정리하는 수단이 새롭게 경험의 대상으로 의식되어 그것을 조직하는 활동이 이루어지게 되면서 그 다음 수준으로 비약하는 과정을 반복한다. 많은 학생들이 기하 학습, 특히 연역적 증명 과정에서 어려움을 겪는 이유는 증명이 상대적으로 높은 수준의 사고를 요구하는 데 반해 학생들은 더 낮은 사고 수준에 머물러 있기 때문이며, 이에 따라 한 수준에서 다음 수준으로 넘어가는 데 도움을 줄 수 있는 학습 경험이 필요하다. 학생은 적절한 교육을 통해 처음에는 전체적인 모양 인식에서 시작하여, 도형의 성질을 발견하고 이러한 도형 및 그 성질에 대해 비공식적으로 추론하는 단계를 거쳐, 공리적 기하학의 엄격한 탐구 수준에 이르게 된다. 반 힐레가 구안한 **기하 사고 수준**의 다섯 단계[4]를 살펴보면 다음과 같다(Usiskin, 1982; van Hiele, 1986, 1999).

1수준(시각화 수준)

기하 사고 수준의 초기 단계에서 학생들은 공간을 주변에 존재하는 사물로서 인식한다.

4 반 힐레는 연구 초기 (1957년)에는 기하 학습의 다섯 수준을 제0수준에서 제4수준으로 구분했으나, 이후 (1986년) 제0수준으로 구분했던 학습의 출발점이 중요함을 강조하기 위해 제1수준에서 제5수준으로 다시 구분함.

기하 개념을 구성 요소나 속성이 있는 것으로 보기보다는 전체적인 물리적 형태로 인식하여, 도형을 전체로서의 시각적 외관, 즉 그 모양을 통해 판단한다. 또, 전형적인 모양이나 많이 접한 형태와 비교하여 인식한다. 예를 들어, 정사각형의 속성을 모른 채 그 도형을 단순히 네 변이 있는 일상 사물에 빗대어 '네모'라고 부르거나, [그림 5-4-1]에서 (a)에 있는 도형을 삼각형으로, (b)에 있는 도형은 삼각형이 아니라고 분류하기도 한다.

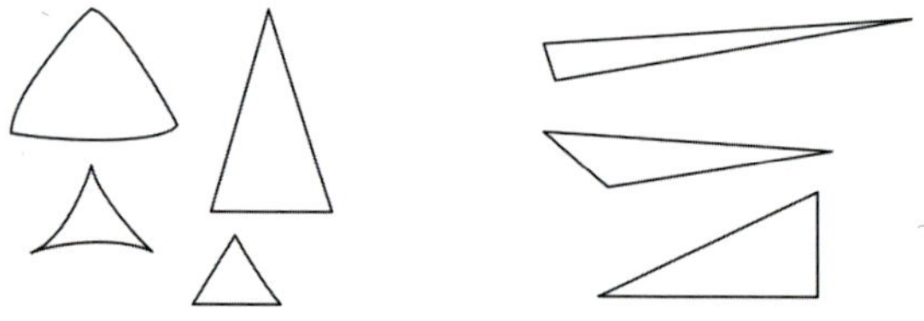

(a) 삼각형인 예　　　　(b) 삼각형이 아닌 예

[그림 5-4-1] 도형 분류 예시

이 수준에 있는 학생들은 기하 용어를 배울 수 있고, 특정한 도형을 식별하며, 주어진 도형을 종이나 기하판에 재현할 수 있다. 1수준에 있는 학생들은 [그림 5-4-2]의 문항을 풀 수 있지만, 이는 이전에 본 정사각형과 모양이 유사하기 때문이지 도형에 직각이 있거나 마주보는 변이 평행하다는 등의 도형의 특성을 분석해서 인식하는 것은 아니다.

다음 도형 중 정사각형은?

① K　② L　③ M　④ L, M　⑤ 모두 정사각형이다.

[그림 5-4-2] 1수준 문항

2수준(분석 수준)

주변 대상을 파악하는 수단이었던 도형이 사고의 대상이 되어 관찰 또는 실험을 통해 도형의 구성 요소와 성질을 비형식적으로 분석하고 명명하기 시작하는 단계이다. 이러한 분석을 통해 도형이 특정한 성질에 의해 분류될 수 있음을 이해하고 그러한 특성을 찾을 수 있다. 예를 들어, 칠판에 그린 사각형이 네 개의 직각을 가지고 있다고 말하면 그 도형이 잘못 그려졌더라도 직사각형으로 인식할 수 있다. 또한 [그림 5-4-3]과 같이 평행사변형 격자에서 크기가 같은 각을 색칠하는 활동을 통해 평행사변형의 마주보는 각의 크기가 같다는 것을 발견할 수 있다. 이와 유사한 여러 예시를 통해 학생들은 평행사변형의 특성을 이해할 수 있다.

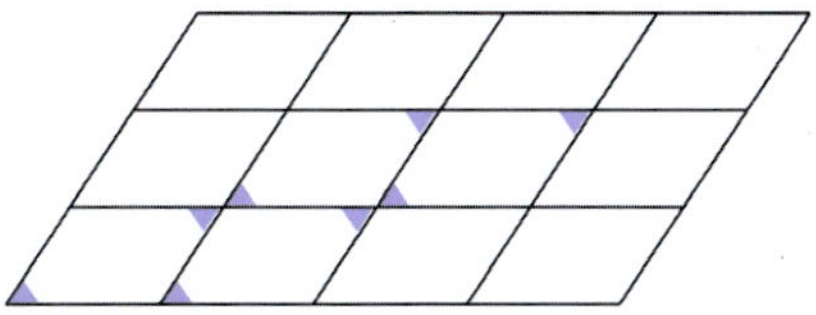

[그림 5-4-3] 평행사변형 격자에서 크기가 같은 각을 색칠하는 활동

그러나 이 수준에서는 아직 특성 간의 관계가 체계적으로 정리되지 않았기 때문에 교사는 학생들이 특정 도형에 속하는 특성과 주어진 특성에 의해 결정되는 도형을 정확히 알고 있다고 기대해서는 안 된다. 예를 들어, 교사와 학생의 다음 담화를 보면, 학생 1은 평행사변형이 지닌 성질을 말할 수 있고 다양한 모양의 평행사변형들에서 그러한 성질들을 파악할 수 있지만 그 성질들이 어떻게 관련되어 있는지는 이해하지 못한다.

박 교사: 여러분, 평행사변형은 어떤 성질이 있는 도형인지 말해 봅시다.

학 생 1: 평행사변형은 두 쌍의 대변이 각각 평행하고 두 쌍의 대변의 길이가 각각 같고, 두 대각선은 서로를 이등분해요. 그리고 두 쌍의 대각의 크기가 각각 같고, 이웃하는 두 내각의 크기의 합은 180°예요.

박 교사: 잘 알고 있네요. 그럼 여러분이 찾은 평행사변형의 성질들 사이의 관계를 살펴봅시다. 서로 어떤 관계가 있을까요?

학 생 1: 평행사변형에서 두 쌍의 대변이 각각 평행하다는 것과 두 쌍의 대변의 길이가 각각 같다는 것은 서로 관계가 없는 것 같은데요. 잘 모르겠어요

또, 이 수준의 학생들은 필요한 특성과 충분한 특성의 차이를 인식하지 못하여 도형의 정의와 도형 사이의 상호 관계를 아직 이해하지 못한다. 예를 들어, [그림 5-4-4]의 문항을 풀 수 있는 학생일지라도 정사각형이 반드시 직사각형으로, 또는 마름모가 반드시 평행사변형으로 인식하지 못할 수 있다.

PQRS는 정사각형이다. 모든 정사각형에서 참인 관계는?

① $\overline{PR}$과 $\overline{RS}$의 길이는 같다.
② $\overline{QS}$과 $\overline{PR}$의 길이는 같다.
③ $\overline{PS}$과 $\overline{QR}$의 길이는 같다.
④ $\overline{PS}$과 $\overline{QS}$의 길이는 같다.
⑤ 각 Q는 각 R보다 크다.

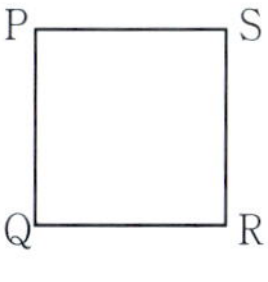

[그림 5-4-4] 2수준 문항

3수준(비형식적 연역 수준)

이 수준에서 학생들은 한 도형 내에서의 특성 간의 상호 관계와 여러 도형 간의 상호 관계를 파악할 수 있다. 예를 들어, 학생들은 "사각형에서 마주보는 두 변이 평행하면 마주보는 두 각이 같다"거나 "정사각형은 직사각형의 모든 특징을 가지고 있으므로 직사각형이다"와 같이 말할 수 있다. 따라서 학생들은 도형의 특성을 추론하고 도형의 유형을 판별할 수 있다. 예를 들어, [그림 5-4-5]와 같이, 정사각형이 직사각형의 한 유형임을 이해하며, 마름모일 수 있는 직사각형이 가능한지 여부를 판단할 수 있다. 즉 도형을 결정짓는 데 필요한 특성과 충분한 특성의 차이를 알고 도형의 한 성질이 다른 성질을 함축할 수 있다는 것을 이해한다.

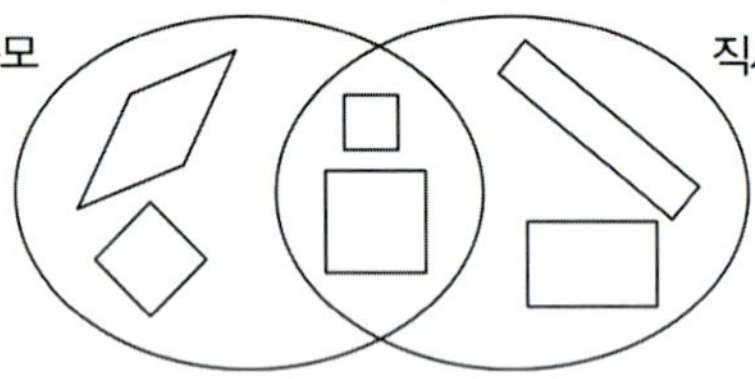

[그림 5-4-5] 마름모, 정사각형, 직사각형의 관계 표현

3수준에서 비로소 도형의 정의가 의미를 가지며, 학생들은 비형식적인 논증을 따라갈 수 있고 자신의 추론을 정당화하기 위해 간단한 논거를 제시할 수 있다. 즉, 이 수준은 도형의 성질과 도형 사이의 관계가 사고의 대상이 되고 그러한 도형의 성질과 관계를 명제라는 수단으로 파악하는 단계이다. 그러므로 3수준 학생들은 [그림 5-4-6]과 같은 문항을 해결할 수 있다. 그러나 이는 연역 전체의 중요성이나 공리의 역할을 완전히 이해해서가 아니라 경험적으로 얻은 결과를 연역 기법과 함께 사용하여 추론한 것으로 볼 수 있다. 이에 3수준의 학생들은 형식적인 증명을 따라갈 수는 있지만, 논리적 순서가 어떻게 변경될 수 있는지 또는 익숙하지 않은 전제에서 증명을 시작하는 방법을 이해하기 어렵다.

> 다음 중 참인 것은?
>
> ① 모든 정사각형은 직사각형이다.
> ② 모든 직사각형은 정사각형이다.
> ③ 모든 평행사변형은 직사각형이다.
> ④ 모든 평행사변형은 정사각형이다.
> ⑤ ①에서 ④는 모두 참이 아니다.

[그림 5-4-6] 3수준 문항

4수준(연역 수준)

이 수준에서는 공리적 체계 내에서 기하학 이론을 확립하는 방법으로서의 연역의 중요성을 인식하고, 엄격한 논리적 구조를 통해 기하학적 개념을 이해, 추론, 증명할 수 있게 된다. 연역적인 증명을 통해 새로운 정리를 발견할 수도 있다. 4수준의 학생들은 공리, 가정, 정의, 정리, 증명 간의 상호 관계와 역할을 이해하여 [그림 5-4-7]의 문항과 질문에 답할 수 있다. 증명을 단순히 암기하는 것이 아니라 구성할 수 있으며, 여러 가지 방법으로 증명을 할 수 있음을 알게 된다.

다음에 직각삼각형 ABC가 있다. 이 직각삼각형 ABC의 세 변에 정삼각형 ACE, ABF, BCD를 만들자. 그러면 $\overline{AD}$, $\overline{BE}$, $\overline{CF}$는 한 점에서 만난다는 것을 증명할 수 있다. 이 증명으로 알 수 있는 것은?

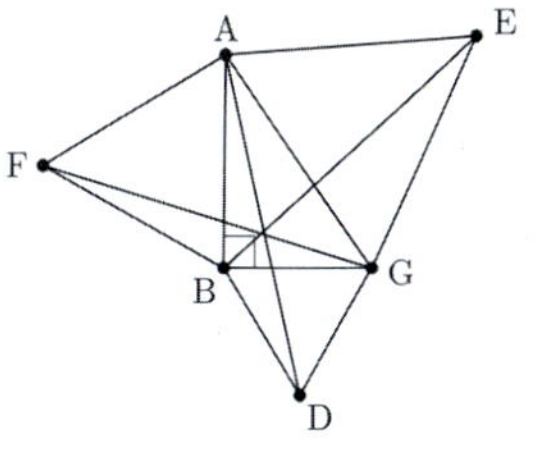

① 여기에 그려진 이 삼각형에서만 $\overline{AD}$, $\overline{BE}$, $\overline{CF}$가 한 점에서 만난다.
② 모든 직각삼각형이 아닌 몇 개의 직각삼각형에서만 $\overline{AD}$, $\overline{BE}$, $\overline{CF}$가 한 점에서 만난다.
③ 모든 직각삼각형에서 $\overline{AD}$, $\overline{BE}$, $\overline{CF}$는 한 점에서 만난다.
④ 모든 삼각형에서 $\overline{AD}$, $\overline{BE}$, $\overline{CF}$는 한 점에서 만난다.
⑤ 모든 이등변삼각형에서 $\overline{AD}$, $\overline{BE}$, $\overline{CF}$는 한 점에서 만난다.

[그림 5-4-7] 4수준 문항

또, 4수준에서는 필요 조건과 충분 조건의 상호 작용을 이해하고 명제와 그 역의 차이점을 구별할 수 있다. 예를 들어, 다음과 같이 도형에 관한 세 가지 성질이 있다고 하자.

성질 D: 대각선의 길이가 같다.
성질 S: 정사각형이다.
성질 R: 직사각형이다.

이 수준에 있는 학생은 제시된 조건으로부터 정사각형인 사각형은 항상 직사각형이고 정사각형은 대각선의 길이 같으므로, 따라서 모든 직사각형에서 대각선의 길이가 같다는 결론을 이끌어 낼 수 있다. 이를 토대로 'S이면 R이고, 따라서 R이면 D이다'라는 일련의 명제를 만들 수 있다.

5수준(엄밀 수준)

이 단계에서 학생들은 유클리드 기하학뿐만 아니라 비유클리드 기하학과 같은 다양한 공리 체계를 이해하며, 주어진 기하학적 체계에서 공리를 추가하거나 제거하는 효과를 설명할 수 있다. 기하학을 추상적으로 이해할 수 있는 수준으로, 논리 그 자체가 사고의 대상이 되어 여러 가지 공리 체계를 비교하고 형식적 엄밀성을 파악할 수 있는 단계이다. 이 마지막 단계는 원래 반 힐레의 연구에서 가장 덜 개발되었으며 연구자들로부터도 적은 관심을 받았다. 그러나 반 힐레 이론이 기하학을 넘어서 수학의 다른 영역이나 경제학, 화학 등의 다른 학문 분야로 확장됨에 따라 5수준이 과거보다 더 주목받게 될 것으로 보인다(Smid, 2022).

QUIZ

1 기하 사고 수준의 다섯 단계를 기술하시오.

2 민서는 여러 삼각형을 탐구하면서 '모든 삼각형은 세 각의 합이 180°이다'라는 결론을 도출하였다. 민서의 기하 사고 수준은 몇 수준에 해당하는지 말하고, 그 판단 근거를 제시하시오.

수준 이론의 특징

핵심어 | 수준의 통과, 수준의 이행, 사고의 수단과 대상, 수준의 상승, 관계망, 수준 불일치

반 힐레의 수준 이론은 각 수준에 해당하는 기하 사고와 학습에 대한 통찰을 제공할 뿐만 아니라, 다음과 같은 일반적인 특징을 지닌다(Clements et al., 1999; van Hiele, 1986).

수준의 통과

대부분의 발달 이론과 마찬가지로, 기하 사고의 발달은 하위 수준을 통과하지 않고 상위 수준에 도달할 수 없으며, 시각화, 분석, 비형식적 연역, 연역, 엄밀의 모든 수준을 순차적으로 거치면서 발달한다. 이는 하위 수준의 이해를 바탕으로 다음 수준으로 나아감을 의미하며, 학습 지도로 그 수준을 건너뛰게 할 수는 없다.

수준의 이행

모든 학생들이 같은 속도로 각 수준을 통과하는 것은 아니며, 수준의 이행은 자동적으로 이루어지지 않기 때문에 적절한 교육적 개입이 필요하다. 이때, 적절한 지도는 수준의 이행을 촉진할 수 있는 반면, 부적절한 지도는 다음 수준으로의 발달을 지연하거나 방해

할 수도 있다. 효과적인 학습을 위해 각 수준에서의 지도는 그 수준에 적합해야 하며 적합한 지도는 다음 수준으로의 이행을 촉진할 수 있다. 즉, 수준의 발달은 나이나 신체적 성숙도보다 교육의 내용과 방법에 더 크게 영향을 받는다.

사고의 수단과 대상

각 수준에서 학생들은 도형, 성질, 명제 등과 같은 특정한 수단을 사용하여 도형의 관계, 기하 이론 등의 대상을 탐구하는데, 이전 수준에서는 사고의 수단이었던 것이 다음 수준에서는 사고의 대상이 된다. 예를 들어, 1수준은 주변 사물이라는 대상을 파악하기 위해 아직은 단순히 형태로만 인식된 도형이라는 수단을 사용하지만, 2수준에서는 이제 도형이 연구의 대상이 되어 도형의 성질이라는 수단에 의해 사고하는 단계이다. 즉, 이전 수준에서 사용된 사고의 수단이 다음 수준에서 사고의 대상으로 전환되면서, 한 수준에서 암묵적으로 인식된 개념이 그 다음 수준에서 더 깊이 분석하는 연구의 대상이 되어 분명히 이해된다. 각 수준에서 다루는 사고의 대상과 사고의 수단을 정리하면 다음 [그림 5-4-8]과 같다.

	1수준	2수준	3수준	4수준	5수준
사고의 대상	주변 사물	도형	성질	명제	논리
사고의 수단	도형	성질	명제	논리	

[그림 5-4-8] 사고 수단의 대상화

수준의 상승 및 관계망

각 수준은 그 자체의 언어적 상징과 그 상징을 연결하는 고유한 **관계망**을 가지고 있으며, 수준의 상승은 언어적 상징 간의 관계망을 확장하는 것과 연관된다. 예를 들어, 1수준에서는 '네모'나 '세모'와 같은 일상 언어를 사용하지만, 더 높은 수준에서는 '직사각형', '정사각형', '이등변삼각형'과 같은 보다 정교한 용어를 사용한다. 이러한 언어적 상징의 의미는 그 명시적 정의뿐만 아니라 그 상징과 관련된 학생들의 경험을 포함한다. 예를 들어, '정사각형'이라는 언어는 단순히 네 변의 길이가 같고 네 각이 직각인 도형이라는 정의를 넘어서, 학생들이 다양한 상황에서 정사각형을 관찰하고 그려보거나 다루어본 경험을 통해 더욱 풍부한 의미를 갖게 된다. 한편 동일한 언어는 각 수준에 따라 다르게 인식될 수 있으며, 한 수준에서 '올바르다'고 여겨지는 개념이나 관계가 다른 수준에서는 그렇지 않을 수도 있다. 이렇듯 각 수준에서는 언어적 상징 간의 관계망이 다르게 형성될 수 있다. 즉 낮은 수준에서 단순한 형태와 기초적인 특성에 비추어 만들어진 관계망은 특성들 간의 복잡한 상호작용과 논리적 연관성이 강조되는 관계망으로 확장되며 이를 통해 수준의 상승이 일어난다. 이는 낮은 수준에서는 단순히 '네 변이 같은 도형'으로 이해되던 정사각형이, 높은 수준에서는 '네 변이 같고 네 각이 직각이며, 대각선이 서로를 이등분하는 도형'으로 이해되는 것과 같다.

수준 불일치

서로 다른 사고 수준에 있는 사람은 기하학적 개념을 이해하는 방식이 다르기 때문에 서로를 이해하기 어렵다. 교사는 높은 수준의 언어적 상징과 복잡한 관계망을 사용하여 설명하려고 하지만, 학생이 낮은 수준에 있을 경우 이 언어를 이해하지 못한다. 예를 들어, 교사가 '대각선이 서로를 이등분한다'는 표현을 사용할 때, 낮은 수준의 학생은 이 표현의 의미를 이해하지 못할 수 있다. 반 힐레는 교사와 학생 간의 언어적 차이가 기하 학습 실패의 주요 원인이라고 생각하였다. 이에 교사는 학생이 이해할 수 있는 언어를 사용하여 개념을 설명하고, 복잡한 용어보다는 학생의 경험과 연결된 예시를 사용하도록 강조하였다(Fuys, 1988; van Hiele, 1999).

QUIZ

1 기하 사고 수준 이론에서 '사고의 수단과 대상'의 의미를 설명하고, 3수준을 예로 들어 한 수준에서 대상이었던 것이 다음 수준에서 어떻게 수단이 되는지 기술하시오.

2 기하 사고 수준 이론에서 '수준 불일치'란 무엇을 의미하는지 설명하고, 이러한 불일치가 발생할 수 있는 상황을 한 가지 제시하시오.

단계적 교수법

| 핵심어 | 정보 단계, 안내된 탐구 단계, 명료화 단계, 자유탐구 단계, 통합 단계

반 힐레는 사고 수준의 향상은 학생의 연령이나 성숙도와 같은 자연스러운 발달보다 교육 방법에 의해 더 많은 영향을 받는다고 보았다. 또한 어느 개념에 대한 정의를 이해하기 위해서는 정의할 대상을 어느 정도 알고 있어야만 가능하다고 하였다. 따라서 어떤 주제에 대해서 학생들의 사고 수준을 한 단계 향상시키기 위해서는 현재 수준에서 충분히 이해하고 탐구할 수 있도록 도와야 하며, 이를 위해 다음과 같은 다섯 가지 단계를 거칠 것을 제안하였다(Crowley, 1987; van Hiele, 1986).

정보(Information)

단계적 교수법의 첫 단계로서, 교사는 새로운 개념에 대한 기본적인 정보와 지식을 제공하고, 학생들이 이 정보를 통해 도형에 대한 구조를 탐구할 수 있도록 한다. 예를 들어, 교사가 "이것은 마름모입니다. 기하판에 더 많은 마름모를 만들어보세요."와 같이 활동을 제시하면 학생은 교사가 제공한 자료를 토대로 교사와의 충분한 논의를 통해 탐구 분야에 친숙해지기 위한 활동을 하면서 학습 주제를 파악하게 된다.

안내된 탐구(Directed Orientation)

교사는 학생들이 새로운 개념의 속성을 인식할 수 있거나 암시된 관계를 탐구하는 데 도움이 되는 활동을 제공한다. 예를 들어, "마름모를 대각선으로 자르고 접으면 어떻게 되나요? 다른 대각선으로는 어떻게 되나요?"와 같이 학생들은 교사의 안내 하에 학습 주제를 탐구하면서 해당 분야의 구조를 점진적으로 파악하게 된다. 이 단계에서는 학생들이 스스로 문제를 해결하도록 격려하면서도, 필요한 경우 교사가 적절한 힌트나 지도를 제공한다.

명료화(Explicitation)

학생들이 탐구 활동을 통해 얻은 지식과 교사의 안내를 토대로 탐구 분야의 성질이나 구조에 대한 자신의 견해를 표현하며 관계 체계를 형성하기 시작하는 단계이다. 예를 들어, "수학 용어를 사용하여 여러분이 발견한 성질을 설명해봅시다. 마름모의 대각선은 대칭축 위에 놓여 있습니다. 마름모에는 두 개의 대칭축이 있습니다. 대응하는 두 각은 합동입니다. 대각선은 꼭지각을 이등분합니다."와 같이 교사는 학생들이 발견한 내용을 발표하고 새로운 용어를 배우며 이를 사용하여 탐구 활동에서 발견한 관계에 대해 설명하도록 한다. 반 힐레는 학생들이 개념에 익숙해질 기회를 가진 후에 용어를 배우는 것이 더 유용하다고 주장하였다.

자유탐구(Free Orientation)

이 단계에서 학생들은 더 복잡하고 도전적인 문제를 스스로 탐구하며, 배운 내용을 다양한 상황에 적용해본다. 예를 들어, "주어진 두 변으로 마름모를 어떻게 작도할 수 있을까요?"와 같이 교사는 학생들이 고정된 절차를 배우지 않은 다른 문제에 대해 질문함으로써, 학생들이 이전 단계에서 배운 지식을 바탕으로 자신만의 방식으로 문제를 해결하고, 새로운 기하학적 아이디어를 탐색하도록 한다. 학생은 보다 복잡한 과제 해결에 도전하여 여러 가지 해결 방법을 찾아봄으로써 탐구 분야의 구조에 정통하게 된다.

통합(Integration)

마지막 단계에서는 학생들이 학습한 내용을 종합하여 다른 수학적 상황이나 실생활 문제에 적용해봄으로써 보다 깊이 있는 이해를 도모하도록 한다. 예를 들어, "오늘 수업에서 배운 내용을 정리하면 … 입니다. 이 내용을 공책에 다시 적고 숙제로 이 연습 문제들을 풀어보세요"와 같이 교사는 학생들이 자신의 학습을 재검토하여 그동안 배운 새로운 개념에 대한 탐구 활동을 개관하고 전체를 조망함으로써 사고 수준의 비약에 이르도록 돕는다. 이 단계에서 교사는 새로운 자료를 제시할 것이 아니라, 학생들이 이미 학습한 내용을 정리하도록 돕는 것이 중요하다.

반 힐레의 단계적 교수법은 기하뿐만 아니라 다른 영역의 단원 내용에도 적용할 수 있다. 고등학교 조합 단원의 수업을 단계적 교수법에 따라 다음 〈표 5-4-1〉과 같이 구성해 볼 수 있다.

〈표 5-4-1〉 단계적 교수법에 따른 교수 · 학습활동 구성의 예

단계	교수 · 학습 활동
정보	학생이 학습할 조합에 친숙해질 수 있도록 서로 다른 4개의 학용품 중에서 2개를 선택하는 경우의 수를 구해 보게 한다. 학생과 대화를 통해 학습 주제를 소개한다.
안내된 탐구	교사는 수형도 등 다양한 방법으로 구할 수 있는 간단한 조합 문제를 제시하여 학생이 해결해 보도록 안내한다. 이를 통해 학습의 방향을 감지하고 조합의 구조를 점진적으로 파악하게 한다.
명료화	학생은 예전의 경험과 교사의 도움말을 토대로 조합의 구조에 대한 의견을 표현해 봄으로써, 그 구조를 명확히 하고 관계 체계를 형성한다.
자유탐구	교사는 여러 교과서에서 제시된 다양한 탐색적 과제로 구성한 활동지를 제공하여, 학생이 과제를 해결하는 동안 조합의 구조에 정통하게 한다. 또한 실생활 문제를 해결해봄으로써 다양한 상황에서 조합의 필요성과 유용성을 인식하게 한다.
통합	학생은 조합과 이전 시간에 학습한 순열의 관련성을 파악하고, 전체적으로 조망하면서 사고 수준의 비약에 이른다.

반 힐레는 학생들의 사고 수준을 점진적으로 높이기 위해 [그림 5-4-9]와 같이 각 수준의 학습과정이 이상과 같은 다섯 단계를 거치도록 하였지만, 이는 대략적인 순서를 제시한 것이지 반드시 순차적으로 진행되지 않을 수 있으며 학생들이 각 단계를 반복하거나 동시에 여러 단계를 거칠 수 있다고 하였다. 따라서 교사는 단계적 교수법을 유연하게 활용하여 학생들의 필요에 따라 이를 조정하고, 각 단계에 적합한 지원을 제공할 필요가 있다.

[그림 5-4-9] 기하 사고 수준 향상을 위한 학습단계(전영주 외, 2023)

QUIZ

1 단계적 교수법에서 제시된 다섯 단계를 기술하시오.

2 단계적 교수법에서 '안내된 탐구'와 '자유탐구'의 차이점을 설명하시오.

과제 및 연습

1. 다음은 학생들이 다각형 ①~⑮를 분류한 사례이다. 각 학생의 분류 결과를 바탕으로 파악할 수 있는 반 힐레의 기하 사고 수준을 설명하시오.

(1) 민수 ②, ⑦은 정사각형
⑨, ⑫는 직사각형
③, ⑤, ⑥, ⑩은 평행사변형
⑧, ⑬은 마름모

(2) 수빈 ②, ④, ⑤, ⑦, ⑧, ⑬은 정사각형
③, ⑥, ⑨, ⑩, ⑫는 직사각형

(3) 태희 ②, ⑦은 정사각형
②, ⑦, ⑨, ⑫는 직사각형
②, ③, ⑤, ⑥, ⑦, ⑧, ⑨, ⑫, ⑬은 평행사변형
②, ⑦, ⑧, ⑬은 마름모

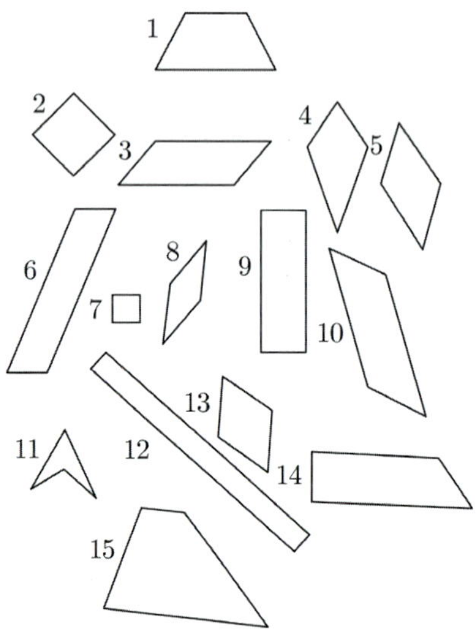

2. 다음은 최 교사가 중학교 2학년 학생들에게 도형의 닮음의 뜻과 성질을 지도하기 위해 준비한 활동이다.[5]

> 우리 반 수학 동아리 학생들이 컴퓨터 프로그램을 이용하여 동아리 로고 원본 그림 ㉮를 다음과 같이 변화시켜 보았습니다. 이 그림 사이에 어떤 관계가 있는지 생각해봅시다.
>
> 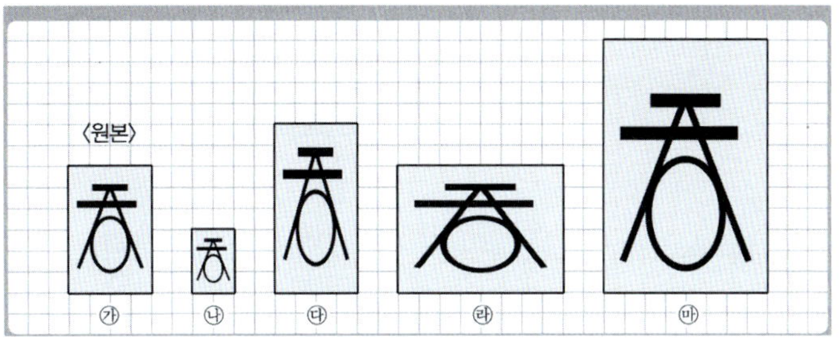
>
>
> (가) 다음 표를 완성해보자(단, 모눈 사이의 간격은 일정하다).
>
> | 구분 | ㉮ : ㉯ | ㉮ : ㉰ | ㉮ : ㉱ | ㉮ : ㉲ |
> |---|---|---|---|---|
> | 가로의 길이의 비 | | | | |
> | 세로의 길이의 비 | | | | |
>
> (나) 그림 ㉯~㉲ 중에서 그림 ㉮와 가로의 길이의 비와 세로의 길이의 비가 같은 것을 모두 찾아보자.

(1) 위 활동은 반 힐레의 기하 사고 수준 이론의 몇 수준에 해당하는지 그 이유와 함께 설명하시오.

(2) 위 활동의 다음 수준에 적합한 활동의 예를 제시하시오.

3. 다음은 피타고라스 정리를 지도하는 예시이다. 각 단계의 교수·학습활동은 반 힐레의 교수·학습 몇 단계에 해당하는지를 쓰고, 예시 내용을 분석하여 그 이유를 설명하시오.

> 〈1단계〉 학습할 주제를 학생들에게 소개한다.
>
> 〈2단계〉 직각삼각형을 만들고 이 삼각형의 밑변, 높이, 빗변을 한 변으로 갖는 각각의 정사각형을 만든다. 그리고 각각의 정사각형 넓이를 구한다. (단, 밑변의 길

5 출처 : 강옥기 외 (2019)

이와 높이는 양의 정수)

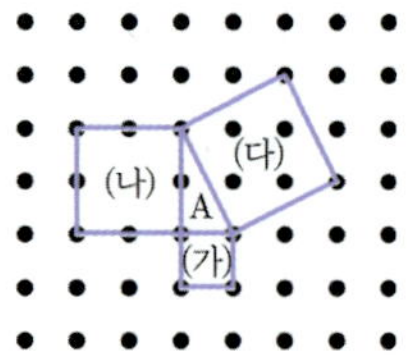

〈3단계〉 다른 직각삼각형을 몇 개 더 만들어 보고 각각의 삼각형에 〈2단계〉를 실시한다.

〈4단계〉 결과를 모두 다음과 같이 표에 기록한다.

직각삼각형	밑변의 길이	높이	(가)의 넓이	(나)의 넓이	(다)의 넓이
A	1	2	1	4	5
⋮	⋮	⋮	⋮	⋮	⋮

〈5단계〉 표를 보고 정사각형 넓이 사이의 규칙성을 찾아본다.

〈6단계〉 직각삼각형의 밑변의 길이, 높이, 빗변의 길이를 각각 a, b, c라 하고 그 각각의 변을 한 변으로 갖는 정사각형 넓이 사이의 규칙성을 식으로 표현한다.

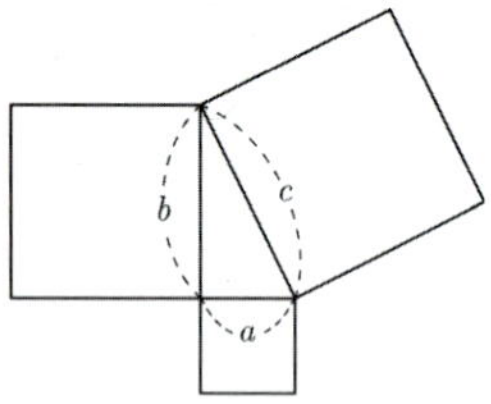

〈7단계〉 컴퓨터 프로그램을 사용하여 다양한 직각삼각형에 대해서 $a^2+b^2=c^2$이 성립하는지 알아본다.

4. 기하 및 증명 교수·학습 방법에 대해 반 힐레 이론과 프로이덴탈 이론을 비교하여 설명하시오.

5. 반 힐레 이론에서의 '사고 수단의 대상화', 프로이덴탈 이론에서의 '수학화', 피아제 이론에서의 '반영적 추상화'를 비교하여 설명하시오.

05 수학 교수학적 상황론

수학 교수학적 상황

| 핵심어 | 교수학적 상황, 비교수학적 상황, 행동 상황, 형식화 상황, 타당화 상황, 제도화 상황

브루소(Brousseau, 1933~2024)

교사의 설명에만 의존한 학습은 실제 문제 상황에의 적응을 어렵게 한다. 현실에는 교사와 같이 모든 지식을 알고 그 해결책에도 통달한 대상이 존재하지 않으므로, 교사와의 상호 작용만을 학습한 주체는 자신을 둘러싼 현실 환경을 다루기 어렵다. 브루소는 현실에서 주체가 환경에 적응함으로써 지식을 구성하듯이 수학 수업도 학생이 환경(milieu)과 상호 작용하도록 조직될 필요가 있다고 주장하였다. 즉, 학생이 교수학적 의도가 담긴 환경과의 상호작용을 통해 지식을 구성할 수 있도록 해야 하며, 지식은 교사가 **교수학적 상황**이라는 틀 속에 조직한 환경과 학생의 상호작용 결과이다. 이상에 따르면 교수학적 상황은 교사, 학생, 환경(지식) 사이의 관계 상황을 의미하며, [그림 5-5-1]과 같이 표현할 수 있다.

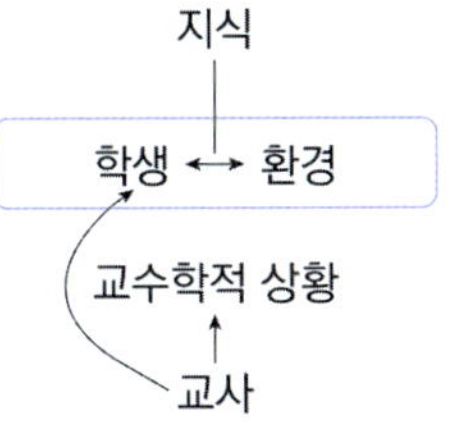

[그림 5-5-1] 교수학적 상황의 의미

교수학적 상황론에서 가르친다는 것은 교사가 학생에게 제시할 상황을 사려 깊게 선택하여 학생에게 기대되는 적응을 끌어내는 것으로, 학생은 교사가 새로운 지식을 가르치기 위해 상황을 선택하였다는 것을 알더라도 이러한 지식을 교수학적 추론에 기대지 않고 전적으로 상황의 내적 논리에 따라 구성할 때에만 진정한 앎을 얻을 수 있다. 이처럼 교사의 중재 없이도 학생 스스로 수학 지식을 문제해결의 도구로 구성하는 상황을 비교수학적(adidactical) 상황이라고 한다. 그러나 학생은 어떠한 **비교수학적 상황**에도 곧바로 적응할 수는 없으므로, 교사는 학생이 다룰만한 상황을 고안할 필요가 있다. 교수학적 목표에 따라 비교수학적 상황을 설정함으로써 교사는 정해진 시기에 가르쳐야 할 지식을 결정하게 되는데, 교사가 선택한 위와 같은 상황은 비교수학적 상황으로 학생을 이행시키는 데 목표를 둔다. 이를 위해 교사는 필요한 정보나 발견술, 질문을 제시하기도 하는데, 이러한 상황을 교수학적(didactical) 상황이라고 한다(신보미, 이경화, 송창근, 2022).

교수학적 상황의 목표는 비교수학적 상황으로의 이행과 적응이므로, 교수학적 의도가 감추어진 의도적인 비교수학적 상황 역시 교수학적 상황의 일부이다. 이처럼 교수학적 상황과 비교수학적 상황의 경계는 선명하지 않으며 특별히 구별할 필요도 없다. 학습의 최종목표는 교수학적 상황을 통해 교사가 존재하지 않는 비교수학적 상황에서도 학생 스스로 지식을 구성하여 적응토록 하는 것이므로 이것이 교수학적 상황과 비교수학적 상황의 기능을 구분하는 이유이다.

한편 브루소는 교수학적 상황이 **행동 상황**, **형식화 상황**, **타당화 상황**, **제도화 상황**을 거쳐 발전해야 한다고 제안하였다. 주체는 어떤 문제 상황에 놓이면 처음에는 별생각 없이 즉각적으로 행동하지만, 점차 자신이 행동한 결과를 예측하면서 더 나은 방법을 찾으려고 노력한다. 학생들 역시 문제 상황에서의 직접적인 활동이나 실험을 통해 효과적으로 보이는 전략에 따라 행동하지만, 이를 규칙으로 의식하지 못한 상태에서 단지 암묵적으로 활용한다. 이러한 행동 상황에서의 환경 또는 다른 학생들과 상호작용을 통해 학생들은 자신이 선택한 결과를 예측하고 상황 내에서 전략을 찾아내는 암묵적인 모델을 형성한다.

학생들이 행동 상황에서 암묵적으로 사용한 전략은 의사소통과 논의를 통해 의식화되고 형식을 지니게 된다. 학생들 사이에 주고받은 메시지를 통해 행동 상황의 암묵적인 모델은 형식화된다. 이처럼 형식화 상황에서는 구성원 간의 상호작용이 활발하게 일어나며, 모든 학생이 받아들이고 이해할 수 있는 언어와 전략이 만들어진다.

형식화 상황에서 의식화되고 표현된 규칙은 그 타당성이 검증되고 증명되는 타당화 상황을 거친다. 여기서는 전략과 규칙의 정당성에 초점이 맞춰지므로 결과적 산물로서 정리를 얻어낸 것보다 이를 만들기까지 진행한 과정에 의미를 둔다. 이 단계에서 중요한 것은 어떤 제안이나 주장을 인정하거나 거부하는 근거로 수학을 사용할 수 있게 되는 것이다. 이러한 일련의 상황 속에서 교사는 중립적인 입장에서 학생이 행하는 과정을 지켜볼 필요가 있다.

교사의 주요 임무는 교수학적 상황의 마지막 단계인 제도화 상황에서 수행된다. 제도화 상황에서 교사는 학생들에 의해 만들어진 개념이나 지식에 의미를 부여하고 이를 승인한다. 전통적인 교수-학습의 문제는 이러한 제도화가 교사에 의해 성급하게 시도되는 것이다. 행동 상황, 형식화 상황, 타당화 상황을 거치는 일련의 과정이 의미가 있게 되는 것은 제도화 상황을 통해서이지만, 이전에 행해진 일련의 과정이 제도화를 위해 존재하는 것은 아니다. 학생의 행동에 근거가 되었던 규칙이나 지침은 형식화, 타당화를 거쳐 수학적 지식으로 내면화되고 제도화의 대상이 되어 그 의미가 인정되어야 한다.

이처럼 교수학적 상황이 행동 상황, 형식화 상황, 타당화 상황 및 제도화 상황으로 발전하는 과정은 수학적 개념이 원시수학적(protomathematical) 개념, 범수학적(para-mathematical) 개념, 수학적(mathematical) 개념으로 발생하는 과정에 따라 설정된 것이다(Brousseau, 1997). 원시수학적 개념은 문제해결에 암묵적으로 사용되지만 의식되지는 못한 개념으로 수학자들이 어떤 수학적 필요로 선택한 결과이다. 증명해 줄 확연한 용어가 존재하지 않더라도 뒷받침할 징후나 흔적이 있다면 이는 원시수학적 개념으로서 가치가 있다. 범수학적 개념은 개념의 특성이나 성질이 연구되지만, 완전히 조직되거나 이론화되지는 않은 상태에 있는 것이다. 암묵적으로 사용했던 개념이 어떤 수단이나 도구로서 의식되는 단계의 개념으로 용어나 언어에 의해 표현되기도 한다. 수학적 개념은 어떤 개념이 수학적 이론의 통제 하에 놓이게 됨으로써 하나의 완전한 구조를 가지게 된 상태를 말한다. 이는 개념이 삽입되는 구조와 그 구조를 만족하는 성질에 의해 정확하게 정의될 수 있기 때문에 모호함이나 오류로부터 보호된 상태이다. 이상의 내용을 요약하면 [그림 5-5-2]와 같다.

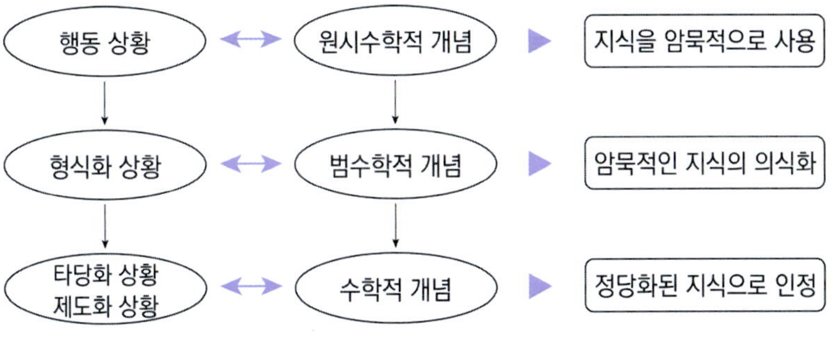

[그림 5-5-2] 수학교수학적 상황과 수학 개념의 발전 과정(이경화, 1996)

브루소는 이상의 행동 상황, 형식화 상황, 타당화 상황, 제도화 상황 및 각 상황에서 수학 개념이 발전하는 과정을 "20으로의 경주"라는 수업 사례로 예시하였다. "20으로의 경주"는 2명씩 짝을 지어 번갈아 수를 말하는데, 상대편이 말한 수에 1이나 2를 더한 수를 말하여 먼저 20을 말하는 사람이 이기는 게임이다. 해당 수업은, 둘씩 짝지어 게임을 하면서 암묵적 전략을 찾아내는 일대일 게임 단계, 전체 학급을 두 팀으로 나누어 대표 학생이 게임을 하는 팀 대항 게임 단계, 발견한 전략을 정당화하는 발견 게임 단계로 구성된다.

일대일 게임 단계에서 학생들은 즉각적인 행동을 하며 전략을 개발하거나 그 효율성을 평가하지만, 이러한 평가는 암묵적인 것으로 자신들이 사용한 전략을 의식하거나 형식화하지 못한다. 팀 대항 게임 단계에서 학생들은 팀의 의견을 모으기 위해 전략의 언어화를 거치게 되며 이는 일대일 게임 단계에서 사용한 암묵적 지식의 의식화를 가능하게 한다.

발견 게임 단계에서 학생들은 이전 단계를 통해 의식된 추측을 사회적 활동을 통해 타당화하고, 교사와 학생 모두가 동의하면 정리로서 제도화한다.

QUIZ

1 교수학적 상황과 비교수학적 상황의 의미와 관계에 대하여 설명하시오.

교수학적 변환

| **핵심어** | 개인화 · 배경화, 탈개인화 · 탈배경화, 지식의 파손성

쉐발라드(Chevallard)는 수학적인 앎의 과정을 **개인화**(personalization) · **배경화**(contextualization), **탈개인화**(depersonalization) · **탈배경화**(decontextualization)로 설명하였다. 학생은 개인화 · 배경화를 거쳐 수학적 지식과 관계를 맺고 탈개인화 · 탈배경화를 통해 수학적 지식을 어떤 목적에 따라 사용한다. 수학적 지식을 전달받은 사람은 새로운 지식을 이해하기 위해 이를 자신의 경험과 지식에 비추어 본다. 지식의 수신자는 자신의 배경(context)에 비추어 개인적인(personal) 방법으로 지식을 이해한다. 지식은 전달받는 사람의 입장에서 다시 새로운 배경을 지니면서 의미를 지니게 된다. 이것이 수학적 지식의 개인화 · 배경화 과정이다.

개인화 · 배경화된 지식은 초기의 배경이나 개인적 속성이 쇠퇴되고 일정한 형식이 갖춰져 탈개인화 · 탈배경화된다. 지식을 알게(발견하게, 발명하게, 구성하게) 된 사고자는 이를 사용하거나 전달하기 위해 자신을 이끌었던 초기의 배경을 없앤다. 그는 성공으로 유도했던 개인적 방법을 숨김으로써 결과가 타당함을 밝혀주는 일반적인 이론으로 초기의 지식을 재조직한다. 수학 지식의 생산자는 자신이 개인적인 배경 하에 구성한 사적인 지식을 탈개인화 · 탈배경화하여 가능한 한 일반적인 유형의 수학 지식으로 표현한다. 지식의 탈개인화 · 탈배경화는 지식을 간직하거나 어떤 목적을 위해 사용하기 위해 필요하다. 어떤 순간에 개인화 · 배경화된 지식은 그 다음 순간 탈개인화 · 탈배경화를 통해 일정한 형식을 지니게 된다. 역으로 탈개인화 · 탈배경화된 지식은 개인화 · 배경화가 활성화됨으로써 지식의 의미가 살아난다. 이처럼 지식의 개인화 · 배경화, 탈개인화 · 탈배경화 과정은 상호보완적인 성격을 지닌다. 학습자는 이 두 가지 상태를 오가면서 자신의 앎을 성장시킨다.

쉐발라드에 의하면 개인화 · 배경화 과정은 깨닫는 과정에 있는 나의 인식론적 투자라고 할 수 있다. 탈개인화·탈배경화 과정은 깨달은 지식을 사용하거나 표현하기 위해 간직하고자 하는 나의 또 다른 인식론적 투자이다. 그러나 후자의 경우는 사용자, 표현자로서 자신이 전자의 깨닫는 과정에 있는 자신에 의한 투자를 거부할 때만 일어난다. 수학적 지식을 의사소통하는 맥락에서는 인식론적 거부가 새로운 인식론적 투자에 앞선다. 인식론적 투자와 거부의 순환 과정으로 인해 지식은 한 개인의 마음속에서는 물론 한 집단 내에서도 다양한 표현의 형태를 취한다. 즉, 지식은 내적인 앎의 과정과 수학적 지식의 의사소통 과정을 거치는 동안 변형된다. 이러한 지식의 변형에는 발생 당시의 초기 발상이 훼손될 위험이 존재한다. 브루소는 손상되기 쉬운 지식의 이러한 성질을 **지식의 파손성**(fragility of knowledge)으로 설명하였다(Brousseau, 1997). 지식은 앎의 과정과 의사소통이 거듭되면서 초기의 표현 형식과 의미를 그대로 간직하기가 어려워진다. 어떤 지식은 잘못되고 무의미한 표현 형식과 함께 사라지며, 어떤 것은 풍부한 의미와 보다 나은 표현 형식을 빌려 확장되기도 한다. 어떤 지식은 초기에 지녔던 의미와 전혀 다른 지식으로 변형되기도 한다. 지식의 파손성은 불변의 표현 형태가 불변의 의미를 보장하지는 못한다는 역설을 지닌다. 특정한 표현 형태에 집착하면 할수록 그 형태에 담겼던 초기 의미가 사라지게 된다. 지식의 초기 의미를 비교적 오랫동안 간직하기 위해서 필요한 것은 지식의 명시적 형태를 재생하는 것이 아니라 지식에 대한 인식론적 경각심을 갖는 것이다(Brousseau, 1997). 인식론적 경각심은 **교수학적 변환**에서 지식의 파손성을 억제하는 데 필수적이다.

한편, 교수학적 변환은 사용되기 위한 도구로서의 지식을 가르칠 지식으로 재구성하는 것을 의미한다. 일반적으로 지식은 사용되기 위해서 발생하였으므로 이를 가르치기 위해서는 그 변환이 필수적이다(Kang, 1990). 즉, 교육적 의도를 가지고 학문적 지식을 가르칠 지식으로 변형하는 것을 교수학적 변환이라고 한다. 쉐발라드는 이러한 교수학적 변환의 과정이 '**지식의 선언**'과 '**환경 재조성**'의 두 부분으로 구성된다고 설명하였다. 여기서 '지식의 선언'은 가르칠 내용을 선택하고 구성하는 과정을 이르는 말로 교수학적 변환의 첫 단계에 해당한다. 가르칠 내용을 선정하고 구성하는 동안 학문적 지식에 대한 분석과 논의가 이루어진다. 이때 수학적 개념의 배경에 있는 수학적 사고를 밝히는 것은 무엇보다 중요하며, 브루소가 제시한 수학적 개념 발달 과정에서 의미있는 시사를 얻을 수 있다.

이를테면 원시수학적 개념은 불완전하지만 일관된 관념이며, 암묵적인 형태로 문제해결에 사용된다. 이는 질문을 이해하고 풀이 전략을 계획하거나 특정한 풀이법을 기억하는 능력 등과 관련된다. 범수학적 개념은 이론적인 개념의 자격으로서 수학화를 위한 의미론적 도구로 사용된다. 증명이나 방정식 등에 대한 수학적 조작 또는 지식이 이에 해당한다. 수학적 개념은 개념 자체가 분석의 대상으로 인식되고 연구되어온 이론적인 개념으로, 가르칠 지식으로 선정, 조직되는 직접적인 수학 지식이다. 원시수학적 개념과 범수학적 개념은 가르칠 지식의 직접적인 구성에는 이용되지는 않지만, 가르칠 지식으로 선정되는 수학적 개념은 원시수학적 개념과 범수학적 개념을 배경으로 하여 구성된다. 즉, 가르칠 지식으로 수학적 지식을 선정하고 조직할 때 보다 중요한 일은 수학적 개념 이면에 있는 원시수학적 개념과 범수학적 개념을 분석하여 이들 간의 관계를 밝히는 것이다. 이러한 과정을 통해 교사는 가르칠 지식에 대한 수학자의 광범위한 아이디어를 살려낼 수 있다. 수학적 개념을 둘러싸고 있는 원시수학적 개념, 범수학적 개념을 교수학적 상황에서 다룸으로써 학생들에게 지식의 심층을 지도할 수 있다. 현실적으로 교사는 이미 선언된 지식을 대하지만 자신의 수업에 앞서 매번 가르칠 지식을 선언한다고 볼 수 있다.

일반적으로 지식은 환경에 의존한다. 주어진 환경에 타당한 지식이 상황 속에서 활용되기 위해 발달한다. 그러나 교수학적 변환에서 지식의 발생은 교수학적 의도에 종속된다. 그러므로 가르칠 지식을 포함하는 환경은 교수학적 의도에 따라 재조성될 필요가 있다. 교수학적 환경의 재조성은 학생의 수학적 사고활동이 수학자의 수학하는 활동과 본질적으로 다르지 않아야 한다는 전제에서 진행된다. 일반적인 지식의 발생 과정에서 보듯이 학생 역시 과거 수학자가 처했던 환경과 비슷한 상황에 마주함으로써 자신의 수학적 지식을 발달시킬 수 있기 때문이다. 수학자가 세계에 대하여 지닌 생각을 수학적으로 이해하고 표현한 것처럼, 학생도 자신이 마주한 세계를 수학적으로 이해하고 표현할 수 있어야 한다. 즉, 환경의 재조성은 지식이 처음 만들어질 때와 본질적으로 유사한 환경에 학생을 참여하게 함으로써 수학자가 해낸 아이디어의 의미를 되새기도록 하는 것이다. 이는 가르치기 위하여 지식을 변형하는 과정의 일부이지만 지식 자체를 변형하기 보다는 그 지식을 둘러싸고 있는 환경을 변형함으로써 지식의 의미를 풍부하게 살려내고 손상 없이 표현하기 위해서 노력하는 것을 의미한다. '환경 재조성'은 교수학적 변환의 세부적인 과정으로, 교과서 구성 및 수업상황의 설정 등과 관련된다.

이러한 맥락에서 교사의 '환경 재조성' 과정은 형식적인 지식을 학생이 개인화·배경화, 탈개인화·탈배경화할 수 있도록 활성화시키는 것으로 볼 수 있다. 즉, 교사가 해야 될 주된 일은 수학자의 작업과는 반대로 학생의 개인화·배경화, 탈개인화·탈배경화를 위한 환경을 제공하기 위해 지식을 **재개인화**(repersonalization)·**재배경화**(recontextualization)하는 것이다. 수학적 지식은 특별한 문제 상황에의 적응을 통해 발생하기 때문에, 교사는 가르치고자 하는 지식을 학생이 문제 상황 속에서 재발견할 수 있도록 수학자의 소사회를 흉내 내어 수업을 조직할 수 있어야 한다. 이러한 수학적 지식의 재배경화, 재개인화 과정은 가설적 특성을 지니는데, 특히 교과서에서의 수학적 지식의 교수학적 변환은 가상의 학생, 교사, 교실 환경을 모두 고려하여 진행된다는 관점에서 의사개인화(pseudopersonalization)·의사배경화(pseudocontextualization), 의사탈개인화(pseudodecontextualization)·의사탈배경화(pseudodecontextualization) 과정의 결과이다.

의사개인화 방식은 교과서에 주어진 설명과 학생 활동을 통해 분석될 수 있다. 일반적으로 교사의 활동은 설명 제시와 학생 활동 유도로 특징지을 수 있다. 교과서 저자는 학생을 주요 독자로 염두에 두면서 교사의 입장에서 교과서를 집필한다. 교실의 교수학적 상황은 교사와 학생의 의사소통을 통해 진행되며, 교과서 저자는 교사의 안내를 통해 학생이 교과서를 읽을 수 있도록 유도하기 때문이다.

의사배경화는 교수학적 변환 과정에서 지식의 배경이 교수학적 의도에 의해 재조성되는 것을 의미한다. 예를 들어 수학자들에게 분배법칙은 특별한 수 체계를 지탱하는 하나의 공리이지만 학생들은 이를 전개나 인수분해를 위한 법칙으로 배운다. 이는 분배법칙이 공리로서 보다는 법칙으로서 더 잘 이해될 수 있다는 판단에 따른 교수학적 의도를 반영한다. 그러나 모든 교수학적 의도가 학습자에게 분명히 인식되는 것은 아니며 심지어 교사들조차도 가르칠 지식의 배경이 변환된 교수학적 의도를 인식하지 못할 수 있다. 교수학적 의도는 변환되기 전 지식의 배경과 변환된 후 지식의 배경을 비교함으로써 가장 잘 탐색된다. 이상의 내용을 정리하면 [그림 5-5-3]과 같다.

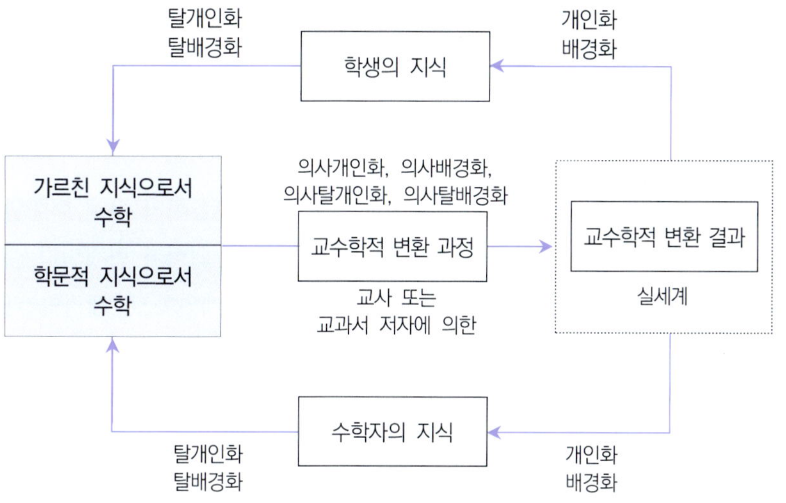

[그림 5-5-3] 교수학적 변환에 의한 지식의 순환(신보미, 2007)

인간은 지식의 개인화·배경화 과정과 탈개인화·탈배경화 과정의 순환을 통해 지식의 체계를 구성한다. 수학자는 이 순환 과정의 한 쪽 면에서 실세계를 개인화·배경화한 다음 자신의 사적인 지식을 학문적 지식으로 탈개인화·탈배경화한다. 교수학적 변환은 기존의 지식과 개인적인 배경을 지닌 가상의 학생 사이에 다리를 놓으려는 시도이다. 학문적 지식으로서 수학적 지식은 교수를 위한 지식으로 변형된다. 학생들은 교수학적으로 변형된 교과서의 지식을 자신의 수학적 지식으로 개인화·배경화, 탈개인화·탈배경화한다. 즉,

교과서나 교사에 의해 제시되는 지식은 학생을 통해 변형된다. 진정한 이해를 위해서 학습자는 우선 교사에 의해 전달된 지식을 개인화·배경화할 필요가 있다. 다음으로는 이렇게 개인화·배경화된 지식을 간직함으로써 어떤 목적에 부합되게 사용하기 위해 개인적인 속성과 배경을 벗겨내는 탈개인화·탈배경화가 진행되어야 한다. 교사는 학생들의 개인화·배경화, 탈개인화·탈배경화를 돕고 특히 두 과정이 균형과 조화를 이루도록 해야 할 책임이 있다. 교수학적 상황에서 학생들로 하여금 이 두 과정을 자연스럽게 주도하도록 하는 것이 가장 이상적인 교사의 역할이다.

QUIZ

1 '학생의 활동은 수학자의 활동과 동일하지만, 교사의 활동은 수학자의 활동과 반대이다'는 말의 의미를 교수학적 변환에 의한 지식의 순환과 관련하여 설명하시오.

극단적인 교수현상

| 핵심어 | 메타인지적 이동, 형식적 고착, 토파즈 효과, 조르단 효과

교수학적 변환을 통해 수학자의 지식은 학습자의 지식으로 여러 차례 변형됨으로써 다양한 형태로 파손될 수 있다. 지식은 전달이 거듭되면서 그 의미가 변질되기 쉬운데 교수학적 변환의 관점에서는 학생의 개인화·배경화 과정과 탈개인화·탈배경화 과정 사이의 조화와 균형을 유지함으로써 수학적 지식의 파손을 최소화하는 것이 주요한 쟁점이 된다. 만약 교사가 개인화·배경화 과정을 지나치게 강조하면 이론적인 수학과는 거리가 먼 형태나 방법으로 수학을 다루게 된다. 반면에 탈개인화·탈배경화 과정을 강조하면 수학적 사고에 의해서가 아니라 제시된 힌트에 의존하여 학습이 진행될 수 있다. 이에 수업에서의 교수학적 변환과 관련하여 중대하게 고려되어야 하는 네 가지 극단적인 교수현상이 있다. 수학적 지식의 개인화·배경화 과정에서는 **메타인지적 이동**(meta-cognitive shift)과 **형식적 고착**(formal abidance)을, 탈개인화·탈배경화 과정에서는 **토파즈 효과**(topaze effect)와 **조르단 효과**(jouradin effect)를 염두에 두어야 한다([그림 5-5-4] 참조).

메타인지적 이동은 교수학적 고안물이나 발견 수단 자체가 지도의 목적이 되는 것이다. 이는 교사의 교수학적 노력의 초점이 수학적 지식 그 자체로부터 자신이 고안한 교수학적 수단으로 옮겨가는 것을 이른다. 음수 지도에서 교사의 교수학적 관심이 음수 개념으로부터 학생의 개인화·배경화가 잘 일어나도록 고안된 교수학적 수단인 '마술 콩' 조작으로

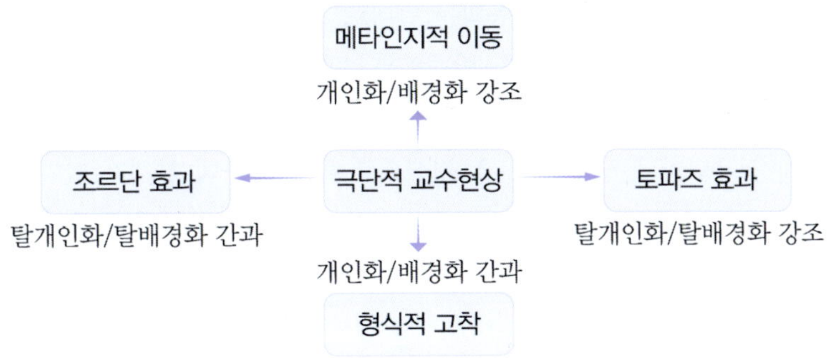

[그림 5-5-4] 극단적인 교수현상 사이의 관계

이동함으로써 학생들은 이러한 조작만을 연습하게 될 수 있다. 이는 학생의 개인화·배경화 과정을 지나치게 강조한 결과로 학생들이 학습한 수학은 본래 의도된 수학적 지식과 상당히 다를 수 있다.

형식적 고착은 지식의 은유적 활용이나 메타인지적 전략을 무시하고 형식적으로 표현된 수학적 지식 자체를 곧바로 제시하는 것을 말한다. 수학적 지식을 공리적으로 전개하는 것, 함수를 집합 사이의 대응으로 곧바로 제시하는 것 등이 이와 관련된다. 예를 들어 다음과 같이 교사가 이차식의 인수분해 방법을 곧바로 제시하고 이를 공책에 쓰고 암기하는 데 주목하는 방식으로 수업을 진행하는 경우에 형식적 고착이 일어난다.

교사 : 이차식 $x^2+(a+b)x+ab$ 를 인수분해하는 방법을 알아보겠습니다. 이런 유형의 이차식은 다음과 같은 방법으로 인수분해하면 됩니다.

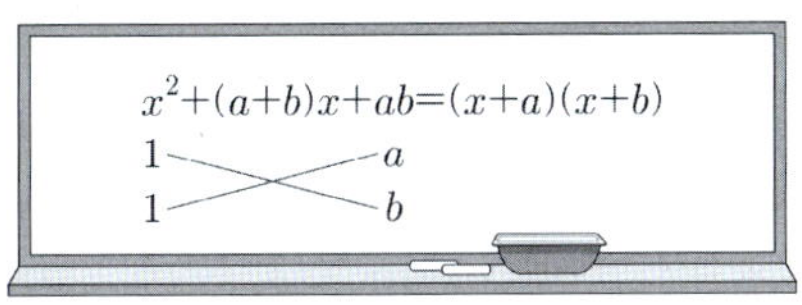

예를 들어 x^2+4x+3 은 다음과 같이 인수분해할 수 있습니다.

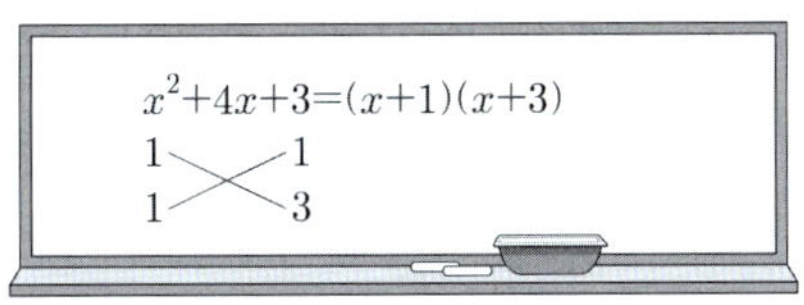

$x^2+(a+b)x+ab=(x+a)(x+b)$ 를 공책에 쓰고 암기하세요. 이 방법을 사용해서 인수분해할 수 있는 문제 20개를 준비했습니다. 활동지 문제를 풀면서 방법을 연습해 봅시다.

이상과 같은 현상은 메타인지적 이동과는 반대로 지식의 전달 과정에서 개인화 · 배경화 과정의 중요성을 과소평가한 결과이다. 탈개인화 · 탈배경화된 형식적인 지식을 그대로 반복 해설함으로써 학생은 배운 지식을 피상적으로 수용하게 된다. 이러한 지식은 문제 상황에 의미있게 적용되지 못하며, 새로운 지식으로 확장되는 데 한계가 있다.

토파즈 효과는 교사가 가르쳐야 한다는 **교수학적 계약**의 압박 때문에 풀이에 대한 명백한 힌트를 주거나 유도 질문을 하여 문제와 함께 해답을 제시하는 것이다. 토파즈 효과라는 명칭은 프랑스 희곡 〈토파즈(Topaze)〉에서 교사가 철자 받아쓰기하는 중에 학생들에게 명백한 힌트를 주는 장면에서 유래한다. 이는 학생들이 지식을 구성하는 것을 방해하거나 학습 환경을 소멸시키는 것을 이른다. 일반적으로 수업 상황에서 학생들이 해야 할 대답은 미리 결정되어 있는 것이 보통이다. 교사는 이러한 대답이 나올 수 있도록 일련의 유도 질문으로 학생의 반응을 이끌어 내려고 노력한다. 결국 학생들은 교사가 원하는 대답을 하게 되지만 이는 학생들이 수학적 지식의 진정한 의미를 이해하였음을 보장하지는 않는다. 토파즈 효과는 개인화 · 배경화된 수학적 지식의 탈개인화 · 탈배경화 과정을 지나치게 강조한 결과로 나타난다.

조르단 효과는 토파즈 효과의 변형으로 학생의 행동이나 대답이 사실은 평범한 단서에 의해 야기된 것임에도 불구하고 교사가 이를 주요한 수학적 지식의 표현으로 받아들이는 것을 이른다. 조르단 효과라는 명칭은 프랑스 희곡 〈귀족놀이〉에서 조르단이 철학자 앞에서 모르는 사실을 아는 것처럼 행세하는 장면으로부터 유래한다. 브루소는 요구르트 병이나 색칠한 그림을 가지고 독특한 활동을 수행한 학생에게 클라인 군을 발견했다고 말해주는 수업 상황을 예로 들어 조르단 효과를 설명하였다. 조르단 효과는 학생의 탈개인화 · 탈배경화를 간과한 결과로 나타난다.

교사는 수업 상황을 통한 수학적 지식의 변환 과정에서 이상과 같은 극단적인 교수현상에 의한 지식의 파손이 발생할 위험을 항상 염두에 두어야 한다. 수학적 지식에 대한 학생의 개인화 · 배경화, 탈개인화 · 탈배경화 과정의 균형을 통해 이러한 위험을 극복할 수 있다.

QUIZ

1 다음 수업 상황에서 가장 두드러지게 나타나는 극단적인 교수학적 현상을 설명하시오.

> 다은이는 다음 〈문제〉를 해결하는 데 어려움을 겪고 있다.
>
> **문제** 학교에서 집까지의 거리는 200m이고, 집에서 경찰서까지의 거리는 250m이다. 집에서 학교와 경찰서를 바라본 각의 크기가 60°일 때, 학교에서 경찰서까지의 거리를 구하여라.

이를 지켜본 교사가 다가와 다음과 같이 말하였다.
"다은아, 코사인 법칙을 적용하면 되지 않을까?"
다은이는 교사의 발문에 힘입어 주어진 문제의 답을 쉽게 구할 수 있었다.

2 다음은 공학 도구를 활용하여 피타고라스 정리의 기하학적 의미를 탐구하는 중학교 수업에서 선형이가 실수로 직각삼각형이 아닌 삼각형을 작도한 그림이다. 이에 대한 〈교사의 반응〉을 극단적인 교수학적 현상과 관련하여 설명하시오.

선형이가 그린 그림

$\mathrm{DEAC} = 4.92\,\mathrm{cm}^2$
$\mathrm{FGBA} = 7.87\,\mathrm{cm}^2$
$\mathrm{HICB} = 0.91\,\mathrm{cm}^2$

$\mathrm{FGBA} - (\mathrm{DEAC} + \mathrm{HICB}) = 2.04\,\mathrm{cm}^2$

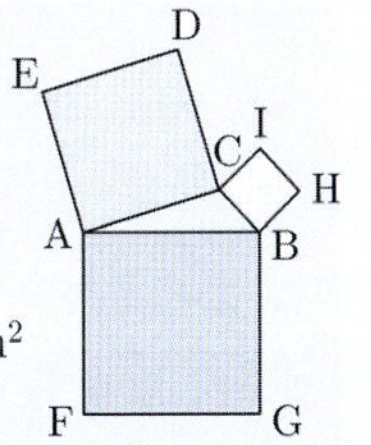

교사의 반응 선형이는 벌써 코사인법칙을 발견했구나. 대단하네.

교수학적 계약과 인식론적 장애

핵심어 | 교수학적 계약, 지적 책임의 양도, 인식론적 장애, 지식의 성장

브루소는 교수학적 관계를 가르칠 지식과 관련된 교사와 학생 간의 삼원 관계로 설명하였다. 교사의 작업은 교수학적 관계를 시작하고 확립 및 조정하는 일련의 과정이다. 교수학적 상황에서 가르칠 지식을 공유하는 교사와 학생 사이의 관계는 교수학적 계약이라는 개념으로 설명할 수 있다. 교수학적 계약은 교사의 기대와 그것을 목표로 하는 교사의 활동과 이를 수용하는 학생 사이에 존재하는 합의이다. 교사와 학생은 교수학적 상황의 조정을 위해 어떤 책임을 져야 할지와 서로에게 해야 할 의무가 무엇인지를 결정하는 관계에 있다. 교수학적 계약은 암묵적으로 존재하지만 교사와 학생을 압박하며 이들의 행동을 통제한다. 교사는 지식을 가르쳐야 하고 학생은 교사로 부터 지식을 전수받고 교사가 요구하는 행동을 해야 한다는 교수학적 계약은 교사와 학생 모두에게 압박으로 작용한다. 학생은 주어진 교수학적 상황에 적절히 적응하기 보다는 교사의 기대에 적응하기 위해 정답을 산출하는 데 급급하게 되기도 한다. 교사는 학생들이 자신의 설명을 알아듣지 못하면 비슷한 예를 들어 보충설명을 시도하는데 여기서 이해를 위한 지도

의 수단이 학습의 대상으로 변형되는 부적절한 결과가 생기기도 한다. 교수학적 계약은 교사와 학생 사이의 상호 기대로 드러나는데, 교사의 역할은 학생들의 기대에 의해 규정되고 학생의 행동 역시 교사의 기대에 의해 제한된다. 이러한 기대는 교수학적 관계 맥락에서 암묵적인 규칙으로 폭넓게 작용하거나 학습될 지식과 관련하여 학생의 일반적인 활동을 규정한다.

교수학적 계약의 바람직한 형태는 학생이 상황에 대한 새로운 전략을 스스로 만들어 수행하는 과정에서 드러난다. 학생은 제시된 환경의 제한 조건을 만족시키기 위해 필요한 것을 스스로 찾아내고 선택하면서 환경 상황에 적응하는 지적 책임을 져야 한다. 브루소는 이와 같이 교사가 지닌 교수학적 책임의 일부가 의도된 비교수학적 상황에서 학생에게 이행되는 것을 **지적 책임의 양도**(devolution)라고 정의하였다. 이는 비교수학적 상황에서의 교수학적 계약을 의미한다. 교사는 교수학적 상황을 통해 학생을 비교수학적 상황에 적응시킬 수 있어야 한다는 책임을 받아들여야 하며, 비교수학적 상황에 적응해야 하는 책임이 학생에게 양도되도록 해야 한다. 새로운 지식이 형성되고 그 지식에 의미를 부여하는 제도화 상황에서 조차도 지적 책임의 양도가 일어나야 한다. 이를 통해 학생들이 획득한 지식은 장차 마주하게 될 또 다른 상황에서 다시 꺼내어져서 새로운 문제해결에 사용될 수 있다. 학생들은 양도받은 지적 책임에 기반하여 자신의 수학적인 활동 결과를 반성함으로써 수업이 종료된 후 어떤 상황에서도 그 지식의 의미를 보존하는 의무를 져야 한다.

교수학적 상황론에서 학습 활동은 학습자가 제한된 환경에 적응하기 위해 가한 자신의 행동에 대해 환경이 제공하는 피드백을 조정함으로써 자신의 지식을 상황화하는 과정이다. 환경에 적응함으로써 지식을 구성한다는 교수학적 상황론의 관점에 따르면 학생은 늘 불완전하며 상당한 오류가 포함된 지식을 소유하게 된다. 새로운 환경에서 학생은 자신이 지닌 이전 지식의 한계와 오류를 느끼게 되며 환경에의 적응을 위해 자신의 인지구조를 변화시킨다. 브루소는 이러한 사전 지식의 한계와 오류를 **인식론적 장애**(epistemological obstacle)라고 하면서 어떤 특정 맥락에서는 성공적이고 유용하여 인지구조의 일부가 되었지만 새로운 문제 상황이나 더 넓어진 맥락에서는 부적합해진 지식으로 정의하였다. 이를테면 산술 문제에서 등호를, 변환을 가하라는 명령어, 즉 등호 뒤에 어떤 것을 채우라는 신호로 해석하면 $4+3=(\quad)$을 쉽게 해결할 수 있다. 그러나 이처럼 등호를 비대칭적인 의미로 해석하면 $12=7+5$나 $3+7=6+4$처럼 대칭적인 등호의 의미를 이해하는 데 어려움을 겪을 수 있다. 이처럼 인식론적 장애는 피할 수 없으며 지식의 성장을 위해서는 그 극복의 과정을 겪어야 하는 필수 요소이다. 각 개념에는 항상 다소간의 장애가 있을 수밖에 없으며 교수 결과로서 구성된 개념에는 늘 불완전한 측면이 존재하므로 다음 단계에는 반박될 여지를 갖는다. 인식론적 장애는 지식의 성장

과정에서 제거될 수 없으므로 장애 지식을 확인하고 이를 거부해야 하는 이유를 새로운 지식으로 합체시킴으로써 지식에 대한 이해를 보다 확고히 하는 교수학적 전략이 필요하다.

그러나 이러한 인식론적 장애는 학생이 자신의 사고 과정을 표현할 기회가 주어지지 않으면 쉽게 드러나지 않으므로, 교사는 학생들의 인식론적 장애를 끌어낼 계기를 마련해야 한다. 이를 위해 교사는 학생이 자신의 생각에 비효과적이며 무익한 부분을 인식할 수 있도록 동화가 불가능한 새로운 문제 상황을 제시해야 한다. 새로운 문제 상황은 학습되도록 의도된 지식을 그대로 전달하는 것이 아니라, 학생이 문제 상황에 몰두함으로써 경쟁이 되는 지식 중 최적의 것을 찾아내도록 구성할 수 있다. 일단 학생은 현재 지니고 있는 지식에 몰두하려고 시도해야 하며, 이런 시도가 실패하거나 부적합하다고 판단될 때 이를 수정할 새로운 지식을 생산해낼 수 있다. 이에 교사는 오류로부터 지식을 구성할 수 있도록 문제 상황에 대한 교수학적 변환을 기할 필요가 있다. 학생은 자신이 지닌 인식론적 장애를 의식함으로써 이를 극복하려는 동기를 갖게 되며 자발적으로 문제 상황에의 적응을 시도할 것이기 때문이다.

QUIZ

1 교수학적 계약의 압박으로 교사가 학생 스스로 학습할 환경을 제거하는 상황을 구체적인 수업 사례를 예로 들어 설명하시오.

2 학생들이 다음과 같은 실수를 하는 이유를 등호에 대한 인식론적 장애와 관련하여 설명하시오.

$$\begin{aligned}3x+2&=2x+3\\&=3x-2x=3-2\\&=x=1\end{aligned}$$

과제 및 연습

1. 교사는 원의 현에 관한 성질 단원을 지도하기 위해 다음과 같은 〈활동〉을 한 다음, 학생들이 친구들과 자유롭게 토의·토론을 하여 〈활동〉으로부터 "길이가 같은 두 현은 원의 중심으로부터 같은 거리에 있다"는 성질을 정리하도록 하였다.

> **활동**
>
> ① [그림 1]과 같이 원 모양의 색종이를 완전히 포개어지도록 반으로 두 번 접어 원의 중심 O를 찾는다.
>
> ② 다시 처음 상태에서 색종이를 반으로 접고 [그림 2]와 같이 접은 후 펼친다.
>
> ③ [그림 3]과 같이 네 점 A. B, C, D를 잡는다.
>
> ④ 점 A와 점 B, 그리고 점 C와 점 D가 서로 겹치도록 색종이를 각각 접었다 펼친 후, [그림 4]와 같이 현 AB의 중점 M과 현 CD의 중점 N을 찾는다.
>
> 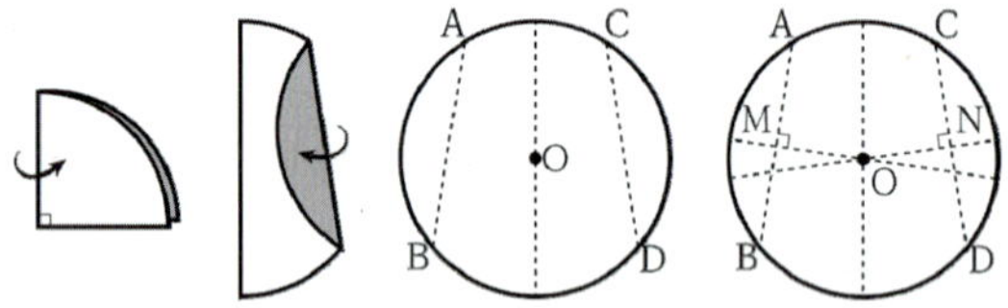
>
>
> [그림 1] [그림 2] [그림 3] [그림 4]
>
> ⑤ $\overline{OM} = \overline{ON}$ 임을 확인한다.

수학 교수학적 상황과 수학 개념의 발전 과정에 비추어 김 교사의 수업을 해석하고 해당 수업에 보완할 필요가 있는 수업 활동을 제시하시오.

2. 다음은 "함수 $y=f(x)$ 가 $x=a$ 에서 연속이다"는 수학적 정의 〈A〉와 고등학교 교과서의 정의 〈B〉이다. 〈A〉와 〈B〉의 관계를 교수학적 변환의 관점에서 설명하시오.

> **A**
>
> 실수 전체의 집합을 $\mathbb{R}$라 하고, $E \subset R$ 일 때, 함수 $f : E \rightarrow R$, $a \in E$라 하자. 임의의 $\epsilon > 0$에 대해서 적당한 $\delta(\epsilon) > 0$가 존재하여 $|x-a| < \delta$인 모든 $x \in E$에 대해서 $|f(x)-f(a)| < \epsilon$이면, f는 $x=a$에서 연속이라고 한다.
>
> **B**
>
> 함수 $f(x)$가 실수 a에 대하여
>
> (i) 함숫값 $f(a)$가 정의되고,
>
> (ii) 극한값 $\lim_{x \to a} f(x)$가 존재하며,
>
> (iii) $\lim_{x \to a} f(x) = f(a)$를 만족할 때,
>
> 함수 $f(x)$는 $x=a$에서 연속이라고 한다.

참고문헌

강옥기, 강윤수, 고상숙, 고호경, 권나영, 김구연, 김래영, 김민경, 김응환, 김익표, 노선숙, 서보억, 신재홍, 이수진, 이중권, 정인철, 한인기, 허혜자, 황우형(2012). 수학교육학 신서. 교우사.

강옥기, 권언근, 황혜정, 전대열, 노지화, 우희정, 윤상혁, 이형주, 유승연, 윤혜미, 홍창섭, 정경호. (2019). 중학교 수학2. 동아출판.

김남희 (2021). 문제를 해결하며 학습하는 수학교육학 이론편. 경문사.

김남희, 나귀수, 박경미, 이경화, 정영옥 (2017). 예비교사와 현직교사를 위한 수학교육과정과 교재연구. 경문사.

김응태, 박한식, 우정호(1984). 수학교육학개론. 서울대학교 출판부.

박진성(2001). 놀이를 통한 수학 학습에서 수학 학습부진아의 학습활동 특성 분석. 서울교육대학교 석사학위 논문.

신보미(2007). 시뮬레이션을 활용한 확률 지식의 교수학적 변환 방식. 한국교원대학교 대학원 박사학위 논문.

신보미, 이경화, 송창근 역(2022). 수학 교수학적 상황론. 경문사.

우정호 (2011). 수학 학습-지도 원리와 방법. 서울대학교출판문화원.

우정호, 민세영 (2002). 역사발생적 수학 학습-지도 원리에 관한 연구. 수학교육학연구, 12(3), 409-424.

이경화(1996). 확률 개념의 교수학적 변환에 관한 연구. 서울대학교 대학원 박사학위 논문.

이경화(2016). 현실적 수학교육 이론의 재음미: 수학적 창의성 교육의 관점에서. 수학교육학연구, 26(1), 47-62.

이광상(2007). 엑셀을 활용한 일차함수의 과정-대상관점 형성에 대한 사례연구. 한국학교수학회 논문집, 10(2), 263-288.

이재관, 이종학(2018). 2015 개정 교과서의 '놀이수학'에 대한 실태 분석. 한국학교수학회논문집. 21(3), 267-285.

전영주, 임해미, 김희정, 김선희, 노지화, 서보억, 손홍찬, 신보미, 이경언, 이봉주, 한인기(2023). 수학과 교수·학습의 이론과 실제. 경문사.

정영옥 (1997). Freudenthal의 수학화 학습-지도론 연구. 서울대학교 박사학위논문.

정영옥, 이경화, 나귀수 (2018). 현실적 수학교육의 이론과 실제. 교우사.

황혜정, 나귀수, 최승현, 박경미, 임재훈, 서동엽 (2022). 수학교육학신론 1. 문음사.

황혜정, 나귀수, 최승현, 박경미, 임재훈, 서동엽(2016). 수학교육학신론, 문음사.

Bakker, A. (2004). Design research in statistics education: On symbolizing and computer tools. Doctoral dissertation, Utrecht University.

Brousseau, G. (1997). Theory of didactical situations in mathematics: Didactique des mathématiques, 1970-1990. (Edited and translated by N. Balacheff, M. Cooper, R. Sutherland, & V. Warfield)

Clements, D. H., Swaminathan, S., Hannibal, M. A. Z., & Sarama, J. (1999). Young children's concepts of shape. Journal for Research in Mathematics Education, 30(2), 192-212.

Crowley, M. L. (1987). The van Hiele model of the development of geometric thought. In M. M. Lindquist (Ed.), Learning and teaching geometry, K-12, 1987 Yearbook of the NCTM (pp. 1-16). National Council of Teachers of Mathematics.

Dienes, Z. P. (1960). Building up mathematics. London: Hutchinson Educational.

Freudenthal, H. (1973). Mathematics as an educational task. Dordrecht, The Netherlands: D. Reidel Publishing Company.

Freudenthal, H. (1983). Didactical Phenomenology of Mathematical Structures. Dordrecht, The Netherlands: D. Reidel Publishing Company.

Freudenthal, H. (1991). Revisiting mathematics education: China lectures. Dordrecht: Kluwer Academic Publishers.

Fuys, D., Geddes, D., Lovett, C. J., & Tischler, R. (1988). The van Hiele model of thinking in geometry among adolescents. Journal for Research in Mathematics Education [Monograph No. 3]. Reston, VA: National Council of Teachers of Mathematics.

Kang, W. (1990). Didactic transposition of mathematical knowledge in textbook. doctoral dissertation, University of Georgia.

Skemp, R. (1961), Reflective Intelligence and Mathematics, British Journal of Educational Psychology. 31(1), 45-55.

Skemp, R. (1962). The Need for a Schematic Learning Theory, British Journal of Educational Psychology, 32(2), 133-142.

Skemp, R. (1973). The psychology of learning mathematics. Penguin Books.

Smid, H. (2022). Theory and practice: A history of two centuries of Dutch mathematics education. Springer Cham.

Usiskin, Z. (1982). Van Hiele levels and achievement in secondary school geometry. University of Chicago.

Van den Heuvel-Panhuizen, M. (2000). Mathematics education in the Netherlands: A guided tour. Freudenthal Institute CD-rom for ICME9, 1-32.

Van Den Heuvel-Panhuizen, M. (2003). The didactical use of models in realistic mathematics education: An example from a longitudinal trajectory on percentage. Educational studies in Mathematics, 54(1), 9-35.

Van Hiele, P. M. (1986). Structure and insight: A theory of mathematics education. Academic Press Inc.

Van Hiele, P. M. (1999). Developing geometric thinking through activities that begin with play. Teaching Children Mathematics, 5(6), 310-316.

Webb, D. C. (2010). Collaborative Design of Instructional Sequences: Teacher Developed Support for Formative Assessment. Procedia - Social and Behavioral Sciences, 9, 153-157.

CHAPTER

06

수학적 사고와 수학교육

둘러보기

1절 개연추론

수학의 정리가 확실한 수학적 지식으로 자리매김하기 이전에는 그 정리가 참이 될 것이라고 추측하는 과정이 있다. 이러한 유형의 추론을 개연추론(plausible reasoning)이라고 부른다. 이때, '개연(蓋然)'의 사전적 의미는 '반드시 그렇다고 단정할 수는 없으나 대개 그럴 것이라고 생각되는'이라는 의미를 가지고 있다. 따라서, 개연추론의 결과는 반드시 참이라고 단정할 수는 없지만 가능성이 높은 판단이라고 할 수 있다. 우리는 직사각형이 커질수록 둘레의 길이와 넓이가 커지는 것을 볼 수 있다. 이로부터 직사각형의 둘레가 크면 넓이도 커진다고 추측한다. 수학에서도 자연과학과 마찬가지로 관찰과 경험에 근거하여 새로운 수학적 성질을 추측하는 경우가 많은데 이와 같이 추측하는 것이 개연추론이다. 이 절에서는 개연추론을 귀납추론, 유추, 일반화, 특수화, 은유 등의 의미를 구체적인 사례와 함께 살펴보고자 한다.

2절 연역추론과 증명

새로운 수학지식을 발견하기 위해 추측하는 과정이 있다면, 추측한 사실이 참임을 밝히는 과정도 존재한다. 우리에게 알려진 정의, 공리, 공준 및 이미 참이라고 알려진 성질 등을 이용하여 어떤 명제(추측)가 참임을 밝히는 것을 연역추론(deductive reasoning)이라고 부른다. 피타고라스 정리는 이미 기원전 1600년 전에도 알려져 폭넓게 사용되어 왔으나, 기원전 540년 경 피타고라스에 의해 비로소 증명되었다. 기원전 1600년 전부터 개연추론으로 확립된 추측이 1000여 년이 지난 뒤에야 연역추론을 통해 참임이 확립된 것이다. 이 절에서는 수학에서 증명이 주는 의미, 다양한 증명 방법 등에 대해 살펴보기로 한다.

01 개연추론

귀납추론

핵심어 귀납추론, 추측, 발견, 일반화, 특수화

귀납추론은 관찰, 실험, 측정 등을 통하여 몇 가지 사례에서 성립되는 성질이 그 사례들이 속한 전체 범주에도 성립하는 것을 주장하는 것으로, 특수한 사례에서의 공통성이 일반적일 것이라고 **추측**하는 것이다. 귀납추론은 관찰된 사실 이면의 일반적 규칙성을 찾는 사고과정이며, 이는 수학의 탐구와 발견에 중요하며 수학을 확장해나가는 중요한 사고이다.

첫 번째 사례로, 다음과 같이 홀수의 합이 제곱수와 같다는 것을 알게 되었다고 생각해 보자.

$$\begin{aligned} &1 &&= 1 = 1^2 \\ &1+3 &&= 4 = 2^2 \\ &1+3+5 &&= 9 = 3^2 \\ &1+3+5+7 &&= 16 = 4^2 \end{aligned}$$

위의 몇 가지 관찰된 사실로부터 연이은 n개의 홀수의 합은 제곱수 n^2이 될 것을 추론하는 것이 귀납추론이다. 즉,

$$1+3+5+7+\cdots+(2n-1)=n^2$$

임을 추측할 수 있고, 이는 사실임이 증명된다.

두 번째 사례로 골드바흐(Goldbach)의 추측을 제시할 수 있다. 우리는 우연한 기회에 다음과 같은 관계를 접하게 되었다고 하자.

$$3+5=8, \quad 5+17=22, \quad 13+19=32$$

우리는 주어진 사례들에 대한 관찰로부터 어떤 유사점을 깨달았다고 가정해 보자. 좌변에서는 홀수인 소수라는 유사점을 찾을 수 있고, 우변에서는 짝수라는 유사점을 확인할 수 있다. 사실 홀수인 두 소수의 합은 필연적으로 짝수이다. 우리는 사례에 대한 관찰로부터 '홀수인 두 소수의 합은 짝수이다.'이라는 추측이 가능하다. 이제 다른 짝수의 경우에

도 위와 유사한 속성을 가지고 있는지 확인하기 위해 사례의 수를 증가시켜보자.

$$3+3=6,\ 3+7=10,\ 5+7=12,\ 7+7=14,\ 5+11=16,\ 7+11=18,\ 3+17=20$$

우리는 위에 추가된 사례들에 대한 관찰을 통해 어떤 유사점을 깨달을 수 있다. 그리고 하나의 추측을 완성할 수 있다.

4보다 큰 임의의 짝수는 홀수인 두 소수의 합으로 나타낼 수 있다.

세 번째 사례로 다음과 같은 직각삼각형에서 각 변을 한 변으로 하는 정사각형의 넓이를 관찰해 보자.

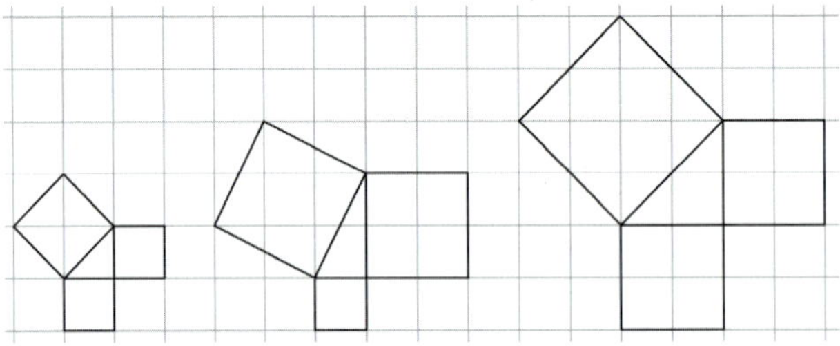

[그림 6-1-1] 피타고라스 정리의 귀납추론

이때, 직각삼각형의 직각을 낀 변을 한 변으로 하는 두 정사각형들의 넓이의 합이 빗변을 한 변으로 하는 정사각형의 넓이와 같음을 관찰할 수 있다. 이를 바탕으로 직각삼각형의 직각을 낀 두 변을 각각 a, b라 하고 빗변을 c라 하면, 다음이 성립할 것이라고 추측할 수 있다.

$$a^2+b^2=c^2$$

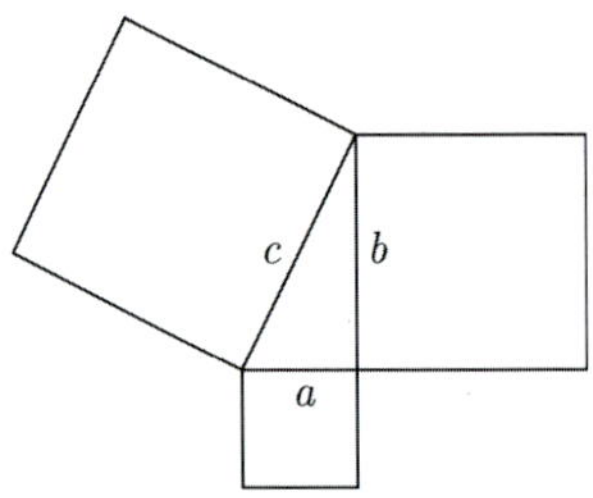

[그림 6-1-2] 피타고라스 정리

이와 같은 추측 과정이 귀납추론이며, 위의 추측은 참이고 잘 알려진 피타고라스 정리이다.

귀납추론은 곧잘 **일반화**와 연결된다. 수학적 특성의 일반화는 구체적인 상황을 변수로 구성하여 일반화된 식을 유도하는 과정을 의미한다. 반대로 **특수화**는 일반화된 식에서 변수에 값을 대입시키는 과정을 의미한다.

예를 들어, 삼각형의 내각의 합이 $180°$이고, 사각형의 내각의 합은 $360°$, 오각형의 내각의 합은 $540°$가 되므로 일반적으로 n각형의 내각의 합은 $180° \times (n-2)$로 추론할 수 있다. $180° \times (n-2)$라는 것은 몇 개의 구체적인 다각형의 내각의 합으로부터 얻은 성질을 변수로 대치하여 일반화한 것이다. 한편, 육각형의 내각의 합을 알고자 할 때는 식 $180° \times (n-2)$의 n에 6을 대입하여 $720°$를 얻게 된다. 이처럼 일반적 형식으로 주어진 식의 변수에 구체적 값을 대입하는 것이 특수화이다.

폴리아(Polya)는 앞에서 제시된 두 번째 사례인 골드바흐의 추측을 바탕으로, 귀납적 추측의 전형적 절차에 대해 고찰하였다(Polya, 1954, pp. 5-7). 폴리아의 이러한 절차를 정리하면, 귀납적 절차를 다음 세 단계로 요약할 수 있다.

첫 번째 단계, 제시된 사례 및 몇몇 경험으로부터 유사점을 찾는 단계이다. 첫 번째 사례에서 좌변이 홀수들의 합, 우변이 제곱수, 두 번째 사례에서 좌변이 홀수인 소수의 합, 우변이 4보다 큰 짝수라는 공통점을 찾는 사고 활동이다. 유사점을 찾는 활동은 자신의 인지구조 속에 있는 지식과 현재 관찰하는 대상 사이의 유사한 속성을 찾는다는 측면에서 다음 주제에서 다루는 유추적 사고와 깊은 관련이 있다.

두 번째 단계, 추출한 유사점으로부터 일반적인 관계를 추측하는 단계이다. 첫 번째 사례에서는 연속한 n개의 홀수의 합은 n^2이라는 관계를, 두 번째 사례에서는 4보다 큰 임의의 짝수는 홀수인 두 소수의 합으로 표현할 수 있다는 관계를 발견하는 사고 활동이다. 이러한 사고 활동은 특수한 몇몇 사례가 모든 경우에 성립한다는 것을 추측하는 것이므로 일반화와 깊은 관련이 있다.

세 번째 단계, 일반적인 관계의 추측이 실제로 옳은지 구체적인 몇 가지 사례에 적용해 보는 단계이다. 첫 번째 사례에서는 $1+3+5+7+9=5^2$, $1+3+5+7+9+11=6^2$ 등이 성립하는지, 두 번째 사례에서는 $22=5+17$, $24=7+17$, $26=3+23$ 등이 성립하는지 확인하는 사고 활동이다. 이러한 사고 활동은 일반적인 관계에 구체적인 수식을 대입해 보는 것이므로 특수화와 깊은 관련이 있다. 이러한 사고 활동은 참이라고 확신을 할 수 없는 추측에 대해 참이라고 인정받는 영역을 확장하는 의의가 있으므로 신뢰성을 증가시키는 효과가 있다. 이러한 이유로 오일러(Euler)는 이러한 활동을 준실험(quasi-experiment)이라고 불렀다(Polya, 1954, p. 5).

여기서 우리가 주의해야 할 것이 있다. 귀납추론의 결과가 항상 참이 되는 것은 아니라는 점이다. 예를 들어, 기하판 위의 정사각형에서 못을 연결하여 만들 수 있는 서로 다른 길이의 선분의 수는 몇 개인가를 추측해 보는 상황을 생각해 보자(NTCM, 2000, p. 266).

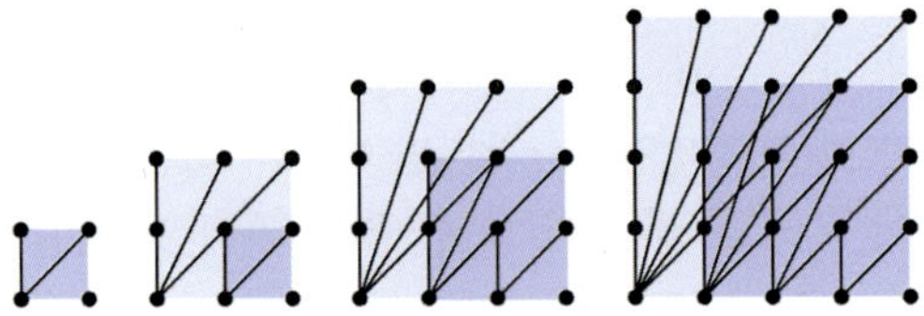

[그림 6-1-3]

1×1 정사각형에서 서로 다른 길이를 가지는 선분의 수는 2개고, 2×2 정사각형에서 서로 다른 길이를 가지는 선분의 수는 $2+3$개이다. 마찬가지 방법으로 3×3 정사각형에서 선분의 수는 $2+3+4$개고, 4×4 정사각형에서 선분의 수는 $2+3+4+5$개임을 알 수 있다. 이것으로부터 귀납추론에 의해 5×5 정사각형에서 선분의 수는 $2+3+4+5+6=20$개임을 추측해 볼 수 있다. 그러나 5×5 정사각형에서 길이가 5인 선분은 4×4 정사각형에서도 나타나므로 5×5 정사각형에서 서로 다른 길이를 가지는 선분의 수는 19이다.

또 다른 예로 음이 아닌 정수 t에 대해 페르마(Fermat) 수 $F_t=2^{2^t}+1$을 생각해보면 t가 0, 1, 2, 3, 4일 때, $F_0=3$, $F_1=5$, $F_2=17$, $F_3=257$, $F_4=65537$로 모두 소수임을 알 수 있다. 페르마는 1640년 모든 음이 아닌 정수 t에 대해 $F_t=2^{2^t}+1$는 소수라고 추측하였다. 그러나 1739년에 오일러는 $F_5=4294967297$은 $4294967297=6700417\cdot641$과 같이 소인수분해되어 소수가 아님을 밝혔다. 이와 같이 귀납추론에 의해 얻어진 결과는 항상 참이라고 할 수 없으며 참이라고 보장할 수 있는 증명을 필요로 한다.

귀납법만을 사용하여 얻어진 결과에는 종종 오류가 있을 수 있다는 점을 인정하고, 귀납법에만 의존하는 추측들을 그대로 진리로서 받아들이지 않도록 조심해야 한다. 귀납추론은 관찰로부터 점진적으로 참을 발견해 가는 사고의 전개 과정이 지속적으로 요구된다. 따라서 귀납추론에 따른 사고의 전개 과정에 임하는 귀납적 태도를 몇 가지로 요약할 수 있다(Polya, 1954)

첫째, 어떠한 믿음(추측)도 수정할 준비가 되어 있어야 한다는 것이다. 이것은 '지적인 용기(intellectual courage)'로 표현할 수 있다. 왜냐하면, 믿음(추측)을 수정하기 위해서는 용기가 있어야 하기 때문이다.

둘째, 믿음(추측)을 바꾸어야 할 타당한 이유가 있으면 믿음(추측)을 수정해야 한다. 이것은 '지적인 정직(intellectual honesty)'으로 표현할 수 있다. 왜냐하면, 관찰과 경험에 분명하게 모순이 되는 추측임에도 불구하고, 내가 만든 추측이라는 이유만으로 참임을 입증하기 위해 집착을 한다면, 정직하지 못하기 때문이다.

셋째, 믿음(추측)을 바꾸어야 할 타당한 이유가 없으면 믿음(추측)을 함부로 바꾸어서는 안 된다. 이것은 '현명한 자제(wise restraint)'라고 표현할 수 있다. 왜냐하면, 신뢰할 수 있고 타당한 조사 없이 추측을 바꾸는 것은 자칫 위대한 발견을 놓칠 수 있어 어리석은 행위가 될 수 있기 때문이다.

QUIZ

1 일반화는 구체적인 상황을 변수로 구성하여 일반화된 식을 유도하는 과정을 의미한다면, 이와 반대로 일반화된 식에서 변수에 값을 대입시키는 과정은 무엇이라고 칭하는지 적으시오.

2 귀납추론이 가지는 단점과 이를 극복하기 위해 필요한 것이 무엇인지 설명하시오.

유추와 은유

| 핵심어 | 유추, 은유

유추(類推)는 유비추론(類比推論)의 준말로, 어떤 대상에 대해 성립하는 성질로부터 그와 유사한 대상의 성질을 추측하는 것이다. 대상 A와 B가 유사할 때 A에서 성립하는 성질 P(A)와 유사한 성질 P(B)가 대상 B에서 성립할 것이라고 추측하는 것이다. 구체적으로, 대상 A가 x_1, x_2, x_3, $\cdots$, x_n라는 속성을 가지고 있고, 대상 B가 x_1', x_2', x_3', $\cdots$, x_n'이라는 유사한 속성을 가지고 있다고 할 때, 대상 A가 속성 α를 가지고 있으면 대상 B도 이와 유사한 속성 α'을 가지고 있을 것이라고 추측하는 사고 활동을 의미한다.

유추는 대상이나 상황 사이의 관계적 성질에 주목하여 패턴이나 법칙을 발견하는 것으로 수학 학습에서 매우 중요한 사고 활동이다. 수학에서 평면기하와 입체기하, 수와 도형, 대수적 대상과 기하적 대상, 유한과 무한 사이의 유추 등 수학에서의 유추적 사고를 요구하는 상황은 매우 많다.

예를 들어, 두 변의 길이가 a, b인 직사각형의 넓이는 $a\times b$라는 사실로부터, 세 모서리의 길이인 가로, 세로, 높이가 각각 a, b, c인 직육면체의 부피는 $a\times b\times c$임을 짐작할 수

있다. 평면에서 점 $A(x_0,\ y_0)$에서 직선 $ax+by+c=0$까지의 거리가 $\dfrac{|ax_0+by_0+c|}{\sqrt{a^2+b^2}}$인 것으로부터, 공간에서 점 $A(x_0,\ y_0,\ z_0)$에서 평면 $ax+by+cz+d=0$까지의 거리가 $\dfrac{|ax_0+by_0+cz_0+d|}{\sqrt{a^2+b^2+c^2}}$임을 추론해 볼 수 있다. 또한, 피타고라스 정리로부터 다음과 같이 직각삼각형의 각 변에 정육각형 또는 적당한 모양의 닮은 도형이 붙어 있을 때 빗변에 붙어 있는 도형의 넓이는 다른 두 변에 붙어있는 도형의 넓이의 합과 같음을 추측해 볼 수 있다.

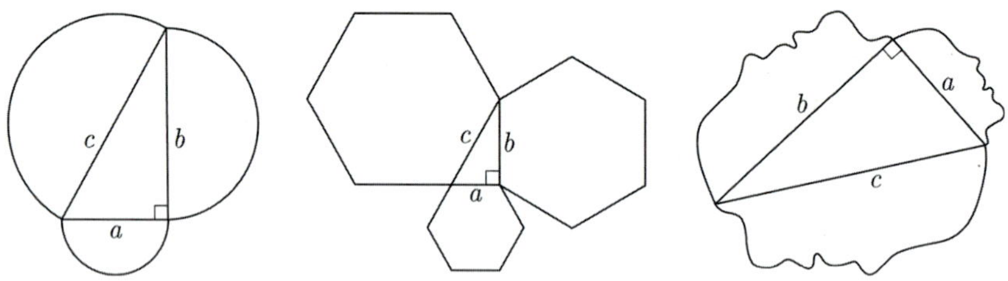

[그림 6-1-4] 직사각형의 각 변에 붙은 도형에 착안한 유추

피타고라스 정리에 의하면 가로 a, 세로 b인 직사각형의 대각선의 길이를 c라 할 때, $a^2+b^2=c^2$이 성립한다. 이로부터 가로, 세로, 높이가 각각 a, b, c이고 대각선의 길이가 d인 직육면체에서 $a^2+b^2+c^2=d^2$을 추측하는 것 또한 유추이다.

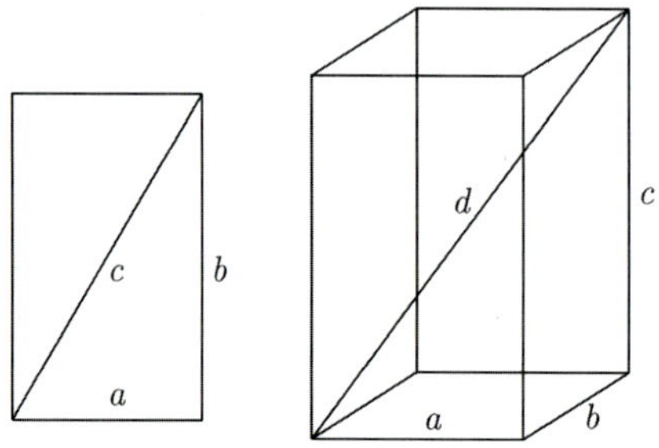

[그림 6-1-5] 2차원에서 3차원으로 대각선의 유추

평면에서 직각삼각형은 공간에서 직각사면체와 유사하므로 이에 착안하여 직각사면체에서 직각을 낀 세 면의 넓이를 A, B, C라 하고 빗면(세 직각이 모인 꼭짓점에 마주한 면)의 넓이를 D라 할 때 $A^2+B^2+C^2=D^2$이 성립함을 유추할 수 있고, 이는 증명된다.

유추는 개연성이 높긴 하지만 귀납추론과 마찬가지로 추측한 성질이 꼭 참이 되는 것은

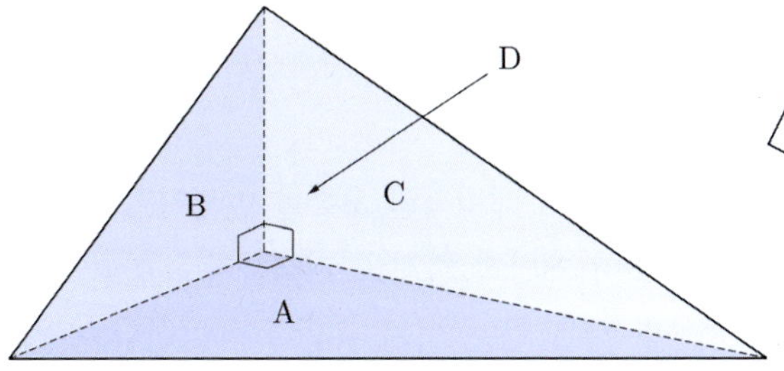

[그림 6-1-6]

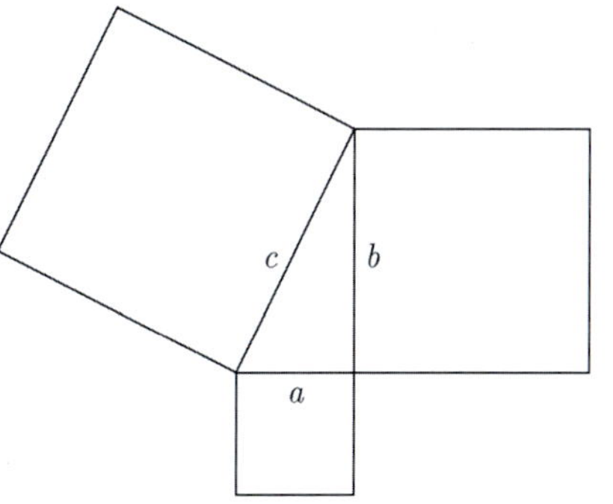

[그림 6-1-7]

아니다. 예를 들어 평면에서 밑변의 길이가 각각 a, b이고 높이가 h인 사다리꼴의 넓이는 $\frac{1}{2}(a+b)\times h$이지만, 공간에서 밑면의 넓이가 각각 S_1, S_2이고 높이가 h인 각뿔대의 부피는 $\frac{1}{3}(S_1+S_2)\times h$가 아니라 $\frac{1}{3}(S_1+S_2+\sqrt{S_1\times S_2})\times h$이다(에르든예프 & 한인기, 2005).

유한에서 성립하는 성질을 무한으로 무리하게 유추하는 것은 곧잘 오류의 원인이 되기도 한다. 예를 들어, $x=1+2+2^2+2^3+\cdots$에 대하여 $x=1+2(1+2+2^2+2^3+\cdots)$ $=1+2x$이므로 $x=-1$이라는 결론은 무한으로의 무리한 유추로부터 발생하는 오류이다. 또 유한집합에서는 자신과 서로 같은 진부분집합이 존재하지 않기 때문에 무한집합에서도 이와 같을 것이라고 유추할 수 있지만 무한집합에서는 자신과 서로 같은 진부분집합이 존재한다.

유추는 어떤 대상에 알려진 성질로부터 유사한 대상에 대해 비슷한 성질을 추론하는 효율적인 방법으로 문제해결에서도 유사한 기능을 한다. 해결하고자 하는 문제에서 어려움을 겪을 때 유사한 문제를 떠올리고 이미 알고 있는 해결 방법으로부터 도움을 얻을 수 있다. 그러나 앞에서 본 것처럼 유추로부터 얻은 성질이 항상 참은 아니므로 이것의 진리성을 확립하고자 하는 시도가 뒤따라야 한다.

은유(隱喩)는 사물의 상태, 움직임, 개념 등을 유사한 성질을 지닌 다른 말로 대체하는 표현 방법을 의미한다. 수학교육에서 은유는 추상적인 개념에 대해 일상적이거나 구체적인 또는 친숙한 맥락을 제공하는 한 가지 방법으로, 유사성에 근거한 추론 양식이라는 점에서 유추와 공통성을 가진다(이경화, 2010). 예를 들어, 분수 $\frac{2}{5}$는 피자를 다섯 조각으로 등분한 것 중 두 조각으로, 등식은 양팔 저울로, 정수는 수직선 위의 점으로 은유된다. 또 자연수의 곱셈은 직사각형 모양의 배열을 이루는 원소의 개수의 총합에 은유되기도 한다. 이와 같이 은유는 새롭고 낯선 것을 낯익은 것에 비추어 설명하는 데 도움이 되기 때문에 유의미 학습을 가능하게 한다(이승우, 2001).

수학자들은 방정식의 해를 구하는 과정에서 해의 존재성을 일반화하기 위해 도입한 음수와 복소수를 개념적으로 인정하지 못하다가 $-a$를 수직선 위에 표시하고, $\sqrt{-1}$을 복소평면 위의 한 점으로 은유한 후에야 음수와 복소수를 수로서 인정하였던 것처럼 은유는 수학적 개념화를 촉진하는 역할을 한다.

앞서 살펴본 유추의 결과가 항상 옳은 것은 아니며 매력적인 오류를 발생시킬 수 있는 것처럼 은유의 결과가 개념화를 방해하기도 하며 개념적 발전을 저해하기도 한다. 그러므로, 은유를 수학적 지식으로 변환하고자 할 때 교사는 이에 유의하여야 한다(이경화, 2010).

QUIZ

1 직각삼각형에서 성립하는 피타고라스 정리를 직각사면체에서 유추할 수 있는 추측을 기술하시오.

참조 증명하는 방법에 대해 생각해 보시오.

2 수학교육에서 추상적인 개념을 설명할 때, 대상의 상태, 움직임, 개념 등을 유사한 성질을 지닌 다른 말로 대체하는 표현 방법을 무엇이라고 칭하는지 적으시오.

02 연역추론과 증명

연역추론

| **핵심어** | 연역추론, 증명

연역추론은 정의, 공리, 공준, 이미 참이라고 알려진 성질 등을 이용하여 새로운 참인 명제를 이끌어내는 것을 의미한다. 일반적으로 수학에서 '증명'이라는 것은 연역추론을 통해 어떤 명제가 참임을 밝히는 것으로 규정된다(김남희 외, 2011).

유클리드는 〈원론(The Elements)〉에서 기본적인 수학적 대상을 정의하고 자명한 진리인 공리와 공준을 상정하여 그것들로부터 수학의 명제들을 연역적으로 이끌어내었다. 직선, 각, 삼각형을 다룬 '원론'의 제1권에는 23개의 정의, 9개의 공리, 5개의 공준이 제시되어 있다. 유한 길이를 갖는 선분을 한 변으로 하는 정삼각형을 작도하는 명제1로부터 피타고라스 정리와 그 역인 명제47과 명제48에 이르기까지 모든 명제들을 연역적 방법을 사용하여 체계적으로 이끌어내었다. 중학교 2학년에서 학습하는 삼각형의 무게중심에 대한 연역적 증명의 사례를 살펴보자.

명제 삼각형의 세 중선이 한 점에서 만난다.

증명 삼각형 ABC의 두 꼭짓점 B와 C에서 대변에 그은 두 중선 BE, CF의 교점을 G라 하자. 꼭짓점 A에서 그은 점 G를 지나는 직선과 변 BC와의 교점을 D라 하고, $\overline{AG}=\overline{GH}$인 점 H를 잡는다. 점 H에서 두 선분 BH와 CH를 그으면 사각형 GBHC가 만들어진다.

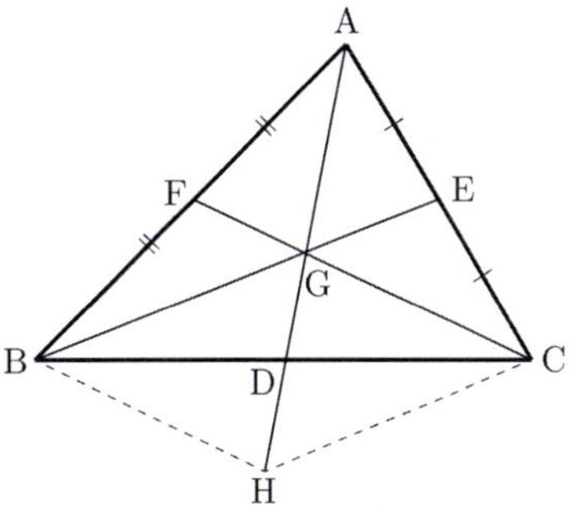

[그림 6-2-1]

삼각형 AHC에서 점 G는 변 AH의 중점이고, 점 E는 변 AC의 중점이다. 삼각형의 중점연결정리에 의해서 $\overline{GE} /\!/ \overline{HC}$ 이므로, $\overline{BG} /\!/ \overline{HC}$ 이다. 한편, 삼각형 ABH에서 점 F는 변 AB의 중점이고, 점 G는 변 AH의 중점이다. 삼각형의 중점연결정리에 의해서 $\overline{FG} /\!/ \overline{BH}$ 이므로, $\overline{GC} /\!/ \overline{BH}$ 이다. 이로부터 사각형 GBHC는 평행사변형이 된다는 것을 알 수 있다.

평행사변형 GBHC의 두 대각선 $\overline{BC}$와 $\overline{GH}$는 서로 다른 것을 이등분하므로, 점 D는 선분 BC의 중점이고, 선분 AD는 중선이 된다.

그러므로, 삼각형의 세 중선은 한 점에서 만난다.(증명 끝) ▣

위의 연역적 증명에서는 삼각형의 두 중선이 한 점에서 만난다는 사실, 삼각형의 중점연결정리, 평행사변형의 정의, 평행사변형에서 두 대각선은 서로 다른 것을 이등분한다는 사실을 이용하여 꼭짓점 A에서 그은 두 중선의 교점 G를 지나는 선분이 중선이 됨을 보였고, 결국 세 중선이 한 점에서 만난다는 것을 증명하였다.

위와 같이 정의, 주어진 조건, 이미 알려진 성질 등을 이용하여 새로운 성질을 이끌어내는 것을 연역추론이라고 한다.

QUIZ

1 수학교육에서 귀납추론과 반대의 개념으로 정의, 공리, 공준 및 이미 참이라고 알려진 성질 등을 이용하여 새로운 참인 명제를 이끌어내는 추론을 무엇이라고 칭하는지 적으시오.

2 공리주의를 적용하고 있는 유클리드의 대표적인 저서로, 연역추론에 의한 증명의 전형적인 모습을 보여주는 책의 제목을 적으시오.

정당화

| 핵심어 | 정당화

귀납추론 혹은 개연추론이라고 불리는 방식으로 발견된 지식은 수학적 추측(지식)이라고 불리고, 참임을 보장할 수 없다. 수학적 추측이 참으로 인정된 명제가 되기 위해서는 연역적 증명을 필요로 한다. 수학적 추측은 유사 실험 등과 같은 다양한 사고 활동을 통해 참이라는 확신에 이르게 된다. 이처럼 수학적 추측이 참이라는 확신이 들게 되면, 비로소 증명을 통해 수학적 추측은 수학적 명제(정리)가 될 수 있다. 귀납추론은 수학적 지식을 발견하는 수단이라면, 연역추론은 수학적 지식을 정당화하는 수단이다.

귀납추론이나 유추에 의해 추측된 수학적 추측은 연역추론을 거쳐 확실성을 보장받을 수 있다. 연역추론에는 수학적 엄밀성이 요구되며, 엄밀성을 인식하는 학생의 능력은 연령에 따라 점진적으로 발달하는데 과도한 연역추론의 강조는 학생에게 부담을 줄 수 있다. 이때 학생의 수준에서 적절한 근거에 기초하여 자신의 논지를 전개해나가는 정당화 활동이 중요하다. 정당화 활동은 학생의 수준에 따라 다양한 유형으로 나타날 수 있다(Balacheff, 1988; Harel & Sowder, 1998).

예를 들어 '꼭짓점이 n개인 다각형에서 대각선의 개수는 $\frac{n(n-3)}{2}$이다'라는 명제에 대하여 학생은 교과서나 교사의 권위를 빌어 타당성을 주장할 수 있다. 이렇게 정당화하는 것을 외부 신념에 의한 정당화라 한다. 어떤 학생은 오각형이나 육각형을 그리고 대각선의 개수를 직접 세어 명제가 옳음을 확인하지만 왜 그런지는 이해하지 못하면서 명제의 타당함을 주장할 수 있다. 이를 소박한 경험주의 정당화라고 한다.

어떤 학생이 칠각형의 각 꼭짓점에서 이웃하는 2개의 점과 자신의 점을 제외한 꼭짓점으로 대각선을 그으면, 한 꼭짓점에서 그을 수 있는 대각선의 개수가 '$7-(2+1)$'이다. 이것을 모든 점에 적용한 후 각 대각선이 두 번씩 계산된 것을 생각하면, 구하는 대각선의 개수는 $\frac{7-(2+1)}{2}$과 같다고 주장하였다면, 이러한 경우를 일반적인 예에 의한 정당화라 한다. 이 유형은 경험적 실제와 논리적인 이성이 공존하는 경우로 일반적인 예가 증명의 구조를 포함하고 있는 경우이다.

마지막으로 어떤 학생이 다각형의 한 꼭짓점에서 그을 수 있는 대각선의 개수를 '(다각형의 꼭짓점의 개수)−(이웃하는 점의 개수+자기 자신의 점)'으로 나타내고, 여기에 각 꼭짓점의 개수를 곱하여 2로 나누면 $\frac{n(n-3)}{2}$이 된다고 정당화 하면, 이러한 유형의 정당화가 바로 연역적 증명이다.

이와 같이 정당화는 학생의 발달 수준에 따라 다양하게 나타날 수 있음을 이해할 필요가 있다. 따라서 연역적 증명만을 너무 강조할 필요가 없으며 학생의 수준에 따라 적절한 근거에 기초하여 논지를 전개할 수 있도록 격려할 필요가 있다.

수학과 교육과정에서는 정당화를 크게 네 개로 구분하여 제시하고 있다. 첫째는 관찰이나 실험을 통한 확인, 둘째는 사례나 근거를 제시한 설명, 셋째는 유사성에 근거한 추론, 넷째는 증명이다. 이러한 네 가지 정당화 방법은 도형의 성질을 이해하고 설명하는 활동 중의 하나이며 학생 수준에 맞게 활용할 수 있다고 명시하고 있다.

QUIZ

1 다양한 정당화 방법 중에서 연역적으로 참임을 보장하고 확정하는 방식을 무엇이라고 부르는지 적으시오.

직접증명법과 간접증명법

| **핵심어** | 직접증명법, 간접증명법, 대우에 의한 증명법, 귀류법, 분할법, 동일법, 반증

수학적 사고의 핵심은 추론이며 여러 가지 추론 중에서도 연역추론은 논리적 사고와 비판적 사고 함양에 크게 기여한다. 수학에서의 증명은 연역추론 능력을 개발하고 수학적 이해를 증진시킴으로써 수학적 힘을 기르는 데 많은 도움을 준다.

수학에서의 증명 방법은 다양한데, 어떤 명제를 직접적으로 증명하는 **직접증명법**과 간접적으로 증명하는 **간접증명법**이 있다. 직접증명법은 명제의 참을 입증하기 위해 직접적으로 논리적 추론을 사용하는 방법으로, 주어진 가정이나 정의로부터 시작하여 일련의 논리적 단계들을 통해 결론을 도출한다.

반면, 간접증명법은 어떤 정리를 증명할 때, 가정에서 결론으로 직접적으로 증명하는 것이 아니라, 간접적으로 증명하는 방식을 의미한다. 대표적으로는 어떤 명제를 증명하기 위해 그 명제의 부정을 가정하고, 그로부터 논리적 모순을 도출함으로써 원래 명제가 참임을 입증하는 방법이 널리 알려져 있다. 이는 **귀류법**(reduction to absurdity) 또는 반증법(proof by contradiction)이라 불린다.

다음의 명제를 통하여 직접증명법과 간접증명법을 살펴보자.

명제 n이 짝수이면 $3n+7$은 홀수이다.

증명 ① 직접증명법에 의한 증명

n이 짝수이므로 적당한 정수 k에 대해 $n=2k$이다. 따라서 $3n+7=3\cdot 2k+7=2(3k+3)+1$이므로 $3n+7$은 홀수이다.

② 간접증명법(귀류법)에 의한 증명

$3n+7$이 짝수라고 가정하자. 그러면 적당한 정수 k에 대해 $3n+7=2k$이다. n이 짝수이므로 적당한 정수 l에 대해 $n=2l$이다. 그러면 $3n+7=3\cdot 2l+7=6l+7=2(2l+3)+1$이다. 그런데 $2l+3$은 정수

이므로 $3n+7$은 홀수가 되어, $3n+7$이 짝수라는 가정에 모순이다. 따라서 $3n+7$은 짝수이다. ▣

귀류법에 대한 증명 중에서 유클리드의 원론에 제시된 예도 하나 살펴보자.

명제 소수는 무수히 많다.

증명 소수의 개수가 유한하다고 가정하자. 즉, $S=\{p_1, \cdots, p_n\}$를 소수 전체의 집합이라고 하자. 이제, $N=p_1 \times p_2 \times \cdots \times p_n \ +1$이라고 하자. 그러면 N은 소수가 아니며, 어떤 i에 대해서 $p_i | N$이다. 그리고 $p_i | p_1 \times p_2 \times \cdots \times p_n$이 성립한다. 따라서, $p_i | (N-p_1 \times p_2 \times \cdots \times p_n)$이고 $p_i | 1$이어야 한다. 이것은 모순이다. 이로부터 소수는 무수히 많다는 것이 증명된다.[1] ▣

직접증명법과 간접증명법의 특징을 모두 가지는 대우에 의한 증명법도 있다. 명제 '$p \to q$'의 대우명제가 '$\sim q \to \sim p$'이므로, 대우에 의한 증명법은 명제 $p \to q$를 증명하기 위해 명제 $\sim q \to \sim p$를 증명하는 것이다. 명제 $p \to q$를 증명하기 위해 명제 $\sim q \to \sim p$를 증명하므로 간접증명법의 특징을 가지며, 명제 $\sim q \to \sim p$의 증명은 직접증명법을 이용하므로 직접증명법의 특징도 가진다.

'n이 짝수이면 $3n+7$은 홀수이다'를 대우에 의한 증명법으로 증명해 보자. 이를 위해 '$3n+7$이 짝수이면 n은 홀수이다'를 증명하면 된다.

명제 n이 짝수이면 $3n+7$은 홀수이다.

증명 $3n+7$이 짝수라고 하자. 그러면 적당한 정수 k에 대해 $3n+7=2k$이다. 그러면 $n=3n+7-2n-7=2k-2n-7=2(k-n-4)+1$이고 $k-n-4$는 정수이므로 n은 홀수이다. ▣

간접증명법에는 귀류법 이외에도 **분할법**, **동일법**, 반례에 의한 증명 등이 있다. 또 직접증명법과 간접증명법과 함께 많이 사용되는 수학적 귀납법이 있다.

먼저, 분할법에 대해 살펴보자. 분할법을 적용하여 실수에 관한 성질을 증명하고자 할 때 실수가 양수, 음수 그리고 0으로 구성되어 있음에 착안하여, 음수와 0인 경우에 모순이 됨을 보임으로써 양수인 경우에 참이라는 것을 알 수 있다. 한편, 정수에 관한 성질을

1 http://aleph0.clarku.edu/~djoyce/java/elements/bookIX/propIX20.html

증명하고자 할 때, 홀수의 경우에 모순이 됨을 보임으로써 짝수의 경우에 참임을 증명할 수 있다. 즉 분할법은 가능한 경우 모두를 여러 개로 나누어 그 일부가 모순이 되거나 오류가 있음을 보임으로써, 그 외의 것이 참이 됨을 보이는 방법이다.

구체적으로 '명제 A이면 B이다'를 증명하기 위해, 가정 A에서 일어날 수 있는 모든 결론을 분할한다. 이때 B, C, D, E의 사례가 있다고 하자. 그런데, C, D, E에서 모순이 발생한다는 것을 보이면, 나머지의 경우는 참이 될 수밖에 없다. 이를 통해 A이면 B라는 사실을 증명하는 것이다. 다음은 분할법에 의한 증명의 예이다.

우선, 삼각형에서 긴 변의 대각이 짧은 변의 대각보다 크다는 것이 증명되었다고 하자(이것은 보조선, 이등변삼각형의 성질, 삼각형의 외각의 성질을 이용해 보일 수 있다). 이제 다음 명제를 증명하자.

명제 삼각형에서 큰 각의 대변은 작은 각의 대변보다 크다.

증명 삼각형 ABC에서 $\angle C > \angle B$라고 하자(우측 그림 참조). 그러면, 대변의 길이는 다음 세 가지 경우가 가능하다: $\overline{AB} < \overline{AC}$, $\overline{AB} = \overline{AC}$, $\overline{AB} > \overline{AC}$. 그런데, 긴변의 대각이 짧은 변의 대각보다 크므로, $\overline{AB} < \overline{AC}$이면 $\angle C < \angle B$이다. 그리고 $\overline{AB} = \overline{AC}$이면, 삼각형 ABC는 이등변삼각형이고 $\angle C = \angle B$이다. 결국, $\overline{AB} < \overline{AC}$, $\overline{AB} = \overline{AC}$인 경우에 얻어진 결론이 가정 $\angle C > \angle B$에 모순된다. 이로부터 $\overline{AB} > \overline{AC}$가 증명된다. ▣

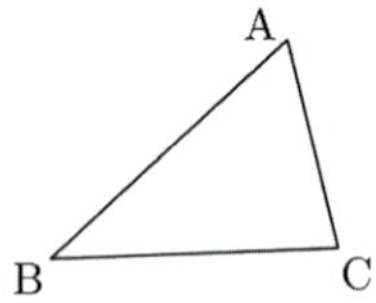

[그림 6-2-2]

다음은 동일법에 대해 살펴보자. 동일법은 역원이나 항등원의 유일성을 보일 때 많이 사용된다. 흔히 두 개가 존재한다고 가정하고, 논리적 과정을 통해 이들이 같다는 것을 보이는 방법이다. 다음은 동일법에 의한 증명의 예이다.

명제 어떤 실수 x에 대하여 $x+a=0$이 되는 a는 하나뿐이다.

증명 $x+b=0$이 되는 b가 존재한다고 하자. 그러면 $x+a=x+b$이다. 양변에서 x를 빼면 $a=b$를 얻는다. 이로부터 $x+a=0$이 되는 a는 유일하다는 것이 증명된다. ▣

동일법은 기하에서도 다양하게 활용될 수 있다. 예를 들어, 도형 F가 P라는 성질을 가짐을 증명하기 위해서, 별도로 P라는 성질을 가지는 F′이라는 도형을 생각한 다음, F가

F′과 동일하다는 것을 보인다. 그러면, 도형 F가 P라는 성질을 가진다는 것이 증명된다. 즉, 어떤 조건을 만족하는 대상이 두 개 있다고 가정하고, 그 두 대상이 같다는 것을 보이는 방법이다. 다음과 같은 예를 살펴보자.

명제 **직각삼각형 ABC의 빗변 AC의 중점을 M이라 하면, $\overline{MA}=\overline{MB}=\overline{MC}$이다.**

증명 빗면 AC의 한 점 M′을 $\angle C=\angle CBM'$이 되도록 잡으면, $\angle ABM'=90°-\angle CBM'$이 된다. 그리고 $\angle A=90°-\angle C$이므로 $\angle A=90°-\angle CBM'$이다. 따라서, $\angle A=\angle ABM'$이다. 이로부터 삼각형 M′AB는 이등변삼각형이고, $\overline{AM'}=\overline{BM'}$이 된다.

한편, $\angle CBM'=\angle C$에서 삼각형 M′BC는 이등변삼각형이고 $\overline{BM'}=\overline{CM'}$이다. 따라서 $\overline{AM'}=\overline{BM'}=\overline{CM'}$이 된다. 이로부터, 점 M′은 빗변 AC의 중점이 된다. 결국, M과 M′은 일치하고, $\overline{MA}=\overline{MB}=\overline{MC}$가 성립한다. ▣

다음은 반례에 의한 증명에 대해 살펴보자. 어떤 명제가 거짓임을 보일 때는 반례를 하나 드는 것으로 충분한데, 이와 같이 반례를 들어 주어진 명제가 거짓임을 보이는 것을 반증이라 한다.

문제 **자연수 a, b, c에 대하여 $a^{(b^c)}=(a^b)^c$를 증명 또는 반증하여라.**

풀이 $a=2,\ b=2,\ c=3$이라 하자. 그러면 $a^{(b^c)}=2^{(2^3)}=2^8=256$이고, $(2^2)^3=4^3=64$이다. 그러므로, $a^{(b^c)}\neq(a^b)^c$가 되어 주어진 명제는 거짓이다. 이때 $a=2, b=2, c=3$는 반례가 된다. □

QUIZ

1 간접증명법 세 가지를 적고, 그 의미를 간단히 설명하시오.

2 소수가 무한히 많이 있다는 증명을 다음과 같이 귀류법으로 진행하였다.

> ‘소수가 $p_1, p_2, \cdots, p_n$와 같이 유한개 있다고 하면 $N=p_1\cdot p_2\cdots p_n+1$은 p_1에서 p_n 중 어느 것으로 나누어도 나머지가 1이 되므로 소수이고 $p_1, \cdots, p_n$과는 다르다. 따라서 새로운 소수를 얻게 되므로 소수는 무한개 존재한다.’

이 증명에서 '$N=p_1\times\cdots\times p_n+1$은 소수이다.'가 중요한 역할을 한다. 일반적인 자연수 집합에서 '$N=p_1\times\cdots\times p_n+1$'이 소수인지 판단하시오. 만약 성립한다면 증명하고, 성립하지 않는다면 반례를 제시하시오.

수학적 귀납법

| **핵심어** | 수학적 귀납법

어떤 명제가 모든 자연수 n에 관하여 성립함을 수학적으로 증명하는 방법으로 **수학적 귀납법**이 있다. 이 수학적 귀납법은 명칭과 다르게 연역추론 방법이며, 다양한 유형이 있지만 고등학교에서 다루는 수학적 귀납법은 다음과 같다.

수학적 귀납법

자연수 n에 대한 명제 $p(n)$이 모든 자연수에 대하여 성립함을 증명하려면, 다음 두 가지를 보이면 된다.

① $n=1$일 때, 명제 $p(n)$이 성립한다.

② $n=k$일 때 명제 $p(n)$이 성립한다고 가정하면, $n=k+1$일 때에도 명제 $p(n)$이 성립한다.

이때 명제 $p(1)$이 참임을 증명하는 것을 귀납법 기초 단계라고 하고, 명제 $p(k)$를 귀납법 가정이라고 한다. 수학적 귀납법은 귀납추론이 아니라 연역추론이며, 수학적 귀납법의 근거가 되는 것이 자연수의 정렬가능성 원리, 즉 자연수 집합의 임의의 공집합이 아닌 부분집합은 최소원을 가진다는 것이다.

수학적 귀납법의 조건 ①과 ②를 만족하면서 $p(n)$이 거짓인 자연수 n이 존재한다고 가정하자. 그리고 그러한 자연수의 집합을 $S=\{n\in\boldsymbol{N}\mid p(n)\text{은 거짓}\}$이라 하자. 그러면 S에는 최소원 s가 존재한다. 그런데 ①에 의해 $p(1)$은 참이므로, $1\notin S$이다. 그러므로 $2\leq s$가 되며, $s-1\in\boldsymbol{N}$이다. 그런데 s가 최소원이므로, $s-1\notin S$이다. 즉 $p(s-1)$은 참이다. 그런데 조건 ②로부터 $p(s-1)$이 참이면 $p(s)$가 참이 되므로 $s\notin S$가 되며, 이로부터 모순이 유도된다. 결국, ①, ②를 만족시키며 $p(n)$이 거짓인 자연수 n은 존재하지 않는다.

이제, 수학적 귀납법을 이용하여 다음 명제를 증명해 보자.

명제 임의의 자연수 n에 대하여 $1\times3\times5\times\cdots\times(2n-1)=\dfrac{(2n)!}{2^n\times n!}$이 성립한다.

증명 ① $n=1$일 때 $1=\dfrac{(2\times1)!}{2^1\times1!}=\dfrac{2}{2}$이므로 성립한다.

② $n=k$일 때 명제가 성립한다고 가정하자. 즉

$$1\times3\times5\times\cdots\times(2k-1)=\frac{(2k)!}{2^k\times k!}$$

이 성립한다고 가정한 후

$$1\times3\times5\times\cdots\times(2k+1)=\frac{(2k+2)!}{2^{k+1}\times(k+1)!}$$

이 성립함을 보이면 된다. 그런데

$$\begin{aligned}\frac{(2k+2)!}{2^{k+1}\times(k+1)!}&=\frac{(2k+2)(2k+1)}{2(k+1)}\times\frac{(2k)!}{2^k\times k!}\\&=(2k+1)\,[1\times3\times5\times\cdots\times(2k-1)]\\&=1\times3\times5\times\cdots\times(2k+1)\end{aligned}$$

이다. 따라서 모든 자연수 n에 대하여

$$1\times3\times5\times\cdots\times(2n-1)=\frac{(2n)!}{2^n\times n!}$$

이다. (증명 끝) ▣

QUIZ

1 수학적 귀납법은 연역추론인지 귀납추론인지 판단하고, 그 이유를 설명하시오.

2 위에서 소개된 수학적 귀납법의 원리보다 일반적인 수학적 귀납법의 원리는 다음과 같다. 앞에서 제시한 수학적 귀납법과의 차이점을 설명하시오.

> **일반적인 수학적 귀납법의 원리**
>
> 정수 m과 집합 $S=\{i\in Z\,|\,i\geq m\}$에 대하여, 임의의 정수 $n\in S$에 대한 명제 $p(n)$이 성립함을 증명하려면 다음 두 가지를 보이면 된다.
>
> ① 명제 $p(m)$이 성립한다.
>
> ② 임의의 $k\in S$에 대해 명제 $p(k)$가 성립한다고 가정하면, 명제 $p(k+1)$이 성립한다.

과제 및 연습

1. 개연추론의 결과로 얻어진 수학적 성질로 매우 그럴 듯하지만 거짓인 예를 찾아보시오.

2. 다음은 고등학교 수업의 한 장면이다.

수업장면

학생 A : 선생님, 제가 수학적 귀납법을 배우고 나니 아무래도 $0.999\cdots < 1$인 것 같아요.

교사 : 왜 그렇게 생각하지요?

학생 A : 왜냐하면, 이것은 무한소수이므로 한꺼번에 생각할 수 없고, 차례차례 생각해보면 $0.9 < 1$이고, k개만큼 9가 나열되어 있는 수도 $0.999\cdots 9 < 1$이고 $k+1$개만큼 9가 나열되어 있는 수 $0.999\cdots 99$도 1보다 작으니까 k가 아무리 커져도 즉, $0.999\cdots$는 1보다 작아요.

교사 : 하지만 $x = 0.999\cdots$라 놓으면 $10x = 9.999\cdots$이고 두 식으로부터 $9x = 9$를 얻으므로 $x = 1$ 아닌가요?

학생 A : 글쎄요, 그렇게 생각하면 그렇긴 한데요. 그래도 이상해요.

학생 B : 선생님, 그런데요, $x = 0.999\cdots$일 때 $10x = 9.999\cdots$가 꼭 된다고 볼 수 있어요? 유한소수일 때는 그랬지만 이것은 무한소수이잖아요. 만일 양변에 10이 아닌 수를 곱한다면 어떻게 곱하지요?

교사 : 어떻게요?

학생 B : 예를 들면 $x = 0.999\cdots$일 때, $8x$와 같은 것을 어떻게 구하느냐는 거지요.

교사 : 참 좋은 질문이에요.

위 수업장면에서 학생 A는 수학적 귀납법을 제대로 구사하고 있는지 판단하시오. 그리고 그 이유를 수업상황에 근거하여 설명하시오.

3. 중학교와 고등학교에서 앞에서 다룬 다양한 증명방법에 따라 증명한 사례를 찾아보아 발표하시오.

참고문헌

김남희, 나귀수, 박경미, 이경화, 정영옥, 홍진곤(2011). 수학교육과정과 교재연구. 경문사.

에르든예프, P. M. & 한인기(2005). 유추를 통한 수학탐구. 승산.

이경화(2010). 교수학적 변환 과정에서의 은유와 유추의 활용. 수학교육학 연구, 20(1).

이승우(2001). 학교수학에서의 유추와 은유, 서울대학교 석사학위 논문.

Balacheff, N. (1988). Aspects of proof in pupils practice of school mathematics. In D. Pimm (Ed.), Mathematics, teachers and children. London: Hodder & Stoughton. 216-235.

Harel, G. & Sowder, L. (1998). Student' proof schemes: Results from exploratory studies. Research in Collegiate Mathematics Education III 7, 234-282.

NCTM(2000). Principles and Standards for School Mathematics. Reston, VA: NCTM

Polya G. (1954). Induction and Analogy in Mathematics, New Jersey: Princeton University Press.

CHAPTER
07

수학적 문제해결

둘러보기

이 장에서는 첫째, '문제'가 무엇인지에 대한 고찰을 바탕으로, 일상생활에서 관용적으로 사용하는 문제의 의미와 수학 문제해결에서 학술용어로 사용하는 문제의 개념을 구별하여 고찰하였다. 이를 바탕으로 수학교육에서 활용되는 문제들을 문제의 구조적 요소들, 특징에 따라 분류하였고 그 활용에 대해 살펴보았다.

둘째, 문제해결의 과정(단계)에 대한 다양한 관점들을 살펴보고, 문제해결의 각 과정의 특징, 문제해결 활동, 각 과정의 관계에 대해 분석하였다. 셋째, 문제해결의 주요한 개념인 발견술, 알고리듬, 문제해결 전략의 개념을 살펴보고, 이들 사이의 관계를 기술하였다. 발견술은 풀이의 절차를 모르는 문제의 해결을 위해 사용하는 발견의 방법에 관련되며, 알고리듬은 주어진 것에서 구하는 것에 이르는 해결의 전체 과정을 보장하는 지침이라고 할 수 있다. 그리고 문제해결 전략은 문제를 해결하기 위해 수행하는 인지적으로 조직된 활동을 의미한다. 여기서는 수학 문제해결 전략으로 그림 그리기, 대칭성 이용하기, 표 만들기, 관련된 단순한 문제 풀기, 관계를 대수식으로 표현하기, 관점 바꾸기를 중등학교 수학의 구체적인 예들과 함께 그 특징을 자세히 살펴보았다.

다섯째, 수학의 역사에서 대표적인 발견술로 알려진 분석법을 살펴보았다. 분석법은 파푸스의 〈수학집성〉 7권에 기술되어 있으며, 분석법에서는 찾는(구하는) 것이 존재하여 이미 발견된 것으로 가정하며, 명제는 참임이 증명된 것으로 간주하고, 이로부터 탐구를 시작한다. 여기서는 분석법을 탐색의 논리적 방향성에 따라 두 가지로 나누어 구체적으로 고찰한다.

여섯째, 수학교육에서 강조되는 실생활 문제해결을 수학적 모델링의 개념과 관련시켜 기술하였다. 수학적 모델링은 실세계의 문제상황을 단순화시켜 문제를 구성하고, 이를 수학화하여 수학적 모델을 만들고, 수학 체계에서 수학적 모델을 변환하여 문제의 해를 구하고, 이 해를 문제상황에 다시 해석하고, 이를 실세계에 타당화하는 전체 과정을 포함한다.

일곱째, 수학교육에서 문제해결과 관련하여 많은 연구가 진행되고 있는 문제만들기(문제제기)에 대해 살펴보았다. 여기서는 브라운과 월터의 문제제기 방법(what-if-not 방법)을 살펴보았다. what-if-not 방법은 소재 선택하기, 속성 나열하기, what-if-not 실행하기, 물음 만들기, 물음 분석하기의 순서로 구성되는데, 여기서는 피타고라스 정리를 이용해 수학 문제제기를 구체적으로 분석하였다.

수학 문제

| 핵심어 | 문제, 정형적인 문제, 비정형적인 문제

수학 교실에서 관용적으로 사용되는 단어인 '문제'와 수학 문제해결에서의 '문제'는 그 의미가 일치하지는 않는다. '문제'의 사전적 의미를 찾아보면, ① 해답을 필요로 물음; ② 논의나 연구 등의 대상; ③ 해결하기 어렵거나 난처한 일이나 사건 등으로 정리할 수 있다.

일상생활에서 사용되는 '수학 참고서에 있는 문제를 풀어보자' 또는 '수학 교과서에 문제들이 많이 제시되어 있다' 등과 같은 관용적인 표현에서 수학 '문제'는 해답을 요구하는 물음(여기서는 '물음'을 일상어의 뜻인 무엇을 알고 싶어서 대답을 요구하는 것과 같이 포괄적인 의미로 사용함)을 뜻할 것이다. 이때의 문제는 해답을 찾도록 요구하는 모든 종류의 물음으로 이해될 수 있다. 그러나, 심리학, 문제해결 이론, 수학교육학 등의 연구에서 학술적 개념인 '문제'는 '해답을 요구하는 물음'보다는 협소한 범위로 국한하여 사용된다.

강완, 백석윤(1998)의 연구에서 문제란 해결하려고 하나 구체적이고 확실한 해결의 방법을 쉽게 구할 수 없는 상황을 의미한다. 즉, 해결자가 그 해결을 위한 방법과 절차를 이미 알고 있으며, 알고 있는 절차를 수행하면 해결이 보장되는 경우 그러한 물음을 문제라고 하지 않는다. 안드레(Andre, 1990)도 유사한 맥락에서 문제란 개인이 무엇을 행하고자 하지만 그가 원하는 것에 도달하는데 필요한 행동 과정을 모르는 장면으로 규정하였다.

결국, 관용적으로 '해답을 요구하는 물음'의 의미로 사용했던 '문제'의 개념에 추가적으로 '해결을 위한 절차 또는 과정이 문제해결자에게 알려지지 않은'의 의미가 추가되어 학술용어인 '문제'의 개념이 구성된다. 그러므로 학술적인 개념인 '수학 문제해결'의 '문제'라는 단어에는 그 해결 과정에 장애물이 존재한다는 것을 전제로 한다.

'해결을 위한 절차 또는 과정이 문제해결자에게 알려지지 않은'의 의미를 살펴보자. '해결을 위한 절차 또는 과정'이 문제해결자에게 이미 알려져 있을 수도 있고, 그렇지 않을 수도 있다. 예를 들어, $x^2-7x-8=0$과 같은 이차방정식의 풀이 절차(방법)를 고등학교 1학년 학습자는 이미 배워서 알고 있지만, 중학교 1학년 학습자는 알지 못한다. 그러므로, '이차방정식 $x^2-7x-8=0$을 풀어라'는 물음은 고등학교 1학년 학습자에게는 문제가 아니지만, 중학교 1학년 학습자에게는 문제라고 할 수 있다. 동일한 '해답을 요구하는 물음'이 어떤 학습자에게는 문제가 될 수도 있고, 어떤 학습자에게는 문제가 되지 않을 수도 있다.

'문제'라는 표현의 사용에 있어서의 애매모호함은 '문제'를 일상생활에서 관용적으로 사용하는 경우와 수학 문제해결에서 학술용어로 사용하는 경우를 구분하지 않을 때에 발생할 수 있다. 간혹, 해결을 위한 절차 또는 과정이 문제해결자에게 알려지지 않은 물음을 비정형적인 문제, 문제해결자에게 이미 알려진 경우에는 정형적인 문제라고 표현하여 구분하기도 한다. 학술용어로 사용되는 문제는 비정형적인 문제를 의미하는 것이다.

QUIZ

1 수학 교과서가 개념설명-예제-문제 등의 순서로 기술되는 경우가 많다. 이때, 교과서에 제시된 문제를 학술용어로서 '문제'라고 할 수 있는지 설명하시오.

2 정형적인 문제와 비정형적인 문제의 차이를 기술하시오.

수학 물음의 분류

핵심어 | 질문, 연습, 문제, 구조화된 문제, 비구조화된 문제, 잘 정의된 문제, 잘 정의되지 않은 문제

수학 교과서에 제시된 물음을 몇 가지로 분류하자. 이를 위해, 크룰릭과 러드닉(Krulik, Rudnick, 1988)이 제안한 질문(question), 연습(exercise), 문제(problem)의 개념을 살펴보자. 질문은 특정 사실의 기억에 근거한 대답을 요구하는 물음이다. 질문에 대해 답을 하는 과정에서 추론적인 측면, 예를 들어 질문에 관련된 수학적 원리나 개념 등을 발견하거나 이끌어내는 것과 같은 수학적 활동은 요구되지 않는다. 예를 들어, 삼각형의 내심과 외심에 대해 배워서 알고 있는 학습자에게 다음 물음은 질문에 해당한다.

질문 1

삼각형에서 내접원의 중심을 무엇이라 부르는가?

질문 2

삼각형에서 외접원의 중심을 무엇이라 부르는가?

연습은 이미 학습한 수학적 개념이나 절차를 정착시키기 위한 반복 훈련에 관련된 물음이다. 이차방정식의 근의 공식을 배운 후에, 근의 공식을 이용하여 이차방정식의 근을 구하는 교과서 물음은 연습에 해당한다.

수학 교과서에는 교사와 학습자가 함께 예제를 해결한 다음에, 학습자가 독립적으로 예제와 관련된(수학 교과서에서는 문제라고 표현된) 물음들을 해결하도록 요구하는 경우가

많다. 이때 예제 다음에 오는 물음들은 크룰릭과 러드닉의 분류에서는 연습에 해당한다.

문제는 그 해결을 위해 이전에 배운 지식에 대한 종합과 탐구가 요구되며, 이때 문제는 수용, 장애물, 탐구의 세 가지 기준을 충족시켜야 한다. 어떤 물음이 문제해결자에게 문제가 되려면, 문제해결자는 (1) 문제상황을 수용해야(풀려고 해야) 하며, (2) 해결 과정에서 장애물을 만나며, (3) 해답을 얻기 위해 (문제해결자에게) 알려지지 않은 방법을 탐구해야 한다.

크룰릭과 러드닉의 분류에서 문제는 비정형적인 문제와 같은 맥락에서 이해될 수 있다. 이때, 문제해결자는 문제를 해결하기 위해 주어진 상황으로부터 문제해결을 위한 아이디어, 규칙성 등을 찾고, 관련된 수학적 지식이나 경험을 종합하여 문제해결의 과정을 구성해야 한다. 일반적으로, 수학 교과서에서는 단원을 배운 다음에 제시되는 연습문제 또는 종합문제에 제시된 물음 중 문제로 분류될 수 있는 것이 있다.

한편, 문제를 구조화된(well-structured) 문제, 비구조화된(ill-structured) 문제로 분류하기도 한다. 구조화된 문제와 비구조화된 문제를 구분하려면, 문제의 구조적 요소를 알아야 한다. 문제해결 연구에서 문제의 구조적 요소로 초기 상태(initial state), 목표(goal state), 조작자(operator), 조작자의 제한(operator restrictions)의 4가지 요소를 말하는 관점이 있다. 초기 상태는 문제의 주어진 것에 해당하고, 목표는 구하는 것, 조작자는 초기 상태에서 목표로 이동하기(변환하기) 위한 조작(연산, 방법 등)을 말한다. 예를 들어, 다음 하노이 탑 문제를 생각하자.

하노이 탑 문제

세 개의 막대(막대1, 막대2, 막대3)가 있고, 막대1에는 크기가 다른 원판 3개가 끼워져 있다. 이때, 3개의 원판은 크기순으로, 즉 가장 큰 원판이 맨 밑에 있고, 중간의 것이 가운데, 가장 작은 원판이 맨 위에 놓여있다. 막대에 있는 원판을 한 장씩 다른 막대로 옮기는 조작을 반복하여, 막대1에 놓인 3개의 원판을 다른 막대에 크기순으로 옮겨놓아라. 이때, 원판을 다른 막대로 옮기는 과정에서 큰 원판은 작은 원판 아래에 놓여있어야 한다.

여기서 막대1, 막대2, 막대3, 크기가 다른 원판 3개, 막대에서 원판의 위치(큰 원판이 아래에 작은 원판이 위에)는 주어진 것으로 초기 상태에 해당하며, 목표는 막대1에 놓인 3개의 원판을 다른 막대에 크기순으로 쌓는 것이며, 조작자는 원판을 한 막대에서 다른 막대로 옮기는 것이고, 조작자의 제한은 원판을 옮길 때에 큰 원판이 작은 원판의 아래에 놓이도록 해야 한다는 것이다.

구조화된 문제는 잘 정의된 문제(well-defined problem)라고도 하며, 문제의 4가지 구조적 요소를 문제해결자가 모두 알고 있는 문제이다. 하노이 탑 문제는 문제의 기술을 통해 4가지 구조적 요소가 문제해결자에게 알려지기 때문에 구조화된 문제라고 할 수 있다.

일반적으로, 수학 문제에서 초기 상태, 목표, 조작자를 말할 수 있지만, 조작자의 제한은 생소할 수도 있다. 그 이유는 수학적 조작(예를 들어, 사칙 연산, 식의 변형, 논리적 추론 등)이 잘 정의되어 있어서, 수학적 조작자를 제한하는 특별한 표현을 문제에 기술할 필요가 없기 때문이다.

수학교실에서 다루는 문제들은 대부분 구조화된 문제로 분류될 수 있다. 예를 들어, 다음 문제들을 살펴보자.

구조화된 문제 1

다음 연립방정식을 풀어라.

$$\begin{cases} x+y=8 \\ 2x-y=1 \end{cases}$$

구조화된 문제 2

평행사변형 ABCD에서 두 대각선의 교점을 O라고 하자. 이때, $\overline{AO}=\overline{CO}$, $\overline{BO}=\overline{DO}$임을 증명하여라.

이 문제들은 초기 상태(주어진 것), 목표(구하는 것)가 명확히 기술되어 있고, 조작자(초기 상태에서 목표로, 즉 해결 과정을 구성하기 위한 수학적인 조작)도 문제해결자에게 이미 알려져 있다. 그러므로, 이 문제들은 구조화된 문제로 분류될 수 있다.

비구조화된 문제는 잘 정의되지 않은 문제(ill-defined problem)라고도 하며, 이러한 문제에서는 초기 상태, 목표, 조작자에 관련된 정보의 일부 또는 전체가 명확하게 주어지지는 않는다. 예를 들어, '삼각형의 성질을 탐구하여라'에서 초기 상태로 삼각형을, 목표로 삼각형의 성질 탐구를 생각할 수 있지만, 삼각형의 어떤 성질을 목표로 하여 탐구할 것인지가 명확하지 않다. 그러므로, 삼각형의 성질을 탐구하라는 문제는 비구조화된 문제라고 할 수 있다.

일반적으로 수학교육학에서는 비구조화된 문제는 탐구 방법이나 결과가 명확하게 규정되지 않는(열린 형태의) 탐구 보고서나 프로젝트 과제에 활용된다. 다음은 한국청소년과학탐구토론대회에 출제된 문제(한국영재학회, 2005)인데, 이 문제는 프로젝트 과제로 활용될 수 있는 비구조화된 문제의 예가 될 수 있다.

비구조화된 문제의 예

"지난 94년 부산 해운대 백사장에서 가진 무료 공연 때가 생각나서요. 조선비치호텔에서 극동호텔까지 백사장, 도로 할 것 없이 완전히 사람들로 꽉 채워졌었죠. 그때 경찰 집계가 46만 명이었는데, 누구도 예상 못한 일이죠." 무료 공연이었으므로 관중의 수를 정확히 말하는 것은 불가능한 일인데 경찰이 발표한 관중의 수 46만 명은 수학적으로 합당한 숫자인지 아닌지를 설명하시오.

QUIZ

1. 크룰릭과 러드닉의 분류에서 질문과 문제의 차이점을 적으시오.
2. 크룰릭과 러드닉의 분류에서 '문제'가 충족해야 하는 세 가지 기준을 기술하시오.
3. 문제의 네 가지 구조적 요소를 적으시오.
4. 이등변삼각형에서 두 밑각이 같다는 것을 증명하여라'는 문제가 구조화된 문제인지 판단하시오.

문제해결 과정(단계)

핵심어 문제해결 과정(단계), 문제 이해, 계획 수립, 계획 실행, 반성, 문제 및 풀이의 확장

문제해결 과정(단계)을 연구한 초기 학자로 왈라스(Wallas)가 있다. 왈라스는 문제해결 과정을 준비(preparation), 부화(incubation), 번뜩임(illumination), 확인(verification)의 4단계로 나누었다.

준비 단계에서는 문제에 관련된 정보를 수집하고 해결을 위해 의식적인 시도와 노력을 한다. 이때, 문제해결을 위한 노력이 성공적이지 못하면 부화 단계로 진행한다. 부화 단계에서는 문제해결을 위한 의도적인 노력을 하지 않고 문제해결 상황에서 벗어나 다른 일을 한다. 문제해결을 위한 의도적인 노력이 없는 기간을 부화 단계라고 부르는 것은 문제해결자의 의식 아래에서(무의식적으로) 문제해결에 관련된 무언가가 실행되고 있다고 보았으며, 해결할 문제와 무관해 보이는 다른 사건으로부터 문제해결을 위한 단서를 찾을 수도 있다고 생각했기 때문이다.

부화 단계를 지나면서 어느 순간엔가 문제해결의 아이디어가 의식에 떠오르면서 번뜩임 단계로 진행한다. 이때 문제해결을 위한 통찰과 해결 방법에 대한 아이디어가 형성된다. 확인 단계에서는 통찰을 바탕으로 형성된 문제해결의 아이디어가 정교화되면서 해법이 완성되고, 완성된 해법의 타당성을 확인하게 된다.

왈라스가 제시한 문제해결의 단계와 유사한 관점에서 아다마르(Hadamard)는 수학적 발명의 심리적 과정을 밝히려고 시도했다. 왈라스의 문제해결 4단계는 창의적 문제해결의 단계 또는 통찰의 단계와 관련된 연구에서 논의되기도 한다.

학교수학 문제의 해결과 관련하여 보편적으로 언급되는 문제해결 과정은 폴리아가 제안한 것으로, 문제 이해, 계획 수립, 계획 실행, 반성의 4단계로 구성된다. 이를 자세히 살펴보자.

문제 이해에서는 주어진 것과 구하려는 것을 확인하고 문제상황에 맞는 그림을 그려 적절한 기호를 붙이는 등의 활동을 통해 문제를 전반적으로 파악하게 된다.

계획 수립에서는 문제해결을 위한 절차나 방법을 찾으려 시도하며, 이러한 절차나 방법이 완성되면 계획 수립 단계가 끝나게 된다. 해결 계획을 효과적으로 수립하기 위해 폴리아는 전에 비슷한 문제를 풀었던 경험이 있는지, 문제해결에 관련된 문제나 지식을 알고 있는지, 구하는 것이 같거나 유사한 문제를 알고 있는지, 문제를 다르게 진술할 수 있는지, 문제를 일반적이거나 특수한 형태로 변형시켜 해결할 수 있는지, 자료나 조건을 모두 사용했는지 등과 같은 구체적인 물음(발견술)의 활용을 제안하였다.

계획 실행은 해결 계획의 수립에서 얻어진 문제해결의 절차나 방법을 수행하는 것을 의미한다. 그런데, 이미 작성된 문제해결 절차나 방법을 실행하다 보면 종종 문제해결 절차나 방법에 오류가 발견되어 목표(해답, 증명 등)에 도달하지 못할 수도 있다. 그러면 다시 문제해결의 절차나 방법을 수정하고 보완해서 해결 계획을 완성하게 된다. 이러한 경우에 문제해결자는 계획 실행 단계에 있다고 생각할 수 있지만, 엄밀하게 말하면 이 문제해결자는 계획 수립 단계에 머물러 문제를 탐구하고 있는 것이다. 계획 실행을 통해 구하는 목표에 도달하면(해답을 구하거나 증명을 완성하면) 비로소 계획 실행 단계가 완성된다.

반성은 구하는 목표에 도달한(문제의 답이 얻어진) 다음에 시작된다. 폴리아는 계획의 실행을 통해 해답을 얻은 다음에, 풀이 결과를 점검하거나 다른 풀이 방법을 찾거나 얻어진 결과(방법)를 다른 문제에 활용할 수 있는지 등의 탐구를 반성 단계에서 권고하였다.

기술한 문제해결 과정(단계)은 해결하려는 문제의 특징이나 연구자의 관점에 따라 수정, 보완되기도 한다. 숀펠드(Schoenfeld)는 문제해결 과정을 분석, 계획과 탐구, 실행, 검증으로 나누었다. 폴리아의 문제해결 과정과 비교하면, 분석은 문제 이해에 해당될 것이고, 계획과 탐구는 계획 수립에, 검증은 반성에 관련될 것이다. 이때, 계획과 탐구의 탐구에서는 주어진 문제에 대한 해결 계획의 수립이 어려운 경우에 주어진 문제를 다른 문제로(동치이거나 관련있는 수정된 문제로) 변형시켜 해결의 계획을 탐구하여, 이를 바탕으로 주어진 문제의 해결을 위한 계획을 찾도록 하였다.

해결 계획의 수립과 관련된 개념들로 문제해결 전략, **발견술** 등이 있다. 문제해결 전략이나 발견술에서 다루어지는 방법들은 대부분 문제해결의 계획을 수립하는 것에 관련된다. 문제해결 전략, 발견술에 대한 내용은 뒤에서 자세히 다룰 것이다.

숀펠드와 폴리아의 문제해결 과정에 대한 관점을 비교하면, 폴리아는 숀펠드에 비해 반성의 범위를 넓게 보았다. 주어진 문제에 대한 풀이를 얻은 후에 숀펠드는 풀이 과정의 검증으로 문제해결 과정을 마무리 지었지만, 폴리아는 풀이 과정의 검증뿐만 아니라 다른 풀이를 찾고, 문제해결 결과를 활용할 수 있는지 탐구하도록 권고하였다.

폴리아처럼 문제의 풀이를 얻고 난 다음에 풀이의 검증뿐만 아니라 후속적인 탐구 활동을 주장하는 관점이 있다. 예를 들어, 버튼(Burton)은 문제해결 과정을 문제의 이해(Entry), 해결의 방법을 찾기(Attack), 풀이의 검토(Review), 문제 및 풀이의 확장(Extension)으로 구분하였다(편동중남, 1993). 이때 문제 및 풀이의 검토, 확장은 폴리아의 반성 단계에 관련되는 데, 버튼이 검토, 확장을 문제해결의 독립적인 단계로 구분한 것은 문제의 풀이를 얻고 난 후에 이루어지는 문제해결자의 탐구 활동을 강조한 것으로 볼 수 있다.

문제의 풀이 수행을 마친 후에 이루어지는 반성은 문제해결자가 문제해결을 통해 무엇을 배운다는 교육적 측면과 자신의 문제해결 과정에 대해 반성한다는 인지적 측면에서 그 가치를 부여할 수 있다.

QUIZ

1 왈라스가 제안한 문제해결 단계를 기술하시오.
2 폴리아가 제안한 문제해결 단계 중 '계획 수립' 단계는 왈라스가 제안한 문제해결 단계의 어느 단계에 해당하는지 판단하시오.
3 폴리아와 버튼이 제안한 문제해결 단계의 차이점을 설명하시오.

발견술, 알고리듬, 문제해결 전략

핵심어 | 발견술, 알고리듬, 발견술적 방법, 문제해결 전략

문제해결 과정, 방법과 관련된 개념으로 **발견술**(heuristics)과 알고리듬(algorithm)이 있다. 일반적으로 발견술은 ㉮ 새로운 발명의 과정에 사용되는 방법, ㉯ 창의적인 활동 및 이를 연구하는 학문을 의미한다.

㉮의 새로운 발명의 과정에 사용되는 방법(발견술적 방법이라 불리는)은 절차가 명료하게 규정된 틀을 따라 수행하는 전형적인 방법에 대응되는 의미로 해석될 수 있다. 즉, 발

견술적 방법은 풀이의 절차를 모르는 문제의 해결을 위해 사용하는 방법으로, 문제해결을 위한 정형화된 방법이 없거나 있다고 해도 문제해결자가 그러한 방법을 모르는 경우에 문제해결을 위해 사용하는 방법이라고 할 수 있다. 한편, ㉯의 창의적인 활동이란 창의적인 문제의 해결에 관련된 사고활동(발견술적 활동이라 불리는)을 뜻하며, 이러한 창의적 사고활동을 발견술이라고도 부른다. 인간의 창의적 사고활동에 대해 연구하는 사고 심리학의 한 분야를 발견술이라 부르기도 한다. 결국, 발견술은 ㉮,㉯를 모두 포함하는 개념이다.

발견술의 특징을 살펴보자. 발견술이 문제해결의 성공을 항상 보장하지는 못하기 때문에, 문제상황에 따라서는 발견술을 사용해도 해법을 발명하지 못할 수도 있다. 그렇지만, 시행착오를 통해 해법을 찾는 방법과 비교하면, 발견술은 문제해결을 위한 노력과 시간을 획기적으로 단축시킬 수 있다.

발견술의 다른 특징은, 발견술을 통해 발명된 해법이 최적의 방법이 아닐 수도 있다는 것이다. 발견술의 사용은 문제의 해법을 효과적으로 찾는 데 도움을 줄 수는 있지만, 얻어진 해법이 항상 최적의 해법이라고는 할 수 없다.

문제해결 이론에서 발견술에 대응되는 개념이 알고리듬이다. 일반적으로 알고리듬은 주어진 것에서 구하는 것에 이르는 해결의 전체 과정을 보장하는(계산이나 식의 변형 과정을 나열한) 명료한 지침의 의미로 이해된다. 즉 알고리듬은 성공적인 해법을 보장하는 조직된 절차라고 할 수 있다. 그러므로, 해결을 위한 알고리듬이 존재하여 그 알고리듬을 이용하면 풀이가 보장되며, 알고리듬을 이용한 해법이 최적의 방법인 경우가 많다.

실제로, 수학교실에서 다양한 알고리듬이 이용된다. 다음과 같은 이차식(모든 이차식이 아닌)을 인수분해하는 알고리듬을 살펴보자.

$$x^2-3x+2,\ x^2+4x-21,\ 2x^2-x-15,\ 3x^2+19x-14,\ 6x^2+17x-14$$

이차식 ax^2+bx+c의 인수분해를 위해 다음과 같은 알고리듬이 이용된다.

㉠ 상수항 c, x^2항의 계수 a를 곱의 형태로 나타낸 식 $c=c_1\times c_2$, $c=(-c_1)\times(-c_2)$, $c=1\times c$, $c=c\times 1$, $a=a_1\times a_2$, $a=(-a_1)\times(-a_2)$, $a=1\times a$, $a=a\times 1$ 등을 생각한다.

㉡ 상수항 c의 인수 c_1, c_2와 x^2항의 계수 a의 인수 a_1, a_2에 대해 $c_1a_2+c_2a_1$이 x항의 계수 b가 되는 c_1, c_2, a_1, a_2를 찾는다.

㉢ $(a_1x+c_1)(a_2x+c_2)$로 나타내면, 이차식 ax^2+bx+c의 인수분해가 얻어진다.

이차식 $2x^2-x-15$를 알고리듬에 따라 인수분해 한다고 하자.

㉠ -15, 2를 곱의 형태로 나타낸 식 $-15=3\times(-5)$, $-15=(-3)\times 5$, $-15=$

$1 \times (-15)$, $-15 = (-1) \times 15$, $2 = 1 \times 2$, $2 = (-1) \times (-2)$ 등을 생각한다.

㉡ $2 = 1 \times 2$, $-15 = (-3) \times 5$에서 $1 \times 5 = 5$와 $2 \times (-3) = -6$에서 $5 + (-6) = -1$임을 확인한다.

㉢ $(x-3)(2x+5)$와 같이 쓰면, $2x^2 - x - 15$가 $(x-3)(2x+5)$로 인수분해 된다 ([그림 7-1]).

알고리듬의 ㉡

$$2x^2 \;-\; x \;-\; 15$$

$$\begin{array}{lcl} 1 & \searrow\nearrow & -3 = -6 \\ 2 & \nearrow\searrow & \;\;5 = \;\;5 \\ & & -6 + 5 = -1 \end{array}$$

알고리듬의 ㉢ $2x^2 - x - 15 = (x-3)(2x+5)$

[그림 7-1]

이차식을 인수분해하는 이러한 알고리듬을 모든 이차식에 사용할 수 있는 것은 아니다. 그렇지만, 알고리듬을 적용할 수 있는 이차식에 대해서는 알고리듬의 ㉠, ㉡, ㉢을 따라 연산(식의 변형)을 수행하면 인수로 분해된 식을 얻게 된다.

알고리듬의 활용에서 주의할 것은 주어진 문제상황에 알고리듬을 적용할 수 있는지, 그렇지 않은지를 학습자가 판단해야 한다는 것이다. 예를 들어, 이차식의 인수분해에서 이차식 $x^2 - 3x + 2$, $x^2 + 4x - 21$ 등과 이차식 $x^2 + 3x - 3$을 비교하면, 외형상으로는 큰 차이점을 찾지 못할 수도 있다. 그러나 이차식 $x^2 + 3x - 3$에 인수분해 알고리듬을 이용하면 풀이를 얻을 수 없다.

발견술과 알고리듬을 활용 범위의 관점에서 비교하면, 발견술이 알고리듬에 비해 활용할 수 있는 문제의 범위가 넓으며, 발견술의 적용 범위는 경계가 없다고 해도 과언은 아닐 것이다. 반면에, 알고리듬은 특정한 범위의 문제(물음)에 대해서 적용할 수 있다.

문제해결 전략(problem solving strategy)의 개념을 살펴보자. Strategy는 **전략**(戰略) 또는 방략(方略)으로 번역되는데, 수학 문제해결 연구에서는 문제해결 전략이라는 표현을 일반적으로 사용하고 있다.

전략은 군사학에서 사용되는 개념이다. 군사학에서 전략은 특정의 군사적 목표를 달성하기 위한 군사적 행위의 조직을 의미한다(문선모, 2004). 전략이라는 표현은 문제해결을 연구하는 심리학에서도 사용된다. 교육심리학에서 전략은 문제를 해결하거나 과제를 수행하기 위해 수행하는 체계적인 인지적 조작 활동(한국교육심리학회, 2000)으로 규정한다. 결국, 문제해결 전략은 문제를 해결하기 위해 수행하는 인지적으로 조직된 활동이라고 할 수 있다. 그리고 문제해결 전략과 알고리듬을 개념의 적용 범위를 중심으로 비교하면, 알고리듬에 비해 광범위한 문제의 해결에 문제해결 전략을 사용할 수 있다.

문제해결 전략과 발견술의 관계를 살펴보자. 라르손(Larson, 1983)은 문제해결과 관련하여 'Strategy or tactics in problem-solving is called heuristics'이라고 했다. 즉 전략을 발견술이라고 했는데, 발견술을 전략이라고는 말하지 않는다. 그리고 발견술이 새로운 발명의 과정에 사용되는 방법, 창의적인 활동을 연구하는 학문을 의미한다는 것을 생각하면, 발견술이 전략보다는 넓은 개념이라고 할 수 있다.

이러한 관점은 발견술과 수학 문제해결 전략에 관련된 문헌에서도 확인할 수 있다. 수학 문제해결 전략으로 그림이나 도표 그리기, 대칭성 이용하기, 규칙성 찾기, 표 만들기, 문제를 단순화하기, 추측하고 점검하기, 실제로 해보기, 거꾸로 풀기, 식 세우기, 논리적 추론, 반례들기 등이 논의된다. 폴리아는 '어떻게 문제를 풀 것인가'에서 이러한 문제해결 전략을 발견술 목록에 포함시켰고, 미지인 것은 무엇인가, 미지인 것을 살펴보아라, 조건은 만족될 수 있는가, 결과를 검점할 수 있는가, 결과를 다른 방법으로 이끌어 낼 수 있는가 등과 같은 물음도 발견술 목록에 추가하였다. 즉, 폴리아는 문제해결 전략뿐만 아니라, 문제해결의 전체 과정에서 문제해결자를 도울 수 있는 질문, 권고를 발견술 목록에 포함시켰다.

QUIZ

1. '이등변삼각형에서 두 밑각이 같다는 것을 증명하여라'는 문제의 해결을 지도하려고 한다. 이때, (알고리듬적, 발견술적) 접근 중 어느 것이 타당한 지도 관점인가?
2. 주변에서 흔히 접하는 수학 관련 퍼즐 문제의 해결 방법을 지도하려 한다. 이때, (알고리듬적, 발견술적) 접근 중 어느 것이 타당한 지도 관점인가?
3. 문제해결 전략과 발견술의 관계로 '문제해결 전략은 발견술' 혹은 '발견술은 문제해결'이라는 표현 중 어느 것이 타당한지 판단하고 그 이유를 설명하시오.

문제해결 전략

핵심어 문제해결 전략, 그림 그리기, 대칭성 이용하기, 표 만들기, 단순한 문제 풀기, 대수식으로 표현하기, 관점 바꾸기

문제해결 전략은 주로 특정한 범위의 문제들, 일정한 특징을 가진 문제들을 해결하는데 효과적인 접근 방법을 문제해결자에게 제공한다. 제7차 수학과 교육과정에는 문제해결

전략으로, 그림 그리기, 예상과 확인, 표 만들기, 규칙성찾기, 단순화하기, 식세우기, 거꾸로 풀기, 논리적 추론, 반례들기 등을 제시하였다.

수학 문제해결과 관련하여 다양한 문제해결 전략이 연구되었다. 예를 들어, 렌치너(Lenchner G., 2017)는 문제해결 전략으로 그림이나 다이어그램 그리기, 정돈된 목록을 만들기, 표를 만들기, 관련된 단순한 문제를 풀기, 패턴을 발견하기, 추측하고 확인하기, 실험하기, 문제를 실연하기, 거꾸로 작업하기, 방정식을 만들기, 요점이나 관점을 바꾸기 등을 제시하였고, 포사멘티어와 크룰릭(Posamentier A., Krulik S., 1998)은 거꾸로 작업하기, 패턴을 발견하기, 다른 관점을 도입하기, 유사한 단순한 문제를 풀기, 극단적인 사례를 고려하기, 그림 그리기, 현명하게 추측하고 조사하기, 모든 가능성을 따져보기, 자료들을 조직하기, 국소적인 추론 등을 제시하였다. 이외에도 많은 학자들이 다양한 문제해결 전략을 소개하였다.

문제해결 전략의 교수·학습에서 발생하는 어려움의 하나가 학습자가 문제상황에 맞게 문제해결 전략을 선택하는 것에 관련된다. 수학교실에서 그림 그리기, 예상과 확인, 표 만들기, 규칙성찾기, 단순화하기, 식세우기, 거꾸로 풀기, 논리적 추론, 반례들기 등과 같은 문제해결 전략의 특징, 활용 방법을 설명하고, 전형적인 예를 소개했다고 하자. 학습자는 제시된 전형적인 예에 교사가 제시한 문제해결 전략을 사용하여 문제를 성공적으로 해결할 수 있다. 그러나 이것이 다양한 문제상황에서 적합한 문제해결 전략을 선택하고, 이를 활용하여 문제를 성공적으로 해결하는 것을 보장하지는 못할 것이다. 이러한 교수학적 문제는 해결하는 수학 문제의 특징, 문제해결자의 수학적 특성 등을 고려하여 논의해야 할 것이다.

여기서는 중등학교 수학 문제해결과 관련된 문제해결 전략으로 그림 그리기, 대칭성 이용하기, 표 만들기, 관련된 단순한 문제 풀기, 관계를 대수식으로 표현하기, 관점 바꾸기를 자세히 살펴보자.

(1) 그림 그리기

그림 그리기는 수학 문제해결에서 폭넓게 활용되는 문제해결 전략의 하나이다. 이때, 그림은 문제상황을 묘사하는 개략적인 그림이 될 수도 있고, 다이어그램이 될 수도 있고, 함수의 그래프가 될 수도 있다. 특히, 중등학교에서는 문제해결에서 함수의 그래프를 폭넓게 이용하고 있다.

그림 그리기를 통해 문제상황에 대한 전반적인 표상을 만들 수 있으며, 주어진 조건의 의미나 숨겨진 관계를 파악하는 데도 도움을 받을 수 있다. 이를 바탕으로 문제해결자는 문제해결을 위한 탐색의 방향을 설정할 수 있으며, 어떤 연산을 통해 문제를 해결할 것인가에 대한 정보도 얻을 수 있다. 예를 들어, 문제 1에서는 문제에 포함된 함수의 그래프를 그려 문제상황을 이해하고, 탐색의 방향을 결정할 수 있다.

문제 1 **방정식 $(x^2+5x+4)(x^2-7x+10)=k$가 서로 다른 세 근을 가지도록 하는 k값을 구하여라.**

풀이 방정식 $(x^2+5x+4)(x^2-7x+10)=k$의 해는 함수

$$y=(x^2+5x+4)(x^2-7x+10),\ y=k$$

의 그래프의 교점이다.

$$y=(x^2+5x+4)(x^2-7x+10)=(x+1)(x+4)(x-2)(x-5)$$

이므로, 그래프의 개형은 다음과 같다([그림 7-2]).

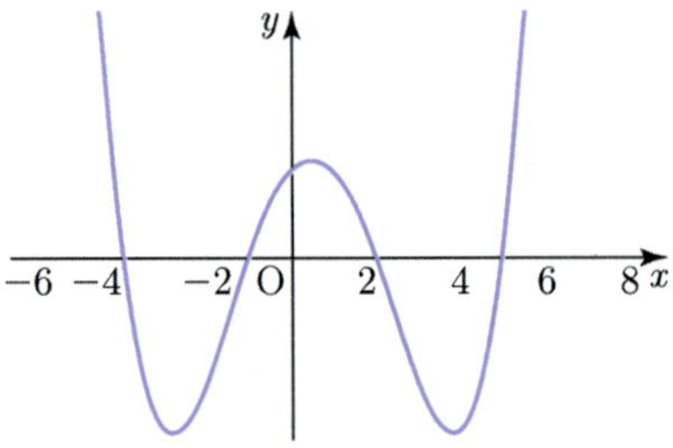

[그림 7-2]

이 그래프와 $y=k$의 그래프가 서로 다른 세 점에서 만나도록 하는 k값은 어렵지 않게 찾을 수 있다. 이때, k값은 도함수를 이용하여 구할 수도 있지만, 여기서는 평행이동을 이용한 방법을 살펴보자.

$y=(x+1)(x+4)(x-2)(x-5)$의 그래프를 x축의 음의 방향으로 $\frac{1}{2}$만큼 평행이동시키면,

$$y=\left(x+\frac{3}{2}\right)\left(x+\frac{9}{2}\right)\left(x-\frac{3}{2}\right)\left(x-\frac{9}{2}\right)=\left(x^2-\frac{9}{4}\right)\left(x^2-\frac{81}{4}\right)$$

가 된다. $y=\left(x^2-\frac{9}{4}\right)\left(x^2-\frac{81}{4}\right)$의 그래프는 y축에 대칭인 그래프가 된다([그림 7-3]).

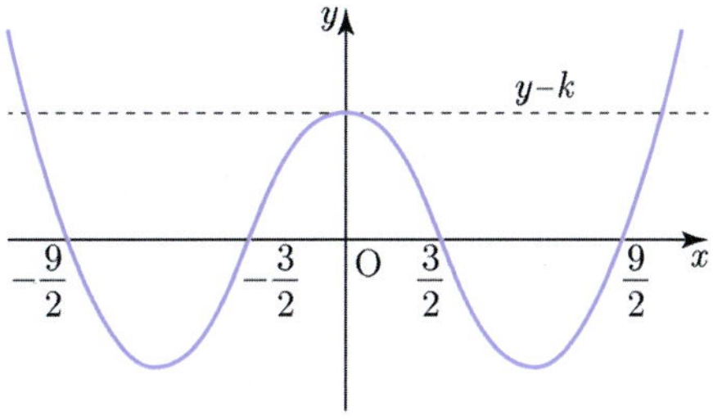

[그림 7-3]

결국, 구하는 k값은 $y=\left(x^2-\frac{9}{4}\right)\left(x^2-\frac{81}{4}\right)$에서 $x=0$일 때의 함숫값이 되며, $k=\frac{729}{16}$이다. □

문제 1에서는 방정식 $(x^2+5x+4)(x^2-7x+10)=k$를 전개하고 이항하여 그 해를 직접 구하지 않고, 방정식 $(x^2+5x+4)(x^2-7x+10)=k$의 해를 함수 $y=(x^2+5x+4)(x^2-7x+10)$, $y=k$의 그래프의 교점으로 생각하여 문제를 해결하였다.

즉, 방정식 $(x^2+5x+4)(x^2-7x+10)=k$의 해를 함수 $y=(x^2+5x+4)(x^2-7x+10)$, $y=k$의 그래프의 교점으로 해석하여 문제해결의 방향을 설정하였다.

한편, 함수 $y=(x+1)(x+4)(x-2)(x-5)$, $y=k$의 그래프의 교점이 3개가 되도록 하는 k값을 $y=(x+1)(x+4)(x-2)(x-5)$의 그래프를 x축의 음의 방향으로 $\frac{1}{2}$만큼 평행이동시킨 함수 $y=\left(x+\frac{3}{2}\right)\left(x+\frac{9}{2}\right)\left(x-\frac{3}{2}\right)\left(x-\frac{9}{2}\right)$의 그래프를 이용하여 구하였다.

이 문제의 해결 과정에서는 함수의 그래프 그리기, 평행이동, 대칭성을 이용하는 것이 중요한 역할을 하였으며, 문제해결 전략인 그림 그리기뿐만 아니라 다른 전략도 사용되었다. 그리고 함수 $y=(x+1)(x+4)(x-2)(x-5)$는 x축, y축에 대해 대칭성을 가지지 않지만, 평행이동을 이용하여 y축에 대한 대칭성을 가지는 함수

$$y=\left(x+\frac{3}{2}\right)\left(x+\frac{9}{2}\right)\left(x-\frac{3}{2}\right)\left(x-\frac{9}{2}\right)$$

를 얻었다. 이 문제의 해결에 사용된 '대칭성 이용하기' 전략은 별도로 다룰 것이다.

문제에 따라서는 적당한 그림을 그리는 것이 간단하지 않을 때도 있다. 이러한 경우에 문제해결자는 자신이 가진 문제해결의 자원(관련된 수학적 지식, 경험 등)을 활용하여 그림을 그려야 한다. 그리고 문제 1에서와 같이 한 문제의 해결에 여러 가지 문제해결 전략이 활용되는 경우도 많다.

(2) 대칭성 이용하기

대칭성 이용하기 전략은 대수, 기하, 수학게임 등의 문제해결에 폭넓게 이용될 수 있다. 이 전략을 이용하기 위해서는 탐구하는 수학적 대상(도형, 식, 수들 등)에서 대칭성을 찾거나 볼 수 있어야 한다. 예를 들어, 36개의 귤이 있다고 하자. 이 36개의 귤을 18개씩 두 묶음으로 나누면, 이 두 묶음은 대칭성을 가지게 된다. 이 대칭성을 이용한 수학게임을 살펴보자.

문제 2 귤 36 개가 수북하게 쌓여 있다. A, B 두 사람이 번갈아 차례로 귤 더미를 두 부분(각 부분에 원하는 개수의 귤로)으로 나눈다고 하자. 가령, A 가 36 개의 더미를 2 개와 34 개의 두 부분으로 나누었다고 하면, B 는 자신의 순서에서 2 개 또는 34 개의 더미 중 하나를 두 부분으로 나눈다. B 가 2 개 더미를 두 부분으로 나눈다면, 귤은 1 개, 1 개로 나누어진다. 그러면, A 는 자신의 순서에서 34 개 더미를 두 부분으로 나누게 된다(1 개로 된 더미는 더 이상 나눌 수 없으므로). 이러한 과정을 반복하면, 귤들이 한 개씩 낱개로 놓여 더 이상 나눌 수 없게 된다. 자신의 순서에서 더 이상 귤을 나누지 못하는 사람이 진다고 할 때, 누가 항상 이길 수 있는가?

풀이 36을 $18+18$로 분할할 수 있으며, 이때 얻어진 18개의 귤 두 더미는 대칭성을 가진다. 이를 이용하여 문제를 해결할 수 있다. 먼저, 첫 번째 사람 A가 36개의 귤을 18개, 18개의 두 더미 ㉠, ㉡으로 나눈다. 그러면 두 번째 사람 B는 ㉠, ㉡ 중 하나에 대해 귤을 나누는 조작을 하게 된다. 가령, B가 더미 ㉠을 두 부분으로 나눈다고 하자.

이제, A는 B가 더미 ㉠에 했던 조작을 더미 ㉡에 대해 대칭적으로 따라서 하면 된다. 가령, B가 더미 ㉠을 $11+7$로 나누었다면, A는 더미 ㉡을 B와 같은 방법으로 $11+7$로 나눈다. 더미 ㉠과 ㉡이 대칭적이므로(각 18개의 귤로 이루어짐), B가 귤 더미 하나를 부분으로 나눈다는 것은 A가 대칭적으로 다른 귤 더미를 나눌 수 있다는 것을 보장한다. 결국, B의 순서에서 더 이상 귤을 나누지 못하게 되며, A가 항상 이길 수 있다. □

이 문제의 풀이에서는 같은 개수의 귤로 된 더미 ㉠, ㉡에 대해 더미 ㉠에 대한 어떤 조작을 대칭적으로 더미 ㉡에 대해 수행할 수 있다는 것을 이용하였다.

한편, 함수의 그래프를 그리기 위해 함수의 대칭성을 이용하는 경우가 많다. 예를 들어, $y=x^2$에서 x대신에 $(-x)$를 대입해도 함수식이 변하지 않으므로, 함수 $y=x^2$의 그래

프는 y축에 대한 대칭성을 가진다. 같은 방법으로, $y=|x|$의 그래프도 y축에 대한 대칭성을 가진다는 것을 확인할 수 있다. 대칭성을 이용하여 절댓값에 관련된 함수의 그래프를 그리는 문제를 살펴보자.

문제 3 **함수 $y=\sqrt{|x|}$의 그래프를 그려라.**

풀이 함수 $y=\sqrt{|x|}$의 그래프를 $x \geq 0$인 경우와 $x<0$인 경우로 나누어 생각할 수 있다. $x \geq 0$이면 $y=\sqrt{|x|}$는 $y=\sqrt{x}$가 되며, $x<0$이면 $y=\sqrt{|x|}$는 $y=\sqrt{-x}$가 된다. 그러므로, $x \geq 0$인 경우에 $y=\sqrt{|x|}$의 그래프는 [그림 7-4(a)]가 되며, $x<0$인 경우에 [그림 7-4(b)]가 된다. 결국, $y=\sqrt{|x|}$의 그래프는 [그림 7-5]이다.

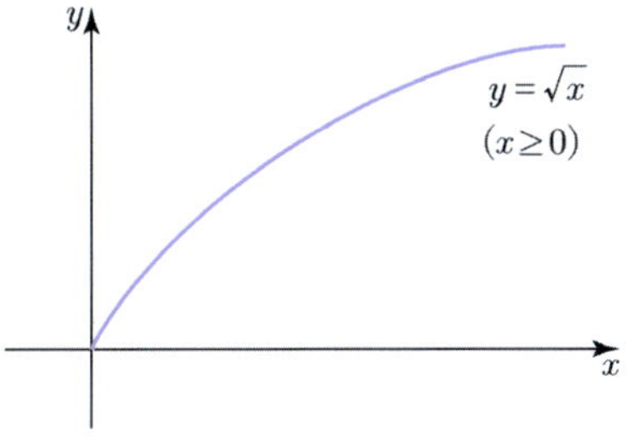

[그림 7-4(a)]

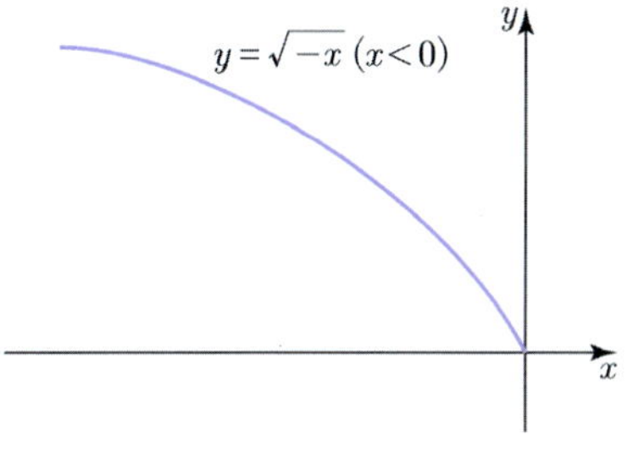

[그림 7-4(b)]

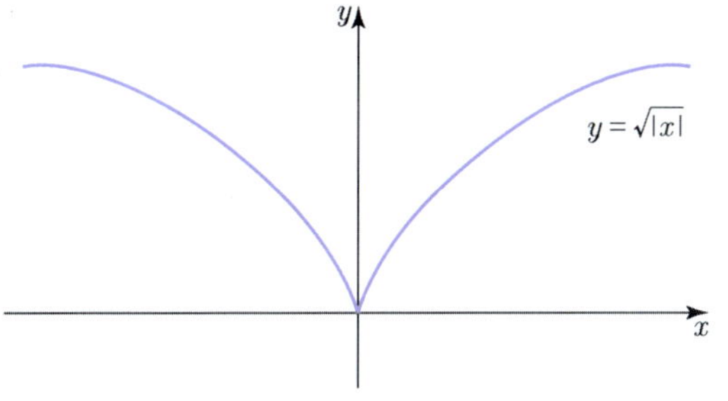

[그림 7-5]

한편, 함수 $y=\sqrt{|x|}$의 그래프를 함수의 대칭성을 이용하여 얻을 수도 있다. 함수 $y=\sqrt{|x|}$의 그래프는 y축에 대한 대칭성을 가지므로, y축의 오른쪽에서 $y=\sqrt{|x|}$의 그래프($x \geq 0$일 때 함수 $y=\sqrt{|x|}$의 그래프)를 생각하여, y축에 대해 대칭시키면, 함수 $y=\sqrt{|x|}$의 그래프([그림 7-5])를 얻을 수 있다. □

이제, 대수식에서 대칭성을 이용하는 경우를 살펴보자. 다항식에서 계수들의 대칭성을 이용하면, 다항식을 변형하여 어렵지 않게 방정식이나 부등식을 해결할 수 있다. 방정식의 예를 살펴보자.

문제 4 방정식 $x^4 - 2x^3 - x^2 - 2x + 1 = 0$의 실근을 구하여라.

풀이 방정식 $x^4 - 2x^3 - x^2 - 2x + 1 = 0$의 좌변에서 x^4, x^3, x^2, x항의 계수와 상수항을 보면, x^2항을 중심으로 x^4, x^3항의 계수와 x항의 계수, 상수항이 대칭이라는 것을 확인할 수 있다. 즉 x^4항의 계수와 상수항이 같고, x^3항의 계수와 x항의 계수가 같다. 이러한 대칭성을 이용하여 문제를 해결할 수 있다.

수 0은 방정식 $x^4 - 2x^3 - x^2 - 2x + 1 = 0$의 근이 아니므로, 방정식의 양변을 x^2으로 나누자. 그러면, $x^2 - 2x - 1 - \frac{2}{x} + \frac{1}{x^2} = 0$이 된다. 계수들의 대칭성을 이용하기 위해, 이 식을 $\left(x^2 + \frac{1}{x^2}\right) - 2\left(x + \frac{1}{x}\right) - 1 = 0$과 같이 쓰자. 이때, $x^2 + \frac{1}{x^2} = \left(x + \frac{1}{x}\right)^2 - 2$이므로, $\left(x^2 + \frac{1}{x^2}\right) - 2\left(x + \frac{1}{x}\right) - 1 = \left(x + \frac{1}{x}\right)^2 - 2\left(x + \frac{1}{x}\right) - 3$이 된다.

$x + \frac{1}{x} = A$로 치환하면, $A^2 - 2A - 3 = 0$이고 A값은 3, -1이다.

$x + \frac{1}{x} = 3$으로부터 $x^2 - 3x + 1 = 0$이 얻어지며, 방정식을 풀면 $x = \frac{3 \pm \sqrt{5}}{2}$이다. 한편, $x + \frac{1}{x} = -1$에서 $x^2 + x + 1 = 0$이 얻어지는데, 이 경우에는 실근을 가지지 않는다. □

살펴본 풀이에서 사차방정식의 계수들과 상수항의 대칭성을 이용하여 $x^2 - 2x - 1 - \frac{2}{x} + \frac{1}{x^2} = 0$을 $x^2 + \frac{1}{x^2} - 2x - \frac{2}{x} - 1 = 0$, $\left(x^2 + \frac{1}{x^2}\right) - 2\left(x + \frac{1}{x}\right) - 1 = 0$과 같이 나타내서 방정식을 해결하였다. 이와 같이 대칭성을 이용하여 식을 변형하는 방법은 비교적 널리 알려진 방정식의 해법이다.

(3) 표 만들기

표 만들기 전략은 문제에서 주어진 자료들을 체계적으로 정리하거나 조직하기 위해 사용되며, 잘 정리된 표를 이용하면 문제해결의 방법을 효과적으로 탐색할 수 있다. 그리고 표를 이용하여 체계적으로 조직된 자료들은 자료들의 패턴, 규칙성, 불변량을 찾는데 도움을 줄 수 있다.

표 만들기 전략이 문제해결에 얼마나 효과적인 도움을 줄 수 있는가는 자료들을 얼마나 체계적으로 정리, 조직하는가에 달렸다고 해도 과언은 아닐 것이다. 예제를 살펴보자.

문제 5 **물통에 3L 의 물이 있고, 용량이 700 mℓ인 컵 A와 400 mℓ인 컵 B가 있다. 물통에서 컵 A, B를 이용하여 500 mℓ의 물을 뜨려고 한다. 어떻게 하면 되는가?**

풀이 물통에서 컵 A, B를 이용하여 물을 뜨는 과정을 표를 이용하여 체계적으로 정리하면서 문제를 해결하자. 물통에 남은 물의 양, 컵 A, B에 들어있는 물의 양을 중심으로 다음과 같은 표를 만들 수 있다.

물통에 있는 물의 양	3L	2L 600mℓ	2L 200mℓ	2L 200mℓ	2L 900mℓ	2L 900mℓ	2L 500mℓ	2L 500mℓ
컵 A에 있는 물의 양	0	0	400mℓ	700mℓ	0	100mℓ	100mℓ	500mℓ
컵 B에 있는 물의 양	0	400mℓ	400mℓ	100mℓ	100mℓ	0	400mℓ	0

표에서 보는 것처럼, 다음과 같이 물 500mℓ를 따를 수 있다: (1) 물통에서 컵 B에 물을 가득 따른 후에 이것을 컵 A에 옮겨 붓는다. (2) 물통에서 컵 B에 물을 가득 따르고, 컵 B의 물을 컵 A에 물이 가득 찰 때까지 부으면, 컵 B에는 100mℓ의 물이 남는다. (3) 컵 A의 물을 따라 버리고, 컵 B의 물을 컵 A에 붓는다. (4) 물통에서 컵 B에 물을 가득 따르고, 컵 B의 물을 컵 A에 옮겨 붓는다. 그러면, 컵 A에 500mℓ의 물이 있게 된다. □

문제해결자는 표를 이용하여 물통, 컵 A, B에 있는 물의 양을 체계적으로 정리해 가면서 시행착오를 줄일 수 있다. 표 만들기 전략을 이용하는 다른 문제를 살펴보자.

문제 6 $0 \le x \le 2\pi$**에서** $y = 2\sin x + \cos^2 x$**의 그래프를 그려라.**

풀이 일계도함수와 이계도함수를 이용하여 함수의 증감, 곡선의 요철에 대한 정보를 찾고, 표 만들기를 전략을 이용하여 얻어진 정보들을 정리, 조직하여 문제를 해결하자.

$y=2\sin x+\cos^2 x$의 일계도함수를 구하면, $y'=2\cos x+2\cos x(\cos x)'$ $=2\cos x-2\cos x\sin x$이다. $y'=0$이 되는 x값은 $\cos x=0$, $\sin x=1$이다. 구간 $0\le x\le 2\pi$에서 $\cos x=0$, $\sin x=1$을 만족하는 x는 $x=\frac{1}{2}\pi$, $\frac{3}{2}\pi$이다.

$y=2\sin x+\cos^2 x$의 이계도함수를 구하면,

$$\begin{aligned} y''=2(\cos x(1-\sin x))'&=2(-\sin x(1-\sin x)+\cos x(-\cos x)) \\ &=2(-\sin x+\sin^2 x-\cos^2 x) \end{aligned}$$

이다. 이때,

$$\begin{aligned} 2(-\sin x+\sin^2 x-\cos^2 x)&=2(2\sin^2 x-\sin x-1) \\ &=2(\sin x-1)(2\sin x+1) \end{aligned}$$

이다. 구간 $0\le x\le 2\pi$에서 $y''=0$인 x값은 $\sin x=1$, $\sin x=-\frac{1}{2}$이므로, $x=\frac{1}{2}\pi$, $\frac{7}{6}\pi$, $\frac{11}{6}\pi$이다.

이제, 함수의 증감, 곡선의 요철에 대한 추론을 위해, 다음과 같은 표를 이용하여 정보들을 정리할 수 있다.

x	0	$\cdots$	$\frac{1}{2}\pi$	$\cdots$	$\frac{7}{6}\pi$	$\cdots$	$\frac{3}{2}\pi$	$\cdots$	$\frac{11}{6}\pi$	$\cdots$	2π
y'		$+$	0	$-$	$-$	$-$	0	$+$	$+$	$+$	
y''		$-$	0	$-$	0	$+$	$+$	$+$	0	$-$	
y	1	↗	2	↘	$-\frac{1}{4}$	↘	-2	↗	$-\frac{1}{4}$	↗	1

결국, 함수 $y=2\sin x+\cos^2 x$의 그래프 개형을 [그림 7-6]과 같이 그릴 수 있다. □

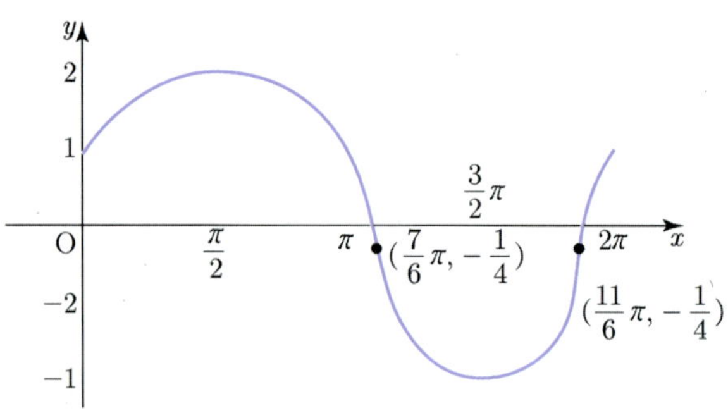

[그림 7-6]

□

이 문제의 해결에서는 표 만들기를 통해 일계도함수와 이계도함수로부터 얻은 정보들을 체계적으로 정리, 조직하여 함수 그래프의 증감, 요철에 대해 추론하였다.

표 만들기 전략의 사용에서 표를 어떻게 만드냐에 따라 문제해결에 도움을 줄 수도 있고 그렇지 않을 수도 있다. 표 만들기 전략을 효과적으로 사용하기 위해서는 문제 또는 문제해결 과정에서 얻어지는 자료들을 표로 어떻게 정리할 것인가에 대한 다양한 문제해결 경험이 필요하다.

(4) 관련된 단순한 문제 풀기

관련된 단순한 문제 풀기 전략은 목표로 하는 문제가 아닌 다른 문제(목표 문제보다 해결이 용이한 관련된 다른 문제)를 해결한 다음, 이로부터 문제해결의 실마리를 찾아 목표로 하는 문제를 해결하는 방법이다.

이 문제해결 전략을 사용하기 위해선 문제들의 핵심과 문제들 사이의 관련성을 볼 수 있어야 한다. 해결해야 할 문제보다 단순한 문제를 푼다고 하여 주어진 문제의 해결 실마리를 항상 얻을 수 있는 것은 아니기 때문에, 주어진 문제의 해결에 도움을 줄 수 있는 단순한 문제를 볼 수 있어야 한다. 주어진 문제를 해결할 때에 관련된 단순한 문제가 함께 주어지지 않기 때문에, 문제해결자는 해결해야 하는 문제보다 단순하고 해결이 가능한 문제를 직접 만들거나 경험으로부터 떠올리는 것이 요구된다.

숀펠드는 문제해결의 계획 수립 과정에서 동치인 문제나 수정된 문제를 이용하여 탐구할 것을 제안하였다. 이러한 제안은 '관련된 단순한 문제 풀기' 전략과 유사하게 볼 수 있으며, 문제해결에서 난관에 부딪혔을 때 주어진 문제와 동치인 문제나 수정된 문제를 해결하는 것이 주어진 문제의 해결을 위한 계획 수립과 해결에 도움을 줄 수 있다는 것이다.

문제 7 [그림 7-7]과 같은 7×7 인 판의 칸에 자연수를 하나씩 쓰며, 같은 수를 반복해서 쓸 수 있다. 공통의 변을 가지는 두 칸에는 1 만큼 차이가 나는 수들을 적어야 하며, 3, 15 가 칸에 포함되어야 한다. 7×7 인 판의 칸들을 채워라.

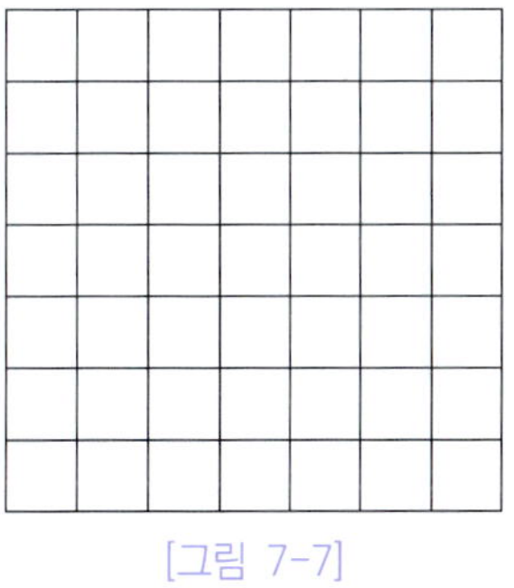

[그림 7-7]

풀이 관련된 단순한 문제 풀기 전략을 사용하기 위해 칸의 수를 작게 하여 새로운 문제(관련된 단순한)를 만들자. 주어진 문제에서는 7×7인 판의 칸에 자연수를 채워야 하는데, 관련된 단순한 문제로 3×3인 판을 생각하고 칸에 3, 7이 포함되도록 하자. 그러면, 관련된 단순한 문제를 다음과 같이 쓸 수 있다.

□

문제 8 [그림 7-8]과 같은 3×3 인 판의 칸에 자연수를 하나씩 쓰며, 같은 수를 반복해서 쓸 수 있다. 공통의 변을 가지는 두 칸에는 1 만큼 차이가 나는 수들을 적어야 하며, 3, 7 이 칸에 포함되어야 한다. 3×3 인 판의 칸들을 채워라.

[그림 7-8]

풀이 3을 맨 위의 왼쪽 칸에 적는다고 하자. 그러면, 3의 아래 칸과 오른쪽 칸에 2나 4를 적을 수 있다. 먼저, 2를 적는 경우를 살펴보자[그림 7-9(a)]. 아래쪽 2의 오른쪽 칸 ⓐ에 1 또는 3을 생각할 수 있다. ⓐ칸에 1을 적고 나머지 칸들을 채우면 7을 적을 수 없다[그림 7-9(b)]. 이제, ⓐ칸에 3을 적고, 3의 아래 칸과 오른쪽 칸에 4를 적는다고 하자[그림 7-9(c)]. 이러한 경우에도 7을 적을 수 없다.

3	2	
2	ⓐ	

[그림 7-9(a)]

3	2	
2	1	2
	2	

[그림 7-9(b)]

3	2	
2	3	4
	4	

[그림 7-9(c)]

이제, 맨 위의 왼쪽 칸에 3을 적고, 3의 아래 칸과 오른쪽 칸에 4를 적는다고 하자[그림 7-10(a)]. 아래쪽 4의 오른쪽 칸 ⓑ에 3을 적으면, 문제의 조건을 만족시킬 수 없다. 칸 ⓑ에 5를 써넣자[그림 7-10(b)]. 이 칸의 아래 칸과 오른쪽 칸에 4를 넣으면, 나머지 칸에 7을 적을 수 없다. 결국, 5가 적힌 칸의 아래 칸과 오른쪽 칸에 6을 적으면[그림 7-10(c)], 나머지 칸에 7을 적을 수 있다.

□

3	4	
4	ⓑ	

[그림 7-10(a)]

3	4	
4	5	4
	4	

[그림 7-10(b)]

3	4	
4	5	6
	6	7

[그림 7-10(c)]

문제 8의 해결에서는 3과 7중에서 작은 수 3을 맨 위의 왼쪽 칸에 적고, 인접한 칸에는 증가하는 순서로 수들을 나열하였고, 대각선으로는 증가하는 순서로 3, 5, 7을 적었다. 이러한 방법을 문제 7의 해결에 사용하자.

이제, 문제 7의 풀이로 돌아가자. 7×7인 판의 칸에 3, 15가 있어야 하므로, 문제 8의 풀이와 같은 방법으로, 맨 위의 왼쪽 칸에 3을 적고, 인접한 칸에는 증가하는 순서로 수들을 나열하자([그림 7-11]). 그러면, 문제의 조건을 만족시키는 해를 [그림 7-12]와 같이 구할 수 있다.

3	4	5	6	7		
4	5	6	7			
5	6	7				
6	7					
7						

[그림 7-11]

3	4	5	6	7	8	9
4	5	6	7	8	9	10
5	6	7	8	9	10	11
6	7	8	9	10	11	12
7	8	9	10	11	12	13
8	9	10	11	12	13	14
9	10	11	12	13	14	15

[그림 7-12]

□

문제 7을 해결하기 위해, 관련된 단순한 문제인 문제 8을 풀었다. 이때, 관련된 단순한 문제인 문제 8의 해결 과정에서 얻은 아이디어를 이용하여 목표로 하는 문제 7을 해결하였다.

(5) 관계를 대수식으로 표현하기

문제상황에 적합한 대수식(방정식, 부등식, 함수식 등)을 만들어 문제를 해결하는 방법은 강력한 문제해결 전략의 하나이다. 중학교 수학 교과서에 방정식의 활용에 관련된 단원에서 문제해결의 순서로, 첫째 구하는 값을 미지수로 놓고, 둘째 문제의 뜻에 적합한 방정식을 세우고, 셋째 방정식을 풀고, 넷째 구한 해가 문제의 뜻에 맞는지 확인하도록 권고하고 있다. 이러한 방법을 '관계를 대수식으로 표현하기' 전략이라 할 수 있다. 특히, 수학자 데카르트는 이러한 접근을 모든 문제를 해결할 수 있는 보편적인 방법으로 생각하였다.

여기서는 부등식을 만들어 문제를 해결하는 예를 살펴보자.

문제 9 A 도시에서 B 도시까지의 거리는 100 ㎞이며, A 도시에서 오토바이와 자전거가 동시에 B 도시를 향해 출발하였다. 오토바이의 속도는 자전거보다 시속 10 ㎞가 빠르다. 오토바이는 B 도시로 가는 도중에 길에서 30 분 동안 쉬었지만, 자전거는 쉬지 않고 달렸다. 그럼에도 불구하고 B 도시에 자전거가 오토바이보다 빨리 도착하지는 못했다. 오토바이가 달린 속도의 범위를 구하여라.

풀이 오토바이의 속도를 $x$km/h라 하고, 자전거의 속도를 $y$km/h라 하자. 그러면 $x=y+10$이고, $x>10$이다. A도시에서 B도시로 가는데 오토바이는 $\left(\frac{100}{x}+\frac{1}{2}\right)$시간 걸렸으며, 자전거는 $\frac{100}{y}$시간이 걸렸다. 이때, 자전거가 오토바이보다 빨리 도착하지 못했으므로, $\frac{100}{x}+\frac{1}{2}\le\frac{100}{y}$가 된다.

이제, $x=y+10$와 $\frac{100}{x}+\frac{1}{2}\le\frac{100}{y}$를 연립하면, $\frac{100}{x}+\frac{1}{2}\le\frac{100}{x-10}$이 된다. 이 부등식을 통분하여 정리하면, $x^2-10x-2000\le 0$, $(x-50)(x+40)\le 0$이며, $-40\le x\le 50$이 된다.

$x>10$이므로, $10<x\le 50$이 구하는 답이다. □

살펴본 문제에서는 문제의 뜻에 적합한 식으로 등식 $x=y+10$과 부등식 $\frac{100}{x}+\frac{1}{2}\le\frac{100}{y}$을 만들었고, 이들을 연립하여 구하는 x값의 범위를 얻었다.

수학사에 보면 도형에 관련된 문제를 해결하기 위해 도형을 대수식으로 표현하려는 시도를 어렵지 않게 찾아볼 수 있다. 해석기하학의 발명도 그러한 시도의 하나로 생각할 수 있다. 여기서는 도형의 넓이를 이차식으로 표현하여 문제를 해결하는 예를 살펴보자.

문제 10 **한 변이 a인 정사각형 ABCD의 변 AB, AD에 $\overline{AP}=\overline{AS}=t$인 점 P, S를 잡고, 변 BC, CD에 점 Q, R을 잡아 사각형 PQRS가 사다리꼴이 되도록 하였다. 사다리꼴 PQRS 넓이의 최댓값을 구하여라.**

풀이 문제의 뜻에 맞는 그림을 그리고, 주어진 정보들을 그림에 표시하자([그림 7-13]).

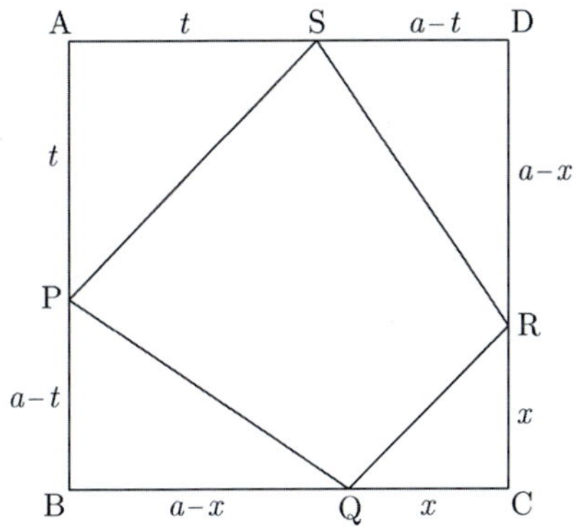

[그림 7-13]

사각형 PQRS가 사다리꼴이므로, 선분 PS와 QR이 평행이다. 그러면 $\angle \mathrm{ASP} = \angle \mathrm{RQC}$, $\angle \mathrm{APS} = \angle \mathrm{CRQ}$가 되며, 삼각형 APS가 이등변삼각형이므로, $\angle \mathrm{CQR} = \angle \mathrm{CRQ}$가 된다.

이제, 사다리꼴 PQRS의 넓이를 생각하자. 정사각형 ABCD에서 삼각형 APS, BQP, CQR, DSR을 빼면 사다리꼴 PQRS가 된다는 것을 이용하자. 삼각형 APS의 넓이는 $\frac{1}{2}t^2$이며, 삼각형 BQP, CQR, DSR의 넓이를 구하기 위해 $\overline{\mathrm{CQ}} = \overline{\mathrm{CR}} = x$라 놓자. 그러면, $\overline{\mathrm{BQ}} = a-x$, $\overline{\mathrm{DR}} = a-x$가 되며, 삼각형 BQP, CQR, DSR의 넓이는 각각 $\frac{1}{2}(a-t)(a-x)$, $\frac{1}{2}x^2$, $\frac{1}{2}(a-t)(a-x)$이다. 그러므로, 사다리꼴 PQRS의 넓이 S는 다음과 같다.

$$\begin{aligned} S &= a^2 - \left(\frac{1}{2}t^2 + \frac{1}{2}(a-t)(a-x) + \frac{1}{2}x^2 + \frac{1}{2}(a-t)(a-x)\right) \\ &= a^2 - \left(\frac{1}{2}x^2 + (a-t)(a-x) + \frac{1}{2}t^2\right) \end{aligned}$$

결국, $S = -\frac{1}{2}x^2 + (a-t)x + at - \frac{1}{2}t^2$이다. S의 최댓값을 구하기 위해, 미분을 이용하거나 완전제곱식을 이용할 수 있다. 여기서는

$$S = -\frac{1}{2}x^2 + (a-t)x + at - \frac{1}{2}t^2$$

을 완전제곱식으로 바꾸어 풀어보자.

$$\begin{aligned} S &= -\frac{1}{2}x^2 + (a-t)x + at - \frac{1}{2}t^2 \\ &= -\frac{1}{2}(x-(a-t))^2 + \frac{1}{2}(a-t)^2 + at - \frac{1}{2}t^2 \end{aligned}$$

$$= -\frac{1}{2}(x-(a-t))^2 + \frac{1}{2}a^2$$

얻어진 식으로부터 $x=a-t$일 때, S의 최댓값은 $\frac{1}{2}a^2$임을 알 수 있다.

□

이 문제를 해결하는 과정은 첫째, 문제의 뜻에 적합한 그림을 그리고, 둘째 사다리꼴 PQRS의 넓이 S를 나타내는 x에 대한 이차식을 만들고, 셋째 넓이 S의 최댓값을 구하는 것으로 요약할 수 있다. 이 문제의 풀이에 사용된 문제해결 전략으로 그림 그리기, 관계를 대수식으로 표현하기를 들 수 있다. 이 문제처럼 문제해결 과정이 복잡하거나 긴 경우에는 몇 가지 문제해결 전략이 함께 사용되는 경우를 어렵지 않게 찾아볼 수 있다.

(6) 관점 바꾸기

관점 바꾸기 전략은 문제의 기술, 문제에 주어진 수식, 도형 등을 다른 관점에서 보고 해석하여 문제해결의 실마리를 찾는 방법이다. 주어진 문제를 다른 관점에서 보고 해석할 수 있다면 새롭고 다양한 해결 방법을 찾을 가능성이 크지만, 문제를 다른 관점에서 보는 것이 모든 문제해결자에게 쉬운 것은 아니다. 한 방향의 사고에서 다른 방향의 사고로 전환하여 문제상황을 이해하고 해석하여 해결하는 것은 유연한 사고와 관련된다. 문제를 살펴보자.

문제 11 [그림 7-14]**에서 사각형 ABCD는 평행사변형이며, 삼각형 ABQ의 넓이를 a, SCD의 넓이를 b라 하자. 사각형 PQRS의 넓이를 a, b를 이용하여 나타내라.**

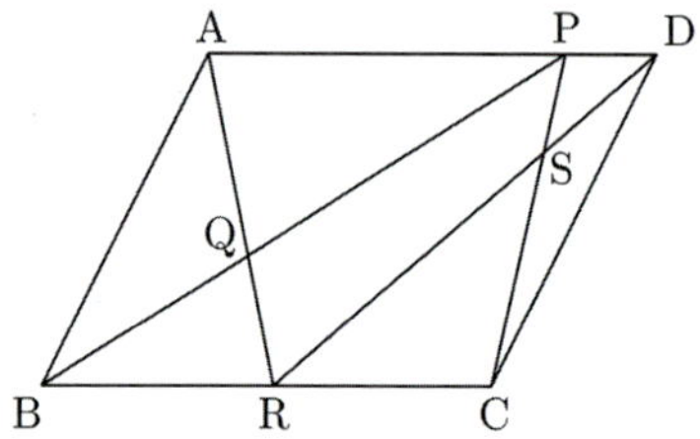

[그림 7-14]

풀이 사각형 PQRS를 평행사변형 ABCD의 내부에 있는 독립된 도형으로 보고 사각형 PQRS의 넓이를 구해보자. 이를 위해, 대각선을 이용하여 사각형 PQRS를 삼각형 PQS, RQS로 나누어 각 삼각형의 넓이를 구하려고 시도할 수 있다. 그러나 삼각형 PQS, RQS의 넓이를 a, b로 나타내려는 시도는 난관에 부딪히게 된다.

사각형 PQRS를 다른 관점에서 생각하자. 사각형 PQRS를 평행사변형 ABCD의 내부에 있는 독립된 사각형으로 보는 것(관점 1)과 함께 사각형 PQRS를 삼각형 ARD와 BPC의 공통부분으로 생각하는 것(관점 2)도 고려하자.

[그림 7-15]에서와 같이 각 도형의 넓이를 a, b, c, d, e, f, g로 나타내면, 평행사변형 ABCD의 넓이를 두 가지 방법으로 구할 수 있다.

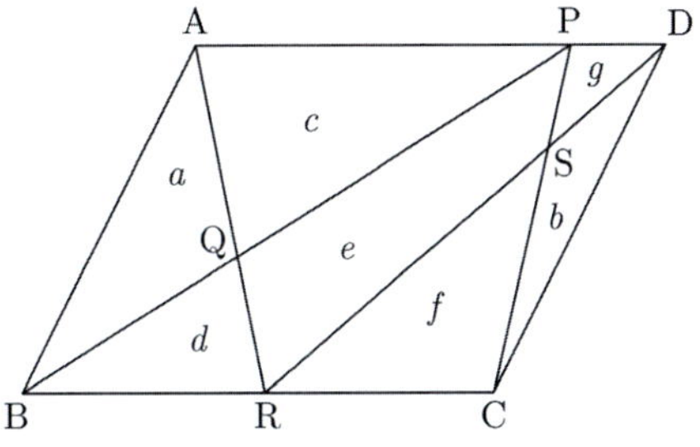

[그림 7-15]

첫 번째 방법은 관점 1에 관련된 것으로, 평행사변형 ABCD의 넓이를 평행사변형 ABCD의 면을 채우는 삼각형들과 사각형의 넓이의 합으로 구하는 것이다. 이때, 평행사변형 ABCD의 넓이는 $a+c+d+e+f+g+b$로 나타낼 수 있다.

두 번째 방법은 평행사변형 ABCD의 넓이는 삼각형 ARD, BPC의 넓이의 합과 같으며, 삼각형 ARD, BPC의 넓이의 합에는 공통부분인 사각형 PQRS의 넓이가 두 번 포함된다는 것이다. 이때, 평행사변형 ABCD의 넓이를 $(c+e+g)+(d+e+f)=c+g+d+f+2e$로 나타낼 수 있다.

얻어진 두 넓이 $c+g+d+f+2e$와 $c+g+d+f+e+a+b$를 비교하면, 사각형 PQRS의 넓이 e는 $a+b$가 된다는 것을 알 수 있다. □

이 문제에서 사각형 PQRS를 두 가지 관점에서 볼 수 있다. 첫째는 평행사변형 ABCD의 면을 삼각형 조각들과 사각형으로 채우는데, 그 중의 한 조각으로 보는 것이다. 두 번째는 삼각형 ARD, BPC의 공통부분으로 볼 수 있다. 이 문제에서는 사각형 PQRS에 대한 두 관점을 이용하여 평행사변형 ABCD의 넓이를 구하고, 이를 바탕으로 문제를 해결하였다.

식이나 도형(수학적 대상)을 다른 관점에서 보는 것은 관점을 바꾸려는 의도만으로는 충분하지 않다. 식이나 도형의 특징을 분석하는 능력뿐만 아니라, 문제해결자가 가지고 있는 수학적인 자원(예를 들어, 수학적 지식이나 경험 등)을 주어진 문제상황과 연결시킬 수 있는 수학적 힘이 필요하다.

QUIZ

1 다음 문제를 해결한다고 하자. 다음 문제의 해결에 사용될 수 있는 문제해결 전략을 말하고, 그 이유를 설명하시오.

> A지점에서 35km 떨어진 B지점까지 자전거를 타고 가려고 한다. 처음에는 시속 15km로 타고 가다가 그 다음에는 시속 10km로 타고 갔다. A지점에서 출발하여 B지점에 3시간 안에 도착하려면, 시속 15km로 몇 km 이상을 타고 가야 하는가?

2 방정식 $x^4-6x^3+7x^2-6x+1=0$을 푼다고 하자. 이 방정식을 풀 때에 사용될 수 있는 문제해결 전략을 말하고, 그 이유를 설명하시오.

폴리아의 발견술적 발문

| 핵심어 | 발견술적 발문, 문제 이해, 계획 수립, 계획 실행, 반성

폴리아는 〈How to solve it〉에서 문제해결의 전체 과정에서 문제해결자가 발견술로 사용할 수 있는 발문(발견술적 발문이라 하자)을 제시하였다.

'문제 이해' 단계에서 사용할 수 있는 발견술적 발문은 다음과 같다.

- 미지의 것은 무엇인가? 자료는 무엇인가? 조건은 무엇인가?
- 조건을 충족시키는 것이 가능한가? 조건은 미지의 것을 결정하기에 충분한가? 아니면 불충분한가? 아니면 과잉되는가? 아니면 모순되는가?
- 그림을 그려라. 적당한 표기를 도입하여라.
- 조건을 여러 부분으로 분해하여라. 조건의 부분들을 글로 써서 나타낼 수 있는가?

'계획 수립' 단계에서 사용할 수 있는 발견술적 발문은 다음과 같다.

- 전에 그 문제를 본 적이 있는가? 아니면 약간 다른 형태로 된 같은 문제를 본 적이 있는가?
- 관련된 문제를 알고 있는가? 유용할 수 있는 정리를 알고 있는가?
- 미지의 것을 보아라. 미지의 것이 같거나 비슷하면서 친숙한 문제에 대해 생각해 보

아라.

- 이것은 네가 풀려는 문제와 관련된 전에 풀었던 문제이다. 이것을 이용할 수 있는가? 문제의 결과를 이용할 수 있는가? 방법을 이용할 수 있는가? 이들을 이용하기 위해 어떤 보조요소를 도입할 수 있는가?
- 문제를 재진술할 수 있는가? 문제를 약간 다르게 재진술할 수 있는가? 정의로 돌아가 보자.
- 만약 제시된 문제를 풀 수 없다면, 먼저 관련된 다른 문제를 풀어보자. 더 접근하기 쉬운 관련된 문제를 생각해 낼 수 있는가? 더 일반적인 문제는? 더 특수한 문제는? 유사한 문제는?
- 문제의 일부를 해결할 수 있는가? 조건의 일부는 유지하고 나머지를 버리면, 미지의 것이 어떤 범위에서 결정되는가? 이것을 어떻게 변화시킬 수 있는가? 자료로부터 유용한 무언가를 유도할 수 있는가?
- 미지의 것을 결정하는데 적당한 다른 자료에 대해 생각할 수 있는가?
- 미지의 것이나 자료, 필요하다면 둘 다를 변화시켜, 얻어진 새로운 미지의 것과 자료가 서로 더 근접하도록 할 수 있는가?
- 모든 자료를 사용했는가? 조건 전체를 사용했는가? 문제에 포함된 핵심적인 개념들을 모두 고려했는가?

'계획 실행' 단계에서 사용할 수 있는 발견술적 발문은 다음과 같다.

- 해결 계획을 실행하여라. 각 단계를 점검하여라. 각 단계가 올바르다는 것을 명확히 볼 수 있는가? 그것이 올바르다는 것을 증명할 수 있는가?

'반성' 단계에서 사용할 수 있는 발견술적 발문은 다음과 같다.

- 결과를 점검할 수 있는가? 논점을 점검할 수 있는가?
- 결과를 다른 방법으로 유도할 수 있는가? 한 번에 그것을 볼 수 있는가?
- 결과나 방법을 다른 문제에 사용할 수 있는가?

발견술이 문제해결의 계획 수립 단계에 국한될 것으로 생각할 수도 있지만, 사실은 그렇지 않다. 살펴본 문제 이해, 계획 실행, 반성 단계에서 사용할 수 있는 발문들은 문제해결자가 시행착오를 줄여가면서 성공적으로 문제를 해결하는 데 도움이 될 수 있다. 이때 주의할 것은, 살펴본 발견술적 발문들이 모든 문제의 해결에 있어 똑같은 정도로 효과를 발휘하지는 않는다는 것이다. 각 발문마다 발문의 초점이 다르므로, 문제상황에 따라 적당한 발견술적 발문을 선택해야 한다.

발견술적 발문을 이용하여 문제를 해결하는 예를 살펴보자.

예제 1 다음 연립방정식을 풀어라.

$$\begin{cases} \sqrt{(x-2)^2+(y-4)^2}+\sqrt{(x-5)^2+(y-8)^2}=5 \\ 3xy-10y=3 \end{cases}$$

풀이 예제 1을 어려움 없이 풀 수 있다면, 발견술적 발문을 생각할 필요가 없다. 학생인 문제해결자가 문제를 풀려고 시도했지만 성공적하지 못한 가상의 상황을 생각하자. 가령, $y(3x-10)=3$에서 $y=\dfrac{3}{3x-10}$이라 놓고,

$$\sqrt{(x-2)^2+(y-4)^2}+\sqrt{(x-5)^2+(y-8)^2}=5$$

에 대입하여

$$\sqrt{(x-2)^2+\left(\frac{3}{3x-10}-4\right)^2}+\sqrt{(x-5)^2+\left(\frac{3}{3x-10}-8\right)^2}=5$$

를 얻었다. 그리고

$$\sqrt{(x-2)^2+\left(\frac{-12x+43}{3x-10}\right)^2}+\sqrt{(x-5)^2+\left(\frac{-24x+83}{3x-10}\right)^2}=5$$

로 변형시키기는 했지만, 더 이상 문제해결을 진행하지 못했다고 하자. 이제, 교사는 폴리아의 발견술적 발문을 이용하여 학생의 문제해결을 돕는다고 하자.

교사: 예제에서 자료는 무엇인가요?
학생: x, y, $\sqrt{(x-2)^2+(y-4)^2}+\sqrt{(x-5)^2+(y-8)^2}=5$, $3xy-10y=3$입니다.
교사: 조건은 무엇인가요?
학생: x, y가 $\sqrt{(x-2)^2+(y-4)^2}+\sqrt{(x-5)^2+(y-8)^2}=5$, $3xy-10y=3$을 동시에 만족시키는 것입니다.
교사: $\sqrt{(x-2)^2+(y-4)^2}+\sqrt{(x-5)^2+(y-8)^2}=5$를 그림으로 나타낼 수 있는가요?
학생: 식이 복잡해서 어렵습니다.

문제에서 자료와 조건을 묻는 발문에 대해 대답하는 것이 항상 쉬운 것은 아니다. 이 문제에서도 $\sqrt{(x-2)^2+(y-4)^2}+\sqrt{(x-5)^2+(y-8)^2}=5$를 자료로 볼 수 있지만,

$\sqrt{(x-2)^2+(y-4)^2}$, $\sqrt{(x-5)^2+(y-8)^2}$, 5를 자료로 보고 $\sqrt{(x-2)^2+(y-4)^2}$와 $\sqrt{(x-5)^2+(y-8)^2}$의 합이 5라는 것을 조건으로 볼 수도 있다.

교사: 등식 $\sqrt{(x-2)^2+(y-4)^2}+\sqrt{(x-5)^2+(y-8)^2}=5$에서 자료는 무엇인가요?
학생: $\sqrt{(x-2)^2+(y-4)^2}$, $\sqrt{(x-5)^2+(y-8)^2}$, 5를 자료로 볼 수도 있습니다.
교사: 그러면 조건은 무엇인가요?
학생: $\sqrt{(x-2)^2+(y-4)^2}$와 $\sqrt{(x-5)^2+(y-8)^2}$의 합이 5라는 것입니다.
교사: $\sqrt{(x-2)^2+(y-4)^2}$, $\sqrt{(x-5)^2+(y-8)^2}$을 그림으로 나타낼 수 있을까요?
학생: $\sqrt{(x-2)^2+(y-4)^2}$은 점 (x, y)에서 $(2, 4)$까지의 거리이고, $\sqrt{(x-5)^2+(y-8)^2}$는 점 (x, y)에서 $(5, 8)$까지의 거리입니다. 그래서, $\sqrt{(x-2)^2+(y-4)^2}$와 $\sqrt{(x-5)^2+(y-8)^2}$을 그림으로 나타내면, [그림 7-16]과 같습니다. 점 $(2, 4)$를 A로 점 $(5, 8)$를 B로 표시했습니다.

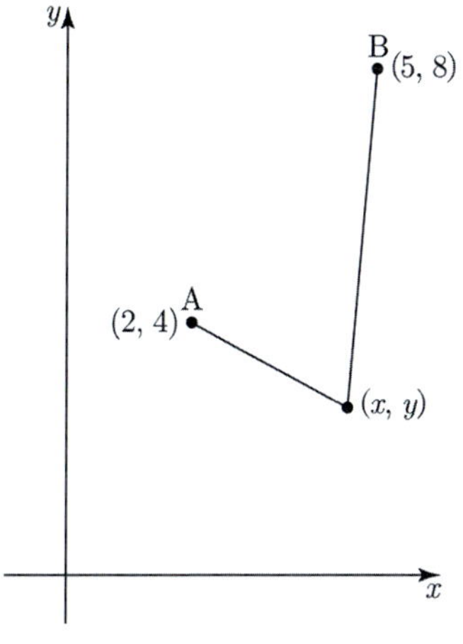

[그림 7-16]

이것으로 '문제 이해' 단계에서의 발견술적 발문과 이에 대한 탐구활동이 잠정적으로 종료될 수 있다. '계획 수립' 단계에서 발견술적 발문과 탐구활동을 살펴보자.

교사: 전에 이러한 문제나 비슷한 문제를 본 적이 있나요?

'계획 수립' 단계에서 사용할 수 있는 강력하고 포괄적인 발견술적 발문이 될 수 있다. 비슷한 문제를 풀었던 경험이 있다면, 어렵지 않게 문제해결의 계획을 고안할 수 있을 것이다.

학생: 모르겠어요.

교사: x, y가 $\sqrt{(x-2)^2+(y-4)^2}+\sqrt{(x-5)^2+(y-8)^2}=5$와 $3xy-10y=3$을 모두 만족시켜야 하잖아요. 우선, $\sqrt{(x-2)^2+(y-4)^2}+\sqrt{(x-5)^2+(y-8)^2}=5$를 만족시키는 x, y에 대해 살펴봅시다. $\sqrt{(x-2)^2+(y-4)^2}+\sqrt{(x-5)^2+(y-8)^2}=5$를 만족시키는 x, y를 구할 수 있나요?

학생: x, y가 $\sqrt{(x-2)^2+(y-4)^2}+\sqrt{(x-5)^2+(y-8)^2}=5$를 만족시키려면, 점 (x, y)와 $(2, 4)$의 거리와 점 (x, y)와 $(5, 8)$의 거리를 합해 5가 되어야 해요. 잘 모르겠어요.

교사: 예제에서 주어진 모든 자료를 다 사용했는지 생각해 보세요.

학생: 그림에서 점 A의 좌표가 $(2, 4)$이고 점 B의 좌표가 $(5, 8)$로 주어졌는데, 이것을 어떻게 사용할 수 있을까요? 예를 들어, 이 점들 사이의 거리를 구할 수는 있어요. $\sqrt{(5-2)^2+(8-4)^2}=5$가 돼요. 어!!! 점 A와 B 사이의 거리가 5이므로, 점 (x, y)와 $(2, 4)$의 거리와 점 (x, y)와 $(5, 8)$의 거리를 합해 5가 되려면, 점 (x, y)가 선분 AB에 놓여 있어야 해요.

교사: 점 (x, y)가 선분 AB에 놓여있다는 것을 식으로 나타낼 수 있나요?

학생: 네. 두 점 A와 B를 지나는 직선의 방정식이 $4x-3y+4=0$이므로, (x, y)는 $4x-3y+4=0$을 만족시켜야 해요. 이때, x는 $2 \le x \le 5$인 경우만 생각하고요.

교사: 지금까지 생각한 것을 바탕으로, 처음의 예제를 재진술할 수 있을까요?

학생: 네. $\sqrt{(x-2)^2+(y-4)^2}+\sqrt{(x-5)^2+(y-8)^2}=5$는 $2 \le x \le 5$인 x에 대해 $4x-3y+4=0$과 같은 이야기가 되므로, 다음과 같이 문제를 쓸 수 있어요.

예제의 재진술. $2 \le x \le 5$인 x에 대해 연립방정식 $\begin{cases} 4x-3y+4=0 \\ 3xy-10y=3 \end{cases}$을 풀어라.

교사: 이제, 문제를 풀 수 있겠네요. 문제 풀이의 각 단계를 점검하면서 끝까지 풀어보세요.

학생: $4x-3y+4=0$에서 $y=\frac{4}{3}x+\frac{4}{3}$이므로, 이것을 $3xy-10y=3$에 대입하여 정리했어요. 그러니까 $12x^2-28x-49=0$이고 $(2x-7)(6x+7)=0$이 되네요. 여기서 $2 \le x \le 5$인 x는 $\frac{7}{2}$입니다. $x=\frac{7}{2}$을 $y=\frac{4}{3}x+\frac{4}{3}$에 대입하면, $y=6$이네요. 그러므로, 연립방정식의 해는 $(x, y)=\left(\frac{7}{2}, 6\right)$이에요.

교사: 얻어진 해답의 타당성을 확인할 수 있나요?

학생: 네. 대입해 보면 확인할 수 있어요.

수학교실에서는 얻어진 해답의 타당성을 확인하는 것으로 문제해결이 종료되는 경우가 많다. 그렇지만, '반성' 단계의 다른 발견술적 발문에 대한 탐구는 학생들이 형성한 수학적 아이디어를 확장하고, 문제해결 역량을 키우는 데 도움이 될 수 있다. 예를 들어, 다음과 같은 상황을 생각해 보자.

교사: 이 문제를 해결하는 데 어떤 방법을 사용했나요?
학생: 문제에 포함된 수식의 의미를 생각하고, 이것을 그림으로 나타냈어요. 여기서는 이차식이 포함된 식을 두 점 사이의 거리로 이해할 수 있었고, 점들을 표시하고 거리를 선분으로 나타냈어요.
교사: 그러한 생각을 다른 문제에 사용할 수 있을까요?
학생: 네. 이차식을 원이나 두 점 사이의 거리 등으로 생각하여 문제를 해결하는 경우가 많았어요.
교사: 그러한 문제의 예를 하나 들어볼 수 있어요?
학생: 퍼뜩 떠오르지는 않아요.
교사: 다음과 같은 예제는 어떨까요?

예제 2 이차방정식 $x^2-6x+12+a^2-4a=0$에서 두 근의 차의 절댓값이 최대가 되도록 하는 a의 값을 구하여라.

학생: 이차식 $x^2-6x+12+a^2-4a=0$은 어떻게 해석할 수 있을까요? 방금 전과 같이 생각하려면, 이차식 $x^2-6x+12+a^2-4a=0$을 완전제곱꼴로 쓰면 좋을 것 같아요.
교사: 그럼 써 볼까요?
학생: $x^2-6x+12+a^2-4a=(x-3)^2+(a-2)^2-1$, $(x-3)^2+(a-2)^2=1$이 얻어져요. 보통은 $(x-3)^2+(y-2)^2=1$과 같이 a대신에 y로 된 경우가 많은데요..
$(x-3)^2+(a-2)^2=1$을 x축과 a축(y축 대신에)에 나타내면, 중심이 $(3,2)$이고 반지름이 1인 원으로 볼 수 있어요.
교사: 그림으로 나타내 볼까요?
학생: 네. 어렵지 않아요. [그림 7-17]과 같이 나타낼 수 있어요.

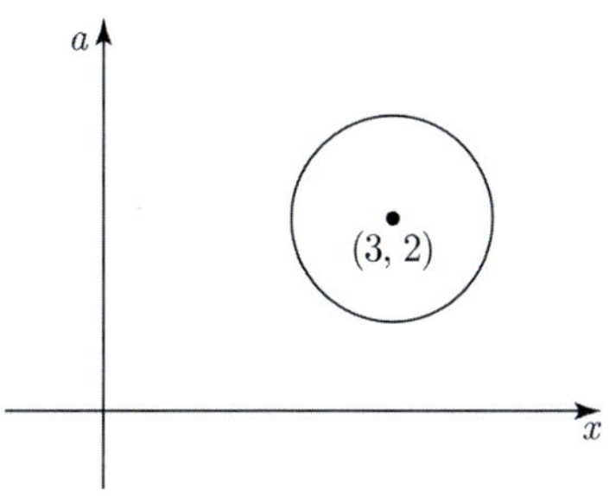

[그림 7-17]

교사: 그러면, 문제를 풀 수 있나요?

학생: 이차방정식 $x^2-6x+12+a^2-4a=0$에서 근은 $x^2-6x+12+a^2-4a=0$을 만족시키는 x값인데요. 그림에서 x값의 차이가 가장 큰 것은 $a=2$일 때가 되겠네요. 그럼, 답은 $a=2$가 아닌가요?

교사: 잘했어요.

예제 2는 예제 1의 해결에서 형성된 수학적 아이디어를 확장시켜 새로운 문제의 해결을 시도하는 한 예가 될 수 있다. 결국, '반성' 단계는 문제해결의 종결이라는 의미와 함께 수학적 확장을 통한 새로운 탐구의 출발이라는 의미도 함께 가진다고 할 수 있다.

QUIZ

1 폴리아가 제시한 '반성' 단계에서 사용할 수 있는 발견술적 발문을 적으시오.

분석법

| **핵심어** | 분석법, 종합법, 충분조건, 필요조건

수학 문제해결에 사용되는 발견술의 하나인 **분석법**은 파푸스(Pappus, 기원후 약 290~350)의 '수학집성' 7권에 제시되었다고 알려져 있으며, 그 후에 수학자들이 분석법을 재해석하고 문제해결에 폭넓게 활용하였다.

분석법에서는 '문제가 해결되었다'는 것을 전제하고, 이로부터 출발하여 문제해결을 위한 탐색을 수행한다. 예를 들어, 명제를 증명하는 경우에서는 명제가 참이라고 가정하고 문제해결을 위한 탐색을 수행하고, 무언가를 구하는 문제에서는 그것이 존재한다고 가정하고 문제해결을 위한 탐색을 수행한다.

문제나 명제에 대해 주어진 것, 구하는 것(증명할 것)을 생각하자. 일반적으로, 수학 교과서에서 풀이나 증명은 주어진 것에서 시작하여 구하는 것(증명할 것)에 이르는 과정이 논리적인 순차성에 따라 기술되며, 구하는 것(증명할 것)으로 풀이가 종결된다. 이러한 기술 또는 풀이 방법을 **종합법**이라고 부른다. 종합법은 주어진 것, 문제와 관련하여 알려진 것에서 시작하여 구하는 것(증명할 것)으로 나아가며, 논리적으로 완성된 형태의 풀이(증명)를 얻게 된다.

분석법의 실행은 구하는 것(증명할 것)에서 시작된다. 구하는 것이 이미 존재한다고(증명할 명제가 참이라고) 가정하므로, 분석법의 실행 과정 자체가 논리적으로 완성된 형태의 풀이(증명)가 되는 것은 아니다. 분석법의 실행에서는 풀이(증명)를 위한 아이디어를 형성하게 되므로, 분석법은 문제해결을 위한 탐색 활동의 성격을 가진다. 결국, 분석법을 통해 문제를 해결하게 되었다면, 문제의 풀이(증명)의 기술은 분석법을 통해 찾아낸 아이디어를 재구성하여 종합법에서와 같은 논리적 순차성에 따라 이루어져야 한다.

분석법의 실행은 두 가지 방향으로 진행된다. 첫 번째 방향은 구하는 것(증명할 것)의 충분조건을 유도하거나 찾는 것이며, 두 번째 방향은 구하는 것(증명할 것)의 필요조건을 유도하거나 찾는다.

첫 번째 방향의 분석법에 대해 살펴보자. 이를 위해, 먼저 구하는 것이 존재하거나 또는 증명할 명제가 참이라고 가정한다. 그런 후에, 구하는(증명할) 것에 대한 충분조건을 유도한다. 이때, 다음의 물음은 첫 번째 방향의 분석법의 실행에 도움을 줄 수 있다.

- 구하는 것을 얻으려면, 무엇을 보여야 하는가? 무엇을 알아야 하는가?
- 명제의 결론을 유도(증명)하려면, 무엇을 보여야 하는가? 무엇을 증명해야 하는가?

두 번째 방향의 분석법에 대해 살펴보자. 이를 위해, 앞에서와 같이 구하는 것이 존재하거나 또는 증명할 명제가 참이라고 가정한다. 그런 후에, 구하는(증명할) 것에 대한 필요조건을 유도한다. 이때, 다음의 물음은 두 번째 방향의 분석법의 실행에 도움을 줄 수 있다.

- 구하는 것으로부터 무엇을 알 수 있는가? 무엇을 유도할 수 있는가?
- 명제의 결론으로부터 무엇을 알 수 있는가? 무엇을 유도할 수 있는가?

예제를 통해, 분석법의 실행을 구체적으로 살펴보자.

예제 3 맞꼭지각인 두 각의 이등분선은 평각을 이룬다는 것을 증명하여라.

풀이 **분석법의 실행** 1.

문제에 적합한 그림을 그리고([그림 7-18]), 직선 l, m이 만나서 생기는 두 쌍의 맞꼭지각 중 각 AOB와 COD의 이등분선들이 이루는 각을 생각하자.

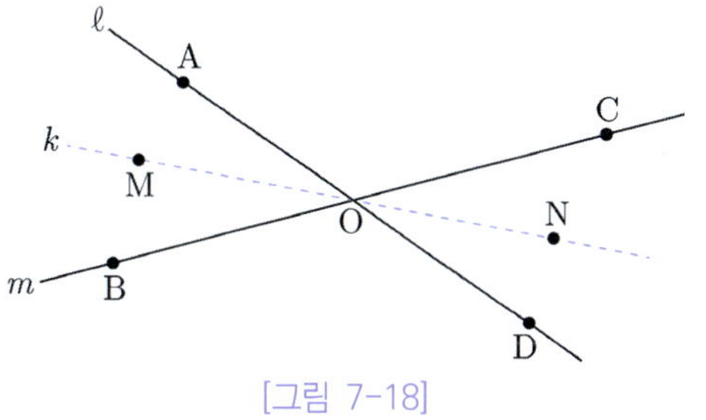

[그림 7-18]

분석법을 시작하기 위해, '맞꼭지각인 두 각의 이등분선은 평각을 이룬다'는 것이 참이라고 가정하자(실제로는 증명되지 않았으므로, 이것이 참인지는 아직 확인되지 않았다. 그러나 분석법에서는 증명할 것이 참이라고 전제한 후에 문제해결을 위한 탐색을 수행하게 된다). 그러면, 다음과 같은 분석적 물음을 생각할 수 있다: 맞꼭지각의 각의 이등분선들이 평각을 이룬다는 것을 증명하려면, 무엇을 보여야 하는가?

그러면, 가능한 대답으로, $\angle NOC + \angle COA + \angle AOM = 180°$임을 보여야 한다. 다시, $\angle NOC + \angle COA + \angle AOM = 180°$임을 보이려면, 무엇을 보여야(알아야) 하는가? 이와 같은 분석적 물음을 반복하면서 문제해결의 계획을 탐색하게 된다.

$\angle NOC + \angle COA + \angle AOM = 180°$임을 보이려면, 무엇을 보여야(알아야) 하는지에 대한 대답을 생각하자. 이 분석적 물음에 대한 대답이 아직은 자명하지 않다. 이러한 경우에, 문제의 주어진 것과 그림에서 알 수 있는 정보들을 확인하자.

직선 l, m에서 각 COB, AOD는 평각이며, $\angle COA + \angle AOM + \angle MOB = 180°$, $\angle AOC + \angle CON + \angle NOD = 180°$이다. $\angle COA + \angle AOM + \angle MOB = 180°$라는 사실을 증명할 등식 $\angle NOC + \angle COA + \angle AOM = 180°$와 관련하여 생각하자. 그러면, $\angle NOC + \angle COA + \angle AOM = 180°$를 증명하려면, $\angle MOB = \angle NOC$임을 보이면 된다는 것을 알 수 있다. 이때, $\angle NOC = \angle MOB$인 것은 $\angle COD = \angle AOB$와 반직선 OM, ON이 $\angle AOB$, $\angle COD$의 이등분선이라는 사실로부터 얻어질 수 있다. 이것으로 분석법을 이용한 문제해결의 탐색 수행은 마무리될 수 있으며, 분석법의 실행을 도식화하면, 〈표 7-1〉과 같다.

〈표 7-1〉

충분조건을 유도하는 분석법 실행	필요조건을 유도하는 분석법 실행
맞꼭지각인 두 각의 이등분선은 평각을 이룬다.	맞꼭지각인 두 각의 이등분선은 평각을 이룬다.
⇑	⇓
$\angle NOC + \angle COA + \angle AOM = 180°$	$\angle NOC + \angle COA + \angle AOM = 180°$
⇑	⇓
$\angle COA + \angle AOM + \angle MOB = 180°$, $\angle MOB = \angle NOC$	점 M, O, N은 한 직선 k에 속한다.
	⇓
	$\angle AOM = \angle NOD$
	⇓
	$\angle NOC + \angle COA + \angle NOD = 180°$

분석법에서 수행한 탐색의 과정을 역방향으로 논리적으로 정리하여 증명을 얻을 수 있다.

종합법(증명의 종합적 기술). [그림 7-18]에서 $\angle COD = \angle AOB$이고 반직선 OM, ON이 $\angle AOB$, $\angle COD$의 이등분선이므로, $\angle MOB = \angle NOC$이다. 직선 m에서 $\angle COA + \angle AOM + \angle MOB = 180^\circ$이다. 이 등식에 $\angle MOB = \angle NOC$를 대입하면, $\angle COA + \angle AOM + \angle NOC = 180^\circ$가 유도된다. 이로부터, 맞꼭지각인 두 각의 이등분선이 평각을 이룬다는 것이 증명된다. □

이 문제의 해결을 위한 분석법은 '맞꼭지각인 두 각의 이등분선이 평각을 이룬다는 것을 증명하려면, 무엇을 보여야 하는가?'라는 물음을 중심으로 수행되었다. 즉, 증명할 것에 대한 충분조건을 찾는 방향의 분석법을 중심으로 문제해결의 계획을 수립하였다.

살펴본 예제에 대해 한 방향의 분석법만이 가능한 것은 아니다. 이 예제에 대해 '맞꼭지각인 두 각의 이등분선이 평각을 이룬다고 하면, 이로부터 무엇을 알 수 있는가?'라는, 증명할 것에 대한 필요조건을 유도하는 방향의 분석법을 이용할 수도 있다.

분석법의 실행 2. [그림 7-18]에서 맞꼭지각인 두 각의 이등분선이 평각을 이룬다, 즉, $\angle NOC + \angle COA + \angle AOM = 180°$라고 가정하자. 이제, 필요조건을 탐색하는 분석적 물음인 '$\angle NOC + \angle COA + \angle AOM = 180°$로부터 무엇을 알(유도할) 수 있는가?'에 대해 생각하자. 가능한 대답으로 점 M, O, N이 한 직선 k에 속한다는 것을 찾을 수 있다. 직선 k와 l, k와 m을 보면, 각 NOD와 AOM이 맞꼭지각으로 같고, 각 CON과 MOB가 맞꼭지각으로 같다.

알려진 사실들로부터 무엇을 유도할 수 있는가?

$\angle NOC + \angle COA + \angle AOM = 180°$이며 $\angle AOM = \angle NOD$이므로, $\angle NOC + \angle COA + \angle NOD = 180°$가 유도된다. 이것은 점 A, O, D가 직선 l에 속하므로, 참인(모순이 아닌) 명제이다. 결국, $\angle NOC + \angle COA + \angle AOM = 180°$가 참이라는 것을 가정하고, 필요조건을 유도하는 분석을 통해 참인 명제가 얻어졌다.

이제, 실행한 분석법을 역방향으로 진행할 수 있는지 살펴보자. 점 A, O, D가 직선 l에 속하므로 $\angle NOC + \angle COA + \angle NOD = 180°$이다. 그리고 $\angle COD = \angle AOB$이며 반직선 ON, OM이 각 COD와 AOB의 이등분선이

므로, $\angle \mathrm{NOD} = \angle \mathrm{AOM}$이다. 그러므로, $\angle \mathrm{NOC} + \angle \mathrm{COA} + \angle \mathrm{NOD} = 180°$와 $\angle \mathrm{AOM} = \angle \mathrm{NOD}$에서 $\angle \mathrm{NOC} + \angle \mathrm{COA} + \angle \mathrm{AOM} = 180°$이며, 각의 이등분선 ON, OM이 평각을 이룬다는 것이 증명된다. □

분석법의 실행 2에서 분석법을 역방향으로 기술한 것이 문제의 풀이, 즉 종합법에 의한 풀이의 기술이다. 분석법의 실행 2에서 살펴본 필요조건을 유도하는 분석법에서는 역방향으로 나아갈 수 있는지 반드시 확인해야 한다. 필요조건을 유도한 것이 항상 충분조건이 되지는 않기 때문이다. 만약, 역방향으로 나아갈 수 없다면, 필요조건을 유도하는 분석법으로는 문제해결의 계획을 얻을 수 없으며, 다른 방법으로 문제해결의 계획을 탐색해야 한다.

어떤 문제에서는 충분조건을 찾는 분석이 효과적일 수도 있고, 어떤 문제에서는 필요조건을 찾는 분석이 효과적일 수도 있다. 문제해결자는 자신의 문제해결 경험과 지식을 활용해 어떤 방향으로 탐색을 수행할 것인지 결정해야 한다. 두 방향으로의 분석법을 실행한 다음에는 수립된 문제해결 계획을 논리적으로 기술하는 종합법이 뒤따른다.

이제, 다른 예제를 살펴보자.

예제 4 삼각형 중에 임의의 두 변의 차가 둘레의 $\frac{1}{4}$이상인 삼각형이 존재하는가?

풀이 **분석법 실행.** 문제의 조건을 만족시키는 삼각형이 존재한다고 가정하자. 여기서도 두 방향의 분석법을 생각할 수 있다. 하나는 '임의의 두 변의 차가 둘레의 $\frac{1}{4}$이상인 삼각형이 존재한다'는 것을 보이려면, 무엇을 보여야 하는지를 조사하는 것이고, 다른 하나는 '임의의 두 변의 차가 둘레의 $\frac{1}{4}$이상인 삼각형이 존재한다'는 것에서 무엇을 유도할 수 있는지를 탐구하는 것이다. 여기서는 필요조건을 유도하는 분석법을 살펴보자.

문제의 조건을 만족시키는 삼각형이 존재한다고 가정하였으므로, 삼각형의 변을 a, b, c, 둘레를 s라 놓자(편의상 $a \le b \le c$라 하자). 이제, 임의의 두 변의 차가 둘레의 $\frac{1}{4}$이상인 삼각형의 존재로부터 무엇을 유도할 수 있는지 생각하자.

$c-b \ge \frac{1}{4}s$, $c-a \ge \frac{1}{4}s$, $b-a \ge \frac{1}{4}s$이며, $b-a \ge \frac{1}{4}s$에서 $b \ge a+\frac{1}{4}s$이며 $b > \frac{1}{4}s$가 된다. 그리고 $c-b \ge \frac{1}{4}s$에서 $c \ge b+\frac{1}{4}s$이다. $c \ge b+\frac{1}{4}s$를 $b > \frac{1}{4}s$와 연립하면, $c \ge b+\frac{1}{4}s > \frac{1}{4}s+\frac{1}{4}s$이다.

$\frac{1}{4}s+\frac{1}{4}s=\frac{1}{2}s$이므로, $c>\frac{1}{2}s$가 된다. 그런데 삼각형의 변은 둘레의 절반보다 클 수 없으므로, 모순이 유도된다. 이것으로 문제해결을 위한 분석법 실행이 마무리된다. □

문제의 조건을 만족시키는 삼각형이 존재한다고 가정하고, 필요조건을 순차적으로 유도하였다. 이때 모순이 얻어졌으며, 이것은 분석법의 가정인 문제의 조건을 만족시키는 삼각형이 존재한다는 것이 거짓임을 의미한다. 결국, 임의의 두 변의 차가 둘레의 $\frac{1}{4}$이상인 삼각형이 존재하지 않으며, 그 증명은 다음과 같이 종합법을 이용하여 기술할 수 있다.

종합법(증명의 종합적 기술). 삼각형 ABC의 세 변을 a, b, c, 둘레를 s라 하고, 일반성을 잃지 않고 $a\le b\le c$라 하자. 삼각형 ABC의 임의의 두 변의 차가 둘레의 $\frac{1}{4}$이상이라고 가정하자.

그러면, $c-b\ge\frac{1}{4}s$, $c-a\ge\frac{1}{4}s$, $b-a\ge\frac{1}{4}s$이며, $b-a\ge\frac{1}{4}s$에서 $b\ge a+\frac{1}{4}s$이며 $b>\frac{1}{4}s$가 된다. 그리고 $c-b\ge\frac{1}{4}s$에서 $c\ge b+\frac{1}{4}s$이다. $c\ge b+\frac{1}{4}s$를 $b>\frac{1}{4}s$와 연립하면, $c\ge b+\frac{1}{4}s>\frac{1}{4}s+\frac{1}{4}s$이다. $\frac{1}{4}s+\frac{1}{4}s=\frac{1}{2}s$이므로, $c>\frac{1}{2}s$가 된다.

삼각형의 변은 둘레의 절반보다 클 수 없으므로, 모순이 유도된다. 그러므로, 임의의 두 변의 차가 둘레의 $\frac{1}{4}$ 이상인 삼각형은 존재하지 않는다. □

QUIZ

1 수학교과서의 기술 방법은 '종합법', '분석법' 중 어느 방식에 해당하는지 판단하고, 그 이유를 설명하시오.

2 일반적으로 분석법은 두 가지 방향으로 실행된다. 첫 번째 방향은 구하는 것의 충분조건을 유도하는 것인데, 두 번째 방향은 무엇인지 적으시오.

실생활 문제해결과 수학적 모델링

| **핵심어** | 실생활 문제해결, 수학적 모델링, 단순화, 수학화, 변환, 해석, 타당화

2022 개정 수학과 교육과정에 수학과의 성격으로 '수학과는 수학의 개념, 원리, 법칙을 이해하고 주변의 여러 가지 현상을 수학적으로 관찰하고 해석하며 논리적으로 사고하고 합리적으로 문제를 해결하는 능력과 태도를 기르는 교과'로 규정하고 있다. 그리고 초등학교, 중등학교 수학 교과서에서도 주변의 여러 가지 현상을 수학적으로 관찰, 해석하며 문제를 해결하도록 하는 문제상황을 어렵지 않게 찾을 수 있다. 예를 들어, 중학교 1학년 수학 교과서(김원경 외 8인, 2018)에 다음과 같은 실생활 관련 예제들이 제시되어 있다.

예제 5 친구들에게 사탕을 5 개씩 나누어 주면 12 개가 남고, 7 개씩 나누어 주면 4 개가 부족할 때, 친구 수를 구하여라.

예제 6 승호는 자전거를 타고 집과 도서관을 왕복하는데 갈 때는 시속 10 ㎞로 갔고, 올 때는 시속 15km 로 왔다. 왕복하는 데 걸린 시간이 2 시간일 때, 집과 도서관 사이의 거리를 구하여라.

이러한 문제상황이 실생활에서는 별로 발생하지 않기 때문에, 문제가 좀 억지스럽다고 생각할 수도 있다. 중학교 1학년에서 배운 수학적 지식과 문제해결 경험을 바탕으로 해결할 수 있는 문제가 수학 교과서에 제시되고, 실생활 문제를 만들면서 이상적인 상황을 설정하기 때문에 그렇게 생각할 수도 있을 것이다. 예제 5, 예제 6의 해결은 **수학적 모델링**과 관련된다.

NCTM(2004)은 수학적 모델링을 [그림 7-19]와 같이 제시하였다. [그림 7-19]에서 수학적 모델링은 실세계의 문제상황을 단순화시켜 문제를 구성하고, 이를 수학화하여 수학적 모델을 만들고, 수학 체계에서 수학적 모델을 변환하여 문제의 해를 구하고, 이 해를 문제상황에 다시 해석하고, 이를 실세계에 타당화하는 전체 과정을 포함한다.

예제 5를 [그림 7-19]와 관련시켜 살펴보자. 친구들과 사탕을 나누어서 먹는 실제상황(문제상황)이 있다고 하자. 어떤 친구는 사탕을 좋아해서 더 많이 줄 수도 있고, 어떤 친구는 사탕을 싫어해서 덜 줄 수도 있겠지만, 사탕을 나누어 주는 상황을 단순화시켜 같은 개수만큼 나누어 주는 상황을 설정하여 문제를 구성하게 된다(그렇지 않으면, 문제가 너무 복잡해지므로). 이것이 예제 5의 상황이다.

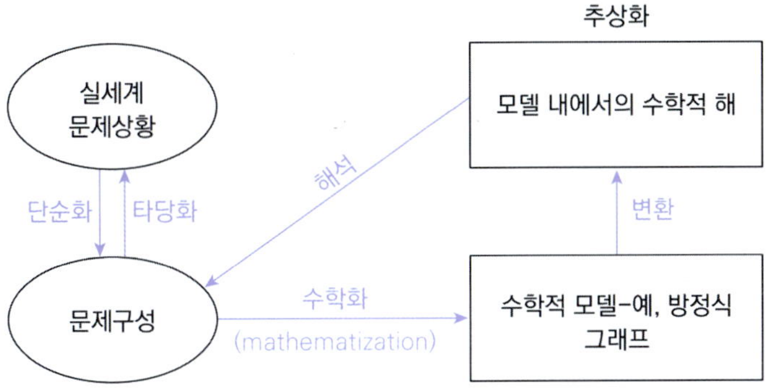

[그림 7-19]

예제 6에서도 승호가 집에서 도서관을 2시간 내내 일정한 속도로 자전거를 탈 수는 없을 것이다. 신호등이 있으면 멈추어야 하고, 사람들이 많으면 속도를 낮추어야 하기 때문이다. 이러한 상황을 모두 고려하면 문제가 복잡하므로, 상황을 단순화하여 같은 속도로 집에서 도서관까지 갔다가 오는 것으로 가정하고 예제 6을 만들게 된다.

실제 세계를 단순화를 통해 예제 5, 예제 6을 구성하면, 문제를 수학의 세계로 옮기는 수학화를 거치게 된다. 그리고 수학화의 결과로 문제에 대한 수학적 모델을 만든다.

이제, 실제 세계는 염두에서 사라지고 수학의 세계에서 수학적 모델을 다루는 작업이 시작된다. 즉, 수학적 모델을 수학적으로 조작, 변환시켜 수학적 모델에 대한 해를 유도한다. 그리고 얻어진 해를 문제상황에 맞도록 해석하면 된다. 이것이 [그림 7-19]에서 수학화, 변환, 해석의 과정이며, 예제 5, 예제 6의 해결 과정을 구성한다.

예제 5의 수학적 모델을 만들자. 친구의 수를 x라 하면 사탕을 5개씩 나누어 주면 12개가 남으므로, 전체 사탕의 개수는 $5x+12$개이다. 그리고 7개씩 나누어 주면 4개가 부족하므로, 전체 사탕의 개수는 $7x-4$이다. 이로부터 방정식 $5x+12=7x-4$를 얻을 수 있다. 방정식 $5x+12=7x-4$가 예제 5의 수학적 모델이다. 그리고 방정식을 유도하는 과정이 수학화이다.

이제, $5x+12=7x-4$를 수학의 체계에서 변환시키자. 즉, 4와 $5x$를 이항하면, $7x-5x=12+4$, $2x=16$이다. 양변을 2로 나누면, $x=8$이 얻어진다. 방정식 $5x+12=7x-4$를 변환하여 해인 $x=8$이 얻어질 때까지의 과정이 [그림 7-19]에서 변환에 해당한다. 이제 수학 체계에서 해 $x=8$을 예제 5의 상황에서 해석하면, 친구의 수는 8명이라는 것을 알 수 있다. 즉, $x=8$에서 친구의 수가 8명이라는 것으로 진행하는 것이 [그림 7-19]에서 해석에 해당한다.

실제로 8명을 대상으로 사탕을 5개씩 나누어 주어보고, 7개씩 나누어 주면서 얻어진 결과를 확인, 타당화하게 된다. 이 과정이 [그림 7-19]에서 타당화에 해당한다.

예제 6도 마찬가지로 생각할 수 있다. 예제 6에서 집과 도서관 사이의 거리를 x로 놓으면, 수학적 모델은 $\frac{x}{10}+\frac{x}{15}=2$이다. 이 모델이 만들어지기까지의 과정은 [그림 7-19]에서 수학화이며, 수학적 모델 $\frac{x}{10}+\frac{x}{15}=2$에서 해 x를 구하는 것을 [그림 7-19]에서 변환이라 한다. 그리고 나서 구한 x값을 예제 6에 해석하고, 승호가 자전거를 타고 집과 도서관을 왕복하는 상황에서 타당화를 하게 된다. 이것으로 예제 6의 수학적 모델링 과정이 마무리된다.

예제 5에서는 수학적 모델로 $5x+12=7x-4$, 예제 6에서는 $\frac{x}{10}+\frac{x}{15}=2$를 만들었는데, 수학적 모델이 반드시 방정식의 형태로 만들어지는 것은 아니다. 수학적 모델은 문제상황에 따라 대수식, 연립방정식, 부등식, 연립부등식, 연립식, 예, 그래프 등과 같이 다양한 형태로 만들어질 수 있다. 문제해결 전략 '관계를 대수식으로 표현하기'에서 살펴본 문제 9의 수학적 모델은 연립식 $\begin{cases} x=y+10 \\ \frac{100}{x}+\frac{1}{2}\leq\frac{100}{y} \end{cases}$ 이다.

수학 교과서에 보면, 예제 5와 예제 6의 해결 과정을 ① 문제의 뜻을 이해하고 구하려는 값을 미지수로 놓는다, ② 문제의 뜻에 맞게 방정식을 세운다, ③ 방정식을 푼다, ④ 구한 해가 문제의 뜻에 맞는지 확인한다고 제시하고 있다. 이러한 방법은 실세계 관련 문제의 해결에 도움을 줄 수 있으므로, 발견술의 하나로 간주할 수 있다. 그리고 이것을 [그림 7-19]의 수학적 모델링과 비교하면, ①과 ②의 과정은 수학화에 해당하고, ③은 변환, ④는 타당화에 해당한다.

수학적 모델링의 다른 예로, 슬로이어(Sloyer C., 1986)에 제시된 다음의 문제상황을 살펴보자.

예제 7 가로가 40m, 세로가 30m 인 논이 있다. 논의 벼를 수확하는데, 첫 번째 방법은 [그림 7-20]과 같이 콤바인이 출발하여 직진한 다음 180°를 회전하여 다시 끝까지 직진하여 180°를 회전하는 방법으로 벼를 수확한다. 두 번째 방법은 [그림 7-21]과 같이 출발하여 직진하여 끝까지 진행한 다음 90°만큼 회전한 후 다시 끝까지 직진하고, 다시 90°만큼 회전하는 방법으로 벼를 수확한다. 콤바인의 폭을 2m 라 하고, 콤바인이 180°로 한번 회전할 때의 시간이 90°로 두 번 회전하는 시간보다 길다. 콤바인이 같은 속도로 진행할 때, 어느 방법으로 벼를 수확하는 것이 수확을 빠르게 마칠 수 있는가?

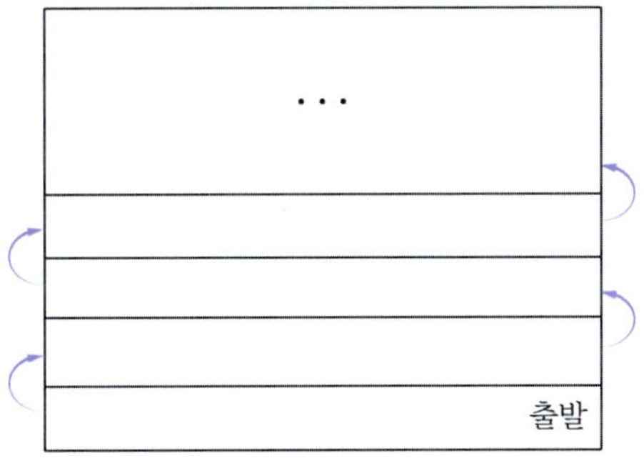

[그림 7-20]

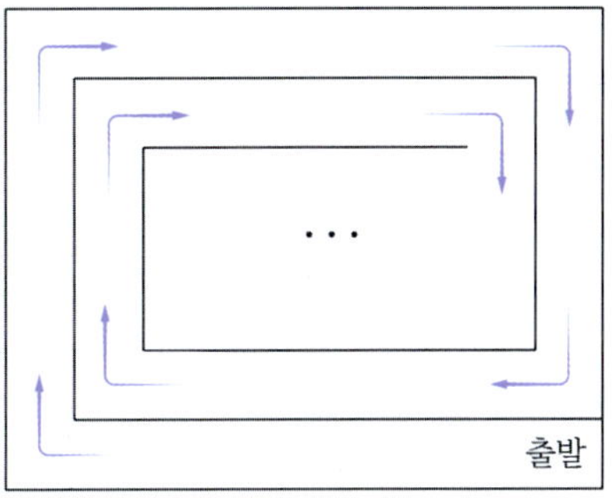

[그림 7-21]

예제 7의 수학적 모델링은 예제 5와 예제 6보다는 더 생소하다고 할 수 있다. 콤바인이 180° 회전하는 데 걸리는 시간을 $R_{180°}$, 90° 회전하는 데 걸리는 시간을 $R_{90°}$라 하자. 논의 세로가 30m이므로, 첫 번째 방법으로 수확을 마치려면 180° 회전을 14번 해야 하며, 두 번째 방법으로 하면 90° 회전을 26번하고 마지막에 180° 회전을 1번 해야 한다([그림 7-22]).

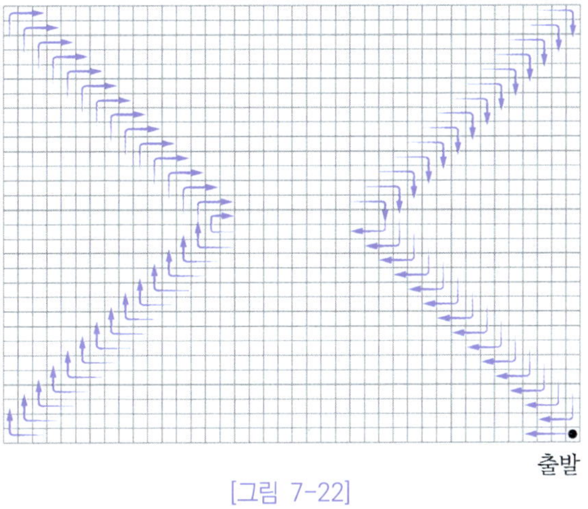

[그림 7-22]

첫 번째 방법에서 회전하는 데 걸리는 시간은 $14 \times R_{180°}$이고 두 번째 방법에서 회전하는 데 걸리는 시간은 $26 \times R_{90°} + R_{180°}$이다. 이때, $14 \times R_{180°}$은 첫 번째 방법으로 논의 벼를 수확할 때 콤바인이 회전하는 시간의 수학적 모델이고, $26 \times R_{90°} + R_{180°}$는 두 번째 방법으로 수확할 때 콤바인이 회전하는 시간의 수학적 모델이다.

이제, $14 \times R_{180°}$와 $26 \times R_{90°} + R_{180°}$를 비교하자. 이를 위해, $14 \times R_{180°} - (26 \times R_{90°} + R_{180°})$를 계산하자. 그러면, $14 \times R_{180°} - 26 \times R_{90°} - R_{180°}$ $= 13 \times R_{180°} - 26 \times R_{90°} = 13 \times (R_{180°} - 2 \times R_{90°})$이다. 조건에 의해 $R_{180°} > 2R_{90°}$이

므로, $14 \times R_{180^\circ} > (26 \times R_{90^\circ} + R_{180^\circ})$이 성립한다. 이 과정은 [그림 7-19]에서 변환에 해당한다. 이때 얻어진 해 $14 \times R_{180^\circ} > 26 \times R_{90^\circ} + R_{180^\circ}$를 해석하면, 두 번째 방법으로 수확하면, 일을 더 빨리 마칠 수 있다는 것을 알 수 있다. 그리고 실제로 두 가지 방법으로 수확해 가면서, 얻어진 해의 타당화를 시도하게 된다.

QUIZ

1 다음 문제의 수학적 모델을 만드시오.

> A지점에서 35km 떨어진 B지점까지 자전거를 타고 가려고 한다. 처음에는 시속 15km로 타고 가다가 그 다음에는 시속 10km로 타고 갔다. A지점에서 출발하여 B지점에 3시간 안에 도착하려면, 시속 15km로 몇 km 이상을 타고 가야 하는가?

문제제기(문제만들기)

| 핵심어 | 문제제기, what-if-not 방법, 소재 선택하기, 속성 나열하기, what-if-not 실행하기, 물음 만들기, 물음 분석하기

2022 개정 수학과 교육과정의 교수·학습 방법에서 문제해결 역량의 함양을 위해 '문제해결 과정 및 결과의 의미를 재해석하여 주어진 문제를 변형하거나 새로운 문제를 만들어 해결하게 한다'고 권고하였다.

수학교육에서 **문제만들기**의 가치는 많이 알려져 있다. 한인기, 꼴랴긴(2006)은 국어 시간에 받아쓰기를 수학 시간에 정형적인 문제의 풀이에 비유하면서, 국어 시간에 작문은 수학 시간에 문제만들기에 해당한다고 하였다. 작문에서 능동적인 학습자가 이미 배운 지식과 경험을 종합하여 새로운 산출물을 만드는 것처럼, 문제만들기는 학생들에게 수학을 하는 자신에 대한 긍정적인 성향과 태도를 형성시킬 뿐만 아니라, 학습한 수학적 지식과 탐구의 경험을 수학 문제에 관련하여 활용할 수 있는 기회를 제공하게 된다.

'문제만들기'에 관련하여 국내에 잘 알려진 문헌이 브라운과 월터(Brown & Walter, 1990)의 〈The Art of Problem Posing〉인데, 'Problem Posing'이라는 표현이 '문제제기'로 번역되어 소개되었다. 그래서 '문제만들기'와 '문제제기'를 유사한 개념으로 생각하기도 한다. 여기서는 〈The Art of Problem Posing〉에 소개된 문제제기 방법(what-if-not 방법이라고 불리는)을 살펴보자.

what-if-not 방법은 소재 선택하기, 속성 나열하기, what-if-not 실행하기, 물음 만들기, 물음 분석하기의 순서로 구성된다. 브라운과 월터는 피타고라스 정리를 비롯하여 다양한 예들을 통해 what-if-not 방법에 의한 문제제기를 구체적으로 소개하였다.

첫 번째 단계인 소재 선택하기로 피타고라스 정리 '직각삼각형에서 세 변 a, b, c에 대해 $a^2+b^2=c^2$이다'를 택했다고 하자. what-if-not 방법의 두 번째 단계에서는 속성 나열하기를 수행한다. 브라운과 월터는 피타고라스 정리에 대해 다음과 같은 10개의 속성을 나열하였다.

1. 기술된 문장은 정리이다.
2. 정리는 선분의 길이를 다룬다.
3. 정리는 직각삼각형을 다룬다.
4. 정리는 넓이를 다룬다.
5. 정리는 정사각형을 다룬다.
6. 피타고라스 정리는 세 개의 변수와 관련된다.
7. 변수들이 등호로 연결되어 있다.
8. 두 변수 사이에 덧셈 기호가 있다.
9. 세 개의 지수가 있는데 이들은 서로 같다.
10. 지수는 양의 정수이다.

세 번째 단계인 what-if-not 실행하기에서는 각 속성에 대해 what-if-not을 실행한다. what-if-not 실행하기는 '만약, 그렇지 않다면? 어떤 관계가 가능할까?'라는 물음을 던지고 이에 대한 대답을 찾는 활동으로 이루어진다.

예를 들어, '속성 나열하기'에서 제시한 '7. 변수들이 등호로 연결되어 있다'에 대해 what-if-not을 실행한다는 것은 '만약, 변수들이 등호로 연결되지 않는다면? 어떤 관계가 가능할까?'라는 물음에 대한 대답을 탐구하는 것이다. 이 물음에 대한 가능한 대답으로 등호(=)대신에 부등호($<$, $\leq$, $\geq$, $>$)나 나누어떨어짐, 서로소 등을 생각할 수 있다. 결국, what-if-not 실행하기를 통해 다음을 얻을 수 있다.

$\sim 7_1$[1]: 변수들이 '$<$'로 연결되어 있다. 즉, $a^2+b^2<c^2$이다.

$\sim 7_2$: 변수들이 '$\leq$'로 연결되어 있다. 즉, $a^2+b^2 \leq c^2$이다.

$\sim 7_3$: 변수들이 '$>$'로 연결되어 있다. 즉, $a^2+b^2>c^2$이다.

$\sim 7_4$: 변수들이 '$\geq$'로 연결되어 있다. 즉, $a^2+b^2 \geq c^2$이다.

$\sim 7_5$: 변수들이 '나누어떨어진다'로 연결되어 있다. 즉, a^2+b^2가 c^2으로 나누어떨어진다.

1 기호 ~는 부정을 나타내는 논리기호로 사용된다.

$\sim 7_6$: 변수들이 '서로소'로 연결되어 있다. 즉, a^2+b^2과 c^2은 서로소이다.

살펴본 것 외에도, '7. 변수들이 등호로 연결되어 있다'에 what-if-not을 실행하면 다양한 진술문을 얻을 수 있다.

네 번째 단계인 물음 만들기에서는 what-if-not 실행하기에서 얻은 진술문을 물음의 형태로 기술한다. 이때에도, what-if-not 실행하기에서 얻어진 하나의 결과에 대해 하나의 물음만 만들 수 있는 것은 아니다. 예를 들어, 진술문 '$\sim 7_4$: $a^2+b^2 \geq c^2$'을 다음과 같이 다양한 물음의 형태로 기술할 수 있다.

물음 1.

부등식 $a^2+b^2 \geq c^2$은 어떤 기하학적인 의미를 가지는가?

물음 2.

부등식 $a^2+b^2 \geq c^2$을 만족시키는 a, b, c의 값을 구하여라.

물음 3.

부등식 $a^2+b^2 \geq c^2$의 그래프를 그려라.

물음 4.

$a^2+b^2=k+c^2$인 k값을 모두 구하여라.

살펴본 것과 같이, what-if-not 방법은 문제만들기의 단계를 진행할수록 생산되는 아이디어의 개수가 많아지며, 이를 이용하여 많은 물음을 생성할 수 있다.

다섯 번째 단계인 물음 분석하기에서는 만들어진 물음에 대한 해답을 탐구한다. 이를 통해 피타고라스 정리에 관련된 다양한 수학적 이해의 가능성을 모색하며, 새로 만들어진 물음들의 해결로 한걸음 나가게 된다.

수학교실에서 what-if-not 실행하기, 물음 만들기에서 생성된 많은 물음에 대한 해답을 모두 구할 수 있는지에 대한 의문이 생겨날 수 있다. 물론, 생성된 물음에 대한 해답을 모두 찾을 수는 없을 것이다. 그러나, 생성된 물음을 분석하고 이를 탐구하는 과정을 통해, 피타고라스 정리나 피타고라스 정리에 관련된 다양한 수학적 내용을 탐구하고 진지하게 이해할 수 있는 기회가 될 수 있다.

살펴본 것과 같이, 브라운과 월터의 what-if-not 방법에서는 소재로 출발점 명제(문제)를 선택한 다음, 속성 나열하기, what-if-not 실행하기, 물음 만들기, 물음 분석하기를 거치면서 다양한 수학적 물음을 체계적으로 구성할 수 있다. 물론, 제안된 물음들의 해답을 찾기 위한 수학적 탐구의 내용과 수준은 출발점 명제와 유사할 수도 있고, 그렇지 않을 수도 있다. 그래서 수학교실에서 학생들은 what-if-not 방법을 이용하여 다양한 수학적 물음들을 제시할 수는 있지만, 일부 물음들에 대한 해답을 찾는 것은 자신의 수학적 힘에 적합하지 않을 수도 있다.

결국, 브라운과 월터의 what-if-not 방법은 출발점 명제(문제)에서 시작하여 새로운 수학적 물음들을 체계적으로 제시할 수 있지만, what-if-not 방법을 통해 생성된 물음의 풀이를 위한 체계적인 접근 방법의 탐구는 what-if-not 방법과는 다른 차원의 문제가 될 것이다. 그래서, 브라운과 월터는 자신들의 방법을 문제를 제기 또는 제안하는(pose) 방법이라고 했을 것이다.

QUIZ

1 브라운과 월터의 what-if-not 방법을 수행하는 순서를 기술하시오.

2 브라운과 월터의 what-if-not 방법의 장점을 말하시오.

참고문헌

강완, 백석윤 (1998). 초등수학교육론, 동명사.

김원경 외 8인(2018). 중학교 수학1, 비상교육.

문선모(2004). 교육심리학, 양서원.

편동중남(1993). 문제해결과정과 발문분석, 경문사. (이용률, 성현경, 정동권, 박영배 역, 원본은 1988년 출판)

한국교육심리학회(2000). 교육심리학 용어사전, 학지사.

한국영재학회(2005). 2005 KYST 제3회 한국청소년과학탐구토론대회, (사)한국영재학회.

한인기, 꼴랴긴(2006). 문제해결의 이론과 실제, 승산.

Andre T(1990). 문제해결과 교육, (문선모 역) 인지적 교실학습, 원본은 1986년 출판됨.

Brown S., Walter M.(1990). The Art of Problem Posing, New Jersey: LEA Publ.

Krulik S., Rudnick J.A.(1988). Problem Solving, Massachusetts: Allyn and Bacon, Inc.

Lenchner G. (2017). Creative problem solving in school mathematics, APSMO Inc.

NCTM(2004). 수학교육과정과 평가의 새로운 방향, 경문사. (원본은 1989년 출판됨)

Posamentier A., Krulik S.(1998). Problem-solving strategies for efficient and elegant solutions, Corwin press Inc.

Sloyer C.(1986). Fantastiks of Mathematatiks, Providence: Janson Publ.

CHAPTER

08

수학사와 수학교육

둘러보기

수학의 역사는 수학적 개념의 발생과 발전 과정을 보여줌으로써 수학 학습에 대한 흥미 유발과 수학의 가치에 대한 인식 제고에 도움을 줄 수 있다. 이 장에서는 역사발생적 방법과 수학사를 활용하여 학습자들이 학교 수학을 더욱 흥미롭고 의미 있게 학습할 수 있는 방안을 살펴본다.

또한, 수학의 발달에서 연역적 전개가 매우 중요하지만, 학교 수학을 가르치고 배우는 입장에서 수학적 개념의 발전 과정과 그에 대한 변화를 이해하는 것은 수학을 보다 의미 있게 학습할 수 있는 기회를 제공한다. 여기서는 역사발생적 원리에 대한 여러 학자들의 주장을 검토함으로써 학교수학의 연역적 전개에 따른 문제점을 보완하는 방식으로서의 역사발생적 원리의 가치를 살펴본다.

수학의 역사에 대한 연구는 나은 수학자를 만들 수는 없지만, 그들의 마음을 풍요롭게 하고 가슴을 부드럽게 하고 더 나은 자질을 드러나게 한다는 주장을 볼 때, 수학교사에게 수학사를 이해하는 것은 매우 중요하다. 여기서는 수학사를 수학 수업에 활용하는 장점을 5가지로 나누어 살펴본다. 또한, 중·고등학교 수학교과서에 제시된 수학사 내용을 적절히 활용하기 위해 필요한 요소들에 대하여 살펴본다.

마지막으로, 수학사를 수학의 교수·학습에 활용하는 방법을 일화 활용, 조직화 및 체계화 과정의 활용, 탐구 문제의 구성, 수학사의 비교라는 4가지 방법으로 나누어 각각에 대하여 구체적인 예를 통해 살펴본다.

역사발생적 방법

| 핵심어 | 발생적 원리, 역사발생적 방법(원리)

수학적 개념은 수학적 구조와 논리, 형식적 기호 등과 관련하여 발달하는 경우가 많다. 문자의 도입으로 특정 방정식의 해가 아닌 방정식의 일반해를 다룰 수 있게 되었으며, 방정식의 구조를 탐구할 수 있게 되었다. 이처럼 수학 개념의 발달에서 논리적 측면은 큰 역할을 한다. 그러나 수학의 역사를 보면 논리적 측면이 아니라 직관적 이해의 어려움으로 인해서 도입이 늦어지거나 수용되지 못한 개념이 있다. 예를 들어, 음수는 기원후 600년경에 인도인에 의해 도입되었지만, 직관적인 뒷받침의 결여로 천 년 동안이나 수학자들에게 수용되지 못하였다. 특히, 이 기간에 비에트, 데카르트, 페르마와 같은 위대한 수학자들도 음수의 취급을 거부하였다. 이처럼 많은 기초적인 수학 개념이 처음 생겨난 이후 수 세기 동안 받아들여지지 못하고 논리적인 체계화에 오랜 시간이 걸렸다는 사실에 주목할 필요가 있다. 위대한 수학자들 역시 직관적으로 이해되기 어려운 개념에 대해서는 받아들이기가 쉽지 않았던 것이다.

오래전부터 수학은 인간의 정신 도야에 적절한 학문으로 지도되어 왔으며, 유클리드 원론을 통한 증명 교육이 가장 대표적인 사례이다. 그러나 유클리드 원론을 통한 이러한 증명 교육은 형식적이고 도야적인 성격을 강조하는 교육으로 흘렀다. 이에 19세기 말 독일의 수학교육 개혁 운동을 주도한 클라인(Klein)은 수학교육에 대해 다음과 같이 주장하였다(우정호, 2013).

> 수학은 철저하게 연역적으로 지도될 수 있으며 정말로 그래야 한다고 거듭 생각되어 왔다. 이 경우 일정한 수의 공리를 첨단에 놓고 거기서 모든 것을 순전히 논리적으로 이끌어 내는 것이다. 유클리드의 권위를 통하여 뒷받침된 이 방법은 어쨌든 수학 자체의 역사적 발전과 대응하는 것은 아니다. … 물론 순수한 논리적 체계는 수학이란 유기체의 굳건한 골격이며 그에 특유한 견고성과 확실성을 준다. 그러나 수학의 생기, 그 가장 중요한 자극, 그 외적인 활동력은 그 응용에 근거하는 것이다. … 과학적으로 가르친다는 것은 과학적으로 사고하도록 인간을 이끄는 것을 의미할 수 있을 뿐이지 결코 처음부터 차디찬 과학적으로 손질된 체계로 사고하도록 이끌어서는 안 된다.

클라인의 주장으로부터, 공리들을 출발점으로 논리적으로 체계화된 연역적 지도는 수학의 역사적 발전 과정에 따른 방법이 아니며, 수학을 생명력 있는 역동적인 교과로 인식시킬 수 있는 방법도 아니며, 수학교육의 출발점도 아니라는 것을 알 수 있다. 클라인과 동시대에 살았던 수학자 푸엥카레(Poincaré)도 다음과 같이 주장하였다.

> 어떤 동물의 태아 발달은 지질학적 시대에 그 선조의 전체 역사를 매우 짧은 기간 동안에 반복한다고 동물학자들은 주장하였다. 인간의 정신 발달에서도 마찬가지인 듯하다. 교육자는 아동을 그의 선조가 통과한 모든 단계를 매우 빨리, 그러나 어떤 단계도 소실되지 않게 인도해야 한다. 이러한 이유에서 학문의 역사는 우리의 첫 번째 안내자이어야 한다.

그리고 프로이덴탈도 완성된 형태의 기성 수학을 학생들에게 그대로 전달하는 것을 반교수학적 전도로 보고 수학의 역사적 발달 과정을 분석하고 이를 재구성하여 수업에 활용할 것을 주장하였다.

> 어린 학습자는 인류의 학습 과정을, 수정된 방식으로지만 재현한다. 그는 역사가 실제로 일어난 대로가 아니라, … 어린 학습자가 재현하는 것은 역사적 학습 과정의 수정되고 개선된 판이다.

이처럼 많은 학자들은 수학의 공리적 전개 방식과 이를 통해 논리적으로 완성된 것으로 가르치는 문제를 극복하기 위한 방안으로, 수학을 발생된 것으로 파악하고 그 발생 과정을 학습에서 재성취하게 하는 원리, 즉 발생적 원리에 따라 수학을 가르칠 것을 주장하였다. 이러한 발생적 원리를 교수학적인 방법으로 구체화시킨 것 중의 하나가 바로 **역사발생적 방법**이다. 수학의 역사적 발달 과정에 대한 검토를 통해 소박하고 직관적인 상태에서 점진적인 형식화 단계를 거쳐 마지막에 연역적인 형식체계에 이르도록 지도하자는 것이 역사발생적 방법이다.

QUIZ

1 수학을 발생된 것으로 보고 그 발생의 과정을 교수·학습의 과정에서 재성취하도록 하는 지도 방법을 무엇이라고 부르는지 적으시오.

2 수학 학습에서 역사적 발달 과정을 강조하고, 수학의 발생과정을 강조한 학자 두 사람의 이름을 적으시오.

수학수업과 수학사의 활용

| 핵심어 | 수학사를 활용하는 장점, 수학사를 활용하는 방법

저명한 과학사가인 사튼(Sarton, 1957)은 '수학의 역사에 대한 연구는 나은 수학자를 만들 수는 없지만, 그들의 마음을 풍요롭게 하고 가슴을 부드럽게 하고 더 나은 자질을 드러나게 한다'고 하였다. 즉, 수학사는 수학의 교수·학습에서 수학 학습의 효과를 높일 뿐만 아니라 수학에 대한 긍정적인 태도의 함양에도 의미 있는 소재가 된다. 학생들은 수학사를 통해 수학이라는 학문이 오랜 세월 동안 수많은 수학자의 피나는 노력으로 발달되어 온 학문임을 알게 되며, 수천 년 전에 창조된 수학적 사실이 현재에도 여전히 의미 있는 지식임을 알게 된다. 그 결과 학생들은 수학의 가치와 힘을 알 수 있으며 수학적 개념, 원리에 대한 깊이 있는 학습이 가능하다(양성호, 이경언, 2010). 이처럼 수학사를 수학 수업에 활용하면 다음과 같은 장점이 있다.

첫째, 수학자들의 이야기는 학생들에게 영감을 주어 수학에 대한 흥미를 유발할 수 있다. 수학자들의 도전적 태도나 어려움을 극복하는 과정은 수학이 추상적이고 냉정한 교과가 아니라 인간적인 노력의 결과물임을 이해하게 한다. 이는 학생들에게 자신도 수학적인 도전을 할 수 있다는 자신감을 주며 수학에 대한 부정적인 인식을 개선하는 데도 기여한다.

둘째, 수학사는 수학적 개념, 이론과 관련된 역사적인 맥락이나 체계화를 위한 탐구 과정을 드러내므로, 수학을 의미 없는 공식과 규칙의 나열이 아니라, 인간의 탐구 활동과 깊이 관련된 것으로 이해하도록 한다. 이는 수학 교과서에 제시된 많은 공식이 왜 필요한지, 어떤 문제를 해결하기 위해 도입되었는지를 보여주며, 여러 개념 사이의 관련성을 파악할 수 있도록 하여 수학에 대한 구조적이고 체계적인 접근을 가능하게 한다.

셋째, 수학사는 추상적이고 논리적인 수학이 역사, 문화와 어떻게 연결되는지 보여주며, 사회, 문화, 역사의 발달과 수학의 복합적인 관계를 드러내어 수학의 가치와 힘을 구체화한다.

한편, 수학사를 수학 수업에 활용하는 방안은 다양하며, 하나의 수학사적 사실도 다양한 방식으로 활용될 수 있다. 여기에서는 수학사를 수학 수업에 활용하는 방안을 다섯 가지 측면에서 살펴보자.

첫째, 수학자나 수학적 발견과 관련된 일화를 활용하는 방법이다. 예를 들어, 무리수의 발견에 대한 피타고라스 학파의 일화, 피라미드의 높이를 구한 탈레스의 일화, 아르키메데스의 죽음과 묘비에 관한 일화, 좌표의 발명과 관련된 데카르트의 일화, 홍정하와 하국주의 수학 대결에 대한 일화, 등차수열의 합을 구한 가우스의 일화, 미적분의 발견에서 뉴턴

과 라이프니츠의 일화, 페르마의 마지막 정리에 대한 일화, 나이팅게일의 로즈라이어 그램과 관련된 일화, 여성 수학자 소피 제르맹이 수학에 입문하게 된 일화 등은 학생들의 흥미를 유발하고 수학 학습에 대한 자신감이나 긍정적인 태도를 기르는 데 활용될 수 있다.

둘째, 수학적 개념, 원리의 조직화 및 체계화 과정을 활용하는 방법이다. 이것은 어떤 개념이 이론화되고 체계화되는 과정에 초점을 맞춘 것으로 유클리드 원론의 구조, 음수 개념의 역사적 발달, 방정식 이론의 발달, 문자의 활용을 중심으로 한 대수 영역의 발달, 적분과 미분의 발달과 미적분학의 기본정리를 통한 미분과 적분의 연결, 확률 개념의 조직화 및 체계화 과정과 같이 어떤 수학적 개념 또는 특정 영역의 발달 과정에 대한 자료를 활용하여 학습한 수학적 개념이나 구조를 체계적으로 이해하고 정리할 수 있다.

셋째, 고대의 역사적 유물이나 수학 저술, 동서양의 수학서에 제시된 문제를 직접적으로 이용하거나 그 아이디어를 활용하는 방법이다. 예를 들어, 디오판토스의 산학에 있는 다양한 방정식 문제, 3대 작도 불능 문제, 오일러의 쾨니히스베르크의 다리 문제, 닭과 토끼의 다리 수에 대한 계토산(鷄兎算) 문제, 〈구장산술〉에 제시된 부러진 대나무 문제와 같은 다양한 상황은 학교 수학에 곧바로 활용될 수 있다. 이는 학생들이 수학과 실생활과의 관련성을 이해하고 오래전부터 수학 문제에 대한 탐구가 진행되었음을 파악하도록 하여, 과거의 풀이로부터 창의적이고 유연한 사고를 개발하거나 다양한 각도에서 문제에 접근하는 기회를 제공할 수 있다.

넷째, 수학사에서 등장하는 문제를 통해 수학적 사고력을 신장하는 탐구 문제로 재구성하는 방법이다. 제논의 역설, 에라토스테네스가 지구 둘레를 구한 방법, 피타고라스 정리에 대한 다양한 증명 방법, 확률 개념 발달에 기여한 드메레의 문제, 몬티홀 딜레마, 급수 $S=1-1+1-1+1-1+\cdots$에 대한 유명한 수학자들의 풀이와 오류, 알콰리즈미의 도형을 이용한 이차방정식 풀이, 무한집합에 대한 칸토어의 연구, 힐베르트의 호텔 문제, 소수의 개수를 찾는 피셔의 방법 등을 생각할 수 있다. 수학사를 활용한 탐구 문제의 구성과 활용은 위대한 수학자들이 고민했던 다양한 문제 상황에 학생들을 참여시켜 이를 자신의 문제로 탐구하고, 의사소통하며 추론하는 기회를 제공한다.

다섯째, 동서양의 수학사 비교, 과거의 수학과 오늘날 수학의 비교, 다양한 수학적 기호의 변화를 비교하는 방법이다. 예를 들어, 고대 문명에 따른 다양한 숫자 표현법, 아르키메데스와 조충지의 원주율 연구, 피타고라스 정리와 구고현의 정리, 파스칼 삼각형과 유휘의 연구, 황금비와 금강비, 수학에서 사용되는 기호나 용어의 변화 과정에 대한 자료를 예로 들 수 있다. 이러한 자료는 수학이 천재에 의해 한순간에 만들어 진 것이 아니라, 수많은 수학자의 노력과 연구를 통해 점진적으로 발전해 온 것임을 이해하는 데 기여한다.

한편, 수학 교과서에는 이미 많은 수학사 내용이 제시되어 있다. 다만, 수학 교과서에서는 지면의 한계로 수학사의 내용을 축약하여 핵심 부분만 제시하는 경향이 많다. 이에 수학 교사는 교과서에 제시된 내용뿐만 아니라 보다 깊이 있는 수준까지 해당 내용을 탐구하여 지도할 필요가 있으며, 그렇지 못하면 수학사의 내용을 기계적인 방식으로 단순히 전달하는 수준으로 다루게 될 위험이 있다. 수학 교사는 제시된 내용의 이면에 있는 풍부한 의미를 살려 이를 재조직하여 소개함으로써, 학생들이 수학에 대해 흥미를 갖고 다양한 수학적 개념의 발생 맥락을 탐구할 수 있도록 도울 필요가 있다.

QUIZ

1 자신이 알고 있는 수학사의 내용 중 한 가지를 선택하여 친구들에게 소개해 보아라.

수학사 활용의 예

| 핵심어 | 일화, 수학의 조직화와 체계화, 탐구 문제, 수학사 비교

수학사를 수학 교수·학습에 활용하는 방법으로, 일화 활용, 조직화 및 체계화 과정의 활용, 탐구 문제 구성, 수학사 비교 등을 제시하였다. 여기에서는 수학 교과서에 제시된 수학사 내용을 통해 이러한 방법이 구현된 예를 살펴보자.

첫째, 수학사의 일화를 활용한 경우는 쉽게 찾아볼 수 있다. [그림 8-1]은 중학교 3학년의 실수와 그 계산 단원의 도입 부분에 읽을거리 형식으로 제시된 내용이다. 이는 인류 역사와 함께 자연수, 유리수의 활용에 대한 이야기에서 출발하여 피타고라스 학파의 무리수

실수는 왜 필요할까?

인류 역사의 시작과 함께 수의 발달도 계속해서 이루어지고 있다. 인류는 자연수부터 사용하기 시작하여, 기원전 3천여 년경부터는 유리수를 사용하였다는 기록이 고대 점토판에서 발견되었다.

무리수는 이미 고대 그리스 시대 피타고라스학파 사람들이 발견하였다. 그러나 당시에 세상의 수는 자연수, 정수, 유리수만이 존재한다고 믿었기 때문에 무리수의 존재를 발견하고도 비밀로 하기도 하였다. 이후 무리수에 대한 연구가 지속적으로 이루어졌다. 이러한 수의 발달은 19세기 말 유리수와 무리수를 합친 실수의 체계를 엄밀하게 정의하면서 수학의 기초를 확립하는 데 큰 기여를 하였고, 이를 토대로 여러 수학적 사실을 정리하였다.

[그림 8-1] 피타고라스 학파와 무리수의 발견(중학교 수학 3, 주미경 외 6인)

발견 일화를 거쳐 19세기 말에 실수 체계의 엄밀한 정의에 이르는 과정을 간단히 설명한다. 이 중에서 특히 피타고라스 학파의 무리수 발견 일화는 무리수에 대한 흥미를 유발하기에 좋은 소재이다. 단순한 수의 발견이 어떤 학파의 존재를 위협하게 된 이유를 다루면서 유리수가 아닌 수의 존재나 필요성에 대해 자연스러운 논의가 가능하다.

또한, [그림 8-2]는 조선시대 수학자인 홍정하가 중국의 사신으로 온 하국주와 만나 수학에 대해 대화하는 수학사를 일화로 소개한 것이다.

홍정하와 하국주의 수학 대결

조선 시대 수학자 홍정하(洪正夏, 1684~ ?)가 지은 〈구일집(九一集)〉에는 홍정하와 유수석이 우리나라에 온 중국의 사신 하국주(何國柱)를 만나 수학에 대하여 대결을 벌인 이야기가 실려 있다.

하국주는 우리나라의 수학자를 얕잡아 보아서인지 쉬운 문제를 내었다.
하국주가 낸 문제를 보면, "360명이 한 사람마다 은 1냥 8전을 낸 합계는 얼마나 되고 은 351냥이 있는데 한 섬의 값이 1냥 5전 한다면 몇 섬을 구입할 수 있는가?", "제곱한 넓이가 225평 방자일 때 한 변의 길이는 얼마인가?", "크고 작은 두 개의 정사각형이 있습니다. 두 정사각형의 넓이의 합은 468평방자이고, 큰 정사각형의 한 변의 길이는 작은 정사각형의 한 변의 길이보다 6자만큼 깁니다. 두 정사각형의 한 변의 길이는 각각 얼마입니까?"와 같다.
하국주의 상관이 하국주가 매우 뛰어난 수학자이니 그대들이 문제를 내 보라고 하자 홍정하는 다음과 같은 문제를 내었다. "공 모양의 옥에 내접한 정육면체 모양의 옥을 빼놓았는데, 그 껍질의 무게는 265근이고 가장 두꺼운 껍질의 두께는 4치 5푼이었는데, 그렇다면 이 옥의 지름과 내접하는 정육면체 한 변의 길이는 얼마인가?"
하국주는 이 문제는 어려우니 다음 날 답을 주겠다며 돌아갔지만 결국 답을 내지는 못하였다고 한다.

[그림 8-2] 홍정화와 하국주의 수학 대결(중학교 수학 3, 주미경 외 6인)

둘째, 수학적 개념의 조직화와 체계화에 관련된 예로는 [그림 8-3]과 [그림 8-4]가 있다. 학생들은 수학적 개념이나 원리가 수학 천재에 의해 한순간에 만들어진다고 생각하는 경향이 있다. 하지만 대부분의 수학적 개념은 이처럼 발견되거나 완벽한 형태로 창조되는 것이 아니라, 긴 시간 동안 수많은 수학자의 연구와 노력을 통해 점진적으로 발전되었다. 이러한 점진적 체계화의 과정을 학생들에게 소개함으로써 수학적 개념 발달에 대한 의미 있는 이해를 제공할 수 있다.

[그림 8-3]은 $\sqrt{2}$와 관련된 고대 바빌로니아 점토판 YBC-7289의 내용을 담고 있으며, [그림 8-4]은 도형의 방정식 단원과 함수의 그래프 단원의 도입 부분에 제시된 내용으로 해석기하학의 발달과 함수 개념의 발달에 대해 개략적으로 소개하고 있다.

점토판의 비밀

왼쪽 그림은 지금으로부터 약 4000년 전의 것으로 추정되는 고대 바빌로니아의 점토판인 YBC-7289이다. 이 점토판에는 정사각형 모양의 그림과 두 대각선이 그려져 있고, 고대 바빌로니아의 수 표기법으로 몇 개의 숫자가 쓰여 있다. 고대 바빌로니아는 60진법을 사용하였다. 이제 점토판에 쓰여진 숫자의 의미를 살펴보자.

먼저, 중앙 부분의 "1, 24, 51, 10"은 $1+\frac{24}{60}+\frac{51}{60^2}+\frac{10}{60^3}$을 뜻한다. 이것을 계산하면 $1.414\cdots$로 $\sqrt{2}$를 소수로 나타낸 것에 매우 가깝다. 또한, 점토핀 왼쪽의 30을 정사각형의 한 변의 길이라고 하면, 중앙에 쓰여진 "40, 25, 35"는 $42+\frac{25}{60}+\frac{35}{60^2}$을 뜻하는데, 이를 계산하면 $42.426\cdots$로 한 변의 길이가 30인 정사각형의 대각선의 길이를 나타낸다.

4000여 년 전 사람들이 이미 2의 양의 제곱근인 $\sqrt{2}$의 어림한 값을 소수로 표현할 수 있었다니 놀라운 일이다.

[그림 8-3] 점토판 YBC-7289에 제시된 내용(중학교 수학 3, 김화경 외 4인)

데카르트는 도형 문제를 좌표를 도입하여 식으로 해결하려 하였고, 페르마는 대수 문제를 도형으로 해결하려 하였다. 기하와 대수를 결합하고자 한 이들의 노력으로 해석기하학이 탄생하였고, 미적분학이 발전하게 되었다. 좌표는 배나 비행기의 항로를 개발하고 태풍의 이동 경로를 분석하는 등의 실생활에 광범위하게 활용된다.

[그림 8-4] 해석기하학의 발달(고등학교 수학, 박교식 외 19인)

[그림 8-3], [그림 8-4]와 같은 수학 개념 발달과 관련되는 역사적 사실 전체를 교과서에 담기는 불가능하지만, 실제 수업에서 이러한 도입 부분을 단순히 읽고만 넘어간다면 수학적 개념의 발달과 체계화와 관련하여 학생들에게 의미 있는 경험을 제공하기가 어렵다. 새로운 단원을 도입할 때 교사는 수학사를 활용하여 수학적 개념이나 구조의 발달 과정을 재구성하여 소개함으로써 학생들의 깊은 이해를 촉진할 수 있다.

셋째, 수학사에서 다룬 문제를 활용하는 것이다. 학교 수학에서 다루는 방정식, 함수, 도형 등의 영역에서 수학사 또는 고대 수학서에서 다룬 문제를 찾는 것은 어려운 일이 아니다. [그림 8-5]와 [그림 8-6]은 중학교 1학년 문자와 식 단원에서 일차방정식을 활용하여 해결하는 수학사 자료로, 디오판토스 묘비, 산학계몽, 아메스 파피루스, 바스카라의 리라바티에 제시된 문제를 직접 활용한 예이다.

묘비에 수수께기를 남긴 디오판토스

여기에 디오판토스의 일생에 관한 기록이 있다. 일생의 $\frac{1}{6}$은 소년이었다. 그리고 $\frac{1}{12}$ 후에 수염을 길렀고 다시 $\frac{1}{7}$이 지나고 결혼을 하였다. 5년이 지나 아들을 낳았고 아들은 아버지 나이의 꼭 반만 살았다. 그는 아들이 죽은 후 4년 뒤에 죽었다.

산학계몽 문제

좋은 말은 하루에 240리를 달리고, 둔한 말은 하루에 150리를 달린다. 둔한 말이 12일을 먼저 달려갔을 때, 좋은 말은 달리기 시작한 지 며칠 만에 둔한 말을 따라 잡을 수 있는가?

[그림 8-5] 디오판투스와 산학계몽의 문제(중학교 수학 1, 류희찬 외 6인)

아메스 파피루스의 문제

고대 이집트 사람들은 파피루스에 수학 문제를 기록하여 후세에 남겼다. 1858년에 발견된 〈아메스 파피루스〉에는 다음과 같은 문제가 실려 있다. 여기서 아하는 알지 못하는 값을 뜻하는 용어이다.

아하와 아하의 $\frac{1}{7}$의 합이 19일 때, 아하를 구하시오.

바스카라가 쓴 리라버티의 문제

바스카라는 외동딸 리라버티를 위해 아름다운 문장으로 책을 쓰고, 제목도 〈리라버티〉라고 지었다. 다음은 그 내용의 일부이다.

> 선녀같이 아름다운 눈동자의 아가씨여!
> 참새 몇 마리가 들판에서 놀고 있는데 두 마리가 더 날아왔어요.
> 그리고 전체의 다섯 배가 되는 귀여운 참새 떼가 더 날아와서 함께 놀았어요.
> 저녁 노을이 질 무렵, 열 마리의 참새가 숲으로 돌아가고, 남은 참새 스무 마리는 밀밭으로 숨었대요. 처음 참새는 몇 마리였는지 저에게 말해 주세요.

[그림 8-6] 아메스 파피루스와 리라바티의 문제(중학교 수학 1, 박교식 외 18인)

한편, 수학사나 수학서에서 제시된 문제를 그대로 사용하지 않고 변형하거나 이를 활용하여 탐구 문제로 구성하는 방법, 학생들로 하여금 수학사 문제를 바탕으로 새로운 문제를 만들어 보도록 안내하는 활동도 가능하다. [그림 8-7]과 [그림 8-8]은 수학사와 관련된 드 메레의 문제와 몬티홀 문제에 대한 탐구와 이를 바탕으로 새로운 문제 만들기 활동 등을 제시하고 있다.

드 메레의 문제

드 메레는 자신의 수학적 지식을 이용하여 도박에서 큰 성공을 거두었지만 두 가지 문제에 대해서는 해결이 곤란하게 되었다. 결국 1654년 드 메레는 친구이자 수학자인 파스칼에게 두 가지 문제의 해결을 부탁하기에 이르렀다. 다음은 드 메레가 제시한 두 번째 문제이다. 이길 확률이 $\frac{1}{2}$로 같은 두 사람 A, B가 4번의 게임을 먼저 이기면 상금을 모두 받는 시합을 하고 있다.
그런데 불가피한 상황이 발생하여 게임을 중단했을 때 판돈을 어떻게 나누어 가져야 하는가? A는 3번 이기고, B는 1번 이겼다. 그러면 3:1로 나누어야 하는가?

문제 만들기

드 메레 문제에서 진행된 게임의 횟수, A가 이긴 횟수, B가 이긴 횟수를 모둠별로 각각 정하고, 게임이 중단되었을 때 상금을 어떻게 분배해야 할지 서로 이야기하여 보자.

[그림 8-7] 드 메레의 문제를 활용한 탐구 문제(확률과 통계, 류희찬 외 9인)

몬티홀 문제

미국의 TV 프로그램인 '거래를 합시다(Let's make a deal)'에서 유래된 다음 문제는 진행자의 이름을 따서 '몬티홀 문제'로 불린다. 다음 문제를 해결해 보자.
"이 프로그램의 출연자는 세 개의 문 중에서 하나를 선택해야 한다. 세 개의 문 중에서 하나의 문 뒤에는 자동차가 있고 나머지 두 개의 문 뒤에는 염소가 있다. 먼저 참가자는 세 개의 문 중에서 하나를 선택한다. 그 다음 진행자가 나머지 두 개의 문 중에서 염소가 있는 문 하나를 열어 출연자에게 보여 주고 처음 선택한 문을 계속 유지할 것인지 아니면 바꿀 것인지를 묻는다. 이때 출연자가 어떤 선택을 하는 것이 자동차를 얻는 데 더 유리할까?"

탐구

위의 문제에서 문의 개수나 진행자의 상황 등을 바꾸어 문제를 만들고, 그 문제에서 자동차를 얻게 될 확률을 구해 보자.

[그림 8-8] 몬티홀 문제를 활용한 탐구 문제(확률과 통계, 박교식 외 19인)

마지막으로, 동서양 수학의 비교나 고대와 현대의 수학을 비교하는 방법이다. 같은 수학적 개념이 동양과 서양에서 독립적으로 발달한 경우를 쉽게 찾아볼 수 있다. 피타고라스 정리는 동양 수학에서는 구고현의 정리로 불린다. 구고현의 정리는 중국 산학서인 〈주비산경〉, 〈구장산술〉 등 많은 수학서에서 다루어졌으며, 건축술 등과 같이 실생활에 널리 활용되었다. [그림 8-9]에는 불국사에서 찾은 피타고라스 정리 내용과 피타고라스보다 이른 시기인 고대 이집트에서 직각을 만드는 방법이 제시되어 있다.

피타고라스 정리와 구고현의 정리

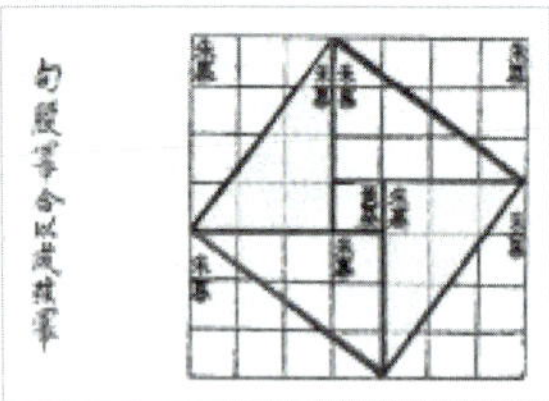

구고현의 정리란 동양의 피타고라스 정리라 할 수 있다. 여기서 구는 직각을 낀 두 변 중 짧은 변, 고는 긴 변을 나타내며 현은 빗변을 말한다. 고대 중국의 수학책인 〈주비산경〉에는 "구를 3, 고를 4로 하면 현은 5가 된다"라는 내용이 실려 있다.

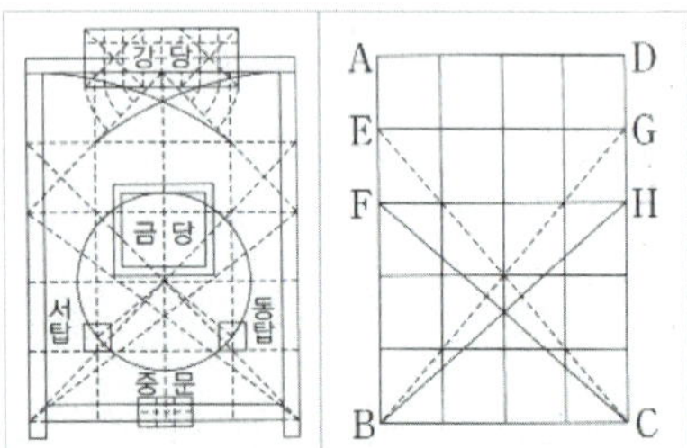

왼쪽 그림은 통일신라 시대의 건축물인 불국사의 평면도와 이를 간단히 나타낸 것이다.

1) 세 변의 길이의 비가 3:4:5의 비율을 갖는 직각삼각형을 찾아보시오.
2) 절터의 짧은 변 $\overline{BC}$의 길이를 $60m$라고 할 때, $\overline{BH}$의 길이를 구하시오.

고대 이집트에서는 일정한 간격으로 매듭 13개가 지어진 끈을 이용하여 토지와 건축물에 사용할 직각을 만들었다고 한다. 고대 이집트인들이 어떻게 일정한 간격의 매듭을 이용하여 직각을 만들었는지 추측하시오.

[그림 8-9] 피타고라스 정리와 구고현의 정리(중학교 수학 2, 고호경 외 12인)

[그림 8-10]은 아라비아 수학자인 알콰리즈미가 제시한 이차방정식의 풀이 방법이다. 이를 통해 학생들은 교과서에서 다루는 인수분해나 근의 공식을 이용한 풀이 이외의 다양한 풀이 방법을 경험할 수 있다. 또한 오래된 수학 문제와 그 풀이는 현대 수학의 관점에서는 어렵고 복잡하게 보일 수도 있으나, 이를 해결하려는 시도를 통해 학생들은 도전 정신을 키울 수 있으며 어려운 수학 개념이나 문제에 접했을 때 의지를 갖고 이를 극복하려는 태도와 끈기 등을 배울 수 있다.

도형을 이용한 이차방정식의 풀이

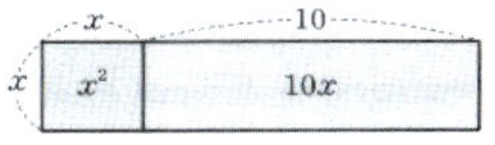

[그림 1]

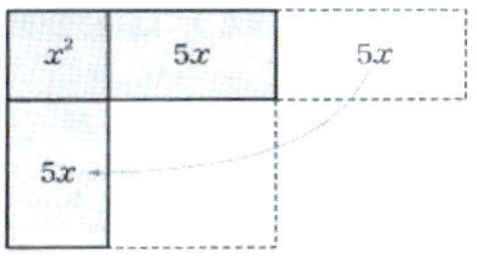

[그림 2]

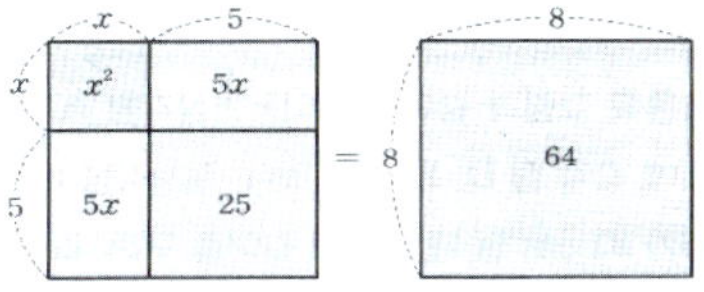

[그림 3]

알콰리즈미는 정사각형의 한 변이 길이와 넓이를 이용하여 이차방정식을 푸는 방법을 생각해냈다. 그가 사용한 방법에 따라 이차방정식 $x^2+10x=39$의 양수인 해를 구하여 보자.

1) 한 변의 길이가 x인 정사각형의 넓이와 가로의 길이가 10, 세로의 길이가 x인 직사각형의 넓이를 생각하여 이차방정식의 좌변 x^2+10x를 [그림 1]과 같이 표현한다.
2) 넓이가 $10x$인 직사각형을 [그림 2]와 같이 넓이가 $5x$인 합동인 직사각형 2개로 나누어 넓이가 x^2인 정사각형의 이웃한 변에 각각 붙인다.
3) [그림 3]과 같이 정사각형을 만들기 위한 부족한 부분의 넓이 25를 이차방정식의 양변에 더해 주면 넓이가 64인 정사각형과 같게 된다.
4) 이를 식으로 정리하면 다음과 같다.
   $x^2+10x=39$, $x^2+10x+25=39+25$, $(x+5)^2=64$
   이때 양수인 해를 구하면 $x+5=8$, 즉 $x=3$이다.

[그림 8-10] 도형을 이용한 이차방정식의 풀이(중학교 수학 3, 고호경 외 13인)

역사발생적 방법과 수학사를 수학 수업에 활용하는 구체적인 예를 살펴보았다. 수학사를 활용하면 여러 장점이 있기는 하지만, 수학 수업에서 다루는 모든 내용에 수학사를 활용할 필요는 없다. 수학적 개념에 따라서는 실생활과의 관련성을 통해 더 의미 있게 지도될 수도 있고, 사회 현상이나 과학기술의 발달과 연계하여 지도하면 더욱 그 의미가 드러날 수도 있다. 그리고 수학 자체 내에서 다른 개념과의 관련성을 바탕으로 지도함으로써 바람직한 학습이 일어날 수도 있다. 그러므로 교사는 가르치고자 하는 수학 내용을 심도 있게 분석하여 가장 효과적인 지도 방안을 모색하는 노력을 기울일 필요가 있다.

QUIZ

1 조선시대 수학서에서 다룬 문제를 선정하여 학교 수학에 적용하는 방법을 제시하시오.

2 동서양의 수학에서 원주율의 계산과 관련한 수학의 역사를 조사하여 발표해 보시오.

3 수학사를 활용한 수행과제를 만들어 보시오.

참고문헌

고호경, 김응환, 김인수, 이봉주, 한준철, 정낙영, 정민석, 최수영, 김정현, 김화영, 정시훈, 조준모, 최화식, 최화정(2018). 중학교 수학 3. 교학사.

고호경, 김응환, 김인수, 이봉주, 한준철, 정낙영, 정민석, 최수영, 김정현, 정시훈, 조준모, 최화식, 최화정(2018). 중학교 수학 2. 교학사.

류희찬, 선우하식, 신보미, 정동승, 장영훈, 설정수, 박슬히(2017). 중학교 수학 1. 천재교육.

류희찬, 선우하식, 조정묵, 이병만, 김용식, 임미선, 한명주, 남선주, 김명수, 정성윤(2018). 고등학교 확률과 통계. 천재교과서.

박교식, 이종희, 김진환, 남진영, 감남희, 임재훈, 유현주, 권석일, 김선희, 김재원, 박소현, 양수영, 이은영, 장미라, 장미선, 정주연, 주미, 최수연, 황지연(2017). 중학교 수학 1. 동아출판.

박교식, 이종희, 김진환, 남진영, 감남희, 임재훈, 유현주, 권석일, 김선희, 김재원, 박소현, 양수영, 이은영, 장미라, 장미선, 정주연, 주미, 최수연, 황지연(2019). 중학교 수학 3. 동아출판.

박교식, 이종희, 김진환, 남진영, 감남희, 임재훈, 유현주, 권석일, 김선희, 김종욱, 김경직, 윤형석, 고현주, 윤형주, 김영실, 김해성, 이경진, 조은수, 이정연, 양정은(2017). 고등학교 확률과 통계. 동아출판.

박교식, 이종희, 김진환, 남진영, 김남희, 임재훈, 유연주, 권석일, 김선희, 김종욱, 김경직, 윤형석, 고현주, 윤형주, 김영실, 김해성, 이경진, 조유미, 이정연, 양정은(2017). 고등학교 수학. 동아출판.

양성호, 이경언(2010). 수학 교수·학습에서의 동양 수학사 활용에 관한 연구. 한국수학교육학지 시리즈 A 〈수학교육〉, 49(1), 15-37.

우정호(2013). 수학 학습-지도 원리와 방법. 서울대학교출판문화원.

주미경, 강은주, 강소영, 강석주, 김호경, 오화평, 권상순(2018). 중학교 수학 2. 금성출판사.

주미경, 강은주, 강소영, 강석주, 김호경, 오화평, 권상순(2019). 중학교 수학 3. 금성출판사.

Sarton. G. (1957). The Study of the History of Mathematics and the Study of the History of Science, reprinted by Dover, New York. 계영희 외 12인 옮김(2006), 수학교육에서 역사 활용하기. 교우사.

CHAPTER

09

수학교육에서의 공학 도구

둘러보기

수학교육에서 공학 도구(technology)는 보통 계산기, 모바일, 컴퓨터 프로그램과 같이 디지털 기반 수학 교수·학습 도구를 의미하지만, 다진수 블록, 퀴즈네어 막대, 탱그램, 대수 타일과 같은 실물 수학 체험교구(manipulatives)를 포함하여 폭넓게 정의되기도 한다(이경화 외, 2017). 브루너는 인간의 발달 과정에서 도구의 역할을 강조하면서, 인간의 정신 활동은 육체적이고 정신적인 능력을 끌어올리고 확장해주는 연장, 도구, 또는 공학을 사용하는 능력에 좌우된다고 하였다. 산업사회와 문명사회의 발달을 이룩한 원동력은 호모사피언스의 거대한 용량의 뇌가 아니라, 인간이 만든 도구 사용의 능력이라는 관점이다. 즉, 현재의 관점에서 인간 정신의 진화는 단순한 뇌 용량의 확장에 의한 것이 아니라, 인간의 잠재 능력을 발휘할 수 있도록 해준 정신 외부에 존재하는 물리적 도구에 의한 것이라는 주장이 힘을 얻고 있다.

실제로 최근 수학교육은 다양한 체험교구와 컴퓨터 등의 공학 도구에 많은 영향을 받고 있다. 연장(tools)이나 인공물(artifacts)은 어떤 특정한 행위를 좀 더 쉽고 빠르게 수행하려고 인간이 고안하였거나 사용하는 물리적 실체를 말하는데, 이들은 인간과 자연 사이의 관계를 중재하는 매개물이다. 그런데, 이러한 연장이나 인공물이 수학 과제와 같은 특정 과제를 해결하는 사용자와 의미 있는 관계가 형성될 때, 이들은 더 이상 단순한 물건이 아닌 '도구(instrument)'가 된다(Trouche, 2004; Verillon & Rabardel, 1995). 이러한 상황에서 사용자는 그 도구 사용의 기술적인 면뿐만 아니라, 도구에 의한 해결 전략과 그 전략의 배경이 되는 이론적인 면도 발달하게 된다. 이처럼 어떤 행위의 기술적인 면과 이론적인 면의 조직적 결합체를 정신 스키마라고 볼 수 있다.

비고츠키는 기술적 도구(technical tool)와 심리적 도구(psychological tool, 기호나 기호학적 매개체[1]) 사이의 이중적 기능을 주장한다. 기술적 도구는 내면화의 과정을 거치면서 새로운 의미 형성을 가능하게 하는 심리적 도구로 변화하게 된다. 이렇게 될 때, 도구는 기호학적 매개체(semiotic mediator)의 기능을 한다. 이에 대한 예로 수판을 생각해 볼 수 있다. 수판을 사용하다 보면 실제로 사용하는 행위로부터 점차 활동은 줄어들고, 수판에 대한 그림 체제를 점진적으로 사용함에 따라 실제 수판을 언급하지 않아도 동일한 조작을 할 수 있게 된다.

다른 예로 최대공약수를 구하는 교구인 '갑최띠'와 같은 수학 체험교구는 보통 설계자가

1 사람들 사이의 상호작용을 촉진하고 의미를 구성하는 데 사용되는 기호 시스템을 의미함. 말, 글, 이미지, 제스처, 심지어 물건까지 다양한 형태를 취할 수 있음.

의도하는 방식으로 수학적 활동이나 지식, 딘즈에 따르면 지식의 구조가 내포되어 있다. 학생들은 도구를 활용하여 관련 수학 활동을 지속적이고 반성적으로 수행할 때 비로소 내면화 과정이 일어나게 되는데, 이러한 과정을 거치면서 도구는 학습자의 심리적 도구가 된다. 이렇게 심리적 도구로 형성되고 나면, 도구와는 분리되었지만 도구에 의해 유발된 행위를 통해 새로운 수학적 의미의 구성이 이루어진다.

현재 우리는 4차 산업혁명이 대두되고, 사회의 패러다임이 대량생산에서 소량 다품종 대중화 시대에 서 있다. 일반적으로 이 시대를 살아가고 있는 사람들이면, 스마트폰을 사용하여 언제 어디서나 자신이 필요한 정보를 검색하고 자료를 수집하고 자신에게 필요한 정보를 가공할 수 있다. 이러한 급속한 사회의 변화 속에서 수학 시간에 다루는 체험교구나 공학 도구도 점차 변해갈 수밖에 없다. 교과서 역시 이러한 변화에서 예외일 수는 없다. 특히 2022 개정 수학과 교육과정에 따른 교과서는 다양한 교구나 공학 도구를 사용할 수 있도록 배려하고 있다. 이러한 변화는 학생들이 미래 사회에 성공적으로 적응할 밑거름을 제공함은 물론이고, 문제상황을 스스로 해결하고 헤쳐 나갈 수 있는 사회인으로서 성장하는 데 도움을 줄 수 있다. 특히, 수학 체험교구나 공학 도구 사용에 대한 경험은 새로운 사회에 우리에게 다가올 전혀 새로운 도구들을 능동적으로 사용할 수 있는 역량을 키워줄 것으로 기대된다.

수학 교구와 공학 도구의 원리

| **핵심어** | 교구의 교수학적 원리, NCTM의 공학 도구 원리

이경화 외(2017)는 수학 교구를 수학 체험교구와 디지털 기반 공학 도구를 포함하는 개념으로 정의하고 교구 활용을 위한 교수학적 원리를 '활동의 원리', '**도구의 원리**', '학습의 원리'로 제시하였다. 첫째, 활동의 원리는 활동을 통해 수학을 이해하고 학습하는 것을 의미한다. 학생들이 추상적인 수학의 구조와 본질을 파악하기 위해서는 구체적인 환경에서의 활동이 선행되어야 하는데, 수학 교구는 이러한 구체적이고 물리적인 경험으로서의 활동을 가능하게 한다. 그러나 수학 교구를 활용한다는 것은 수학 학습이 촉진된다는 것을 담보하지 않는다. 활동적 학습의 의미를 살리는 방식으로 수학 교구를 활용하려면, 가르치고자 하는 수학 내용, 학생의 심리 발달, 수학 수업에 영향을 미치는 여러 가지 요인을 균형 있게 고려해야 한다.

둘째, 도구의 원리는 활용되는 수학 교구가 도구(instrument)로서 기능과 역할을 해야 한다는 것이다. 도구의 원리를 구현하기 위해서는 수학 교구와 수학 교구를 사용하는 주체 사이의 두 가지 유형의 상호작용을 통한 도구 발생(instrumental genesis)이 일어나야 한다. 즉, 학생들은 수학 교구의 구조와 기능을 충분히 익히는 도구 사용(instrumentation)과 스스로의 필요와 숙련된 교구 사용을 바탕으로 수학 학습을 진행하는 **도구화**(instrumentalization)의 지속적인 상호작용을 통해 수학 교구는 학습의 매개체로서 도구로 발생되어야 한다.

셋째, 학습의 원리는 수학 교구 활용의 결과가 궁극적으로 학습의 촉진이어야 한다는 것이다. 학습은 교구를 활용한 경험이나 활동 자체에서 일어나는 것이 아니라 자신의 경험과 활동에 대한 사고 과정을 통해 발생한다. 예를 들어, [그림 9-1]은 양팔 접시저울을 활용하여 구의 부피 공식을 발견하는 수업 장면이다. 이때 학생들은 교사의 지시와 함께 원뿔 모양의 그릇을 사용하여 원기둥 모양의 그릇에 물을 붓거나(탐구활동 1) 접시저울을 사용하여 여러 개의 원기둥, 원뿔, 구 모양의 나무조각들이 수평을 이루도록 조작 활동을 할 수 있다(탐구활동 2-3). 그러나 학생들은 자신의 활동에 대한 사고활동과 이를 표현하고 상징화하는 활동이 이루어지지 않는다면 수학에 대한 탐구가 아닌 물리적 경험에 관한 기억만 하게 될 수도 있다. 따라서, 학습의 원리를 구현하기 위해서는 교구를 활용하는 활동에서 무엇을 알게 되었고, 알아낸 것을 어떻게 표현할 수 있는지, 그 표현이 뜻하는 바가 무엇이며 어떻게 상징화 또는 개념화할 수 있는지와 반드시 연계되어야 한다.

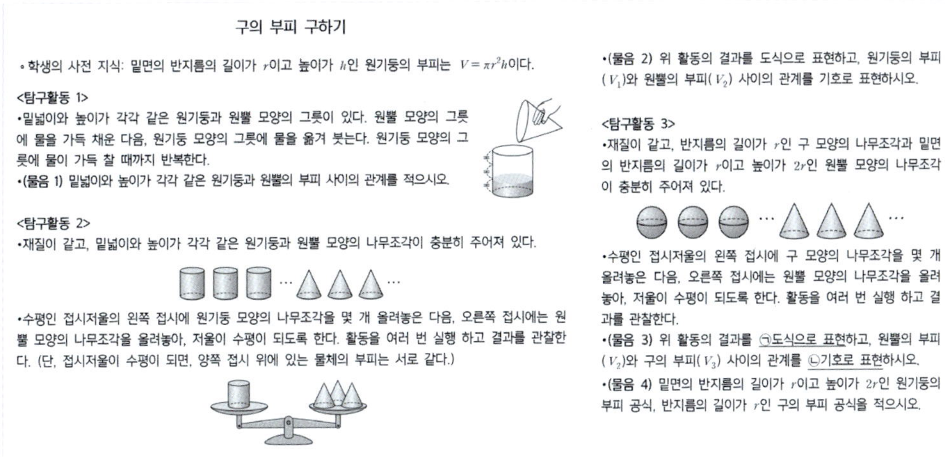

구의 부피 구하기

∘ 학생의 사전 지식: 밑면의 반지름의 길이가 r이고 높이가 h인 원기둥의 부피는 $V=\pi r^2 h$이다.

<탐구활동 1>

•밑넓이와 높이가 각각 같은 원기둥과 원뿔 모양의 그릇이 있다. 원뿔 모양의 그릇에 물을 가득 채운 다음, 원기둥 모양의 그릇에 물을 옮겨 붓는다. 원기둥 모양의 그릇에 물이 가득 찰 때까지 반복한다.

•(물음 1) 밑넓이와 높이가 각각 같은 원기둥과 원뿔의 부피 사이의 관계를 적으시오.

<탐구활동 2>

•재질이 같고, 밑넓이와 높이가 각각 같은 원기둥과 원뿔 모양의 나무조각이 충분히 주어져 있다.

•수평인 접시저울의 왼쪽 접시에 원기둥 모양의 나무조각을 몇 개 올려놓은 다음, 오른쪽 접시에는 원뿔 모양의 나무조각을 올려놓아, 저울이 수평이 되도록 한다. 활동을 여러 번 실행 하고 결과를 관찰한다. (단, 접시저울이 수평이 되면, 양쪽 접시 위에 있는 물체의 부피는 서로 같다.)

•(물음 2) 위 활동의 결과를 도식으로 표현하고, 원기둥의 부피(V_1)와 원뿔의 부피(V_2) 사이의 관계를 기호로 표현하시오.

<탐구활동 3>

•재질이 같고, 반지름의 길이가 r인 구 모양의 나무조각과 밑면의 반지름의 길이가 r이고 높이가 $2r$인 원뿔 모양의 나무조각이 충분히 주어져 있다.

•수평인 접시저울의 왼쪽 접시에 구 모양의 나무조각을 몇 개 올려놓은 다음, 오른쪽 접시에는 원뿔 모양의 나무조각을 올려놓아, 저울이 수평이 되도록 한다. 활동을 여러 번 실행 하고 결과를 관찰한다.

•(물음 3) 위 활동의 결과를 ㉠도식으로 표현하고, 원뿔의 부피(V_2)와 구의 부피(V_3) 사이의 관계를 ㉡기호로 표현하시오.

•(물음 4) 밑면의 반지름의 길이가 r이고 높이가 $2r$인 원기둥의 부피 공식, 반지름의 길이가 r인 구의 부피 공식을 적으시오.

[그림 9-1] 체험교구를 활용한 구의 부피 구하기(중등임용, 2024)

NCTM은 1980년대 학교 수학을 위한 권고 사항 중 하나로 모든 학년에서 계산기와 컴퓨터의 이점을 최대한 활용하도록 함으로써 수학적 문제해결(problem solving)에서 공학 도구의 역할을 강조하였다(NCTM, 1980). 이후 NCTM은 학교 수학을 위한 원리 중 하나로 **공학 도구 원리**(technology principle)를 명시함으로써 공학 도구가 수학 교수·학습에 필수적인 도구임을 공고히 하였다(NCTM, 2000). NCTM(2000)의 공학 도구 원리는 아래 세 가지로 요약된다.

첫째, 공학 도구는 수학 학습을 향상시킨다. 공학 도구는 인간이 할 수 없거나 물리적 제약이 따르는 활동을 수행함으로써 수학 학습을 돕는다. 예를 들어, 계산기와 컴퓨터는 학생들이 손으로 할 수 있는 것보다 더 많은 사례와 다양한 표상을 빠르고 정확하게 검토함으로써 학생들이 수학적 탐구, 개념 이해, 수학적 모델링 활동에 많은 시간을 쓸 수 있게 한다. 또한, 공학 도구는 학생들이 추상적인 수학적 개념이나 아이디어를 탐구할 수 있게 해준다. 예를 들어, 동적 기하 환경(예: 지오지브라 또는 알지오매스에서 제공하는 기하 탐구 환경)에서 기하 대상들을 드래그하거나 스프레드시트에서 함수 또는 규칙의 변화를 통해 종속변수의 값의 변화를 관찰하는 것은 수학적 탐구의 질을 높일 수 있다.

둘째, 공학 도구는 효과적인 수학 교수를 뒷받침한다. 공학 도구는 수학 학습의 만병통치약이 아니다. 따라서 교사는 공학 도구를 효과적으로 사용하기 위해 공학 도구의 이점을 살릴 수 있는 수학 과제를 선택 또는 구성해야 한다. 예를 들어, 교사는 공학 도구가 없이는 구현하기 힘든 문제상황을 학생들이 경험하도록 하기 위해 시뮬레이션을 사용할 수 있다. 또한, 교사는 인터넷과 웹으로부터 자료(data)와 자원들을 활용하여 수학 과제를 구성할 수 있다. 교사가 공학 도구를 활용한다는 것은 공학 도구가 수업을 대체한다는 것을 의미하지 않는다. 학생들이 공학 도구를 활용할 때 교사는 지필 환경에서는 포착하기 어려운 학생들의 수학적 사고를 관찰할 수 있는 기회를 얻는다. 따라서, 공학 도구는 학생들의 학습 과정과 결과를 점검하도록 하여 교사가 교수학적 의사결정을 내리거나 학생의 학습을 평가할 때 의미 있는 정보를 제공해줄 수 있다.

셋째, 공학 도구는 무엇을 가르칠 것인지에 영향을 준다. 다시 말해, 공학 도구는 교사가 가르치는 방법뿐만 아니라 어떤 내용을 가르칠 것인지, 그리고 해당 내용을 교육과정에서 언제 포함할지 결정하는 데 영향을 준다. 예를 들어, 공학 도구를 통해 어린 학생들은 큰 수와 관련된 문제나 다양한 도형들을 탐구하고 해결할 수 있으며, 초등학교 학생들은 대규모 자료(data)를 정리하고 분석할 수 있다. 또한, 중학교 학생들은 일차함수의 기울기와 변화율에 관한 탐구를 할 수 있으며, 고등학교 학생들은 표본의 분포를 탐구하고 대수적 기호 조작을 효율적으로 함으로써 매개변수 변화를 통해 더 일반적인 상황에 대해 추론할 수 있다. 이렇듯 이전에 필수적으로 고려되었던 몇몇 수학적 능력이 공학 도구의 도움으로 덜 필요하게 됨에 따라 학생들은 더 높은 수준에서 일반화와 추상화 활동을 할 수 있게 한다.

NCTM(2000)의 공학 도구 원리는 공학 도구를 디지털 기반 도구로 상정하는 경향이 있었다. 그러나 이후 발표된 교사의 수업 관행에 관한 NCTM 규준(NCTM, 2014)에서는 효과적인 수학 학습의 핵심 요소 중 하나로 공학 도구뿐만 아니라 실물 체험교구(tools and technology)를 언급함으로써 교구와 공학 도구가 학교 수학의 중요한 지향점 중 하나임을 명확히 하였다.

QUIZ

1 교구의 교수학적 원리 중 활동의 원리가 무엇인지 기술하시오.

2 NCTM(2000)의 세 가지 공학 도구 원리가 무엇인지 기술하시오.

수학과 교육과정에서 교구와 공학 도구 활용

핵심어 | 교육과정과 교구, 교육과정과 공학 도구

수학교육에서 공학 도구의 활용이 필요하다는 인식과 함께, 국내외 수학과 교육과정에서는 이를 교육과정 문서 내에 언급하여 교수·학습에서 활용하도록 권고하고 있다. 우리나라 수학과 교육과정에서 공학 도구 활용이 처음으로 언급된 것은 1992년에 고시된 제6차 수학과 교육과정이다. 제6차 수학과 교육과정에서는 '수학과 교수·학습 과정에서 복잡

한 계산이나 문제해결력 향상 등을 위하여 계산기나 컴퓨터를 활용'할 수 있음을 언급하면서 공학 도구 활용의 필요성을 언급하였다(교육부, 1992). 이어 고시된 제7차 수학과 교육과정에서는 수학 교수·학습에서 공학 도구를 보다 적극적으로 활용하도록 권고하였으며, 특히 도형 영역에서 '직관에 의한 관찰이나 여러 가지 구체적 조작물 및 적절한 컴퓨터 프로그램을 활용하여 도형의 기초적인 성질을 알고 도형의 아름다움을 찾아볼 수 있도록 배려'하는 것을 지도상의 유의점으로 포함하였다(교육부, 1997). 제7차 수학과 교육과정은 계산기와 컴퓨터 외에도 구체적 조작물(교구)을 처음으로 언급하면서 수학 교수·학습에 체험교구의 활용을 명시하였다.

2007 개정 수학과 교육과정에서는 계산기와 컴퓨터에 교육용 소프트웨어를 추가하여 '공학적 도구'로 명명하였고, 수학 학습뿐만 아니라 평가에서 평가하는 학습 내용에 따라 학생들에게 공학 도구를 이용할 수 있는 기회를 제공할 것을 명시하였다. 또한, 중학교 기하 영역에서 교수·학습 상의 유의점으로 '어려운 증명의 경우에는 증명을 하기 전에 공학적 도구나 조작 활동을 통하여 증명해야 할 성질을 직관적으로 이해'하게 하도록 하였다(교육인적자원부, 2007). 2009 개정 수학과 교육과정에서는 보다 다양한 영역에서 공학 도구 활용과 관련하여 교수·학습 상의 유의점을 언급하였는데, 함수의 그래프, 도형의 성질, 통계값 및 통계 그래프, 확률분포와 통계적 추정, 수열이나 급수의 수렴과 발산 등이 그러하다(교육과학기술부, 2011).

역량 중심 교육과정으로 고시된 2015 개정 수학과 교육과정에서는 교과 역량 중 하나로 '정보처리 역량'을 포함하였다. 정보처리 역량은 '다양한 자료와 정보를 수집, 정리, 분석, 활용하고 적절한 공학적 도구나 교구를 선택, 이용하여 자료와 정보를 효과적으로 처리하는 능력'이라는 점에서 공학 도구 활용과 직접적으로 연결된다. 2015 개정 수학과 교육과정에서는 상기한 2009 개정 수학과 교육과정의 영역을 포함하여 합동과 닮음, 직선의 방정식, 원의 방정식, 도형의 이동, 표본평균의 분포 등에서도 공학 도구의 활용을 언급하였다. 특히, 중학교 확률과 통계 영역 **성취기준**에서 공학 도구를 이용하여 자료를 수집, 정리, 해석하는 내용이 포함되었다(교육부, 2015). 이어 2022 개정 교육과정(총론)에서는 디지털 소양을 강조하였는데(교육부, 2021), 디지털 소양의 함양은 정보처리 역량과 함께 2022 개정 수학과 교육과정에서도 강조되고 있다. 또한, 초·중학교 도형과 측정 영역 성취기준에도 공학 도구 활용이 포함되었으며, 내용 영역에서 공학 도구 활용이 보다 구체화되었다. 평가 방법에서는 교구나 공학 도구를 활용하여 평가 시 고려사항을 세부적으로 추가하였다(교육부, 2022).

제6차 교육과정	제7차 교육과정	2007 교육과정
• 교수학습 과정에서 계산기 및 컴퓨터 활용을 처음으로 언급	• 교수학습 과정에서 계산기 및 컴퓨터 활용을 강조 • 도형의 성질 탐구에서 컴퓨터 활용을 언급 • 교구(구체적 조작물)를 처음으로 언급	• 소프트웨어를 포함한 '공학적 도구' 명명 • 평가에서 공학 도구 활용을 언급 • 중학교 증명에서 공학 도구 활용을 언급

2009 교육과정	2015 교육과정	2022 교육과정
• 함수, 도형, 통계 등 다양한 영역에서 공학 도구 활용을 언급	• 수학 교과 역량에 '정보처리역량'을 포함 • 공학 도구 활용 영역 확장 • 공학 도구 활용을 포함한 성취기준 신설	• '정보처리역량'에 '디지털소양' 함양 강조 • 공학 도구 활용 영역 및 성취기준 확장 • 공학 도구 활용 평가 방법 구체화

[그림 9-2] 수학과 교육과정에서 교구 및 공학 도구 활용

2022 개정 수학과 교육과정에서는 대부분의 내용 영역에서 성취기준(해설) 또는 성취기준 적용 시 고려사항에 교구와 공학 도구 활용을 통한 수학 교수·학습을 권장하고 있고, 중학교 수학과 교육과정에 기술된 구체적인 예는 아래와 같다(교육부, 2022).

〈표 9-1〉 2022 중학교 수학과 성취기준(해설)에서 교구 및 공학 도구 활용

내용 영역	공학 도구 활용을 포함하는 성취기준(해설)
도형과 측정	• [9수03-07] 구체적인 모형이나 공학 도구를 이용하여 다면체와 회전체의 성질을 탐구하고, 이를 설명할 수 있다. • [9수03-07 해설] 구체적인 사물, 전개도, 교구, 컴퓨터 프로그램 등을 이용하여 다면체와 회전체를 관찰하고 그 성질을 탐구하게 한다. 회전체 단면의 모양은 회전체의 성질을 이해하는 데 필요한 정도로 다룬다. • [9수03-09 해설] 종이접기, 작도, 공학 도구 등을 이용하여 이등변삼각형의 성질을 추측하게 하고, 그 성질을 삼각형의 합동 조건을 이용하여 정당화할 수 있게 한다. 이때, 증명이라는 용어를 도입하고, 그 필요성을 인식하게 한다.
자료와 가능성	• [9수04-04] 통계적 탐구 문제를 설정하고, 공학 도구를 이용하여 자료를 수집하여 분석하고, 그 결과를 해석할 수 있다. • [9수04-08] 공학 도구를 이용하여 자료를 상자 그림으로 나타내고 분포를 비교할 수 있다. • [9수04-04 해설] 자료를 수집하고 분석할 때는 인터넷 검색, 웹 기반 소프트웨어, 통계 프로그램 등을 활용하게 한다.

〈표 9-2〉 2022 중학교 수학과 성취기준 적용 시 고려 사항에서 교구 및 공학 도구 활용

내용 영역	공학 도구 활용을 포함하는 성취기준(해설)
수와 연산	• 제곱근의 값은 계산기 등을 이용하여 구할 수 있음을 알게 한다.
변화와 관계	• 공학 도구를 이용하여 함수의 그래프를 그리거나 함수의 그래프의 성질을 탐구하게 한다.
도형과 측정	• 다양한 교구나 공학 도구를 이용하여 합동과 닮음의 의미를 이해하게 한다. • 다양한 교구나 공학 도구를 이용하여 도형을 그리거나 만들어 보는 활동을 통해 도형의 성질을 추론하고 토론할 수 있게 한다.
자료와 가능성	• 자료를 수집하고 정리하여 표나 그래프로 나타내거나 대푯값과 산포도를 구할 때 공학 도구를 이용할 수 있게 하고, 공학 도구의 편리함과 유용성을 인식하게 한다.

QUIZ

1 우리나라 수학과 교육과정에서 계산기와 컴퓨터(공학 도구) 활용이 처음으로 명시된 교육과정을 쓰시오.

2 2015 개정 수학과 교육과정과 비교하여 2022 개정 수학과 교육과정에서 공학 도구 활용과 관련하여 변화된 점을 한 가지 기술하시오.

교구와 공학 도구를 활용한 수학 교수·학습 양식

| 핵심어 | 개인 교수형, 학생 주도형, 보조 도구형, 탐구 학습형

오늘날과 같은 정보화 시대에는 다방면의 급격한 변화를 파악하고 복잡한 문제를 창의적으로 해결할 수 있는 인재를 요구한다. 구체적으로, 정보화 시대에 필요한 학습자란 현재와 미래의 정보 사이의 관계를 고려하고, 지식의 단순한 축적이 아닌 지식을 적용하고 체험하며, 지식의 개념망을 창출하고 정교화하며, 개개의 문제상황에 구체적인 해결책을 도출하며, 능동적으로 새로운 경험을 시도하는 전향적인 학습자를 의미한다(Siemens, 2005). 그러므로 교사는 이러한 능력을 바탕으로 학습자가 문제해결이나 의사결정 상황에 직면하였을 때 좀 더 빠르고, 정확하고, 다양한 정보를 활용하여 성공적인 삶을 향유할 수 있게 도와주어야 한다.

한편, 전통적인 수업에서 교사의 역할에 대한 중요성이 많은 연구에서 언급되고 있는

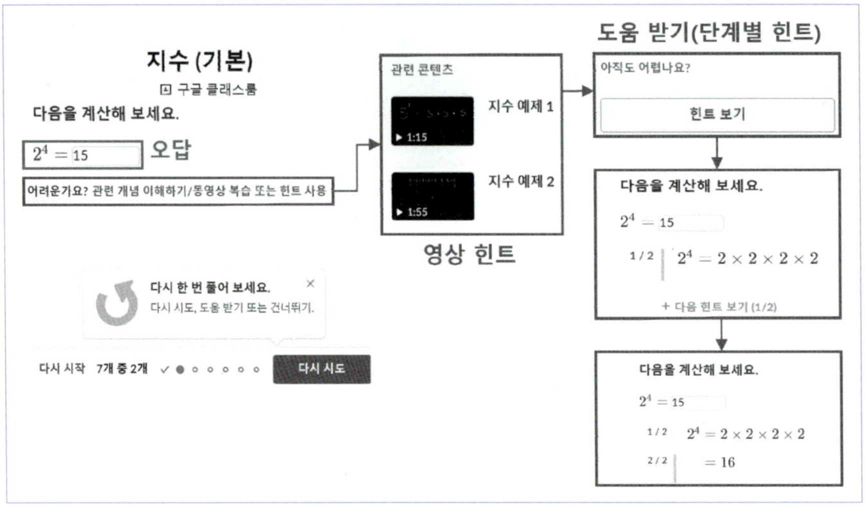

[그림 9-3] 칸 아카데미 플랫폼 구조(나귀수 외, 2024)

것에 비해 공학 도구를 활용한 수업에서 교사가 어떠한 역할을 해야 하는지에 대해서는 간과됐던 측면이 있다. 이는 잘 설계된 공학 도구 활용 수업에서는 공학 도구 자체가 교사의 역할을 대신할 수 있다는 검증되지 않은 가정 때문일 수 있다. 공학 도구를 활용한 교수·학습 과정에서 언제, 어떻게, 어떤 공학 도구를 사용할지에 관한 결정은 전적으로 교사에게 있다. 공학 도구를 활용하는 교사의 태도와 행동이 교사의 수업 방식뿐만 아니라 학생의 학습에 유의미한 효과가 있다는 것은 많은 연구에서 입증되었다. 수학 교수·학습에서 공학 도구를 활용하는 양식은 **개인 교사형**, 학생 주도형, **보조 도구형**, **탐구 학습형**으로 구분할 수 있다(강옥기 외, 2012). 이러한 구분은 공학 도구가 교육적 상황에서 어떻게 활용될 수 있는지에 대한 접근 방식을 나타내기도 한다.

첫 번째 유형인 개인 교사형에서 개인 교사(tutor)는 사전적으로 개인 교수 또는 가정교사를 의미하며, 이는 개인적으로 지도한다는 의미가 내포되어 있다. 컴퓨터 보조학습용(Computer Assistant Instruction) 소프트웨어, 인공지능 기술을 활용하여 학습자에게 개별 맞춤형 교육을 제공하는 지능형 튜터링 시스템(Intelligent Tutoring System), 학생의 반응에 따라 맞춤화된 정보를 제공하는 적응형 학습 시스템(Adaptive Learning System)과 같은 컴퓨터 기반 학습 시스템이 개인 교사형 공학 도구가 해당 유형에 속한다. 다시 말해, 개인 교사형 공학 도구가 교사의 역할을 대신하여 학습의 주도권을 갖고 학습을 이끌어 가는 것이다. 예를 들어, 칸 아카데미(Khan Academy)의 개별 맞춤형 학습은 학생의 학습 수준과 속도에 맞춰진 문제를 제공하여 개별 학습 목표 달성을 지원할 수 있다([그림 9-3] 참조). 그러나 개인 교사형 시스템에서는 학생과 시스템의 밀접한 상호작용을 토대로 의미 있는 학습이 이루어질 수 있지만, 불성실한 상호작용을 통해서도 학

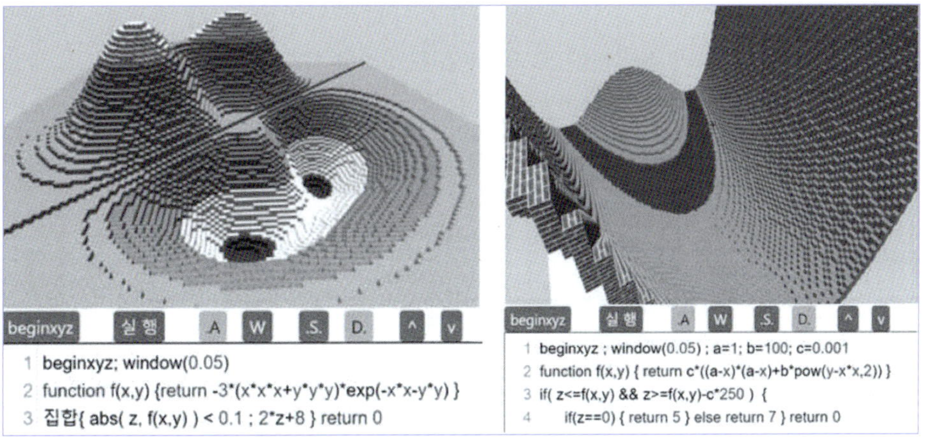

[그림 9-4] 프로그래밍을 통한 이변량 함수 탐구(강한별 외, 2021)

습이 진행될 수 있기 때문에 학습 과정에 대한 모니터링이 필요하다.

두 번째 유형인 **학생 주도형**은 학생이 공학 도구에게 원하는 행동을 수행하도록 명령을 내리고 그 결과를 살펴보는 과정을 통해 학습이 이루어지는 것을 의미한다. 파이썬(Python), 스크래치(Scratch), 엔트리(Entry)와 같은 프로그래밍 도구는 학생들이 스스로 학습 과정과 활동을 주도하며, 결정을 내릴 수 있도록 도움을 준다. 예를 들어, 고등학생들이 컴퓨터 프로그래밍 도구를 사용하여 특정 함수의 그래프를 생성하고, 이를 바탕으로 함수의 특성을 분석하는 프로젝트를 수행하는 경우에, 학생들은 다양한 함수를 조작해 보고, 그 결과로 나타나는 그래프의 변화를 관찰하여 함수의 기울기, 극값, 교차점 등을 직접 발견하고 이해할 수 있다([그림 9-4] 참조). 이 유형의 공학 도구는 학생의 **독립성**을 촉진할 수 있지만, 학습 결과의 일관성을 보장하기 어려울 수 있다. 또 학생의 자기관리 능력과 동기에 따라 학습 효과가 크게 달라질 수 있다.

세 번째 유형인 보조 도구형은 공학 도구를 보조도구로 사용하는 양식을 의미한다. 해당 유형은 학습 자료와 함께 공학 도구를 활용하여 교육 내용의 접근성을 높이고 이해를 깊게 하는 데 도움을 준다. 그래프를 그리고 문자 연산이 가능하며 수학적인 절차를 빠른 시간에 반복적으로 수행할 수 있는 메이플(Maple)이나 메스메티카(Mathematica)와 같은 컴퓨터 대수 시스템(Computer Algebra System)과 그래핑 계산기가 보조 도구형에 속한다. 또한, 수학교육용 공학 도구뿐만 아니라 스프레드시트, 워드프로세서, 그래픽 패키지 등 일반적인 소프트웨어, 가상 교구, 인터랙티브 화이트보드와 같은 에듀테크 등도 보조도구로서 수학 교수·학습에 이용할 수 있다. 예를 들어, 중학교에서 학생들이 스프레드시트 프로그램을 사용하여 통계 데이터를 분석하고 그 결과를 발표하는 프로젝트를 위해 학생들은 자신이 선택한 주제에 대한 데이터를 수집하고, 스프레드시트를 사용하여 평균,

중앙값, 범위 등을 계산한 후, 결과를 패들렛이나 구글 슬라이드를 사용하여 공유할 수 있다([그림 9-5] 참조). 그러나 이러한 도구에 과도하게 의존하게 되면 학생들이 기본 개념을 깊이 이해하기보다는 도구 사용에만 익숙해질 수 있고, 이는 깊이 있는 학습을 방해할 수 있다.

16	15	가△△	220
17	16	나△△	230
18	17	다△△	240
19	18	마△△	235
20	19	바△△	250
21	20	사△△	220
22	21	아△△	200
23	22	자△△	190
24	23	차△△	245
25	24	카△△	250
26	25	타△△	220
27	평균		=AVERAGE(C2:C26)

[그림 9-5] 스프레드시트를 활용한 대푯값 계산(임해미 외, 2024)

네 번째 유형인 탐구 학습형은 학생 주도형과 보조 도구형의 결합으로 볼 수 있다. 이 유형은 학생들이 직접 문제를 설정하고 해결 과정을 탐색하는 활동을 통해 수학적 개념과 대상 간의 관계를 탐구하는 데 도움을 준다. 이러한 탐구는 공학 도구의 주도하에 이루어지는 것이 아니라 학생 스스로 전략을 수립하여 다양한 수학적 원리를 실험하고 관찰하는 것으로 학생들에게 더 깊은 이해와 개념적인 사고를 촉진하며, 자기 주도적 학습을 촉진할 수 있다. 로고(LOGO), 카브리(Cabri-3D), 지오지브라(GeoGebra), 데스모스(Desmos), 알지오매스(Algeomath) 등이 대표적인 탐구학습 환경을 제공한다고 할 수 있다. 예를 들어, 고등학교에서 알지오매스를 사용하여 학생이 직접 도형을 조작하고 변환 결과를 관찰하면서 다음의 탐구 활동을 위해 다른 기능이나 도구를 구성하여 사용할 수 있다. 자료 수집 도구, 시뮬레이션 소프트웨어, 가상 실험실, PhET 시뮬레이션[2]과 같은 웹 기반 시뮬레이션 또한 이 유형에 속한다([그림 9-6] 참조). 탐구 학습형 공학 도구는 학생들이 수학적 개념을 단순히 암기하는 것이 아니라, 왜 그러한 수학적 현상이 발생하는지를 스스로 탐구하고 이해하여 종합적인 학습을 촉진할 수 있지만, 학생들이 자신만의 방식으로 문제를 해결하고 개념을 탐구하면 교사가 원하는 특정 지식의 학습을 보장하기 어렵다. 따라서 공학 도구 기반의 탐구학습 환경은 교사에 의해 조직된 환경으로 통합되어야 한다.

2 https://phet.colorado.edu/ko/

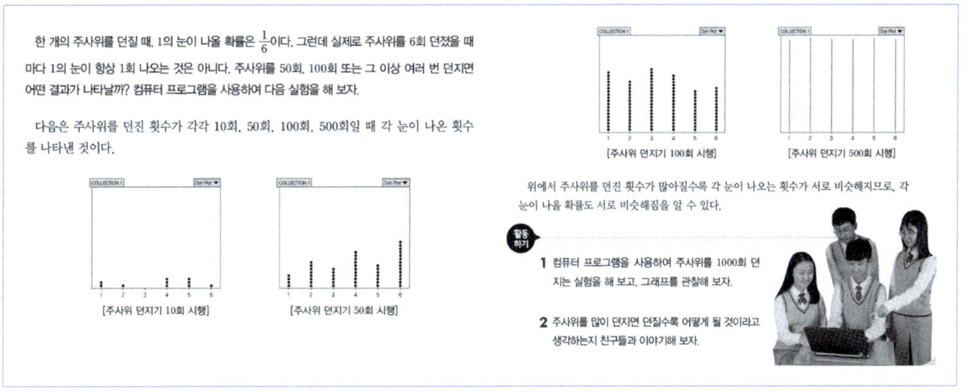

한 개의 주사위를 던질 때, 1의 눈이 나올 확률은 $\frac{1}{6}$이다. 그런데 실제로 주사위를 6회 던졌을 때마다 1의 눈이 항상 1회 나오는 것은 아니다. 주사위를 50회, 100회 또는 그 이상 여러 번 던지면 어떤 결과가 나타날까? 컴퓨터 프로그램을 사용하여 다음 실험을 해 보자.

다음은 주사위를 던진 횟수가 각각 10회, 50회, 100회, 500회일 때 각 눈이 나온 횟수를 나타낸 것이다.

[주사위 던지기 10회 시행] [주사위 던지기 50회 시행] [주사위 던지기 100회 시행] [주사위 던지기 500회 시행]

위에서 주사위를 던진 횟수가 많아질수록 각 눈이 나오는 횟수가 서로 비슷해지므로, 각 눈이 나올 확률도 서로 비슷해짐을 알 수 있다.

활동하기

1 컴퓨터 프로그램을 사용하여 주사위를 1000회 던지는 실험을 해 보고, 그래프를 관찰해 보자.

2 주사위를 많이 던지면 던질수록 어떻게 될 것이라고 생각하는지 친구들과 이야기해 보자.

[그림 9-6] 공학 도구를 활용한 시뮬레이션(박교식 외, 2018)

살펴본 바와 같이, 공학 도구를 활용한 수학 교수·학습의 양식과 각 양식에 대한 장단점은 상이하다. 따라서 교사는 공학 도구를 활용한 다양한 수학 교수·학습 양식의 장단점을 이해하고 모든 학생이 균등하게 교육적 혜택과 기회를 받을 수 있도록 적절한 교수·학습 양식을 설계하고 실행해 나가는 것이 중요하다.

QUIZ

1 공학 도구를 활용한 학생 주도형 교수·학습 양식이 무엇인지 쓰시오.

2 공학 도구를 활용한 탐구 학습형 교수·학습 양식의 유의점에 대해 쓰시오.

교구와 공학 도구를 활용한 수학 교수·학습의 장점

| 핵심어 | 구체적 사고와 추상적 사고의 연결, 사고력 중심의 수학교육 추구, 수학교육의 학습 원리 구현, 추론과 증명을 위한 직관적 탐구 활동 제공

수학 체험교구와 공학 도구는 수학 교수·학습에 적절히 통합되었을 때 교수의 질과 학습의 효과를 극대화할 수 있는 효과적인 도구이다. 이러한 관점에서 김남희, 박경미(2008)는 공학 도구를 활용한 수학 교수·학습의 장점을 '구체적 사고와 추상적 사고의 연결', '사고력 중심의 수학교육 추구', '수학교육의 학습 원리 구현', '추론과 증명을 위한 직관적 탐구 활동 제공'이라는 네 가지 관점에서 논의하였다. 여기에서는 이러한 논의를 바탕으로 각 관점에 대해 자세히 살펴보기로 한다.

첫째, 공학 도구는 수학 학습에서 학생들의 구체적 사고와 추상적 사고를 연결하는 매

개 역할을 할 수 있다. 피아제의 인지 발달 이론에 따르면, 보통 중·고등학교 학생들은 구체물이 없이도 형식적 조작이 가능한 수준에 있다. 그러나 추상적인 수학과의 조급한 만남은 형식적 조작 단계에 있는 학생들에게도 수학을 어렵게 느껴지게 하는 원인이 될 수 있다. 딘즈 역시 성급한 기호 도입을 통한 형식적 수학으로의 이행을 경고하며, 수학 학습에서 기호화와 형식화 단계 이전에 구체적이고 비형식적인 여러 단계들을 설정하고 학생들에게 구성의 경험을 제공할 것을 강조한 바 있다.

김남희, 박경미(2008)는 학교 수학에서 접하게 되는 많은 수학적 정리에 대해 학생들이 그 과정에 대한 이해 없이 증명 과정 또는 결과를 암기한다는 점을 지적하면서, 공학 도구의 시각적 조작 기능이 이러한 추상적인 개념, 정리, 관계를 구체화하고 이해하는 데 도움을 줄 수 있다고 하였다. 이러한 주장은 2022 개정 수학과 교육과정에서 정보처리 역량 함양을 위한 다음의 교수·학습 방법과 맥을 같이 한다고 볼 수 있다(교육부, 2022).

〈표 9-3〉 2022 개정 수학과 교육과정에서 정보처리 역량 함양 방법

정보처리 역량 함양을 위한 교수·학습 방법
㉡ 교구나 공학 도구를 활용하여 추상적인 수학 내용을 시각화하고 수학의 개념, 원리, 법칙에 대한 직관적 이해와 논리적 사고를 돕는다.

공학 도구를 이용하여 구체적 사고와 추상적 사고를 연결한 교수·학습 사례는 고등학교에서 산술평균과 기하평균의 대소 관계에서 찾아볼 수 있다. 고등학교에서 보통 대수적인 증명 과정을 통해 산술평균과 기하평균에 대해 학습한다. 반면, [그림 9-7]은 공학 도구를 활용하여 반원 위에 산술평균(여기서는 원의 반지름)과 기하평균(여기서는 직각삼각형의 높이)을 구현한 장면인데, 학생들은 반원 위의 점 A를 어디에 위치시켜도 직각삼각형의 높이가 원의 반지름보다 커질 수 없음을 직관적으로 탐구할 수 있다. 이는 공학 도구가 한편으로는 형식적인 증명을 어려워하는 학생들에게 직관적 이해를 제공하고, 다른 한편으로는 기하와 대수와의 연결을 통한 새로운 증명의 아이디어를 얻을 수 있다는 점에서 구체적 사고와 추상적 사고를 연결하는 매개 역할을 하고 있음을 보여준다.

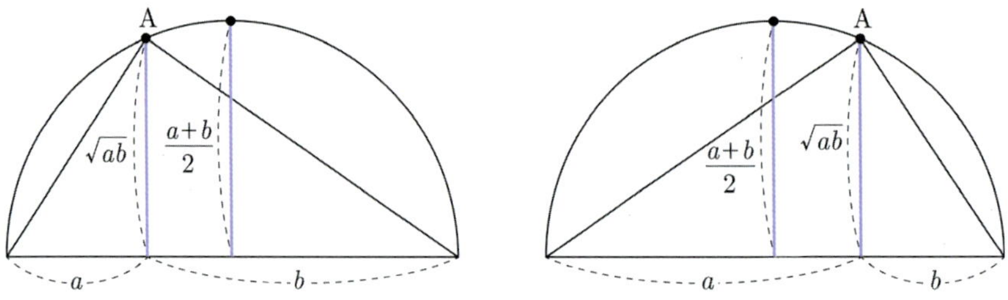

[그림 9-7] $\sqrt{ab} \le \frac{(a+b)}{2}$ 시각화

둘째, 공학 도구는 사고력 중심의 수학교육을 추구하는 수업 관행을 지원한다. 문제해결을 통한 수학적 사고력의 신장은 학교 수학의 중요한 목적 중 하나이며, 이는 복잡한 계산이나 대수적 기호 조작이 문제해결의 본질적인 부분이 아닐 때 공학 도구를 활용함으로써 수학적 사고 중심의 교수 · 학습에 전념할 수 있게 한다. 앞서 살펴본 바와 같이, 우리나라 수학과 교육과정에 공학 도구 활용의 시초가 되었던 제6차 수학과 교육과정에서도 '복잡한 계산이나 문제해결력 향상'을 위해 공학 도구를 활용할 수 있음을 명시하였다. 그리고 이러한 기조는 이후 5차례에 걸친 교육과정 개정에서도 지속적으로 권고되고 있으며, 〈표 9-4〉는 2022 개정 수학과 교육과정의 내용이다.

〈표 9-4〉 2022 개정 수학과 교육과정에서 정보처리 역량 함양 방법

정보처리 역량 함양을 위한 교수 · 학습 방법
㉣ 계산 기능 함양을 목표로 하지 않는 교수 · 학습 상황에서는 복잡한 계산을 할 때 공학 도구를 이용할 수 있게 한다.

예를 들어, [그림 9-8]은 $\sqrt{2}$가 순환하지 않은 무한소수임을 직관적으로 탐구함으로써 무리수를 도입하는 장면이다. 본 수업의 목표는 $\sqrt{2}$가 유한소수 또는 순환소수로 표현되지 않는 수임을 확인하는 것인데, 이를 위해 반복적으로 수행해야 하는 소수의 제곱에 관한 계산은 본 수업의 목표가 아니라는 점에서 계산기를 활용할 수 있다. 이를 통해 학생들은 $\sqrt{2}$가 순환하지 않은 무한소수임을 확인하는 데 집중할 수 있을 뿐만 아니라 지필 계산 실수로 결괏값이 달라지는 상황을 벗어날 수 있다.

다른 예로, 2022 개정 수학과 교육과정에서는 자료를 수집하고 정리하여 표나 그래프로 나타내거나 통곗값을 구할 때 공학 도구를 활용함으로써 공학 도구의 편리함과 유용성을 인식하게 함을 명시하고 있다(〈표 9-2〉 참조). 다시 말해, 수업의 목표가 자료의 대푯값

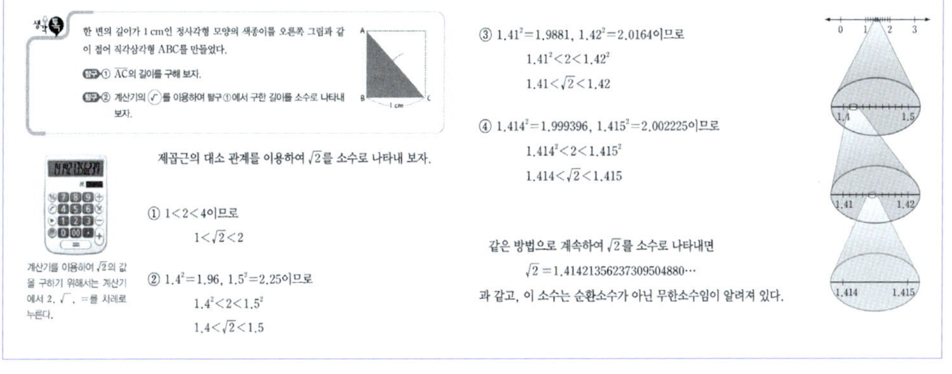
생각 톡

한 변의 길이가 1 cm인 정사각형 모양의 색종이를 오른쪽 그림과 같이 접어 직각삼각형 ABC를 만들었다.

탐구 ① $\overline{AC}$의 길이를 구해 보자.

탐구 ② 계산기의 √ 를 이용하여 탐구 ①에서 구한 길이를 소수로 나타내 보자.

계산기를 이용하여 $\sqrt{2}$의 값을 구하기 위해서는 계산기에서 2, √, =를 차례로 누른다.

제곱근의 대소 관계를 이용하여 $\sqrt{2}$를 소수로 나타내 보자.

① $1<2<4$이므로
$1<\sqrt{2}<2$

② $1.4^2=1.96$, $1.5^2=2.25$이므로
$1.4^2<2<1.5^2$
$1.4<\sqrt{2}<1.5$

③ $1.41^2=1.9881$, $1.42^2=2.0164$이므로
$1.41^2<2<1.42^2$
$1.41<\sqrt{2}<1.42$

④ $1.414^2=1.999396$, $1.415^2=2.002225$이므로
$1.414^2<2<1.415^2$
$1.414<\sqrt{2}<1.415$

같은 방법으로 계속하여 $\sqrt{2}$를 소수로 나타내면
$\sqrt{2}=1.41421356237309504880\cdots$
과 같고, 이 소수는 순환소수가 아닌 무한소수임이 알려져 있다.

[그림 9-8] 수학 3 교과서에서 공학 도구의 활용(김화경 외, 2019)

과 산포도를 구하거나 자료를 통계 그래프로 나타내는 것이 아니라면, 이를 공학 도구로 대신함으로써 학생들이 결과의 분석과 해석에 전념할 수 있음을 의미한다.

셋째, 공학 도구는 수학교육의 학습 원리를 구현할 수 있게 한다. 김남희, 박경미(2008)는 수학 교수·학습에서 공학 도구 활용이 이 책 6장 2절에서 살펴본 딘즈의 수학 학습 원리인 구성의 원리, 역동성의 원리, 지각적 다양성의 원리, 수학적 다양성의 원리를 구현하는 데 기여할 수 있다고 보았다.

예를 들어, [그림 9-9]는 공학 도구를 활용하여 일차함수 $y = ax + b\,(a \neq 0)$에서 a와 b의 값의 변화에 따라 그래프의 변화를 탐구하는 활동이다. 학생들은 $y = 3x$의 그래프를 움직여 $y = 3x + 1$의 그래프와 일치시키는 활동과 $y = 3x + b$의 그래프에서 b의 값을 다양하게 변화시키면서 그래프의 변화를 관찰하는 활동을 통해 일차함수 $y = ax + b$ $(a \neq 0)$의 그래프에서 b의 값이 어떤 역할(이와 유사하게 a의 값의 역할)을 하는지 탐구할 수 있다. 이는 딘즈가 말하는 '수학적 다양성의 원리', 즉 일차함수 $y = ax + b\,(a \neq 0)$에서 a의 값을 고정시키고 b의 값을 다양하게 변화시키거나 반대로 b의 값을 고정시키고 a의 값을 다양하게 변화시키면서 일차함수의 식과 그래프와의 관계를 파악할 수 있게 된다. 또한, 학생들에게 일차함수 $y = ax + b\,(a \neq 0)$에 대한 논리·분석적 사고를 요구하기 이전에 공학 도구를 활용하여 구성적 이해를 도울 수 있다는 점에서 딘즈의 '구성의 원리'와도 맥을 같이 한다고 볼 수 있다.

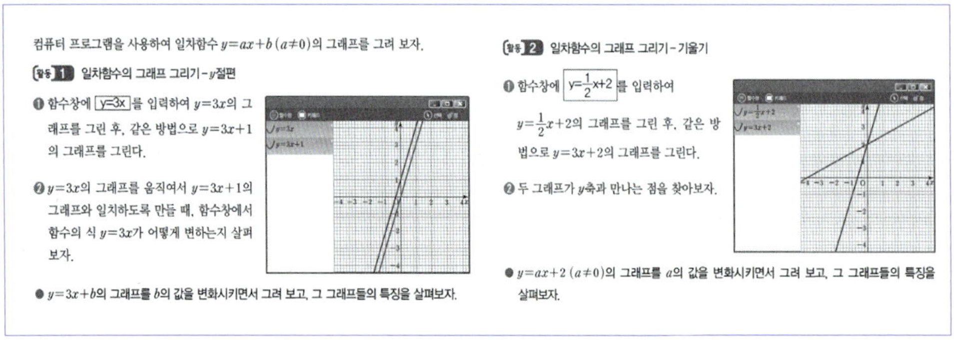

[그림 9-9] 수학 2 교과서에서 공학 도구의 활용(박교식 외, 2018)

넷째, 공학 도구는 추론과 증명을 위한 직관적 탐구 활동을 제공한다. 공학 도구가 가지는 시각적이고 조작적 기능은 연역적 추론 이전에 연역해야 할 사실에 대한 직관적 이해를 제공하거나 관찰과 귀납적 추론을 통한 발견의 과정을 제공할 수 있다(김남희, 박경미, 2008). 2022 개정 수학과 교육과정에서 추론 역량을 함양하기 위한 방법은 〈표 9-5〉와 같은데, 공학 도구를 이러한 일련의 교수·학습 과정의 가교 역할을 할 수 있다. 다시 말해, 공학 도구를 활용하여 수학적 관찰, 실험, 측정을 실시할 수 있으며, 이를 근거로 귀납적 또는 유추적 사고를 통해 수학적 추측을 제기할 수 있다. 나아가 귀납 또는 유추가 개연적 추론임을 인식하고 연역적 추론의 필요성을 인식하게 한다면 공학 도구를 활용한 추론 역량 함양에 좋은 지도 방안이 될 수 있다.

〈표 9-5〉 2022 개정 수학과 교육과정에서 추론 역량 함양 방법

추론 역량 함양을 위한 교수·학습 방법
㉠ 관찰, 실험, 측정 등 구체적 조작 활동을 통해 수학의 개념, 원리, 법칙에 흥미와 관심을 갖고 다양한 방법으로 탐구하고 이해하게 한다.
㉡ 귀납, 유추 등의 개연적 추론을 통해 수학적 추측을 제기하고 정당화하며, 수학적 증거와 논리적 근거를 바탕으로 비판적으로 사고하는 태도를 갖게 한다.

예를 들어, [그림 9-10]은 정사각형 조각들을 활용하여 자연수의 세제곱의 합 $1^3+2^3+\cdots+n^3$을 구하기 위한 교구 제작 및 활용 계획의 일부이다. 보통 교과서에서는 자연수의 세제곱의 합을 항등식 $(k+1)^4-k^4=4k^3+6k^2+4k+1$을 사용하여 연역적으로 도출한다. 반면, [그림 9-10]은 학생들이 연역적 추론 이전에 정사각형 조각들을 활용하여 $1^3+2^3+3^3+4^3=(1+2+3+4)^2$이 성립함을 직관적으로 이해하게 하고, 관찰과 귀납적 추론을 통해서 일반적인 식을 발견하는 과정이 제시되어 있다.

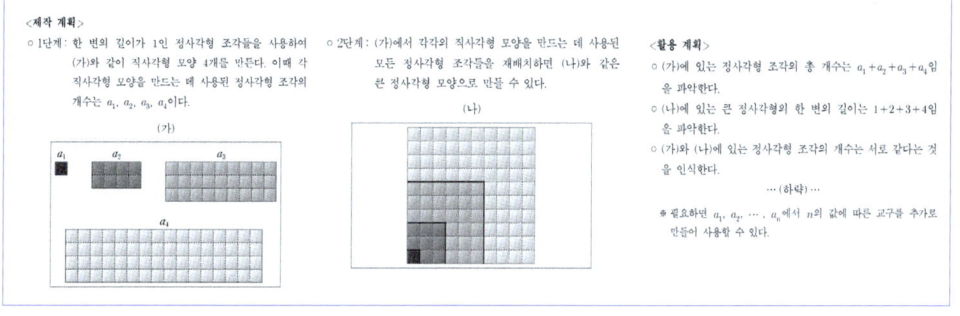

[그림 9-10] 교구를 활용한 $1^3+2^3+\cdots+n^3=(1+2+\cdots+n)^2$의 지도(중등임용, 2018)

QUIZ

1 공학 도구를 활용하여 딘즈의 수학적 다양성의 원리를 구현할 수 있는 사례를 기술하시오.

2 공학 도구를 활용하여 학생들의 수학적 추론 역량을 함양하는 방안에 대해 기술하시오.

교구와 공학 도구를 활용한 수학 교수·학습의 유의점

| 핵심어 | 공학 도구와 극단적 교수 현상

공학 도구의 활용은 수학 교수·학습을 보다 풍부하게 함으로써 교육적 효과를 높이는데 기여할 수 있다. 그러나 공학 도구의 활용은 수학 교수·학습에 만병통치약도 아니며 교사가 공학 도구를 통합하는 양식에 따라 부정적인 효과가 나타날 수도 있다는 점에 유의할 필요가 있다. 김남희, 박경미(2008)는 교사가 수업 수업에서 공학 도구를 활용할 때 공학 도구 활용의 목적이 무엇인지, 언제 그리고 어떻게 공학 도구를 활용할지, 지필 환경과 비교했을 때 공학 도구 활용이 보다 효과적인지 등을 고려해야 한다고 주장한다. 특히, 6장 5절에서 살펴본, 브루소가 언급한 극단적 교수 현상이 공학 도구를 활용한 수업에서 두드러지게 나타날 수 있다는 점에 주목하였다. 이하에서는 공학 도구를 활용하는 교수·학습 상황에서 나타날 수 있는 극단적 교수 현상인 메타인지적 이동, 형식적 고착, 토파즈 효과, 조르단 효과에 대해 간단하게 다시 살펴보기로 한다.

첫째, 공학 도구를 매개로 하는 수학 수업에서 학생들의 사고가 교수·학습을 도와주기 위해 도입된 공학 도구 자체로 이동하는 메타인지적 이동이 발생할 수 있다. 예를 들어, 교사는 알지오매스의 조작 기능을 활용하여 일차함수 $y = ax + b\,(a \neq 0)$의 그래프를 탐색하는 수업을 계획할 수 있다. 그런데, 수업의 초점이 일차함수의 기울기와 y절편의 의미를 탐구하는 것이 아닌 여러 개의 직선을 활용하여 재미있는 그림을 그리는 활동([그림 9-11] 참조)에 집중된다면 학생들의 사고가 교수학적 보조 수단인 알지오매스의 기능 조작으로 이동할 수 있다. 다시 말해, 지식의 개인화/배경화를 지나치게 강조하여 이를 도와주기 위해 도입된 공학 도구로 학생들의 사고가 매몰되는 메타인지적 이동 현상이 발생할 수 있다.

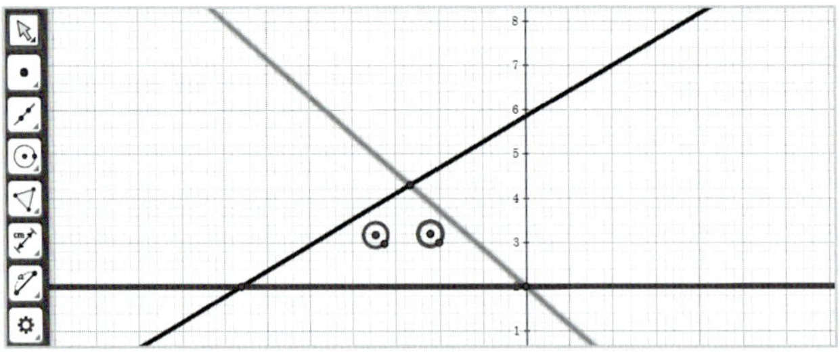

[그림 9-11] 알지오매스(Algeomath)에서 그림 그리기 활동

둘째, 공학 도구를 매개로 하는 수학 수업에서 학생들은 수학적 개념과 법칙에 대한 충분한 이해가 없이도 공학 도구의 다양한 기능만을 활용하여 문제를 해결할 수 있는데 이

때 형식적 고착이 일어날 수 있다. 예를 들어, 교사는 통계 그래프에 대한 이해가 없는 학생들에게 통그라미에서 제공하는 그래프인 줄기와 잎 그림, 히스토그램, 상자그림, 산점도 등을 생성하는 방법을 알려주고 이를 기계적으로 적용하여 그래프를 만들어 내는 활동을 할 수 있다. 다른 예로, 학생들이 메이플과 같은 수식 처리 소프트웨어를 활용하여 방정식 풀이, 인수분해, 미분, 적분 등에 대한 이해 없이 결괏값을 산출하는 활동에 집중한다면 지식의 개인화/배경화의 중요성이 간과되고 절차와 결과에 집중하는 형식적 고착이 일어날 수 있다.

셋째, 공학 도구를 매개로 하는 수학 수업에서 학생들은 공학 도구가 제공하는 명백한 힌트와 정답을 손쉽게 이용할 수 있는데 이때 토파즈 효과가 나타날 수 있다. 예를 들어, 칸 아카데미와 같은 웹 기반 환경을 활용하는 수업에서 교사는 교수학적 계약에 의한 압박으로 학생들에게 칸 아카데미가 제공하는 힌트 버튼을 활용하여 제한된 시간 내에 주어진 문제를 해결하도록 할 수 있다([그림 9-12] 참조). 이때 학생들은 문제를 해결하기 위해 충분히 계획하고 고민하지 않은 채 힌트 버튼을 이용함으로써 학습의 기회가 일소된다. 다시 말해, 공학 도구를 활용하는 수업이 학생의 학습 기회를 제거하고 지식의 탈개인화/탈배경화를 강조하는 토파즈 효과로 나타날 수 있다.

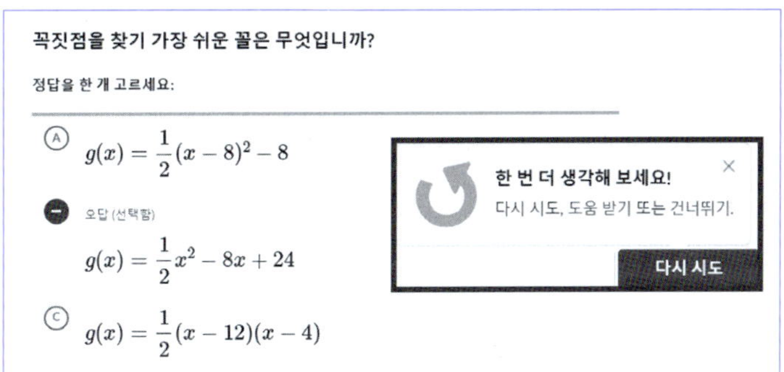

[그림 9-12] 칸 아카데미에서 힌트 기능

넷째, 공학 도구를 매개로 하는 수학 수업에서 학생들의 기계적인 또는 우연한 조작을 통해 수학적 결과가 산출될 수 있는데 이때 조르단 효과가 나타날 수 있다. 예를 들어, 폴리패드를 활용한 기하 수업에서 어떤 학생이 한쪽 화면에 여러 가지 정다면체를 생성하고 다른 쪽 화면에 각기둥과 각뿔을 생성하였을 경우([그림 9-13] 참조), 교사는 면밀한 관찰이나 면담을 통해서 해당 학생이 정다면체의 성질을 이해하였는지 파악해야 한다. 그러나, 이러한 과정 없이 컴퓨터 화면에 구성된 단순 결과만으로 학생이 정다면체의 성질을 이해하였다고 인정해 버린다면 지식의 탈개인화/탈배경화를 간과하는 조르단 효과가 나타날 수 있다.

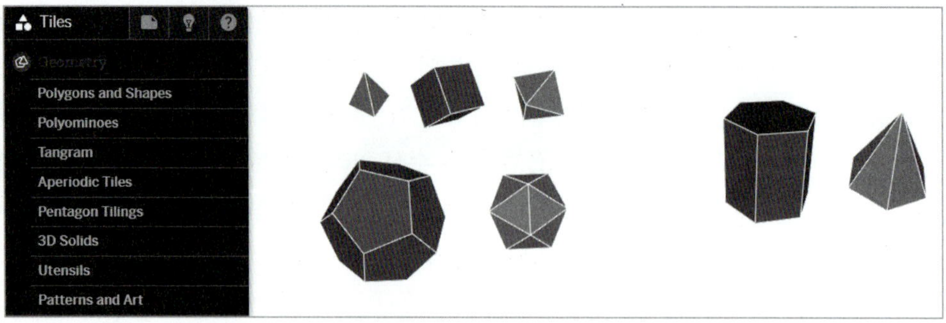

[그림 9-13] 폴리패드(Polypad)에서 입체 도형 구성

QUIZ

1 공학 도구를 활용한 수학 교수 · 학습에서 교사가 유의해야 할 점을 기술하시오.

2 공학 도구를 활용할 때 나타날 수 있는 메타인지적 이동 현상에 대해 기술하시오.

교구와 공학 도구를 활용한 수학 교수 · 학습 사례

핵심어 | 공학 도구 활용 함수의 그래프 탐구, 공학 도구 활용 상자그림 탐구

여기에서는 2022 개정 수학과 교육과정의 공학 도구 활용을 토대로 개발된 〈깊이 있는 탐구를 위한 공학 도구 활용 수학 교수 · 학습 길라잡이(임해미 외, 2024)〉의 내용을 중심으로 공학 도구를 활용한 수학 교수 · 학습 사례를 소개한다.

(1) 알지오매스를 활용한 이차함수의 그래프 탐구

2022 개정 수학과 교육과정에서는 중학교 변화와 관계 영역에서 아래와 같은 성취기준 적용 시 고려 사항을 언급하고 있다(교육부, 2022).

공학 도구를 이용하여 함수의 그래프를 그리거나 함수의 그래프의 성질을 탐구하게 한다.

이러한 교육과정 관련 고려 사항을 반영하기 위해 수학 탐구용 소프트웨어 중 하나인 알지오매스를 활용하여 이차함수 그래프의 성질을 탐구하는 활동을 할 수 있다(임해미 외, 2024). 예를 들어, [그림 9-14]는 생활 속에 포물선 모양의 사진을 찾아 알지오매스에 위

[알지오매스] 포물선과 일치하는 이차함수 식 찾기

3단계 | 일치하는 이차함수 그래프 찾기

- 문제 조건 $y=ax^2$, $y=ax^2+q$, $y=a(x-p)^2$, $y=a(x-p)^2+q$ 에 맞도록 학생들은 포물선 이미지의 위치와 크기를 정한다.
- 함수 창의 a, p, q 값을 적당한 값을 입력하거나 슬라이드를 이동하면서 포물선 이미지와 일치하는 값을 찾도록 한다.
- 일치하는 이차함수 그래프와 포물선이 일치하도록 반복하여 실행한다.
- 일치하는 이차함수 식을 함수 입력창에 입력한다.
  (찾은 그래프만 보이도록 하려면 찾은 함수식창은 활성화, $y=a(x-p)^2+q$창은 비활성화)
- 찾은 그래프를 누르고 ⇨ '대수식 표시'를 누른다.

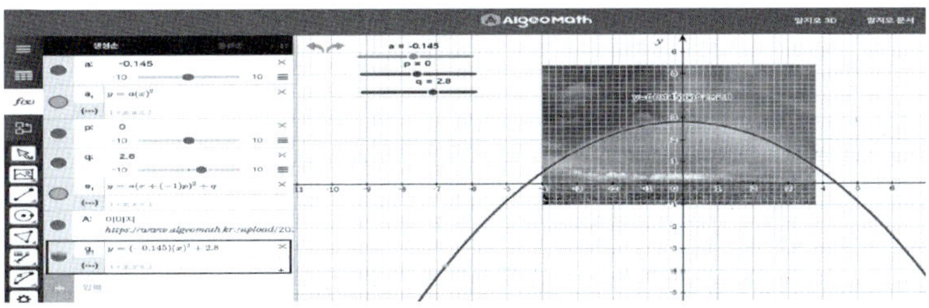

[그림 9-14] 알지오매스(Algeomath)를 활용한 이차함수의 그래프 탐구

치시킨 뒤, 이차함수 $y=a(x-p)^2+q$에서 a, p, q의 값을 변화시켜 사진의 포물선과 일치하는 이차함수의 식을 찾는 장면이다.

학생들은 알지오매스를 활용하여 a, p, q 값의 변화에 따른 그래프의 변화를 탐색할 수 있고 딘즈의 수학적 다양성의 원리에 따라 이차함수의 평행이동 개념에 대해 학습할 수 있다. 이때, 교사는 학생들이 이차함수의 평행이동 개념에 대한 탐구 없어 단순한 시행착오를 통해 사진과 일치하는 이차함수의 식을 우연히 찾는 것은 아닌지 관찰과 질문을 통해 확인함으로써 조르단 효과와 같은 극단적인 교수 현상이 나타나지 않게 유의해야 한다.

(2) 코답(CODAP)을 활용한 상자그림 탐구

상자그림(box plot)은 2022 개정 수학과 교육과정에서 중학교 자료와 가능성 영역에서 새롭게 도입된 개념이다. 교육과정에서는 아래와 같이 상자그림 관련 성취기준에 공학 도구 활용을 명시적으로 언급하였으며, 이를 통해 학생들이 '공학 도구의 편리함과 유용성을 인식'하는 것이 성취기준 적용 시 고려 사항이라 볼 수 있다(교육부, 2022).

[9수04-08] 공학 도구를 이용하여 자료를 상자그림으로 나타내고 분포를 비교할 수 있다.

코답은 데이터 분석을 위한 공유형 웹 기반 교육 소프트웨어로, 학생들은 코답을 활용하여 주어진 자료를 상자그림으로 나타내고 두 개 이상의 자료의 분포를 비교할 수 있다

(임해미 외, 2024). 예를 들어, [그림 9-15]는 주어진 두 개의 자료를 코답을 활용하여 상자그림으로 나타내고 이를 근거로 통계적 결론을 도출하는 장면이다. 학생들은 자료의 분포를 비교하기 위해 대푯값과 산포도를 직접 계산하거나 상자그림을 직접 그리지 않고 상자그림에 대한 분석과 해석에 전념할 수 있다는 점에서 사고력 중심 수학교육을 지향할 수 있다. 이때, 교사는 학생들이 상자그림에 대한 깊이 있는 이해 없이 코답이 제공하는 대푯값만 비교하거나 상자의 위치만 비교하여 절차적인 결론을 내는 형식적 고착이 일어나지 않도록 유의해야 한다.

[탐구문제 해결하기] 두 집단 자료를 상자그림으로 나타내고 분포를 비교하기

1. 현준이네 모둠은 통계 프로젝트 과제를 위해 "상표 A의 소화제가 상표 B의 소화제보다 용해 시간이 더 짧을까?"라는 통계적 탐구 문제를 설정하였다. 아래 표는 현준이네 반 학생들이 각각 상표 A와 상표 B 소화제 25개씩의 용해 시간을 조사한 자료이다.

용해시간(초)

상표 A	96	119	112	115	135	96	119	117	130	109	101	117	103	https://shorturl.at/aguGU
	113	110	103	105	105	127	116	114	126	111	119	111		
상표 B	108	147	139	137	124	142	141	112	125	133	141	122	150	
	113	151	105	120	117	114	130	119	127	132	129	132		

(1) CODAP을 활용하여 [탐구문제]에서 제시된 두 상표의 소화제 용해시간을 상자그림으로 나타내시오.
[참고: 자료 입력하기, 상자그림 만들기]

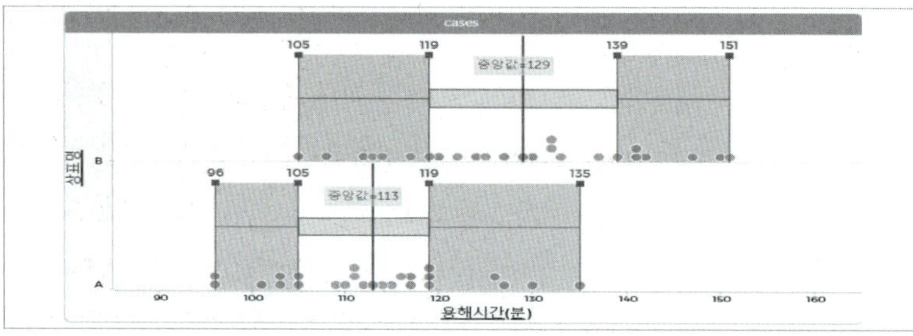

(2) (1)의 결과를 토대로 탐구 문제 "상표 A의 소화제가 상표 B의 소화제보다 용해 시간이 더 짧을까?"의 결론을 적절한 근거를 들어 설명하시오.

[그림 9-15] 코답(CODAP)을 활용한 상자그림 탐구

QUIZ

1 알지오매스를 활용하여 이차함수의 그래프를 탐구하는 수업에서 교사가 유의해야 할 극단적 교수 현상을 한 가지 기술하시오.

2 코답을 활용한 상자그림 탐구의 장점을 한 가지 기술하시오.

과제 및 연습

1. 제6차 수학과 교육과정 이후로 수학과 교육과정 개정에 따른 공학 도구 활용의 변화를 기술하시오.

2. 다음은 2022 개정 수학과 교육과정의 도형과 측정 영역과 관련된 성취기준 적용 시 고려 사항 중 하나이다. 교육과정의 고려 사항에 따라 합동이나 닮음의 의미를 이해하기 위해 공학 도구를 활용할 수 있는 방안에 대해 기술하시오.

> 다양한 교구나 공학 도구를 이용하여 합동과 닮음의 의미를 이해하게 한다.

3. 공학 도구를 활용한 수업에서 딘즈의 '구성의 원리'가 적용되는 가상의 수업 상황을 예로 제시하시오.

4. 다음은 교수·학습의 측면에서 계산기 활용의 장점을 언급한 두 명의 교사이다. 각 교사가 공학 도구를 적절하게 활용하였는지를 수학과 교육과정을 토대로 판단하고, 이에 대한 근거를 구체적으로 기술하시오.

> 김 교사: 사칙계산을 배우는 초기 단계에서 계산기를 이용하면 계산을 빨리할 수 있으므로, 학생들에게 연산의 의미와 구조에 대한 지식을 깊이 있게 전달할 수 있어요.
>
> 박 교사: $\sqrt{2}$가 순환하지 않는 무한소수임을 탐구하는 과정에서
>
> $$1 = 1^2 < 2 < 2^2 = 4,$$
> $$1.96 = 1.4^2 < 2 < 1.5^2 = 2.25,$$
> $$1.9881 = 1.41^2 < 2 < 1.42^2 = 2.0164$$
>
> 등의 계산을 계산기가 도와주므로 편리하지요.

5. 최 교사는 "기울기가 같은 두 일차함수의 그래프는 서로 평행하거나 일치한다."는 학습 내용을 지도하려고 한다. 다음은 최 교사가 수업에 사용하기 위해 만든 학습 자료와 그 학습 자료를 활용한 학습 활동에 대한 계획이다. 딘즈가 제시하는 수학 학습 원리 중 '수학적 다양성의 원리'를 쓰고, 지도하려는 학습 내용에 대한 최 교사의 수업 계획을 수학적 다양성의 원리의 관점에서 평가하시오.

학습 자료

탐구형 소프트웨어를 이용하여 컴퓨터 화면에 함수 $f(x)=2x+1$의 그래프를 그린다. 매개변수 입력창에 a, b의 값을 입력하면 그 값에 따라 새로운 함수 $g(x)=ax+b$의 그래프가 동일한 화면에 그려지도록 한다.

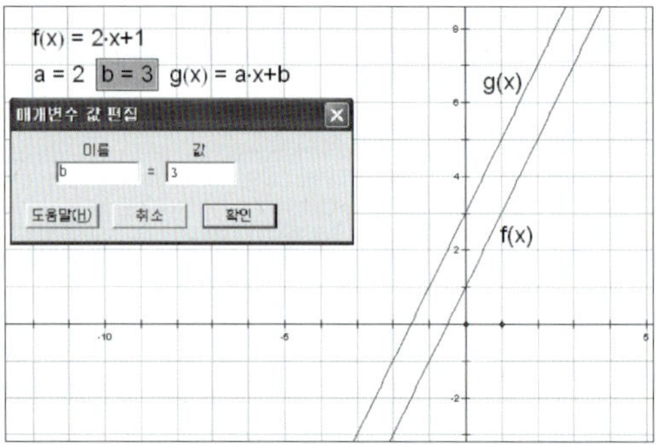

학습 활동

활동 ①: 위 학습 자료에서 a의 값을 2로 입력하여 고정한다.

활동 ②: b의 값에 3을 입력하여 $g(x)$의 그래프를 그리고, $f(x)$와 $g(x)$의 두 그래프 사이의 관계를 관찰한다.

활동 ③: b의 값을 바꾸어 입력하여 $g(x)$의 그래프를 그리고, $f(x)$와 $g(x)$의 두 그래프 사이의 관계를 관찰한다.

활동 ④: 활동 ③의 과정을 여러 번 반복해서 실행한다.

6. 다음은 모의실험 프로그램을 활용한 수업이다. 이 수업 상황과 관련하여 나타날 수 있는 극단적 교수 현상을 한 가지 쓰고, 그 이유에 대해 구체적으로 설명하시오.

교사 : 오늘 수업에서는 컴퓨터로 모의실험을 해 볼 거예요. 위쪽에서 공을 떨어뜨리면 판 위에 규칙적으로 박혀 있는 못에 공이 부딪혀 바닥에 있는 빈칸 가운데 하나로 들어가게 되요. 100개의 공을 하나씩 떨어뜨렸을 때 바닥에 있는 칸들

에 들어간 공의 개수는 어떻게 분포될지 한번 예상해 보세요.

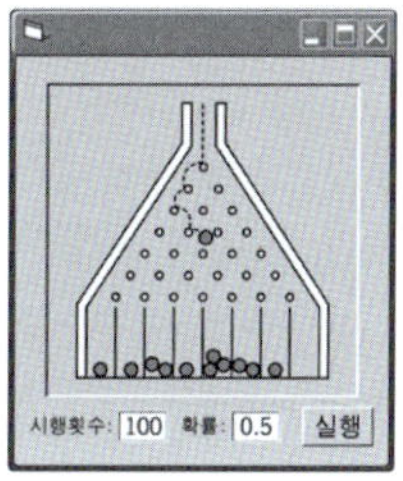

학생 : 각 칸에 들어가는 공의 개수가 비슷할 것 같습니다.

교사 : 그럼 이 프로그램으로 실험을 해 볼까요?
(모의실험 프로그램을 실행한다.)

교사 : 자, 어떤 결과가 나왔나요?

학생 : 각 칸에 들어간 공의 개수가 비슷하지 않습니다.

교사 : 왜 그럴까요?

학생 : 아무래도 가운데 칸으로 떨어지기가 쉬울 테니까 공이 양 끝에 있는 칸으로 떨어질 가능성이 가운데 칸으로 떨어질 가능성보다 낮을 것 같습니다.

교사 : 그렇지요. 지금 여러분은 바닥에 있는 칸들에 들어간 공의 개수가 따르는 분포가 근사적으로 정규분포를 이룬다는 것을 알아냈어요.

7. 다음은 중학교 수업의 한 장면이다. 이 수업 상황과 관련하여 나타날 수 있는 극단적 교수 현상을 한 가지 쓰고, 그 이유에 대해 구체적으로 설명하시오.

교사 : 삼각형의 세 변의 수직이등분선은 한 점에서 만나고 이 점이 삼각형의 외심이 된다는 것을 배웠습니다. 사각형의 경우에는 어떨까요?

자영 : 글쎄요. 아마도 사각형은 삼각형과 비슷하므로 네 변의 수직이등분선은 한 점에서 만날 것 같아요.

교사 : 확인해 봅시다.

[교사는 동적 기하 소프트웨어를 사용하여 다양한 예를 보여 준다.]

교사 : 한 점에서 만날 수도 있고 아닐 수도 있군요. 그럼 어떤 사각형일 때 한 점에서 만날까요? 삼각형 세 변의 수직이등분선의 교점이 삼각형의 어떤 중심인지 한번 생각해 보세요.

[대답 없음]

교사 : 삼각형에서 세 변의 수직이등분선의 교점은 외심입니다. 만약 사각형의 네 변의 수직이등분선이 한 점에서 만난다면 그 점이 이 사각형의 외심이 되지 않을까요? 실제로 외심이 됩니다. 이 외심은 사각형의 외접원의 중심입니다. 정리하면 사각형이 원에 내접한다면 네 변의 수직이등분선은 한 점에서 만납니다.

참고문헌

강옥기 외 (2012). 수학교육학 신서. 교우사.

강한별, 이미숙, 조한혁 (2021). 진화전략(Evolution Strategy)을 활용한 최대 · 최소 탐구과정 및 코딩환경 연구. 수학교육학연구, 31(1), 109-130.

교육부 (1992). 중학교 교육과정. 교육부 고시 제1992-11호. 교육부.

교육부 (1997). 수학과 교육과정. 교육부 고시 제1997-15호 [별책 8]. 교육부.

교육인적자원부 (2007). 수학과 교육과정. 교육인적자원부 고시 제2007-79호 [별책 8]. 교육인적자원부.

교육과학기술부 (2011). 수학과 교육과정. 교육과학기술부 고시 제2011-361호 [별책 8]. 교육과학기술부.

교육부 (2015). 수학과 교육과정, 교육부 고시 제2015-74호 [별책 8]. 교육부.

교육부 (2021). 더 나은 미래, 모두를 위한 교육 2022 개정 교육과정 총론 주요사항(시안). 교육부.

교육부 (2022). 수학과 교육과정, 교육부 고시 제2022-33호 [별책 8]. 교육부.

김남희, 박경미 (2008). 예비교사와 현직교사를 위한 수학교육에서의 컴퓨터 활용. 경문사.

김화경 외 (2019). 중학교 수학3. 좋은책 신사고.

나귀수, 최지선, 이수진, 임미인, 신동조, 선우진 (2024). 수학교육 내실화를 위한 정책 현황 · 성과 분석연구. 한국과학창의재단 보고서. 한국과학창의재단.

박교식 외(2018). 중학교 수학2. 동아출판.

이경화, 정혜윤, 강완, 안병곤, 백도현 (2017). 수학 교구 활용을 위한 교수학적 원리의 제안 및 적용. 수학교육논문집, 31(2), 203-221.

임해미, 신보미, 신동조, 박진형, 조진우, 이지연, 한현구 (2024). 깊이 있는 탐구를 위한 공학 도구 활용 수학 교수 · 학습길라잡이. 한국과학창의재단 보고서. 한국과학창의재단.

NCTM (1980). An agenda for action. Reston, VA: Author.

NCTM (2000). Principles and standards for school mathematics. Reston, VA: Author.

NCTM (2014). Principles to actions: Ensuring mathematical success for all. Reston, VA: Author.

Siemens, G. (2005). Connectivism: A learning theory for the digital age, International Journal of Instructional Technology and Distance Learning, 2. http://www.itdl.org/Journal/Jan_05/article01.htm

Trouche, L. (2004). Managing the complexity of human/machine interactions in computerized learning environments: Guiding students' command process through instrumental orchestrations. International Journal of Computers for mathematical learning, 9, 281-307.

Verillon, P., & Rabardel, P. (1995). Cognition and artifacts: A contribution to the study of though in relation to instrumented activity. European journal of psychology of education, 77-101.

CHAPTER

10

수학교육에서 평가

둘러보기

수학교육에서 평가란 설정된 수학교육의 목표를 달성하기 위해 실행된 수학수업이 학생과 교사에게 유의미한 결과를 얻었는지 확인하기 위해 실시하는 교육활동이다. 평가를 바라보는 시각에 따라 두 개의 영어 단어가 있다. 하나는 'Assessment'이고, 하나는 'Evaluation'이다. 전자는 교육적 결정을 위해 정확한 정보를 수집하는 과정이고, 후자는 학생의 학습에 대한 공정한 판단을 내리는 과정이다.

일반적으로 평가의 목적은 크게 두 가지 측면에서 생각할 수 있다. 학생 측면에서는 학생의 인지적 영역과 정의적 영역에 대한 유용한 정보를 수집 및 활용하여 학생의 수학 학습과 전인적 성장을 돕는 것이고, 교사 측면에서는 교사의 수업 방법을 개선하고 환류하는 것이다.

이러한 평가의 목적에 비추어 볼 때, 최근 평가의 관점은 다음과 같이 변화하고 있다. 첫 번째는 학생들이 무엇을 모르는가 보다는 학생들이 수학에 대해 무엇을 알고 있고, 어떻게 알고 있는지를 평가하는 것이다. 두 번째는 상대적인 등급을 결정하기 위한 목적이 아니라, 평가를 교수·학습의 한 부분으로 인식하는 것이다. 세 번째는 독립적 기능을 요구하는 연습문제나 문장제 문제가 아니라, 총괄적이고 다양한 수학적 아이디어를 적용할 수 있는 문제 상황을 중요시하고 있다는 것이다.

미국의 NCTM이 제시한 평가의 규준을 소개하면 다음 여섯 가지로 요약된다.

첫째, 수학 규준이다. 평가는 모든 학생들이 알아야 할 것과 할 수 있는 수학을 반영해야 한다는 규준이다. 문항 제작 또는 채점이 용이한 문항만을 출제하는 경향에서 벗어나 학생들이 평가를 통해 자신이 알고 있는 것 또는 할 수 있는 수학을 경험할 수 있도록 해야 한다.

둘째, 학습 규준이다. 평가는 수학 학습 향상에 기여해야 한다는 규준이다. 평가는 교수·학습의 연장선에 있기 때문에, 평가가 수학 학습에 도움이 되도록 구성해야 한다. 다양한 평가 방법을 활용하여 적절한 피드백 등을 제공하여 학습 향상을 가져올 수 있도록 한다.

셋째, 공정성 규준이다. 평가는 모든 학생에게 공정해야 한다는 규준이다. 평가는 모든 학생의 경험, 특성, 환경 등을 모니터링 하여 교육적으로 평등한 기회를 제공해야 한다.

넷째, 개방성 규준이다. 평가 과정은 투명하게 공개해야 된다는 규준이다.

다섯째, 추론 규준이다. 평가를 통해 학생들의 수학 학습에 대한 타당한 추론을 도출할 수 있어야 한다는 규준이다. 단답형 혹은 선다형은 학생들이 계산이 틀렸거나 잘 모르고 있다와 같은 단순한 사실을 파악할 수 있고, 서술형 또는 논술형의 경우에는 학생들의 문제해결 과정을 상세하게 파악할 수 있다. 즉, 학생들에 대한 평가 결과를 면밀히 검토하여, 학생들의 학습에 대한 유의미하고 타당한 추론을 얻을 수 있다.

여섯째, 일관성 규준이다. 평가의 과정이 전체적으로 일관되게 이루어져야 한다는 규준이다. 평가가 평가의 목적, 수학과 교육과정, 수학 교수·학습 방법 등에 비추어 부합하는지에 대해 살펴보아야 한다.

평가의 질 관리는 중요하다. 평가의 질 관리를 위해 교사는 '왜 평가하는가?(평가의 목적)', '무엇을 평가하는가?(평가의 내용)', '어떻게 평가하는가?(평가의 방법)', '어떻게 의사소통하는가?(평가의 활용)'에 대한 고려가 필수적이다.

또한, 수학과 평가의 설계 및 절차는 일반적으로 다섯 단계를 거친다. 각 단계는 평가의 목적을 달성하기 위해 체계적으로 준비하고 실행하여야 한다. 각 단계의 성공적 수행을 위한 구체적 내용에 대해 살펴볼 것이다.

평가의 목적

| 핵심어 | 학생의 주도적 학습과 성장, 전인적 성장, 수업 방법 개선

수학교육학은 수학의 교수·학습에 관련하여 연구하는 학문 분야이다. 수학교과교육은 기초과학인 수학 내용을 학생들에게 효율적으로 어떻게 가르칠 것인가에 대한 문제에 주된 관심이 있다. 따라서 수학교과교육은 수학의 학습·지도 개선을 위해 이와 관련된 여러 학문 분야와 더불어 이루어지는 교육활동으로 볼 수 있다. 이러한 수학교과교육이 현장 수학교실에서 실행되는 과정은 크게 세 가지 기본 골격으로 구성된다. 하나는 수학교육의 목적이고, 다른 하나는 수학교육의 내용이며, 마지막은 수학 교수·학습 및 평가이다.

여기서 평가는 수학교과교육 실행의 큰 축으로 자리매김하고 있으며, 이러한 평가의 목적을 명확히 인식하는 것은 수학교사로서의 책무라 할 수 있다. 평가의 목적이 무엇이냐는 여러 관점에 따라 다양한 시각이 있을 수 있다.

첫 번째는 이상적인 관점에서 평가의 목적이다. 여러 문헌을 통해 볼 때, '수학을 좋아하게 하고 수학을 잘하도록 하는 것'이 평가를 통해 달성될 수 있다면 가장 이상적인 평가가 아닐까 생각한다. 물론 이것은 이상적 목적이기는 하지만, 평가 문제가 수학을 좋아하도록 하고, 수학을 잘 할 수 있도록 안내할 수 있으면 좋을 듯하다.

두 번째는 국가수준에서 수학과 교육과정에서 제시하는 평가의 목적이다. 여러 차례 수학과 교육과정의 개정을 거치면서 일부 개정 교육과정에서는 '목적'이라는 명시적인 언급 없이 평가의 목적을 간접적으로 제시하기도 하였고, 2015 개정 수학과 교육과정에서처럼 명시적으로 평가의 목적을 제시하는 경우도 있었다. 2015 개정 수학과 교육과정(교육부, 2015)에서는 '수학과의 평가는 학생의 인지적 영역과 정의적 영역에 대한 유용한 정보를 수집·활용하여 학생의 수학 학습과 전인적 성장을 돕고 교사의 수업 방법을 개선하는 것을 목적으로 한다.'라고 명시적으로 제시하였지만, 2022 개정 수학과 교육과정(교육부, 2022)에서는 '학생의 수학 학습에 대한 정보를 수집·활용하여 학생의 주도적 학습과 성장을 지원하고 교사의 수업 개선을 돕도록 지속적으로 평가를 실시한다.'와 같이 암묵적으로 평가의 목적을 제시하고 있다.

결론적으로 평가의 목적은 수업의 핵심 주체인 학생, 교사에게 서로 다른 측면에서 의미를 부여하고 있다. 학생의 입장에서 평가의 목적은 학생의 주도적 학습과 성장을 지원하는 것과 더불어 학생 개개인의 수학 학습과 전인적인 성장을 돕는 것이며, 교사의 입장에서 평가의 목적은 교사 자신의 수업 방법의 개선 및 교사의 교수 활동 개선 등을 통해 전문성을 신장하는 것이다.

QUIZ

1 수학과 교육과정에서 제시하고 있는 평가의 목적을 학생 측면과 교사 측면으로 나누어 제시하시오.

수학교과의 평가 방법

| 핵심어 | 진단평가, 형성평가, 총괄평가, 지필평가, 프로젝트 평가, 포트폴리오 평가, 관찰 평가, 면담 평가, 구술 평가, 자기 평가, 동료 평가

학생의 수학 학습 과정과 수학 학습 결과는 다양한 평가 방안을 이용하여 양적 또는 질적으로 평가해야 한다. 이러한 다양한 평가 방법을 통해 평가의 목적을 달성할 수 있을 것이다.

먼저, 수학 학습 과정과 수학 학습 결과에 대한 평가는 평가 시점에 따라 **진단평가**, **형성평가**, **총괄평가**로 구분할 수 있다. 첫 번째, 진단평가는 수학 수업 전에 실시하는 것으로 선수학습의 정도 및 학습자의 특성을 파악하기 위해 실시한다. 진단평가는 수학 학습을 위한 선수학습 내용의 습득 유무를 확인하고, 학생의 학습목표 사전 달성 여부를 판단하여 본시 학습목표의 수준을 조정함으로써 학습동기를 유발하고, 적절한 교수 전략 제공 등에 활용될 수 있다. 두 번째, 형성평가는 수학 교수·학습 과정에 실시하는 것으로 학습자의 본시 학습목표 도달 여부를 확인하기 위해 실시한다. 형성평가를 통해 개별 학생들에게 적절한 피드백을 제공하여 학습을 강화하고 촉진할 수 있으며, 수학 학습 곤란에 대한 진단과 교정을 할 수 있을 뿐 아니라, 교수자 자신의 수업 전략을 개선할 수 있다. 세 번째, 총괄평가는 대단원이나 중단원이 마친 후에 실시하는 것으로 학생들이 학습목표에 도달하였는지 종합적으로 확인하는 평가이다. 대표적으로 국가수준 학업성취도 평가, 학교수준에서의 중간고사(1차시험), 기말고사(2차시험) 등이 이에 해당한다.

다음으로, 학습의 전체 과정에서 사용할 수 있는 구체적 평가의 방법이다. 평가의 방법으로는 지필 평가, 프로젝트 평가, 포트폴리오 평가, 관찰 평가, 면담 평가, 구술 평가, 자기 평가, 동료 평가, 교구나 공학 도구 활용 평가, 온라인 교수·학습 환경 평가 등이 있다.

첫 번째, **지필 평가**(paper-and-pencil evaluation)는 종이에 제시된 문제를 필기 도구를 활용하여 해결하는 과정이나 결과를 기록하여 그 결과를 확인하는 평가 방식이다. 수학 내용 체계의 세 범주[1] 중에서 지식·이해, 과정·기능을 평가하는 데 활용할 수 있는

1 내용 체계의 세 범주는 '지식·이해', '과정·기능', '가치·태도'이다.

대표적인 평가 방법이며, 선택형, 단답형, 서 · 논술형 등의 다양한 문항 유형을 사용할 수 있다. **과정 중심 평가**, 결과 중심 평가에 관계없이 가장 광범위하고 일반적으로 실시되는 평가 방법이다.

두 번째, **프로젝트 평가**(project evaluation)는 학생 스스로 특정 주제나 과제를 탐구하고 해결하기 위해 계획을 수립하고 수행하는 과정과 그 결과물을 평가하는 방식이다. 프로젝트 평가는 지필 평가와 달리 수학 내용 체계의 세 범주 모두 종합적으로 평가할 수 있다.

세 번째, **포트폴리오 평가**(portfolio evaluation)는 학생의 성장에 대한 정보를 얻기 위해 수학 학습 수행과 그 결과물을 일정 기간 수집하여 평가하는 방식이다. 여기서 포트폴리오란 하나 이상의 주제나 문제에 대한 해결 과정을 모두 기록하고, 그것을 체계적으로 모아 놓은 것을 의미하므로, 포트폴리오 평가는 이러한 수집물을 종합적으로 평가할 수 있다. 따라서 포트폴리오 평가는 수학 교과 역량의 발달 정도 및 수학적 능력의 발달 정도를 종합적으로 평가할 때 활용할 수 있다.

네 번째, **관찰 평가**(observation evaluation)는 수학 학습에 참여하는 학생 개인 및 소집단을 관찰하여 평가하는 방식이다. 학생이 수업 중에 학습하는 행동을 관찰하여 평가하거나, 학생이 과제를 수행하는 모습을 관찰하여 평가한다. 학생의 수학적 사고 방법, 수학 과제의 수행 과정, 수학에 대한 가치 · 태도 등을 평가할 때 효과적으로 활용된다. 관찰 평가는 시간과 노력이 많이 필요하고, 객관적으로 평가하기가 어려울 수 있으며, 학생의 개인적인 특성을 고려하기 어렵다는 단점이 있다.

수업시간이나 다양한 교과 활동 시간에 관찰을 실시할 때 유의할 점이 있다. 관찰에서는 뚜렷한 목적과 문제의식을 가지고 관찰에 참여하고, 관찰 계획을 치밀하게 세우고, 피상적 관찰이 되지 않도록 인과관계를 분명히 찾도록 노력하고, 객관적으로 관찰하며, 가능한 긴 시간에 걸쳐 누적 관찰을 실시하도록 하면 효과적이다.

다섯 번째, **면담 평가**(interview evaluation)는 학생과의 질의응답을 통해 평가하는 방식이다. 관찰평가와 같이 학생의 사고 방법, 수행 과정, 수학에 대한 가치 · 태도 등을 평가할 때 효과적이며, 공식면담과 비공식면담으로 구분할 수 있다.

면담 평가를 효과적으로 실시하기 위해 유의할 점이 있다. 면담자는 중립적인 태도를 가져야 하고, 질문의 내용과 시기가 적절해야 하고, 편안하고 안정감이 있는 면담분위기를 조성해야 하며, 가능한 공손하고 자연스럽게 참여할 수 있도록 해야 한다.

관찰 평가와 면담 평가를 효율적으로 수행하기 위해 **일화기록법**, **체크리스트**, **평정척도법**과 같은 기록 방식을 사용할 수 있다. 일화기록법은 특정한 사건을 중심으로 구체적으로 기술하는 방법으로 특별한 준비 없이 관찰하고자 하는 학생의 수학 학습 상황에게 벌어지는 특정 사건을 구체적으로 기록하게 된다. 체크리스트는 사전에 학생의 관찰, 면담 내용

〈표 10-1〉 체크리스트 예시

항목	확인
이차함수의 뜻을 설명할 수 있다.	
이차함수와 일차함수를 구분할 수 있다.	
이차함수의 그래프를 그릴 수 있다.	
이차함수의 꼭짓점을 구할 수 있다.	
이차함수의 최댓값, 최솟값을 구할 수 있다.	

〈표 10-2〉 평정척도법 예시

항목	아주 잘함	잘함	보통	잘 못함	전혀 못함
이차함수의 뜻을 설명할 수 있다.	5	4	3	2	1
이차함수와 일차함수를 구분할 수 있다.	5	4	3	2	1
이차함수의 그래프를 그릴 수 있다.	5	4	3	2	1
이차함수의 꼭짓점을 구할 수 있다.	5	4	3	2	1
이차함수의 최댓값, 최솟값을 구할 수 있다.	5	4	3	2	1

을 결정하고, 이를 기초로 이러한 행동이 일어났는지 표시하는 방법이다. 이 방법은 사전에 수학 학습 과정에서 예상되는 행동을 철저하게 준비해야 하는 어려움이 있지만, 관찰 평가의 효율성을 높일 수 있다. 평정척도법은 관찰 또는 면담하는 내용을 일정한 척도에 따라 사전에 분류하고 측정하는 방법이다.

여섯 번째, **구술 평가**(oral evaluation)는 학생의 발표를 통해 평가하는 방식이다. 학생의 사고 방법, 수행 과정, 수학에 대한 가치·태도 등을 평가할 때 활용할 수 있다. 구술 평가는 다양한 방법으로 진행될 수 있는데, 학생이 주어진 수학 주제에 대해 발표하는 것을 평가할 수도 있고, 교사의 질문에 대해 학생이 대답하는 것을 평가할 수도 있다. 구술 평가는 학생의 수학적 표현 능력, 수학적 의사소통 능력, 수학적 사고력을 평가하는 데 효과적이다.

일곱 번째, **자기 평가**(self-evaluation)는 학생 스스로 자신의 학습 과정과 결과를 평가하는 방법이다. 이 평가 방법은 수학 내용의 이해와 수행 과정, 문제해결과 추론 과정의 반성, 자신의 생각 표현, 수학에 대한 가치·태도 등을 평가할 때 활용할 수 있다.

여덟 번째, **동료 평가**(peer review)는 동료 학생들이 상대방을 서로 평가하는 방법이다. 이 평가 방법은 협력 학습 상황에서 학생 개개인의 역할 수행이나 집단 활동의 기여를 평가할 때 활용할 수 있다.

QUIZ

1 수학 학습에 참여하는 학생 개인 및 소집단을 관찰을 통해 평가하는 방식을 무엇이라고 하는지 적으시오.

2 협력 학습 상황에서 학생 개개인의 역할 수행이나 집단 활동의 기여를 평가할 때 활용할 수 있는 평가 방식을 무엇이라고 하는지 적으시오.

과정 중심 평가와 수행평가

핵심어 | 과정 중심 평가, 수행평가

과정 중심 평가(course-based assessment)라는 용어는 수행평가(performance evaluation)라는 용어에 비하면 최근에 이슈가 되는 평가 방법이다. 과정 중심 평가는 평가를 통해 학생을 서열화하는 것이 아니라 평가를 학습의 도구로 사용하여 학생의 전인적인 성장 및 학습을 돕고 교사의 수업을 개선하는 데 활용하도록 하는 평가의 패러다임의 변화와 깊은 관련이 있다. 또한 과정 중심 평가는 학생이 수행 과정에서 어떤 사고를 하였는지에 중점을 두고 평가 결과를 도출하는 것이므로, 학생의 학습 결과를 평가하는 결과 중심 평가와 대비된다. 이러한 특성으로 인해 과정 중심 평가를 '교육과정의 성취기준에 기반한 평가 계획에 따라 교수·학습 과정에서 학생의 변화와 성장에 대한 자료를 다각도로 수집하여 적절한 피드백을 제공하는 평가(교육부, 한국교육과정평가원, 2017)'라고 정의하기도 하고, '전문가인 교사가 학생이 자신의 지식이나 기능을 나타내는 과정이나 그 결과를 보고 평가하는 것으로, 수업의 진행 중이나 학생의 수행과정 등을 통해 평가되어지는 평가'라고 정의하기도 한다.

과정 중심 평가는 학생이 수행하는 최종 '결과'만을 평가하기보다는 최종 결과가 나오기까지의 '과정'을 함께 평가하여야 하므로, 학생의 학습과 성장을 '지원'하기 위한 도움(피드백)이 필연적으로 요구되는 평가이다. 이러한 과정 중심 평가의 특성으로 인해 과정 중심 평가는 새로운 평가 체제나 평가 방법이라기보다는 학생의 성장을 지원하기 위해 학생평가를 내실화하고자 하는 정책을 추진하는 과정에서 제시된 용어이다. 과정 중심 평가는 형성평가나 과정 평가만을 의미하는 것은 아니라, 교수·학습 과정에서 교사의 교육과정 재구성 및 평가 계획에 따라 진단평가, 형성평가, 총괄평가를 모두 포함할 수 있고, 지필평가 및 수행평가 모두를 포괄하는 개념이다.

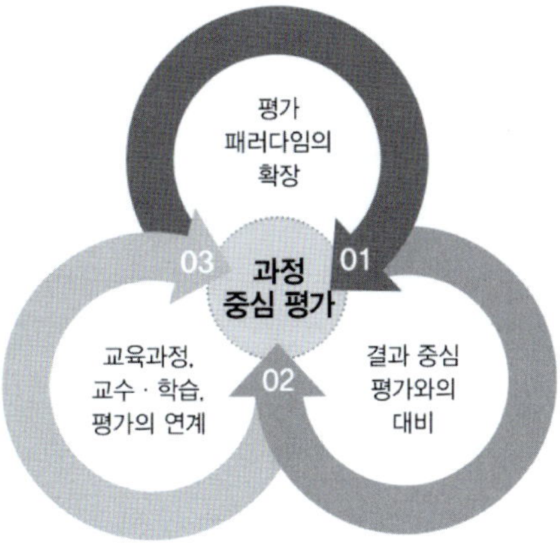

[그림 10-1] 과정 중심 평가 강조 배경(한국교육과정평가원, 2018, p.47)

수행평가, 형성평가와 같은 과정을 중시하는 평가가 이미 존재함에도 불구하고, 새롭게 과정 중심 평가가 정책 추진과정에서 강조된 배경은 세 가지로 요약할 수 있다. 첫 번째는 평가 패러다임의 확장이다. 학생의 학습 과정과 수행 과정을 평가의 대상으로 포함시키고, 평가를 학습의 도구로 사용하고자 하는 것이다. 두 번째는 결과 중심 평가와의 대비이다. 세 번째는 교육과정, 교수·학습, 평가의 연계이다. 과정 중심 평가에서는 교육과정의 성취기준을 기반으로 교수·학습과 평가 계획을 세우고, 교수·학습 과정에서 자료를 다각도로 수집하여 적절한 피드백을 제공한다. 수학과 교육과정의 목표와 성취기준에서 제시한 방향에 따라 수학 교수·학습 과정을 진행하고, 그 과정에서 학생이 수행한 과정을 평가하는 것이다.

2022 개정 수학과 교육과정에서는 '학생의 수학 학습을 돕기 위해 수업과 평가를 통합하여 학습 과정을 중시하는 평가를 실시한다.'라고 하면서 과정 중심 평가의 실행을 권고하고 있다(서보억 외, 2023). 이처럼 과정 중심 평가를 수업과 연계하여 실행하는 방안은 여러 가지 제시할 수 있다. 첫 번째는 학습의 결과뿐만 아니라 학습의 과정에 대한 평가를 실시한다. 두 번째는 학생 참여 중심의 수업을 실시한다. 세 번째는 교사와 더불어 학생도 평가의 주체가 되어야 한다. 네 번째는 평가 결과는 점수나 등급 이외에 질적인 정보도 수집한다. 다섯 번째는 평가에 따른 학생 정보는 수업 과정뿐만 아니라 수업이 끝난 후에도 수집할 수 있다.

수행평가는 1990년대 우리나라 수학교육에 도입되었다. 수행평가라는 용어는 시기에 따라 약간의 의미 변화를 거쳤다. 수행평가라는 용어가 처음 사용되어진 1980년대에는 이론시험이 아닌 실기시험의 의미로 주로 사용되었고, 기술사, 기능사 등의 자격증을 발급하기 위한 시험 혹은 음악, 미술, 체육과 같은 교과에서 지필시험에 대비된 실기시험의 의미로 사용되었다. 하지만, 1990년대가 되면, 전통적인 평가 체제와 대비되는 대안적 평가 체제로서의 의미로 부각되었다. 선택형 객관식 시험이 아닌 새로운 평가 방법을 포괄하는 의미로서, 논술형 및 서술형 평가, 포트폴리오 평가, 프로젝트 평가 등 다양한 형태의 평가 방법을 모두 포괄하는 의미로 사용된 것이다.

이에 대해 한국교육과정평가원(1999)은 수행평가를 '교사가 학생이 학습과제를 수행하는 과정이나 그 결과를 보고 그 학생의 지식, 기능, 태도 등에 대해 전문적으로 판단하는 평가 방식', 즉 '학생 스스로가 자신의 지식, 기능, 태도 등을 나타낼 수 있도록 답을 작성(서술 혹은 구성)하거나 발표하거나 산출물을 만들거나 행동으로 나타내도록 요구하는 평가 방식'이라고 정의하였다. 따라서 수행평가는 단순히 하나의 평가 방법이 아니라 정보화·세계화 시대를 맞이하여 기존의 교육평가 체제를 재구조화하고, 이를 토대로 교육평가가 나아갈 방향을 제시하는 평가의 새로운 관점이었다.

수행평가는 선택형 평가에 대한 대안평가, 실제 생활을 위한 참평가, 학습과정을 위한 과정 평가, 이외에도 역동적 평가, 직접적 평가, 자기 반성적 평가 등으로 이해될 수 있다. 학생의 수행이나 산출물을 직접 관찰하거나 검토한 것을 토대로 수행이나 산출물의 질에 대해 전문적인 판단을 내리는 학생 평가 방법이다. 수행평가의 취지는 구체적인 상황에서 학생이 실제로 행동하는 과정이나 결과를 평가함으로써 창의력과 문제해결 능력을 길러주는 데 있다. 학습결과나 성취 중심의 평가에서 벗어나 학습과정 중심의 평가를 지향하며, 또한 교사와 학생, 학생과 학생 간의 역동적 관계를 중시하는 것이 특징이다. 수행평가의 종류는 서술형, 논술형, 구술시험, 실기시험, 실험·실습, 면접, 관찰, 연구보고서, 포트폴리오(작품집 평가) 등으로 다양하다.

이렇게 보면, 수행평가와 과정 중심 평가는 맥을 같이 하는 부분이 매우 많고, 매우 유사한 측면이 많다. 과정 중심 평가는 수행평가를 포괄하며, 확장된 수행평가로 받아들이는 것이 적절해 보인다.

QUIZ

1 전통적인 평가 체제와 대비되는 대안적 평가 체제로서의 의미로 부각된 방법으로, 선택형 객관식 시험이 아닌 새로운 평가 방법을 포괄하는 개념이며, 논술형 및 서술형 평가, 포트폴리오 평가, 프로젝트 평가 등 다양한 형태의 평가 방법을 모두 포괄하는 의미로 사용되는 평가 방법을 무엇이라고 부르는지 적으시오.

성취평가제

| 핵심어 | 성취기준, 성취수준

고교학점제의 실시와 함께 **성취평가제**에 대한 관심도 높아지고 있다. 성취평가제는 상대적인 서열에 따라 '누가 더 잘 했는가?'를 평가하는 것이 아니라, '학생이 무엇을 어느 정도 성취하였는가?'를 평가하는 제도이다. 성취평가제에서는 교육과정에 근거하여 개발된 성취기준에 도달한 정도에 근거하여 학생의 **성취수준**('A-B-C-D-E', 'A-B-C', 'P' 등으로)을 평가한다. 성취평가제는 2012년 중학교와 고등학교 전문교과에 도입되었으며 2014년 고등학교 보통교과로 확대되었다. 고등학교에서는 성취평가제가 상대평가인 석차 9등급제와 공존하였기에 그 실효성이 떨어졌으나, 최근 고교학점제의 도입에 따라 성취평가제에 대한 관심이 높아지고 있다.

이미 오래전부터 성취평가제가 학교 현장에서 적용되고 있지만, 성취평가제에 대한 명확한 개념 정립이 부족한 실정이다. 성취평가제는 수학과 교육과정의 성취기준을 바탕으로 하며, 이를 기반으로 평가를 실시하여 성취수준을 결정하는 평가 제도이다.

수학교과에서 성취기준의 설정은 제7차 수학과 교육과정에서부터 시작되었다. 제7차 수학과 교육과정에서 국가수준에서 일정한 성취목표를 설정하여 수행정도를 명확히 할 필요성이 제기되었고, 이러한 필요성에 의해서 최소한의 성취목표에 도달하기 위한 교수·학습의 안내가 가능하도록 성취기준을 설정한 것이다. 성취기준은 수학교과의 목적을 달성하기 위해 설정되어진 교육목표로서 최소한의 표준(standards)이자 국가수준에서의 수학교육의 기준(criterion)이다. 이러한 성취기준은 국가에서 고시한 수학과 교육과정에 제시되어 있다.

또한, 성취기준은 평가의 잣대가 되는 성취수준을 결정하는 토대가 된다. 성취수준이란 수학과 평가활동에서 실질적인 기준 역할을 할 수 있도록 평가 영역에 대하여 학생들이 성취한 정도를 몇 개의 수준으로 나누어 각 수준에서 기대되는 성취 정도를 의미한다. 구체적으로 성취수준은 첫째, 평가 활동의 실질적인 기준 역할을 하고, 둘째, 성취정도를 수준별로 차별화할 수 있는 기준 역할을 하며, 셋째, 학습내용에 따른 평가수단 즉, 평가영역, 평가장면, 평가 방법 등을 제시한 것이다. 2022 개정 중학교 수학과 교육과정에서 제시한 성취기준별 성취수준의 사례는 〈표 10-3〉과 같다.

〈표 10-3〉 2022 개정 교육과정에 따른 성취수준(한국교육과정평가원, 2023, p.242)

<table>
<tr><th>성취기준</th><th colspan="2">성취기준별 성취수준</th></tr>
<tr><td rowspan="5">[9수01-07]
제곱근의 뜻과 성질을 알고, 제곱근의 대소 관계를 판단할 수 있다.</td><td>A</td><td>제곱근의 뜻과 성질을 이해하고, 근호를 포함한 식을 간단히 할 수 있으며 제곱근의 대소 관계를 판단하고 그 이유를 설명할 수 있다.</td></tr>
<tr><td>B</td><td>제곱근의 뜻과 성질을 이해하고, 근호를 포함한 식을 간단히 할 수 있으며 제곱근의 대소 관계를 판단할 수 있다.</td></tr>
<tr><td>C</td><td>제곱근의 뜻과 성질을 알고, 주어진 유리수의 제곱근을 근호를 사용하여 나타낼 수 있으며 제곱근의 대소 관계를 판단할 수 있다.</td></tr>
<tr><td>D</td><td>제곱근의 뜻을 알고, 주어진 자연수의 제곱근을 근호를 사용하여 나타낼 수 있으며 제곱근의 대소 관계를 판단할 수 있다.</td></tr>
<tr><td>E</td><td>제곱근의 뜻을 알고, 1, 4, 9 등과 같은 제곱수의 제곱근을 구할 수 있으며 안내된 절차에 따라 제곱근의 대소 관계를 판단할 수 있다.</td></tr>
<tr><td rowspan="5">[9수01-08]
무리수의 개념을 이해하고, 무리수의 유용성을 인식할 수 있다.</td><td>A</td><td rowspan="2">한 변의 길이가 1인 정사각형의 대각선의 길이 등 유리수가 아닌 예를 통해 무리수의 개념을 이해하고 실수의 수 체계를 설명할 수 있으며, 실생활에서 사용되는 무리수의 예를 통해 무리수의 필요성과 유용성을 설명할 수 있다.</td></tr>
<tr><td>B</td></tr>
<tr><td>C</td><td rowspan="2">한 변의 길이가 1인 정사각형의 대각선의 길이 등 유리수가 아닌 예를 통해 무리수의 개념을 이해하고, 실생활에서 사용되는 무리수의 예를 통해 무리수의 필요성을 인식할 수 있다.</td></tr>
<tr><td>D</td></tr>
<tr><td>E</td><td>주어진 수에서 유리수와 무리수를 구분할 수 있다.</td></tr>
</table>

또한, 성취수준은 영역별로도 제시된다. 이에 대해 한국교육과정평가원은 성취평가제 따른 영역별 성취수준에 대해 '각 단원 또는 영역에 해당하는 교수·학습이 끝났을 때 학생이 성취하기를 기대하는 지식, 기능, 태도에 도달한 정도를 기술한 것(A/B/C/D/E 또는 A/B/C)', 혹은 '단원 또는 영역 내 성취기준들을 포괄하는 전반적인 특성에 도달한 정도를 성취수준별로 구분해 진술한 것'이라고 정의하고 있다(한국교육과정평가원, 2023). 다음은 2022 개정 중학교 수학과 교육과정에 따른 중학교 '자료와 가능성' 영역에 대한 영역별 성취수준이다.

〈표 10-4〉 2022 개정 교육과정에 따른 영역별 성취수준(한국교육과정평가원, 2023, p. 256)

<table>
<tr><th colspan="3">영역별 성취수준</th></tr>
<tr><td rowspan="2">A</td><td>지식·
이해</td><td>• 대푯값, 중앙값, 최빈값의 뜻을 설명할 수 있고, 도수분포표와 상대도수의 의미를 설명할 수 있다.
• 경우의 수의 뜻, 확률의 개념과 확률의 기본 성질을 설명할 수 있다.
• 산포도, 편차, 분산, 표준편차의 뜻과 상자그림, 산점도, 상관관계의 뜻을 설명할 수 있다.</td></tr>
<tr><td>과정·
기능</td><td>• 다양한 자료의 특성에 적합한 대푯값을 선택하여 구할 수 있고, 이를 통해 자료의 특성을 비교 설명할 수 있다. 다양한 유형의 자료를 수집하여 줄기와 잎 그림, 도수분포표, 히스토</td></tr>
</table>

		영역별 성취수준
		그램, 도수분포다각형, 상대도수의 분포에 대한 표나 그래프 등으로 나타내고 그 과정을 설명할 수 있고, 이를 보고 자료의 특징을 합리적으로 해석할 수 있다. 다양한 상황에서 해결하고자 하는 탐구 문제를 설정하고, 적절한 계획을 세워 공학 도구를 이용하여 자료를 수집, 분석하여 그 결과를 탐구 문제와 연결하여 해석할 수 있다. • 다양한 상황에서 일어날 수 있는 경우의 수와 사건의 확률을 구하고 그 과정을 설명할 수 있으며, 다양한 문제를 해결하고 그 과정을 설명할 수 있다. • 다양한 상황에서 두 집단의 자료를 수집하여, 분산과 표준편차 구하기, 공학 도구를 이용하여 상자그림 그리기, 산점도 나타내기를 할 수 있고 그 과정을 설명할 수 있다. 또한, 분산, 표준편차, 상자그림을 보고 두 집단의 분포의 특징을 비교하여 설명할 수 있고, 산점도를 통해 두 변량 사이의 상관관계를 말할 수 있다.
	가치·태도	• 다양한 상황에서 유용하게 사용되는 대푯값, 상대도수, 상자그림 등을 찾는 활동을 통해 필요성과 유용성을 인식한다. 통계적 문제해결 과정에 주도적으로 참여하고, 문제해결 과정에서 체계적으로 사고하고 합리적으로 의사 결정을 한다. 표나 그래프를 그리거나 대푯값과 산포도를 구하는 과정에서 공학 도구의 편리함과 유용성을 인식한다. 통계적 근거를 바탕으로 비판적으로 사고하는 태도와 자신의 삶과 연계된 통계에 대한 흥미와 관심을 가진다.
B	지식·이해	• 대푯값, 중앙값, 최빈값의 뜻을 설명할 수 있고, 도수분포표와 상대도수의 의미를 설명할 수 있다. • 경우의 수 뜻, 확률의 개념과 확률의 기본 성질을 이해한다. • 산포도, 편차, 분산, 표준편차의 뜻과 상자그림, 산점도, 상관관계의 뜻을 설명할 수 있다.
	과정·기능	• 자료의 특성에 적절한 대푯값을 선택하여 구할 수 있다. 자료를 수집하여 줄기와 잎 그림, 도수분포표, 히스토그램, 도수분포다각형, 상대도수의 분포에 대한 표나 그래프 등으로 나타낼 수 있고, 이를 보고 자료의 특징을 합리적으로 해석할 수 있다. 다양한 상황에서 해결하고자 하는 탐구 문제를 설정하고, 적절한 계획을 세워 공학 도구를 이용하여 자료를 수집, 분석하여 그 결과를 탐구 문제와 연결하여 해석할 수 있다. • 주어진 상황에서 일어날 수 있는 경우의 수와 사건의 확률을 구하고 그 과정을 설명할 수 있으며, 주어진 문제를 해결하고 그 과정을 설명할 수 있다. • 두 집단의 자료를 수집하여, 분산과 표준편차 구하기, 공학 도구를 이용하여 상자그림 그리기, 산점도 나타내기를 할 수 있다. 또한, 분산, 표준편차, 상자그림을 보고 두 집단의 분포의 특징을 비교하여 설명할 수 있고, 산점도를 통해 두 변량 사이의 상관관계를 말할 수 있다.
	가치·태도	• 대푯값, 상대도수, 상자그림 등이 사용되는 다양한 예를 통해 그 필요성을 인식한다. 통계적 문제해결 과정에 주도적으로 참여하고, 문제해결 과정에서 합리적으로 의사 결정을 한다. 표나 그래프를 그리거나 대푯값과 산포도를 구하는 과정에서 공학 도구의 유용성을 인식한다.
C	지식·이해	• 대푯값, 중앙값, 최빈값의 뜻을 이해하고, 도수분포표와 상대도수의 의미를 이해할 수 있다. • 경우의 수의 뜻, 확률의 개념과 확률의 기본 성질을 이해한다. • 산포도, 편차, 분산, 표준편차의 뜻과 상자그림, 산점도, 상관관계의 뜻을 이해한다.

영역별 성취수준		
	과정·기능	• 주어진 자료의 특성에 적절한 대푯값을 선택하여 구할 수 있다. 주어진 자료를 줄기와 잎 그림, 도수분포표, 히스토그램, 도수분포다각형, 상대도수의 분포에 대한 표나 그래프 등으로 나타낼 수 있고, 이를 보고 자료의 분포의 특징을 해석할 수 있다. 통계적 탐구 문제를 설정하고, 공학 도구를 이용하여 문제해결에 필요한 자료를 수집, 분석하며 그 결과를 탐구 문제와 연결하여 해석할 수 있다. • 사건 A 또는 사건 B가 일어나는 경우의 수와 확률, 사건 A와 사건 B가 동시에 일어나는 경우의 수와 확률을 구할 수 있으며, 주어진 문제를 해결할 수 있다. • 주어진 두 집단의 자료를 이용하여, 분산과 표준편차 구하기, 공학 도구를 이용하여 상자그림 그리기, 산점도 나타내기를 할 수 있다. 또한, 분산, 표준편차, 상자그림을 보고 두 집단의 분포의 특징을 설명할 수 있고, 산점도를 통해 두 변량 사이의 상관관계를 말할 수 있다.
	가치·태도	• 대푯값, 상대도수, 상자그림 등이 사용되는 다양한 예를 찾을 수 있다. 통계적 문제해결 과정과 의사결정 과정에 참여할 수 있다. 표나 그래프를 그리거나 대푯값과 산포도를 구하는 과정에서 공학 도구의 편리함을 인식한다.
D	지식·이해	• 중앙값, 최빈값의 뜻을 알고, 도수분포표와 상대도수의 의미를 안다. • 경우의 수의 뜻, 확률의 개념과 확률의 기본 성질을 안다. • 산포도, 편차, 분산, 표준편차의 뜻과 상자그림, 산점도, 상관관계의 뜻을 안다.
	과정·기능	• 주어진 자료에서 중앙값, 최빈값을 구할 수 있다. 간단한 자료를 줄기와 잎 그림, 도수분포표, 히스토그램, 도수분포다각형, 상대도수의 분포에 대한 표나 그래프 등으로 나타낼 수 있고, 이를 보고 자료의 분포의 특징을 부분적으로 해석할 수 있다. 통계적 탐구 문제를 설정하고, 공학 도구를 이용하여 문제해결에 필요한 자료를 수집, 분석하며 그 결과를 탐구 문제와 연결하여 해석할 수 있다. • 사건 A 또는 사건 B가 일어나는 경우의 수와 확률, 사건 A와 사건 B가 동시에 일어나는 경우의 수와 확률을 구할 수 있다. • 간단한 자료를 이용하여, 분산과 표준편차 구하기, 공학 도구를 이용하여 상자그림 그리기, 산점도 나타내기를 부분적으로 할 수 있다. 또한, 분산, 표준편차, 상자그림을 보고 분포의 특징을 말할 수 있고, 산점도를 보고 상관관계를 말할 수 있다.
	가치·태도	• 대푯값, 상대도수, 상자그림 등이 사용되는 예를 찾을 수 있다. 통계적 문제해결 과정에 참여하고, 자신의 생각을 제시할 수 있다. 표나 그래프를 그리는 과정에서 공학 도구의 편리함을 인식한다.
E	지식·이해	• 중앙값, 최빈값의 뜻과 도수분포표와 상대도수의 의미를 부분적으로 안다. • 경우의 수의 뜻, 확률의 개념을 알고, 확률의 기본 성질을 부분적으로 안다. • 산포도, 편차, 분산, 표준편차, 상자그림, 산점도, 상관관계의 뜻을 부분적으로 안다.
	과정·기능	• 간단한 자료에서 중앙값, 최빈값을 구할 수 있다. 줄기와 잎 그림, 도수분포표, 히스토그램, 도수분포다각형, 상대도수의 분포에 대한 표나 그래프 등에 나타난 자료의 분포의 특징을 부분적으로 찾을 수 있다. 안내된 절차에 따라 탐구 문제를 설정하고, 공학 도구를 이용하여 필요한 자료를 수집 및 분석할 수 있으며, 그 결과를 부분적으로 해석할 수 있다.

영역별 성취수준		
		• 간단한 상황에서 사건이 일어나는 경우의 수와 확률을 구할 수 있다. • 안내된 절차에 따라 분산과 표준편차를 구할 수 있고, 상자그림을 보고 분포의 특징을 부분적으로 이해하며, 산점도를 보고 상관관계를 말할 수 있다.
	가치·태도	• 안내된 절차에 따라 대푯값, 상대도수, 상자그림 등이 사용되는 예를 찾을 수 있다. 통계적 문제해결 과정에 참여할 수 있고, 공학 도구의 편리함을 인식한다.

QUIZ

1 성취평가제에 부합되기 위해 가장 중요한 것은 성취기준과 성취수준이다. 이 두 가지 용어의 의미를 서술하시오.

서·논술형 평가의 채점

핵심어 | 채점 방법, 총체적 방법, 분석적 방법, 채점기준

서·논술형 문항의 채점은 선택형에 비해 복잡하고, 다소 정교한 과정을 거친다. 일반적으로 서·논술형 문항의 채점 절차는 다음 다섯 단계를 거치는 것이 효과적이라고 알려져 있다.

1단계: 모범답안 작성 및 채점기준 작성

모범답안과 채점기준은 반드시 평가를 실시하기 전에 작성해야 한다. 학생의 답안을 기반으로 모범답안을 작성하면 출제자의 의도가 불분명해지고, 평가의 신뢰성을 무너뜨릴 수 있기 때문이다.

2단계: 평가 실시

주어진 문항에 따라 평가를 실시한다. 평가를 실시한 답안지는 채점을 위해 개인정보를 잘 가려서 보관한다.

3단계: 가채점 실시

채점은 두 명 이상의 교사에 의해 이루어지고, 미리 예측하지 못한 의외의 답안이 나올 수 있기 때문에 가채점의 과정을 거치게 된다. 모든 채점자가 동일한 관점에서 채점이 이루어질 수 있도록 하며, 사전에 작성한 모범답안 및 채점기준을 최종적으로 완성하기 위한 수단이다.

4단계: 채점기준 검토 및 수정

가채점을 기반으로 사전에 작성한 채점기준이 타당성과 신뢰성이 있는지 확인한다. 또한, 필요할 경우에는 수정의 과정을 거친다.

5단계: 본채점 실시

모든 채점자가 공통 채점을 실시한다. 채점 이후, 그 결과를 확인한다.

서·논술형 문항을 채점하는 방법에는 크게 **총체적 점수화 방법**(이하, 총체적 방법)과 **분석적 점수화 방법**(이하, 분석적 방법) 두 가지가 널리 알려져 있다. 총체적 방법은 문제를 해결하는 데 필요한 특정 사고 과정에 관한 기준에 따라 문제풀이 전체에 점수를 부여하는 방법이다. 이 방법은 답만이 아니라 풀이 전체에 초점을 두고 풀이 전체에 하나의 점수를 부여하는 채점 방법이다. 분석적 방법은 문제풀이 과정을 몇 단계 혹은 몇 개의 영역으로 나누어 각 단계나 영역별로 점수를 할당한 것을 기준으로 채점하는 방법이다.

총체적 방법으로 채점할 때에는 먼저, 점수의 폭과 채점의 범주의 수를 먼저 결정한 다음, 각 범주 혹은 점수에 대한 구체적 기준을 만든다. 이때, 점수를 부여하는 범주는 5개 이하로 하는 것이 효율적이다. 왜냐하면, 범주의 수가 5개를 초과하면 각 범주별 구체적 점수 기준을 수립하기 어렵고 채점의 신뢰성도 떨어질 수 있기 때문이다. 총체적 방법은 빠른 시간에 답을 채점할 수 있다는 장점이 있다. 총체적 방법에 의한 채점기준표의 예시는 〈표 10-5〉와 같다.

〈표 10-5〉 총체적 방법에 의한 채점기준표 예시

범주별 채점 요소	배점
1) 백지 2) 오답 이외에 아무것도 없는 경우 3) 문제의 조건들을 단순히 옮겨 놓은 경우 4) 풀이 과정만을 일부분 제시하였지만, 그 과정 조차 틀린 경우	0점
1) 문제를 이해한 듯하나, 겨우 풀기 시작한 상태에서 멈춘 경우 2) 풀이과정과 답이 모두 틀린 경우 3) 정답만 제시하는 경우 4) 정답을 하였으나 풀이 과정의 옳고 그름을 판단할 수 없는 경우	1점
1) 풀이 과정이 옳지만, 답을 제시하지 않은 경우	2점
1) 풀이 과정이 옳지만, 문제 요구조건과 맞지 않는 답을 한 경우 2) 풀이 과정이 옳지만, 계산상의 오류로 오답한 경우	3점
1) 풀이 과정과 답의 숫자부분은 옳으나, 단위가 없거나 잘못 쓴 경우 2) 풀이 과정과 답이 옳은 경우	4점

분석적 방법으로 채점할 때에는 먼저, 문제 풀이 과정을 몇 단계 혹은 몇 가지 영역으로 나눈 다음, 각 풀이 단계나 영역별로 점수에 대한 구체적인 채점 요소를 서술하게 된다. 이때, 각 채점 요소에 대한 채점 결과가 다른 채점 요소에 대한 채점 결과에 영향을 주지 않으며, 서로 다른 채점 요소 간에 독립성을 가지고 있다. 가장 보편적인 분석적 방법에 따른 채점범주는 크게 문제를 이해하는 부분, 풀이의 과정을 제시하는 부분(문제해결), 결과를 제시하는 부분으로 나눌 수 있다. 이런 범주를 토대로 각 문항에 대하여 문제해결에 필요한 단계들을 구체화하여 채점 요소를 세우고 요소별로 점수 배당의 준거를 마련한다. 분석적 방법은 학생 개개인의 답지의 꼼꼼한 분석을 기반으로 채점을 진행하게 되므로, 채점하는 데 많은 시간이 요구된다는 단점이 있지만, 주어진 문제해결의 각 단계별로 점수를 부여함에 따라 채점자 간의 평점 차를 줄이고 동일한 채점자 내에서 일관성 및 객관성을 유지할 수 있는 장점을 가진다. 분석적 방법의 채점기준표의 예시는 아래와 같다.

〈표 10-6〉 분석적 방법에 의한 채점기준표 예시

구분 / 범주	채점 요소	배점
문제이해	기약분수의 분모의 소인수가 2또는 5일 때, 정수 또는 유한소수이다.	2점
문제해결	방정식 풀고 분모를 소인수분해 하기	2점
	정수 또는 유한소수이기 위하여 □의 값 구하기	3점
결과 및 답	7의 배수의 개수 구하기	3점
총 점		10점

이제 구체적인 문제를 바탕으로 총체적 방법과 분석적 방법의 채점기준표를 작성해 보자. 먼저 아래와 같은 문제가 하나 주어져 있다.

문제

두 함수 $f(x)=\log_n x$, $g(x)=1-\log_n(x+4)$의 그래프가 구간 $1<x<2$에서 만나도록 하는 모든 n의 값의 합을 구하시오. (단, $n\geq 2$인 자연수이다.) [4점]

[그림 10-2] 문제 예시

위의 문제에 대한 총체적 방법에 따른 채점기준표는 아래와 같이 제시할 수 있다.

채점 요소	배점
ㅇ 백지 혹은 오답 이외 다른 내용이 없음	0
ㅇ 문제를 이해한 듯하나, 겨우 풀기 시작함	1
ㅇ 합리적으로 풀었지만, 중요한 실수로 옳은 풀이를 방해함	2
ㅇ 문제는 해결했지만, 단순한 계산 실수로 답을 구하지 못함	3
ㅇ 적절한 방법을 사용하여 문제를 해결하고 답을 구함	4

[그림 10-3] 채점 기준표(1)

또한, 분석적 방법에 따른 채점기준표는 아래와 같이 제시할 수 있다.

채점 영역	채점 요소	배점
문제 이해	ㅇ 방정식을 이용하고 있음	1
문제 해결	ㅇ 방정식 $x^2+4x-n=0$을 제시함	1
	ㅇ 구간 $1<x<2$에서 해가 존재할 조건을 제시하고, 모든 n의 값을 구함	1
답 구하기	ㅇ 모든 n의 값의 합을 정확히 구함	1

[그림 10-4] 채점 기준표(2)

서·논술형 문항의 채점에서 주의해야 할 점도 있다. 일반적으로는 가능한 2명 이상의 채점자가 채점하는 것을 원칙으로 해야 한다는 것이다. 모범답안을 작성하고 채점기준표를 작성하였더라도 채점자의 주관성이 개입될 가능성이 있기 때문에, 복수의 채점자가 서로 합의하여 함께 채점하거나 각자 채점한 후 그 평균점수를 활용하도록 한다. 또한, 여러 문항을 채점을 하는 경우에는 한 학생의 답안을 모두 일괄 채점하는 것이 아니라, 문항별로 채점을 해야 편차를 줄일 수 있다. 마지막으로 분석적 방법에 따른 채점에서 채점기준표에 제시된 배점을 임의로 할당하여 부분점수를 부여하지 않도록 주의해야 한다. 예를 들어, [그림 10-4]에서 '문제해결'의 두 번째 채점 요소인 '모든 n의 값을 구함'에서 부분적으로 n의 값을 구한 상황에서 부분점수 0.5를 임의로 부여할 수는 없다. 왜냐하면, 채점 요소에서 모든 n에 대해 1점을 부여하도록 채점 기준표를 마련하였기 때문이다. 부분점수 0.5점을 부여하기 위해서는 채점기준표에 이에 대한 내용이 구체적으로 명시되어져 있어야 한다.

최근에는 총체적 방법과 분석적 방법을 혼합한 채점 방식도 사용되고 있다. 한국교육과정평가원에서 개발한 다음 예시 문항과 이에 대한 채점 기준표를 통해 이에 대해 살펴보자.

평가 문항

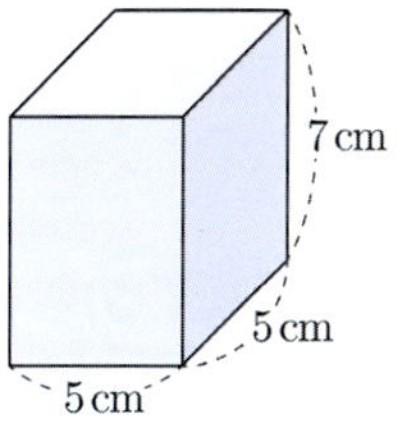

그림과 같이 가로의 길이, 세로의 길이, 높이가 각각 5cm, 5cm, 7cm인 직육면체 모양의 블록이 있다. 다음 〈조건〉을 고려하여 주어진 블록을 사용한 연립방정식 활용 문제를 만들고, 자신이 만든 문제의 풀이과정과 답을 쓰시오. (8점)

조건

- 미지수 2개를 정해야 하는 문제여야 한다.
- 직접 세는 것보다 연립방정식을 활용하여 해결하는 게 더 효과적인 문제여야 한다.
- 문제에서 제시된 조건이 명확하고 오해할 소지가 없어야 한다.
- 문제의 정답이 명확해야 한다.

채점기준표

<table>
<tr><th>채점 영역</th><th>채점 요소</th><th colspan="2">배점</th></tr>
<tr><td rowspan="4">연립방정식을 활용한 문제 만들기</td><td>미지수 2개를 정해야 하는 문제인 경우</td><td colspan="2">1점</td></tr>
<tr><td>직접 세는 것보다 연립방정식을 활용하여 해결하는 게 더 효과적인 문제인 경우</td><td colspan="2">1점</td></tr>
<tr><td>문제에서 제시된 조건이 명확한 경우</td><td colspan="2">1점</td></tr>
<tr><td>문제의 정답이 명확한 경우</td><td colspan="2">1점</td></tr>
<tr><td rowspan="6">연립방정식을 풀고 그 과정 설명하기</td><td>문제 상황에 맞게 미지수 2개를 정하고, 미지수가 2개인 연립방정식을 옳게 세운 경우</td><td>2점</td><td rowspan="3">2점</td></tr>
<tr><td>문제 상황에 맞게 미지수 2개를 정했으나, 미지수가 2개인 연립방정식을 옳게 세우지 못한 경우 혹은 문제 상황에 맞게 미지수 2개를 정하지 못했으나, 미지수가 2개인 연립방정식을 옳게 세운 경우</td><td>1점</td></tr>
<tr><td>무응답 또는 그 외의 오답</td><td>0점</td></tr>
<tr><td>연립방정식의 풀이과정과 해를 모두 옳게 서술한 경우</td><td>2점</td><td rowspan="3">2점</td></tr>
<tr><td>연립방정식의 해는 구했으나 풀이과정을 옳게 서술하지 못한 경우</td><td>1점</td></tr>
<tr><td>무응답 또는 그 외의 오답</td><td>0점</td></tr>
</table>

위의 채점기준표에서 첫 번째 채점 영역인 '연립방정식을 활용한 문제 만들기'의 경우 네 가지 채점 요소가 제시되어 있는데, 각각의 채점 요소마다 분석적 방법에 의한 채점이 이루어지도록 배점이 이루어져 있음을 확인할 수 있다. 하지만, 두 번째 채점 영역인 '연립방정식을 풀고 그 과정 설명하기'에서는 두 개의 영역으로 채점 요소를 구분한 다음(문제 상황에 맞게 미지수 2개를 정하고 연립방정식 세우기, 연립방정식의 풀이 과정과 해 구하기), 각 채점 요소별로 2점을 부여하였다. 그런데, 각 요소마다 세 가지 범주로 나누어 총체적 방법을 적용하여 2점, 1점, 0점을 부여하도록 채점 기준을 구성하고 있다.

위의 예시처럼, 분석적 방법에 의한 채점기준에서 부분점수를 부여하기 위해 총체적 방법을 혼용하여 사용하고 있는 것을 확인할 수 있다. 점수를 부여하기 위해서는 반드시 채점 기준표 상에 배점 기준이 명시적으로 반드시 있어야 함을 알 수 있다.

QUIZ

1 서 · 논술형 문항의 채점 절차를 서술하시오.

2 분석적 채점 방법의 의미를 적으시오. 또한, 분석적 채점 기준의 세 가지 범주를 제시하시오.

서 · 논술형 평가의 장점

| 핵심어 | 평가 결과의 분석, 교수 · 학습의 개선, 오답의 도움

서 · 논술형 평가는 선택형 평가와 비교해 학생의 사고과정을 정교하게 확인할 수 있다는 장점도 있지만, 채점의 어려움이라는 단점도 있다. 하지만, 평가의 목적을 온전히 달성하기 위해 유익한 점이 많아서 학교 현장에서는 다양하게 활용될 수 있는 것이 서 · 논술형 평가이다. 먼저, 서술형 평가의 가장 큰 장점인 학생의 수학적 사고과정을 구체적으로 어떻게 파악할 수 있는 아래 사례를 통해 살펴보자.

[그림 10-5]의 〈자료 1〉은 동일한 문제를 선택형과 서술형으로 각각 제시한 것이다. 선택형에 대한 학생들의 답지반응률도 제시되어져 있다. 답지반응률을 보면, ③번 답지에 높은 오답분포를 보이고 있다. 하지만, 선택형 문항의 채점 결과만으로는 ③번 답지에 25%라는 높은 답지반응을 보였는지 그 원인을 파악하는 데 한계가 있다.

<자료 1>

(선택형) $\sqrt{28x}$ 가 정수가 되는 100 이하의 모든 양의 정수 x의 합은?
① 7 ② 28 ③ 35 ④ 70 ⑤ 98

정답률 (%)	답지반응률(%)				
	①	②	③	④	⑤
51	4	12	25	8	51

(서술형) $\sqrt{28x}$ 가 정수가 되는 100 이하의 모든 양의 정수 x의 합을 풀이 과정과 함께 쓰시오. [10점]

[그림 10-5] 문항 자료

<자료 2>

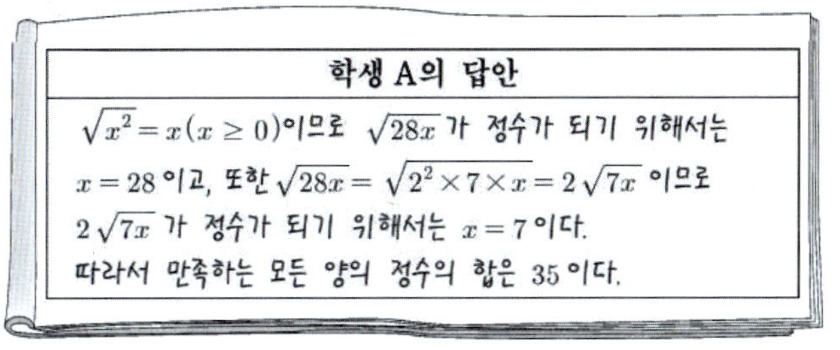

학생 A의 답안

$\sqrt{x^2}=x(x\ge 0)$이므로 $\sqrt{28x}$가 정수가 되기 위해서는
$x=28$이고, 또한 $\sqrt{28x}=\sqrt{2^2\times 7\times x}=2\sqrt{7x}$이므로
$2\sqrt{7x}$가 정수가 되기 위해서는 $x=7$이다.
따라서 만족하는 모든 양의 정수의 합은 35이다.

[그림 10-6] 학생 답안 자료

[그림 10-6]의 학생 답안 〈자료 2〉는 〈자료 1〉에 제시된 서술형 문제에 대한 한 학생의 예시답안이다. 선택형 문제의 ③번 답지에 해당하는 35를 답으로 구한 학생의 사례이다. $\sqrt{28x}$가 정수가 되기 위한 x의 값을 구하는 과정에서 63을 누락시킨 것을 알 수 있다. 즉, 소인수분해하기 전의 x의 값으로 28, 소인수분해한 후의 x의 값으로 7을 구한 다음, $x=63=3^2\times 7$의 경우를 누락시킨 것이다. 이 문제해결에서 제곱근의 성질을 적용한다는 것을 명확히 인식하지 못하고 있음을 학생의 답안을 통해 구체적으로 확인할 수 있다.

이와 같은 사례를 통해 볼 때, 평가의 목적 측면에서도 서·논술형은 큰 장점이 있음을 알 수 있다. 〈자료 1〉의 선택형 문제에서 ③번 답지에 비정상적으로 높은 정답률을 보이고 있었다. 앞서 살펴본 것과 같이 선택형 평가로는 학생들이 왜 ③번 답지에 높은 반응률을 보였는지 확인할 수 없고, 이로 인해 교사는 평가 결과로부터 교수·학습 개선을 위한 피드백을 구체적으로 얻을 수도 없다. 선택형 평가는 평가의 목적인 교수·학습 개선을 위한 수단으로도 제한된 측면이 있다는 점이다. 하지만, 서술형 평가에 따른 〈자료 2〉의 학생 답안을 보면, 학생이 왜 35에 높은 답을 보인 이유를 명확하게 확인할 수 있다. 따라서 학생의 오답을 개선하기 위한 교수학적 도움 및 개선을 위한 피드백을 제공할 수 있고, 궁극적으로는 오답이 발생하지 않도록 교수· 학습 과정을 개선할 수 있는 기회를 얻게 된다.

QUIZ

1 수학교과에서 선택형 문항에 의한 평가와 비교해서, 서 · 논술형 문항에 의한 평가가 가지는 장점을 서술하시오.

평가의 절차

| 핵심어 | 평가도구, 평가내용, 평가틀

수학과 교육과정에서는 수학 수업과 연계하여 과정을 중시하는 평가를 실시할 때는 다음 사항을 고려할 것을 권고하고 있다.

첫째, 성취기준을 중심으로 지식·이해, 과정·기능, 가치·태도 세 범주를 평가 요소로 구체화한다. 둘째, 교수·학습과 연계하여 적절한 평가 도구와 준거를 개발하고 평가를 실시한다. 셋째, 평가 결과에 기반하여 학생의 학습 정보 및 수행 과정을 학생과 학부모에게 환류한다.

이러한 권고를 착실하게 따르기 위해서는 평가의 절차를 숙지하고 그에 따라 평가를 실시하는 것이 필수적이다. 또한, 모든 평가 절차를 개방적이고 공정하게 시행하여 학생의 수학 학습에 대한 의미 있는 정보를 학생, 학부모에게 제공하기 위해서도 평가 절차는 중요하다.

1단계: 평가 및 평가도구의 사용 목적을 결정

여기서 평가도구란 지필평가에서는 평가문항, 예상답지 등을 의미하고, 정의적 영역의 평가에서는 관찰 및 면담의 도구, 기록 방법 등을 의미한다. 이 단계에서는 규준지향평가(상대평가), 준거지향평가(절대평가) 중 어느 방법으로 평가를 실시하는지에 대해 명확히 한다.

2단계: 수학과 평가대상과 평가내용의 결정

평가대상은 평가를 받을 학생들을 고려하는 것이고, 평가내용은 출제하게 될 출제범위를 고려하는 것이다.

3단계: 수학과 평가틀 작성

평가틀은 평가도구의 개발과정에서 고려해야 하는 제반 항목에 대한 지침, 준거가 되는 사항을 말하며, 대표적으로는 문항분석표, 문항정보표, 이원목적분류표가 이에 해당한다. 평가틀의 구성요소로는 과정영역(역량, 행동 등 과정 · 기능 측면), 내용영역(영역 등 지식 · 이해 측면), 학습목표, 평가목표, 성취기준, 난이도 등이 포함될 수 있다. 경우에 따라서는 지식 · 이해, 과정 · 기능, 가치 · 태도라는 세 범주가 드러나도록 문항분석표나 이원목적분류표를 구체화할 수도 있다. 다음은 문항분석표와 문항정보표의 구체적 사례이다.

〈표 10-7〉 수학 문항분석표 예시

과목	과정영역(역량) / 영역(내용 요소)	계산·이해	추론		문제해결		의사소통	정보처리	문항수	비율(%)
			발견적	연역적	수학내적	수학외적				
수학 I	지수와 로그	2				13			2	6.7
	지수함수와 로그함수					10		1	2	6.7
	삼각함수		16				27		2	6.7
	등차수열과 등비수열		22		28				2	6.7
	수열의 합		15				23		2	6.7
	수학적 귀납법			12	9	6		7	4	13.3
수학 II	함수의 극한	19	11						2	6.7
	함수의 연속			8		3			2	6.7
	미분계수			17					1	3.3
	도함수		21		24				2	6.7
	도함수의 활용	4					30		2	6.7
	부정적분				25		5		2	6.7
	정적분	18		29					2	6.7
	정적분의 활용	26			14	20			3	10.0
문 항 수		5	5	4	5	5	4	2	30	╳
비율(%)		20	16.7	13.3	10.0	13.3	26.7		╳	100

〈표 10-8〉 수학 문항정보표 예시

20○○학년도 ○학기 ○학년 지필고사 ○학년 총 문항수 20문항	
고사일시 20○○년 ○월 ○일 ○교시	공동출제자 서○○(인), 김○○(인)
총점 100.00점	선택형 70.00점 서답형 30.00점

문항번호	내용영역	성취기준	난이도			배점	정답
			어려움	보통	쉬움		
선택형 문항							
1	변화와 관계	[9수02-○○] ⋯ ⋯			○	3	⑤
2	도형과 측정	[9수03-○○] ⋯ ⋯		○		4	③
⋯	⋯	⋯	⋯	⋯	⋯	⋯	⋯
15	수와 연산	[9수01-○○] ⋯ ⋯	○			5	②
서답형 문항							
1	자료와 가능성	[9수04-○○] ⋯ ⋯			○	4	별지
2	변화와 관계	[9수02-○○] ⋯ ⋯		○		6	별지
⋯	⋯	⋯	⋯	⋯	⋯	⋯	⋯
5	도형과 측정	[9수03-○○] ⋯ ⋯	○			8	별지
총 합 계			4	10	6	100.00	-
비 율 (%)			20	50	30	100	-

4단계: 평가도구의 개발(문항개발, 편집, 검토, 확정)

평가에서 가장 핵심적인 과정이다. 또한 가장 힘든 작업이기도 하다. 평가 및 평가도구의 목적, 평가틀에 따라 정확하고 세밀한 문항 개발이 이루어져야 한다. 또한 그에 따른 편집, 검토를 거쳐 최종적으로 문항을 확정하게 된다.

5단계: 평가 실시 및 결과 분석

총괄평가라면 특정한 시기에 평가가 이루어지고, 형성평가 및 과정 중심 평가라면 수업의 도중에 평가가 이루어진다. 평가가 이루어지면 채점을 하고, 그 결과를 분석하여 평가의 목적을 달성할 수 있도록 활용한다.

QUIZ

1 평가틀과 평가도구가 무엇인지 설명하시오.

과제 및 연습

1. 수학과 교육과정에서 평가와 관련된 부분을 찾아보고, 수학과 교육과정에 제시된 평가의 목적이 무엇인지 정리하시오.

2. 평가의 방법 중에서 자기 평가와 동료 평가의 체크리스트 혹은 평가지를 찾아보시오. 중학교 이차함수의 그래프를 그리는 상황에서 사용할 수 있는 체크리스트나 평가지를 한 개씩 제작하고 발표해 보시오.

3. 과정 중심 평가가 강조되고 있는 세 가지 이유를 정리하시오. 각각의 배경이 등장하게 된 이유에 대해 비판적 관점에서 서술하고, 과정 중심 평가를 통해 기대되는 개선점에 대해 논술하시오.

4. 성취평가제에 부합되기 위해 가장 중요한 것은 성취기준이다. 수학과 교육과정의 한 개의 성취기준을 분석하고, 이에 대한 성취기준 해설 및 적용 시 고려사항 등을 조사하여 각각의 성취수준별(A, B, C, D, E)로 예시 문항을 한 개씩 개발하시오.

5. 다음 문항에 대한 총체적 채점기준표와 분석적 채점기준표를 각각 개발하시오.

문제

컴퓨터 화면에 1부터 2023까지의 모든 자연수가 나타나 있다. 이 수 중에서 3의 배수를 모두 지우고, 1부터 2023까지의 수 중에서 6의 배수를 추가로 입력하였다. 마지막으로 27의 배수를 추가로 지웠다. 1부터 2023까지의 자연수 중에서 컴퓨터 화면에 나타나 있지 않는 수는 모두 몇 개인지 구하시오.

참조

1부터 2023까지의 모든 수가 입력된 상황에서 다음과 같은 순서를 진행하였다.

첫째, 3의 배수를 모두 지웠다. 2022가 3의 배수이므로, $2022 \div 3 = 674$개의 수를 지우게 된다. 따라서 남아 있는 자연수는 모두 $2023 - 674 = 1349$가 된다.

둘째, 6의 배수를 다시 입력하였다. 2022가 6의 배수이므로, $2022 \div 6 = 337$개의 수를 입력하게 된다. 따라서 남아 있는 수는 모두 $1349+337=1686$이 된다.

셋째, 27의 배수를 모두 지웠다. 27의 배수는 3의 배수이면서 동시에 9의 배수인 수이다. 그런데, 3의 배수 중에서 6의 배수가 아닌 수는 모두 지워졌기 때문에 결국에는 6의 배수이면서 동시에 9의 배수인 수 즉, 54의 배수만 지우면 된다. 따라서 1998이 54의 배수이므로, $1998 \div 54 = 37$개의 수를 지우게 된다. 따라서 남아 있는 수는 모두 $1686-37=1649$가 된다.

처음에 2023개의 수가 있었고, 1649개의 수만 남아 있으므로 삭제된 수는 모두 $2023-1649=374$이다.

6. 다음에 제시된 각각의 문제와 채점기준표를 보고, 학생의 예시답안의 채점점수를 부여하시오. 그리고, 그 이유를 설명하시오.

문제

두 함수 $f(x)=\log_n x$, $g(x)=1-\log_n(x+4)$의 그래프가 구간 $1<x<2$에서 만나도록 하는 모든 n의 값의 합을 구하시오. (단, $n \geq 2$인 자연수이다.) [4점]

채점기준표

채점 영역	채점 요소	배점
문제 이해	방정식을 이용하고 있음	1
문제해결	방정식 $x^2+4x-n=0$을 제시함	1
	구간 $1<x<2$에서 해가 존재할 조건을 제시하고, 모든 n의 값을 구함	1
답 구하기	모든 n의 값의 합을 정확히 구함	1

예시답안

교점을 (x, y)라 하면, 방정식 $\log_n x = 1-\log_n(x+4)$이므로 방정식 $x^2+4x-n=0$은 실근을 가진다. 이차함수의 그래프에 적용하면 직선 $x=-2$를 축으로 하는 포물선이므로, $1<x<2$에서 실근을 가지려면 $D \geq 0$, $f(1)>0$, $f(2)>0$이다. 따라서 $n \geq -1$, $n<5$, $n<12$이므로, n의 값은 2, 3, 4이다. 합은 9이다.

서술형 문제

$\sqrt{28x}$ 가 정수가 되는 100 이하의 모든 양의 정수 x의 합을 풀이 과정과 함께 쓰시오. [10점]

채점기준표

채점 영역	채점 요소	배점
문제 이해	제곱근의 성질 $\sqrt{a^2}=a(a \geq 0)$을 이해함	2
문제해결	$\sqrt{28x}$를 $\sqrt{2^2 \times 7 \times x}$ 또는 $2\sqrt{7x}$로 고침	3
	$\sqrt{2^2 \times 7 \times x}$ 또는 $2\sqrt{7x}$를 이용하여 만족하는 수를 모두 구함	3
답 구하기	만족하는 모든 수의 합을 구함	2

학생 A의 답안

$\sqrt{a^2}=a(a \geq 0)$이므로 $\sqrt{28x}$가 정수가 되기 위해서는 $x=28$이고, 또한 $\sqrt{28x}=\sqrt{2^2 \times 7 \times x}=2\sqrt{7x}$이므로 $2\sqrt{7x}$가 정수가 되기 위해서는 $x=7$이다. 따라서 만족하는 모든 양의 정수의 합은 35이다.

7. 다음 선택형 문제를 보고, 선택형 문제로 제시되었을 때의 한계점 및 서술형 문제로 제시되었을 때의 장점이 부각되도록 문제를 수정하여 제시하고, 그 이유를 기술하시오.

문제

n이 자연수일 때, 함수 $f(x)=\lim_{n\to\infty}\dfrac{x^{2n+1}-x+1}{x^{2n}+2}$에 대하여 $y=f(x)$의 그래프와 원 $x^2+y^2=k$가 서로 다른 세 점에서 만나도록 하는 실수 k의 값은?

① $\dfrac{5}{9}$　② 1　③ $\dfrac{10}{9}$　④ $\sqrt{2}$　⑤ $\dfrac{16}{9}$

참조

$f(x)=\lim_{n\to\infty}\dfrac{x^{2n+1}-x+1}{x^{2n}+2}$에서

① $|x|<1$인 경우 $f(x)=\dfrac{-x+1}{2}$

② $|x|=1$인 경우 $f(x)=\frac{1}{3}$

③ $|x|>1$인 경우 $f(x)=x$이다.

$f(x)$의 그래프를 그리면 원 $x^2+y^2=k$이 $(-1,\frac{1}{3})$, $(1,\frac{1}{3})$에서 교점 3개를 만난다. 따라서 $k=\frac{10}{9}$이다.

8. 평가의 절차에 따라 중학교 또는 고등학교 수학 과목에 대한 평가도구를 개발하시오.

참고문헌

강옥기, 강윤수, 고상숙, 고호경, 권나영, 김구연, 김래영, 김민경, 김응환, 김익표, 노선숙, 서보억, 신재홍, 이수진, 이중권, 정인철, 한인기, 허혜자, 황우형(2012). 수학교육학 신서. 교우사.

교육부 (2015). 수학과 교육과정(교육부 고시 제2015-236호[별책 8]).

교육부 (2022). 수학과 교육과정(교육부 고시 제2022-33호[별책 8]).

교육부, 한국교육과정평가원 (2017). 과정을 중시하는 수행평가 어떻게 할까요?: 중등. 연구자료 ORM2017-19-2.

서보억, 나미영, 박예은, 송현경, 안수지, 오은영, 이윤경, 지영명 (2023). 2022 개정 교육과정 수업-평가 안내 자료-중학교 수학-. 발간등록번호11-1342000-001076-01.

한국교육과정평가원 (1999). 고등학교 수학과 수행평가의 이론과 실제, 연구보고RRE-1-3.

한국교육과정평가원 (2018). 초중학교 교사별 과정중심평가 연수 프로그램 개발 및 강사연수. 한국교육과정평가원 연구보고CRE2018-4.

한국교육과정평가원 (2023). 2022 개정 교육과정에 따른 초·중학교 수학과 성취수준 개발 연구. 한국교육과정평가원 연구보고CRC2023-7.

찾아보기

ㄷ

ㄹ

ㅁ

ㅂ

ㅅ

ㅇ

ㅈ

ㅊ

ㅋ

ㅌ

ㅍ

ㅎ

수학교육학개론

지은이 김성경 · 노지화 · 마민영 · 서보억 · 손홍찬 · 신동조
신보미 · 이경언 · 이광상 · 이봉주 · 임해미 · 한인기
펴낸이 조경희
펴낸곳 경문사
펴낸날 2024년 10월 4일 1판 1쇄
등 록 1979년 11월 9일 제1979-000023호
주 소 04057, 서울특별시 마포구 와우산로 174
전 화 (02)332-2004 팩스 (02)336-5193
이메일 kyungmoon@kyungmoon.com

값 28,000원

ISBN 979-11-6073-572-7